누구나 꿈꾸는 유럽 여행지

누구나 꿈꾸는 유럽 여행지 100

지은이 백상현
펴낸이 안용백
펴낸곳 (주)넥서스

초판 1쇄 발행 2014년 8월 30일
초판 2쇄 발행 2014년 9월 5일

2판 1쇄 발행 2016년 6월 25일
2판 2쇄 발행 2016년 6월 30일

출판신고 1992년 4월 3일 제311-2002-2호
04044 서울시 마포구 양화로 8길 24(서교동)
Tel (02)330-5500 Fax (02)330-5555

ISBN 979-11-5752-870-7 13980

저자와 출판사의 허락 없이 내용의 일부를
인용하거나 발췌하는 것을 금합니다.
저자와의 협의에 따라서 인지는 붙이지 않습니다.

가격은 뒤표지에 있습니다.
잘못 만들어진 책은 구입처에서 바꾸어 드립니다.

이 책은 《누구나 한 번은 유럽을 꿈꾼다》의 개정판입니다.

www.nexusbook.com
넥서스BOOKS는 (주)넥서스의 실용 브랜드입니다.

프 롤 로 그

나는 언제나 여행자로 살고 싶다

이 책의 시작은 십수 년 전 과감하게 감행한 첫 유럽 배낭여행으로 거슬러 올라간다. 인생의 전환점이 되리라고는 감히 상상도 하지 못했던 첫 여행의 떨림이 지금도 생생하게 떠오른다. 첫 여행지 파리의 공기는 무언가 색달랐다. 여행 내내 붕 떠 있는 듯한 묘한 기분이 들었다. 여행을 다니다 보면 머물러 있는 세상에서는 결코 느끼지 못하는 것들을 하나둘 발견하게 된다. 시간이 흐를수록 여행이 주는 신비로운 매력에 나도 모르게 서서히 중독되어 갔다.

가만히 생각해 보면 여행을 떠나면서 나도 모르게 내가 조금씩 변화되어 간 것 같다. 머물러 있는 안락함보다 무모하더라도 자리를 박차고 떠난 여행의 가치들이 내 안을 하나하나 채워 나갔고, 삶의 방향과 생각의 차원이 달라지기 시작했다.

그 후로 틈만 나면 여행길에 나섰고, 점점 더 깊고 오묘한 여행의 세계로 나아가기 시작했다. 여행이라는 실체가 삶의 동행이 되어 버렸음을 느낀 순간, 그것이 바로 행복이란 것을 깨달았다. 여행과의 동행은 늘 살아 있음을 느끼게 했고, 삶에 강한 자극이 되고 세상을 보는 통찰력을 주었다.

첫 여행을 시작한 지 어느덧 15년이 되었다. 그 시간 동안 유럽의 구석구석을 돌아다녔다. 여행길에서 만난 이의 말만 듣고 무모하게 찾아간 소도시들, 현지인들에게 물어물어 찾아간 놀라운 자연 속 비경들, 숨겨진 문화와 역사와 예술의 유럽을 만나면서 지루할 틈이 없었고, 여행의 추억은 더욱 풍성해져만 갔다.

세상에 드러내기보다 오롯이 내 것으로만 남겨 두고 싶은 곳이 얼마나 많았는지 모른다. 하지만 인생이 그러하듯 여행의 가치는 나눔 속에 있음을 알기에 조금이나마 먼저 여행길에 나선 사람으로서 유럽여행을 꿈꾸는 이들에게 약간의 조언과 방

향 제시를 하고픈 마음이 들었다.

　내 마음속에서 정말 귀중한 곳들만 골라 10개의 테마로 나누어 글과 사진을 정리했다. 그리고 객관과 주관 사이에서 적절한 균형추를 유지하며 여행의 감성과 실속 있는 정보를 적절하게 제시하고자 했고, 우리가 잘 알고 있는 유럽의 대도시와 더불어 주변의 소도시를 많이 소개하고자 했다. 또한 모로코의 매력을 알려 주고자 하는 마음에 모로코 내 도시도 몇 곳 소개했다.

　이 책이 나오기까지 많은 사람의 수고로움이 있었다. 구성부터 교정까지 책의 시종을 함께한 박윤경 편집자, 원고와 사진을 아름답게 디자인해 준 황혜연 & 백은미 디자이너, 완성도 높은 책을 위해 함께 수고해 준 넥서스 출판사에 진심으로 감사를 전한다. 한결같은 여행의 조력자 한봄(재현)에게도 사랑을 전한다.

　누구나 한 번은 유럽을 꿈꾼다.

　나는 언젠가 그 꿈이 반드시 이루어질 것이라 믿는다.

　감히 바라건대 이 책이 일생에 한 번은 유럽여행을 꿈꾸는 이들에게 작은 이정표가 되기를 소망한다.

백상현

Contents

프롤로그 나는 언제나 여행자로 살고 싶다 • 004

Part.1 함께 산책하고 싶은 길 10

01 스위스   아펜첼의 제알프제 호수 산책길 • 016
02 스위스   레만 호숫가의 라보 지구 산책길 • 022
03 독일   하이델베르크 철학자의 길 산책 • 028
04 프랑스   에즈의 독수리 요새길 산책 • 032
05 크로아티아 두브로브니크 성벽길 산책 • 036
06 슬로바키아 브라티슬라바 구시가 산책 • 042
07 스페인   콘수에그라 풍차의 언덕 산책 • 048
08 이탈리아   갈리폴리 해안길 산책 • 052
09 스위스   바젤의 라인 강변 산책 • 056
10 이탈리아   친퀘테레의 다섯 마을 산책 • 062

Part.2 예술 작품을 만나는 공간 10

01	프랑스	모네의 정원과 연못을 만나는 지베르니 • 070
02	이탈리아	피렌체 예술을 집대성한 우피치 미술관 • 074
03	독일	가구와 건축을 아우른 비트라 디자인 박물관 • 078
04	프랑스	세잔의 아틀리에가 있는 엑상프로방스 • 082
05	벨기에	루벤스와 네로의 자취가 남은 안트베르펜 • 086
06	스페인	화가 엘 그레코가 사랑한 톨레도 • 090
07	프랑스	고흐가 사랑한 프로방스의 아를 • 096
08	오스트리아	클림트의 키스를 만나는 빈 • 102
09	스페인	스페인 예술을 대표하는 프라도 미술관 • 106
10	프랑스	유럽 예술의 거점이 된 루브르&오르세 박물관 • 112

Part.3 중세의 유럽을 만나는 곳 10

01	체코	블타바 강변의 중세 도시 체스키 크롬로프 • 120
02	프랑스	부르고뉴 공국의 분홍빛 도시 세뮤르 앙 우와즈 • 126
03	스위스	스위스 최고의 중세 도시 프리부르 • 130
04	프랑스	노르망디의 바닷가 섬 몽생미셸 • 136
05	이탈리아	성자 프란치스코가 태어난 중세 마을 아시시 • 140
06	라트비아	라트비아의 창문이자 동유럽의 파리, 리가 • 146
07	이탈리아	붉은 캄포 광장의 도시 시에나 • 152
08	리투아니아	유럽에서 가장 큰 바로크 구시가 빌뉴스 • 156
09	에스토니아	발트해의 신비로운 전설이 떠도는 탈린 • 162
10	독일	동화 같은 로맨틱 가도의 도시 로텐부르크 • 168

Part.4 향긋한 포도향에 취하는 곳 10

- 01 **오스트리아** 도나우 강가의 슈피츠 와인 마을 • 176
- 02 **스위스** 스위스 와인의 수도 시에르 • 182
- 03 **이탈리아** 산 지미냐노의 구릉 속에서 맛본 단테의 와인 • 188
- 04 **체코** 모라비아 와인의 중심 미쿨로프 와인 축제 • 194
- 05 **이탈리아** 옛 도시 스펠로에서 맛보는 움브리아 와인 • 200
- 06 **헝가리** 미녀의 계곡에서 맛보는 황소의 피, 에게르 와인 • 204
- 07 **스위스** 계단식 포도밭 라보 지구의 중심 브베 • 208
- 08 **이탈리아** 천년 역사를 지닌 와인의 천국 시칠리아 • 212
- 09 **스위스** 라인 계곡을 포도향으로 채우는 마이엔펠트 • 218
- 10 **독일** 뷔르츠부르크에서 맛보는 로맨틱한 와인 • 224

Part.5 경이로운 자연을 마주하는 곳 10

- 01 **스위스** 알프스의 여왕 마터호른을 만나는 체르마트 • 232
- 02 **루마니아** 유럽 대륙의 야생 자연이 숨 쉬는 델타 두나리 • 238
- 03 **모로코** 파도가 만든 거대 사암 아치 레지그라 플라게 • 242
- 04 **스위스** 만년설로 덮인 알프스의 대명사 융프라우 • 246
- 05 **모로코** 붉은 장미처럼 치명적인 에르그 셰비 사막 • 252
- 06 **이탈리아** 만년설이 감싸 안은 흰 봉우리, 몬테 비앙코 • 258
- 07 **스위스** 라인강 유일의 폭포를 만나는 샤프하우젠 • 262
- 08 **이탈리아** 드라마틱한 신들의 해안가 트로페아 • 266
- 09 **독일** 기암괴석이 만든 작센 스위스의 비경 • 272
- 10 **이탈리아** 돌로미티 산맥의 푸른 관문 알페 디 시우시 • 276

Part.6 역사 속 인물을 만나는 곳 10

- 01 스위스   아인슈타인에게 행복을 안겨 준 도시 베른 • 284
- 02 체코   체코의 영웅 지스카 장군의 도시 타보르 • 290
- 03 독일   괴테와 바흐가 예술을 키운 라이프치히 • 296
- 04 프랑스   고흐가 잠든 오베르 쉬르 우아즈 • 302
- 05 이탈리아   제임스 조이스의 피난처 트리에스테 • 308
- 06 스위스   바이런이 시를 음미한 레만 호숫가의 시용 성 • 312
- 07 오스트리아   불꽃 같이 살다 간 모차르트의 잘츠부르크 • 316
- 08 폴란드   레닌 조선소의 전기공 바웬사가 지켜 낸 그단스크 • 322
- 09 스페인   천재 건축가 가우디가 꿈꾸던 바르셀로나 • 326
- 10 스위스   프레디 머큐리가 사랑한 레만 호숫가의 몽트뢰 • 330

Part.7 사람과 일상을 만나는 곳 10

- 01 슬로바키아   코시체에서 만난 농부들의 시장 • 336
- 02 이탈리아   팔레르모의 부치리아 시장 • 340
- 03 이탈리아   카스텔로토의 수공예품 시장 • 346
- 04 이탈리아   이탈리아 음식의 향연이 펼쳐지는 볼로냐 • 350
- 05 터키   이스탄불의 스파이스 바자 • 356
- 06 스위스   로잔의 골동품 시장&플롱 지구 • 360
- 07 모로코   천 년을 이어 온 페스의 가죽 시장 • 366
- 08 모로코   마라케시의 제마 엘프나 야시장 • 370
- 09 포르투갈   리스본의 투박하고 정감 있는 일상 • 374
- 10 프랑스   디종의 상쾌한 아침 시장 • 378

Part.8 야경이 이색적인 곳 10

01 독일	드레스덴의 골목과 광장에 깃든 푸른 밤의 여운 • 386
02 스위스	인상파의 유화처럼 진득한 밤이 있는 루체른 • 392
03 체코	아름다운 분수가 있는 올로모우츠의 밤 • 398
04 벨기에	운하를 따라 걷는 겐트의 밤길 산책 • 404
05 스위스	달빛 아래 박공지붕이 빛나는 아라우 • 408
06 체코	보석처럼 빛나는 프라하의 밤 • 412
07 헝가리	겔레르트 언덕에서 보는 부다페스트의 밤 • 416
08 벨기에	화려한 꽃송이처럼 피어나는 브뤼셀의 밤 • 420
09 이탈리아	볼차노에서 누리는 저녁 산책의 여유 • 424
10 폴란드	코페르니쿠스의 고향 토룬에서 본 밤하늘 별빛 • 428

Part.9 숨겨진 매력의 소도시 여행 10

01 슬로바키아	슬픈 역사를 딛고 일어난 반스카 비스트리차 • 434
02 스위스	자연에 머무는 그뤼에르 중세 마을 • 438
03 이탈리아	황홀한 모자이크로 수놓아진 라벤나 • 442
04 체코	이탈리아 르네상스를 재현한 텔치 • 446
05 모로코	신비로운 푸른 색채의 마을 쉐프샤우엔 • 450
06 프랑스	꽃과 운하의 도시 콜마르 • 454
07 이탈리아	시칠리아 에리체에서 즐기는 구름 위 산책 • 458
08 프랑스	느리게 걸으며 즐기는 호수 마을 안시 • 462
09 이탈리아	아펜니노 산맥 속 동굴의 도시 마테라 • 466
10 이탈리아	동화 같은 트룰로 마을 알베로벨로 • 470

Part.10 키스를 부르는 로맨틱 명소 10

- 01 리투아니아　붉은 사암성이 떠 있는 트라카이 호숫가 • 476
- 02 이탈리아　원색의 색채로 낭만과 위로를 주는 부라노 • 480
- 03 오스트리아　잘츠캄머구트의 보석 같은 도시 할슈타트 • 484
- 04 벨기에　사랑의 호수가 있는 북쪽의 베니스, 브뤼헤 • 488
- 05 이탈리아　로미오와 줄리엣이 탄생한 베로나 • 492
- 06 프랑스　강물 따라 불빛이 반짝이는 파리의 밤 • 496
- 07 이탈리아　시인이 잠든 아말피의 라벨로 마을 • 500
- 08 이탈리아　일몰이 아름다운 피렌체의 미켈란젤로 언덕 • 504
- 09 스페인　석양 속 알함브라 궁전을 바라보는 알바이신 언덕 • 508
- 10 포르투갈　영화로운 에덴동산, 신트라 • 512

나라별 & 도시별 찾기 • 516

누구나 한 번은 유럽을 꿈꾼다.
나는 언젠가 그 꿈이 반드시 이루어질 것이라 믿는다.

Part.1
함께 산책하고 싶은 길 10

01 **스위스** 아펜젤의 제알프제 호수 산책길 | 02 **스위스** 레만 호숫가의 라보 지구 산책길 | 03 **독일** 하이델베르크 철학자의 길 산책 | 04 **프랑스** 에즈의 독수리 요새길 산책 | 05 **크로아티아** 두브로브니크 성벽길 산책 | 06 **슬로바키아** 브라티슬라바 구시가 산책 | 07 **스페인** 콘수에그라 풍차의 언덕 산책 | 08 **이탈리아** 갈리폴리 해안길 산책 | 09 **스위스** 바젤의 라인 강변 산책 | 10 **이탈리아** 친퀘테레의 다섯 마을 산책

함께 산책하고 싶은 길 01

Appenzell

아펜첼의 제알프제 호수 산책길

| **위치** | 스위스 북동부 아펜첼이너로덴주(州) 아펜첼

| **교통** | 스위스 주요 도시에서 기차를 타고 상트 갈렌St. Gallen을 거쳐 들어갈 수 있다. 상트 갈렌에서 아펜첼 철도인 아펜첼반Appenzell Bahnen을 타면 50분 정도 소요되며 시간당 직행이 2대 운행된다. 메인 플랫폼이 아닌 기차역 한쪽 구석에 있는 플랫폼 11~14번에서 출발한다. 플랫폼 1A 옆으로 난 길을 통해 접근할 수 있다. 바서라우엔은 아펜첼에서 다시 기차를 갈아타고 10분 정도 가면 된다. 기차는 수시로 운행하고 있다.

아펜첼Appenzell은 늘상 여행자들로 붐비는 스위스 중부와 남부 알프스에 비해 비교적 조용하면서도 청정한 자연, 독특한 문화와 역사가 공존하는 곳이다. 아펜첼이너로덴주의 주도州都인 아펜첼은 아름다운 목조 건물의 구시가로 유명하다. 독특한 벽면 장식과 건축 양식으로 여느 스위스 도시들과는 완연히 다른 분위기를 풍긴다.

스위스 북동부의 청정한 아펜첼 알프스에서 가장 높이 솟아 있는 산이 바로 해발 2,502m의 샨티스Säntis이다. 독일의 검은숲Schwarzwald, 슈바르츠발트에서도 보일 정도라고 한다. 낡이 맑으면 샨티스 정상에서 스위스를 비롯해 독일, 오스트리아, 리히텐슈타인, 프랑스, 이탈리아 등 6개 나라를 볼 수 있다. 샨티스를 중심으로 하여 아펜첼의 자연이 속한 지역은 알프슈타인 매시프山群, 山群로 불린다. 알프슈타인 산군에는 영롱한 3개의 보석이 있다고 한다. 3개의 보석은 알프슈타인 지역의 암벽과 산들 사이에 보석처럼 반짝이며 박혀 있는 3개의 호수인 제알프제Seealpsee, 푈렌제Fälensee, 샴티저제Sämtisersee를 말한다.

다양한 하이킹 코스를 자랑하는 제알프제 호수 산책길

제알프제 호수 산책길 코스는 아펜첼에서 기차로 10분 거리에 있는 바서라우엔Wasserauen에서 시작된다. 기차역에서 나와 푸른 초원 사이로 난 오솔길을 따라 산을 향해 걷는다. 넓고 푸른 초원 위로 아펜첼 알프스의 가장 북쪽에 있는 에벤알프Ebenalp, 1,640m에서 날아오른 패러글라이더들이 사뿐히 착지한다.

제알프제 호수 산책길을 포함해서 알프슈타인 지역에는 한가로이 거닐 수 있는 평이한 산책로부터 조금은 힘이 드는 산길 코스까지 무수한 하이킹 코스가 거미줄처럼 뻗어 있다. 이 하이킹 코스를 걸을 때는 굳이 무겁게 도시락이나 간식을 챙겨 가지 않아도 된다. 알프슈타인의 그림 같은 자연 곳곳에 서른 곳이나 되는 숙소 겸 레스토랑이 자리를 잡고 있다. 제알프제 호숫가에도 여러 레스토랑이 여행자들을 기다리고 있다. 스위스의 대표적인 전통요리인 뢰스티Rösti는 맑고 푸른 자연 속에서 맛보기에 제격이다. 얇게 채썰기를 하거나 삶아서 으깬 감자를 피자처럼 동그랗게 편 다음 치즈와 햄, 계란을 곁들여 바삭하게 구워 내는 이 전통음식은 스위스를 여행하는 사람이라면 반드시 맛보아야 할 음식이다.

본격적으로 조금 가파른 산길로 들어서면 작은 길 옆으로 맑고 깨끗한 계곡물이 흐른다. 계곡물은 한여름에도 얼음장처럼 차가워 잠시만 손을 담가도 금세 거두게 된다. 힘든 비탈길은 무성한 숲을 지나면서 완만한 언덕길로 바뀌고, 어느새 깊은 숲에 이런 평지가 있을까 싶을 만큼 평평한 초원길이 이어진다.

아펜첼 지역은 전통 치즈로 유명하다. 청정한 자연에서 스트레스 하나 없이 한가로이 숲 속을 거닐며 풀을 뜯는 소들을 보면 원재료인 우유가 좋아서가 아닐까 하는 생각도 든다.

제알프제 호수에서 즐기는 여유

평평한 산길을 걷다 보면 갑자기 산속에 감춰져 있던 에머랄드빛 보석 하나가 눈앞에 툭 튀어나온다. 제알프제Seealpsee, 1,143m 호수는 이름마저도 보석 같다. 호수 주변에 수영복 차림으로 호수에 뛰어드는 가족 여행자도 보이고, 한가롭게 낚싯대를 드리운 사람들도 보인다. 그들은 호숫가에서 소시지도 굽고, 치즈도 먹으며 아펜첼 전통 맥주를 마신다. 그 옆으로 시원한 호숫가에 담겨진 맥주 궤짝이 슬쩍 보인다. 여

1 제알프제로 가는 길목인 바서라우엔의 푸른 초원과 집이 어우러져 한가로운 풍경을 선사한다. 2 제알프제 호숫가 산책로를 걷는 가족들의 모습이 정겹기만 하다. 3 험준한 산을 병풍삼아 평온한 제알프제 호수가 하이킹족을 맞아 준다.

유로움이란, 휴식이란 바로 이런 것이 아닐까 싶다. 덥고 답답한 신발과 양말을 벗고 바지를 무릎까지 걷어 올린 뒤 호수에 발을 담가 보아도 좋다. 시원함도 잠시, 금세 한기가 발목을 지나 뒤통수까지 전해진다.

호수 안쪽으로 축구장 몇 개나 될 법한 넓은 들판이 있고, 목재로 지어진 전통 가옥이 군데군데 정겹게 자리를 잡고 있다. 호수 가까운 쪽에 있는 집에서는 목장 우유를 판다며 허술한 가판대를 세워 놓기도 한다. 잠시 나무 테이블에 앉아 신선한 우유 한 잔을 주문하고 햇살에 반짝이는 호수를 바라보자. 아펜첼 맥주도 좋고 갓 짜낸 우유도 좋다. 한 잔 들이키면 새로운 힘이 솟는 듯하다.

호수를 돌아 다시 바서라우엔으로 가는 숲길을 걷는다. 깊은 숲 속을 걷다 보면 멀리 사슴이 뛰어가는 모습도 볼 수 있다. 내려가는 길은 깊은 계곡 옆으로 나 있다. 조금 가파른 길목도 있지만 그리 어렵거나 힘들진 않다. 부드러운 언덕길을 따라 내려가다 보면 다시 바서라우엔 평지가 눈에 들어온다. 맨발로 걸을 수 있는 푸른 초원, 혼잡하지 않은 맑고 아름다운 스위스의 자연을 오롯이 즐길 수 있는 곳이 바로 제알프제 호수 산책길이다.

잔잔한 호수에 비친 알프스산을 바라보며 마시는 공기가 가슴을 상쾌하게 만든다.

제알프제 호수를 한 바퀴 돌아보며 알프스의 자연을 즐길 수 있다.

●**하이킹** 약 200km 길이의 하이킹 코스가 있다. 해발 2,502m의 샨티스산을 중심으로 한 알프슈타인^Alpstein 지역에 여름철에는 하이킹을 즐기기 위해, 겨울철에는 스키를 즐기기 위해 여행자들이 몰려온다.
·**하이킹 코스** 바서라우엔▶제알프제 호수▶바서라우엔 ·**총 길이** 7.4km ·**소요 시간** 2시간 30분 ·**난이도** 중 ·**출발점** 바서라우엔 기차역 ·**이동 루트** 바서라우엔^Wasserauen▶휘텐^Hütten▶제알프제 호수^Seealpsee 시계 방향으로 한 바퀴▶코벨^Chobel▶바서라우엔^Wasserauen
*이동 루트는 거꾸로 돌아도 상관없다.

●**전통요리 뢰스티 & 스위스 우유 맛보기** 제알프제 호수 근처에 있는 레스토랑에서는 스위스 전통요리인 뢰스티를 비롯해 다양한 메뉴를 판매한다. 뢰스티는 아펜첼의 전통 맥주를 곁들여 먹기에 좋다. 또한 알프슈타인 곳곳에 있는 소박한 목장에서 직접 짠 우유를 컵 단위로 판매한다. 한 잔에 3~5프랑 정도의 가격이므로 잠시 쉬어 가면서 맛보는 것도 좋다.

●**에벤알프 패러글라이딩 즐기기** 바서라우엔 바로 근처에 에벤알프 케이블카 승강장이 있다. 케이블카를 타면 계절에 상관없이 근교에 있는 해발 1,644m 높이의 에벤알프^Ebenalp까지 올라간다. 이곳에서 패러글라이딩을 즐기는 사람이 많다. 조교가 함께 타는 탠덤 비행도 가능하다.

아펜첼 비행학교^Flugschule Appenzell ·**정보** 바서라우엔과 에벤알프에서 패러글라이딩 교육과 체험 제공 ·**주소** Schwendetalstr. 85, CH-9057 Wasserauen ·**전화** +41 071 799 17 67(infoband, +41 071 799 17 66) ·**이메일** info@gleitschirm.ch ·**홈페이지** www.gleitschirm.ch

함께 산책하고 싶은 길 02

Switzerland

Terrasses de Lavaux

레만 호숫가의 라보 지구 산책길

| **위치** 스위스 남서쪽 레만 호숫가 라보 지구

| **교통** | 라보 지구를 돌아보고 싶다면 레만 호수의 도시인 몽트뢰, 브베, 로잔 등을 거점으로 삼아 살펴보는 것이 좋다. 일정의 여유가 있다면 라보 지구의 마을 중 한 곳에 숙소를 잡는 것이 이상적이다. 라보 지구를 돌아보기에 좋은 교통수단은 레만 호숫가를 따라 뻗어 있는 철로를 달리는 S선 열차이다. 로잔에서는 S1열차와 S3열차를 이용해서 루트리Lutry, 빌레트Vilette, 쿨리Cully, 에페스Epesses, 리바즈Rivaz, 생 사포린St-Saphorin 등 라보 지구의 여러 마을에 닿을 수 있다. 쉐브레Chexbres 마을은 브베에서 S31번 열차로 손쉽게 갈 수 있다. 대부분의 열차는 새벽 5시부터 거의 자정까지 운행한다. 중간 마을에 내린 다음 포도밭으로 올라가서 여유롭게 포도밭 사이로 난 하이킹 코스를 걸어 보라.

제네바에 붙어 있어 제네바 호수라고도 불리는 레만 호수는 스위스뿐 아니라 서유럽 호수 가운데 가장 넓다. 스위스와 프랑스가 공유하고 있는 레만호를 따라 크고 작은 도시가 멋진 풍경과 매력으로 여행자들을 끌어모은다. 무엇보다 올림픽의 도시 로잔에서 재즈의 도시 몽트뢰까지 약 30km 구간을 따라 호반의 비탈진 언덕으로 줄지어 선 라보 지구의 계단식 포도밭 테라스Terrasses de Lavaux는 레만 호수 여행의 백미이다. 로잔에서 몽트뢰까지 그림 같은 포도밭이 무려 30km 정도나 이어진다. 호수 수면으로부터 500m 높이의 언덕을 따라 830헥타르나 되는 넓은 면적의 계단식 포도밭이 끝없이 펼쳐져 있다. 그 사이에 찰리 채플린이 사랑한 작은 마을 브베Vevey와 함께 6곳의 호반 마을이 둥지를 틀고 있다.

포도밭 군데군데 불규칙적으로 들어서 있는 작은 마을마다 동굴처럼 깊은 와인

1 포도밭 사이를 걷다가 여행자들을 만나면 가벼운 미소로 인사를 나누어 보자.
2 포도밭 사이 길을 걷다 보면 군데군데 와인의 향기가 가득한 마을이 있다.

저장고를 품고 있다. 이곳에서 재배되는 주된 품종은 최고의 화이트와인 품종이라고 인정받는 샤슬라Chasselas 종이다. 샤슬라는 스위스 화이트와인을 양조하는 대표적인 종으로, 스위스 와인의 30%를 차지할 정도로 스위스에서 많은 사랑을 받고 있다. 프랑스, 독일, 포르투갈, 헝가리 등 유럽의 다른 나라에서도 이 품종을 재배하고 있지만 스위스는 이 종의 본래 고향이 스위스라고 주장할 정도로 애착을 갖고 있다. 특히 라보 지구의 중심에 있는 데잘레Dezaley 지역에서 생산되는 와인이 가장 오랜 역사를 지닌 것으로 알려져 있다.

도보 여행자와 와인 애호가들이 즐겨 찾는 길
라보 지구 포도밭 테라스는 자연과 인간이 조화롭게 어우러졌다고 하여 그 가치를 인정받아 2007년부터 유네스코 세계문화유산으로 지정되었다. 포도밭 테라스를 따라 누구나 걷기에 편안한 산책길이 있고, 레만 호수를 따라 기차편도 수시로 운행하고 있어 도보 여행자들과 와인 애호가들이 즐겨 찾는다. 특히 스위스 관광청에서는 생 사포린Saint-Saphorin에서 루트리Lutry 구간을 하이킹 코스로 추천하고 있다.

브베에서 기차를 타고 가다가 포도밭 테라스 중간 즈음에 해당하는 에페스Epesses에서 내려 보아도 좋다. 레만 호수를 등지고 도로를 건너면 본격적으로 포도밭 언덕길로 들어서게 된다. 언덕 중턱 즈음에 이르면 바다 같은 레만 호수가 시원스럽게 포도밭 아래로 펼쳐진다. 초록의 포도밭과 푸른 레만 호수가 어울려 만들어 내는 청량감에 마음이 깃털처럼 가벼워진다.

포도밭 사이로 작은 골목이 보이고 집 몇 채가 포도밭 곳곳에 옹기종기 모여 작은 마을을 이루었다. 마을에 있는 이정표는 와이너리를 가리키며 소박하게 길가에 붙어 있다. 길 중간중간에 라보 지구 포도밭의 역사와 포도 종류에 대해 설명해 주는 이정표들이 있어 알찬 정보를 얻을 수 있다.

와인열차 타고 달리는 포도밭

걷다가 지치면 와인 마을에 들러 그늘에 앉아 와인 한 잔 들이키면 된다. 걷기에 지친 여행자들을 위해 와인 열차Train-des-Vignes가 포도밭 사이를 달린다. 이 열차는 브베와 푸두Puidoux를 이어 주는데, 포도밭의 중간 고도보다 조금 위쪽 철로를 달린다. 이 특별한 열차는 한 시간에 1대꼴로 매일 운행되며 계단식 포도밭과 레만 호수, 알프스 산들까지 환상적인 전망을 보여 준다. 특히 쉐브레Chexbres 마을에서 내리면 멋진 계단식 포도밭 사이로 수많은 하이킹 코스가 이어져 하이킹 애호가들과 와인 애호가들을 기다린다. 포도밭 중간중간 작은 마을이나 와이너리가 있어서 와인을 시음하거나 구매할 수도 있다.

4월부터 10월 사이에는 타이어 바퀴 열차인 라보 익스프레스Lavaux Express와 라보 파노라믹Lavaux-Panoramic 열차가 포도밭 사이를 달린다. 사실 실제 기차가 아니고 두 개의 객차객차 하나당 좌석 17개를 갖추어 기차처럼 꾸민 트랙터이다. 쿨리Cully와 루트리Lutry, 두 곳에서 출발하는 라보 익스프레스는 주말 저녁에는 와인 셀러들을 들러 와인을 맛보는 와인 셀러 트레인Wine cellars train으로 바뀐다.

포도밭 언덕 중턱을 따라 이어지는 포도밭 길. 하늘과 호수, 포도밭의 원색으로 가득한 그 길은 와인에 취하고 풍경에 취하는 최고의 산책길이다.

- **샤슬라 와인 맛보기** 스위스 와인의 30%를 차지할 정도로 유명하고 사랑받는 화이트와인 샤슬라 블랑Chasselas Blanc을 맛보기에 최적의 장소가 라보 지구일 것이다. 스위스 전통 치즈 요리인 라클레트raclette와 퐁듀fondue에 가장 적합한 와인으로 추천된다. 샤슬라로 빚은 와인은 약간의 기포가 일고 매우 산뜻한 맛을 낸다. 피니쉬가 조금은 자극적이지만 기분 좋게 해주며 미네랄 향이 돋보인다.

- **와인 열차 타고 파노라마 감상하기** 라보 지구의 계단식 포도밭은 무려 30km에 이른다. 와인 열차를 타고 포도밭 사이를 달리는 여정은 색다른 추억을 줄 것이다. 라보 익스프레스와 라보 파노라믹이 대표적인 와인 열차이다. 라보 익스프레스는 쿨리Cully와 루트리Lutry, 두 곳에서 출발한다. 금~일요일 저녁에는 라보 익스프레스가 라보 지구의 와인 셀러들을 들러 와인을 맛볼 수 있는 와인 셀러 트레인으로 바뀐다. 너댓 곳 정도의 와인 셀러를 방문하며 3가지의 와인을 시음한다. 그리고 1개의 기념 와인잔을 준다. 토요일과 일요일마다 운행하는 라보 파노라믹은 쉐브레 마을Chexbres-Village 기차역에서 출발해 테라스식 포도밭을 가로질러 샤르돈Chardonne, 쉐브레Chexbres, 리바즈Rivaz, 생 사포린St-Saphorin 마을들을 들르며 파노라마 풍경을 보여 준다.

- **관광안내소 이용하기** 자세한 정보와 문의 사항은 몽트뢰나 브베의 관광안내소와 관광 열차 사이트에서 확인한다.

  몽트뢰 관광안내소POINT(i)MONTREUX · **주소** Place de l'Eurovision CH – 1820 Montreux · **전화** +41 084 886 84 84(Fax. +41 021 962 84 94) · **이메일** info@montreuxriviera.com · **홈페이지** www.montreuxriviera.com

  브베 관광안내소 Montreux-Vevey Tourisme · **주소** Grande Place 29 CH–1800 Vevey · **전화** +41 084 886 84 84(Fax. +41 021 962 84 86) · **이메일** info@montreuxriviera.com · **홈페이지** www.montreuxriviera.com

1 바다처럼 시원하게 펼쳐진 레만 호수는 라보 포도밭을 따라 끝없이 이어지고, 그 경계로 기차가 달린다. 2 라보 포도밭에서는 누구나 크게 힘들이지 않고 여유롭게 걸을 수 있다. 3 라보 지구는 하늘과 호수와 포도밭 그리고 인간의 삶이 어우러진 최고의 산책길이다.

함께 산책하고 싶은 길 03

Heidelberg

하이델베르크 철학자의 길 산책

| **위치** | 독일 남서부 바덴뷔르템베르크주(州) 하이델베르크
| **교통** | 독일의 주요 도시와 인접 국가의 도시들에서 열차 연결편이 체계화되어 있다. 프랑크푸르트에서 약 1시간 거리에 있다. 프랑스 국경도시 스트라스부르에서 칼스루헤를 거쳐 약 2시간 거리에 있다. 뮌헨에서는 만하임을 경유해서 3시간 30분 정도 소요된다.

독일 남서부 바덴뷔르템베르크주의 네카 강변에 자리 잡은 중세 도시 하이델베르크는 12세기에 역사 문헌에 등장했다. 16세기와 17세기 초에 건설된 하이델베르크 고성은 17세기 말에 프랑스군에 의해 파괴되기도 했다. 특히 이 성의 지하에는 하이델베르크 툰 Heidelberg Tun이라는 약 58,080갤런 규모의 와인 통이 있는데 그 크기가 어마어마하다. 고성의 난간에 서면 하이델베르크의 붉은 지붕과 네카강, 우아한 옛 다리가 내려다보이는데, 한 폭의 그림 같다.

위대한 철학자들을 배출한 철학의 나라 독일, 그중에서 14세기에 그 역사가 시작된 하이델베르크 대학에서는 명성이 자자한 철학자들이 강단에 서서 철학을 논했다. 이런 곳에서 철학자들이 산책하는 모습은 그저 일상이지 않았을까?

하이델베르크는 그 아름다운 풍경으로 인해 〈황태자의 첫사랑〉의 무대가 되기도 했다. 하이델베르크의 젖줄인 네카강을 가로지르는 다리 중에서 구교 Alte Brücke라고도 불리는 '카를 테오도르 다리 Karl Theodor Brücke'는 가장 아름답고 오래된 다리로 유명하다. 원래는 목조다리였지만 홍수와 화재로 파괴된 이후 칼 테오도르에 의해

1 네카강을 가로지르는 카를 테오도르 다리 너머로 하이델베르크 고성과 구시가가 아름답게 펼쳐진다. **2** 철학자의 길에서 바라보는 하이델베르크의 아름다운 야경

1788년에 석조다리로 재건되었다. 산책과 관련된 대표적인 철학자는 단연 칸트이다. 독일 관념 철학의 아버지 칸트는 퀘니히베르크 마을길을 산책하다가 항상 점심시간이 되면 사색에 잠겨 이 다리를 건넜다. 다리 위로 칸트가 걸어가는 모습을 보고서 마을 사람들이 시간을 맞췄다는 일화는 매우 유명하다.

'철학자의 길Philosophenweg'에 대한 유래는 분명하지 않지만 칸트의 산책로에서 유래했다고 전해진다. 하이델베르크 대학에서 노년을 보낸 칸트가 하루에도 8번씩이나 이곳을 산책하며 칸트 철학을 집대성했다고 전해진다. 독일의 대문호 괴테, 하이델베르크 대학에서 교편을 잡은 헤겔, 야스퍼스, 하이데거 등 시대를 풍미한 철학자들이 이 길을 걸으며 사색에 잠기고, 작품을 구상하고 삶의 지혜를 구했을 것이다. 철학자의 길을 걷다 네카강 쪽으로 고개를 돌리면 하이델베르크의 고성과 구시가지 풍경이 말 그대로 장관을 이룬다. 온갖 나무로 뒤덮인 숲 사이로 시야가 탁 트인 곳이 나오는데, 그곳이 바로 '메리안의 조망Merianblick'이라 불리는 곳이다. 이곳에 서면 어떤 방해도 없이 하이델베르크를 온전히 감상할 수 있다.

● **카페 크뇌젤의 명물 초콜릿 맛보기** 하이델베르크에서 가장 오래된 카페 크뇌젤Café Knösel은 성령교회 맞은편에 위치해 있다. 이곳의 명물 초콜릿인 슈투덴텐쿠스에는 재미있는 이야기가 전해 내려온다. 예전에 대학을 갈 수 없었던 하이델베르크의 사춘기 여학생들이 수업을 마친 젊은 대학생들을 만나 볼 수 있는 장소가 바로 하이델베르크 최초의 카페 크뇌젤이었다. 여학생들은 그들을 감시하는 임무를 맡은 가정교사와 함께 이곳에 들러 가정교사의 감시를 피해 좋아하는 대학생과 눈길을 교환했다. 하지만 가정교사의 감시가 엄했기 때문에 서로의 마음을 온전히 표현할 수 없었다. 이것을 눈치 챈 재치 있는 주인 프리돌린 크뇌젤이 작은 초콜릿을 만들어서 그 여학생이 다시 방문했을 때, 여학생과 눈빛을 교환했던 '대학생의 키스Heidelberger Studentenkuss'라고 하며 전해 주었다고 한다. 그때부터 이 초콜릿은 하이델베르크 청춘남녀의 사랑을 받으며 오늘날까지 아름다운 전설과 함께 이어져 오고 있다. 달콤한 전설만큼 맛도 훌륭하다.

카페 크뇌젤 Café Knösel ·**주소** Haspelgasse 20 D-69117 Heidelberg ·**전화** 06221-72 72 754(Fax, 06221-72 72 753) ·**이메일** info@cafek-hd.de ·**홈페이지** www.cafek-hd.de

● **바덴 와인 맛보기** 하이델베르크가 속해 있는 독일 최남단 바덴Baden 지역은 타우버Tauber 계곡과 라인Rhine 계곡, 슈바르츠발트Schwarzwald 검은숲 삼림지대와 인접해 있다. 독일에서 세 번째로 큰 와인 생산지이며 태양의 키스를 받는 곳이라고 불릴 정도로 따뜻한 기후와 포도 재배에 적합한 토양을 자랑한다. 보덴제Bodensee에서 시작하여 라인강을 따라 하이델베르크Heidelberg까지 약 400km에 걸쳐 펼쳐진다. 바덴은 이웃 지역인 알자스, 스위스와 마찬가지로 음식과 와인으로 명성이 나 있다. 전체 포도원의 절반에 가까운 포도원들이 부르군더Burgunder(피노, Pinot) 품종을 재배하고 있다. 슈페트부르군더Spätburgunder, 피노 누아Pinot Noir 품종을 이용해 레드와인과 로제 와인이 생산되고 있으며, 그라우버건더Grauburgunder(피노 그리, Pinot Gris)를 이용해 드라이 와인도 생산되고 있다.

함께 산책하고 싶은 길 04

Eze

에즈의 독수리 요새길 산책

| **위치** | 프랑스 남동부 프로방스알프코트다쥐르주(州)의 지중해 해안
| **교통** | 니스 시외버스터미널에서 모나코행 82번, 112번 버스를 타면 절벽 위 에즈마을Eze Village까지 쉽게 갈 수 있다. 100번 버스는 에즈마을이 아닌 바닷가에 있는 에즈 쉬르 메르Eze-Sur-Mer역까지만 간다. 여기서 다시 버스를 갈아타고 에즈마을까지 올라가야 한다. 니스에서 열차로는 15분 정도 걸리는데, 역시 바닷가에 있는 기차역 에즈쉬르메르까지만 간다. 여기서 버스를 갈아타고 에즈마을까지 올라가야 한다. 모나코에서는 열차로 10분 이내로 소요된다. 역시 기차역에서 에즈마을행 버스를 타야 한다.

유럽인들은 프랑스 남부 지중해 연안의 그림 같은 쪽빛 해안을 코트다쥐르Cote d'Azur라고 부른다. 이 해안가에는 오렌지축제로 유명한 망통Menton, 고급 휴양지 모나코, 멋진 해변의 니스, 영화제로 명성이 높은 칸 등 이름만 들어도 가슴 설레는 해안도시들이 자리 잡고 있다.

해안을 따라가다 보면 높은 절벽 위에 고독하게 솟아 있는 중세 마을이 나온다. 이곳이 바로 13세기에 로마의 침략을 피해 산꼭대기로 올라간 주민들이 성을 쌓고 눌러앉은 마을, 에즈이다. 이곳으로 가려면 바닷가 기차역 에즈 쉬즈 메르Eze-Sur-Mer에 내려 버스를 타고 가파른 산길을 올라야 한다. 나선형의 산꼭대기에 교회 첨탑과 낡은 성벽, 주택들이 자연 속에 어우러진 풍경이다. 독수리 둥지 마을이라는 별명답게 가파른 언덕길을 조금만 걸어도 호흡이 가빠진다.

길을 따라 각종 기념품과 금은 세공품을 파는 가게들이 줄지어 있고, 허브를 파는 가판대에서는 상큼한 향기가 풍겨 온다. 테라스가 아름다운 카페들이 길모퉁이에서 지친 여행자들을 유혹한다. 암벽 바위를 뚫고 파낸 동굴 같은 곳에 자리 잡은 작은 예술 공방들, 다채로운 창문틀과 따스한 색감의 벽으로 어울린 프로방스풍의 주택들, 지중해의 햇살을 닮은 노란색으로 채색된 교회 종탑, 교회 옆에 꽃밭처럼 평화로운 묘지. 이 모든 것에 에즈만의 고즈넉함이 깃들어 있다.

카페와 주택들을 지나 정상 가까이에 다다르면 이국적인 야생의 정원Jardin d'Eze이 나온다. 일 년 내내 온화한 지중해성 기후여서 야생의 정원은 온통 이국적인 초록색 식물들로 넘쳐 난다. 군데군데 세워진 하얀색 조각상들은 프랑스 조각가 장 필립 리처드Jean-Philippe Richard, 1947~의 작품으로, 액체가 흐르는 듯한 슬림한 보디라인이 인상적이다. 야생의 정원을 걸어 올라가다가 무심코 뒤를 돌아보면 끝이 보이지 않는 낭떠러지 아래로 코트다쥐르의 쪽빛 바다와 부드러운 해안선이 보인다.

해가 지고 어둠이 에즈를 덮어 오기 시작하면 정처 없이 에즈의 밤거리를 걷는 기분이 묘하다. 마을 아래쪽으로 내려가 구시가 반대편으로 멀찌감치 걸어 보라. 맑은 지중해 공기 탓인지 에즈 하늘 위로 작은 별들이 반짝인다. 드문드문 불이 켜진 고요한 에즈의 밤은 낮과는 또 다른 풍경을 선사해 준다.

에즈와 연관된 인물로 니체를 빼놓을 수 없다. 고요한 에즈에 머물면서 니체는 《차라투스트라는 이렇게 말했다Thus spoke Zarathustra》의 마지막 부분을 완성했다고 한다.

● **에즈 여행하기** 프랑스 남동부 지중해 해안인 코트다쥐르는 1년 중 300일이 날씨가 맑고 115km에 이르는 해안을 가지고 있어 프렌치 리비에라French Riviera라고도 불린다. 이 해안은 최초의 근대적인 리조트가 들어서 유럽 휴양객들, 특히 18세기 영국 상류층들의 휴양지로 인기를 얻었다. 피카소, 마티스, 서머셋 모옴, 앨드서 헉슬리 등 유명 화가와 작가들도 즐겨 찾았다. 코트다쥐르는 현재 163개의 국적을 가진 외국 거주자가 8만 명 이상 거주하는 세계적인 휴양지로서 여름 시즌에는 니스, 망통, 칸, 모나코 등이 세계 각국에서 몰려온 사람들로 붐빈다. 에즈도 아름다운 전망과 프로방스풍의 중세 마을로 인기가 높다. 니스와 모나코 중간 즈음에 위치해 있어서 니스와 모나코를 거점 도시로 하여 당일치기로 다녀오기에 좋다.

● **에즈의 특산품 향수 사기** 꽃이 많은 에즈의 특산품은 향수이다. 온화한 지중해성 기후로 인해 온갖 꽃이 만발한 에즈에서 자신에게 맞는 향수를 골라 보는 것도 여행의 즐거움 중 하나이다. 향수로 유명한 도시는 그라스Grasse이지만 에즈도 향수 마을로 명성이 높다. 특히 에즈에는 향수 회사 프라고나르Fragonard의 공장과 가게가 있다. 에즈마을 아래쪽에 있으며 박물관도 있어서 향수에 관한 역사와 정보도 얻을 수 있고, 실제 제품도 구매할 수 있다.
* 프라고나르 홈페이지 www.fragonard.com

● **코트다쥐르 해안에서 수영하기** 에즈마을에서 해안으로 내려가는 버스를 타고 에즈 쉬르 메르 기차역 앞에서 내린다. 기차역을 건너 바닷가로 내려가면 바로 해안이 나온다. 파라솔과 누울 수 있는 일광욕 의자를 대여할 수 있다. 책 한 권 챙겨 독서도 즐기고 지중해에서 수영도 즐기며 쉬어 가기를 추천한다. 해안가에서 절벽 위 에즈마을을 감상할 수도 있다.

1 야생의 정원 곳곳에 서 있는 하얀 조각상들이 낭만적인 정취를 더한다.
2 에즈 바닷가에서 지중해를 즐기는 피서객들은 여유가 넘친다.

함께 산책하고 싶은 길 05

Dubrovnik

두브로브니크 성벽길 산책

| **위치** | 크로아티아 남부 두브로브니크

| **교통** | 유럽의 주요 도시에서는 기차나 버스로 수도 자그레브를 거쳐 스플리트까지 이동한 후 여기에서 버스를 타면 5시간 정도 걸린다. 두브로브니크는 기차 노선이 연결되어 있지 않다. 스플리트에서 이동하는 도중에 보스니아 국경을 잠깐 넘는 구간이 있는데, 이때 여권 검사를 하므로 반드시 여권을 소지해야 한다. 두브로브니크 버스터미널에서 구시가까지는 도보로 30분 정도 걸리기 때문에 터미널 앞에서 1A, 3, 6, 9번 버스를 이용하는 것이 좋다. 티켓은 신문가판대나 운전기사에게 직접 구입한다. 단, 운전기사에게 구입할 경우 요금이 조금 더 비싸다. 구시가로 들어오는 모든 버스는 필레Pile 문 앞에 정차한다. Jadrolinija 페리선이 두브로브니크와 스플리트, 흐바르, 자다르, 리예카 등 크로아티아의 해안도시를 연결한다. 특히 아드리아해 건너 이탈리아 남부 항구도시 바리와 두브로브니크 구간을 운행한다. (여름 시즌 1주일에 6회, 겨울 시즌 1주일에 2회 운행)

19세기 초, 조지 버나드 쇼George Bernard Shaw, 1856~1950는 이렇게 말했다. "지구상에서 천국을 찾는 자, 두브로브니크로 오라. 그러면 찾을 것이다." 교황 요한 바오로 2세Pope John Paul II가 두브로브니크의 열렬한 팬이자 명예시민이 된 일화도 유명하다. 두브로브니크처럼 아름답고 눈부신 중세의 매력을 깊이 간직한 도시도 없을 것이다. 수백 년의 세월 동안 시간이 비껴 흐른 듯 고스란히 남은 중세의 모습이 고풍스럽기만 하다. 두껍고 높은 성벽이 감싸고 있는 성문을 들어서면 하얀 석조 건물로 가득한 두브로브니크의 경이로운 시간 여행이 시작된다.

도시를 둘러싼 성벽은 길이가 무려 2km가 넘는다. 이 도시는 13세기부터 18세기까지 수백 년의 세월 동안 건설되었다. 두브로브니크의 뛰어난 외교력 덕분에 긴 세월 동안 실제 전투를 겪지 않았다고 한다. 온전히 보존된 성벽과 중세의 건축물

덕분에 1979년에 유네스코 세계문화유산으로 지정되기도 했다. 길고 두터운 성벽을 따라 여러 개의 탑과 요새가 성벽 곳곳에 위치해 있다. 도시의 북서쪽에는 민체타 탑Minčeta Tower이, 동쪽에는 레벨린 탑Revelin Tower이 솟아 있다. 이 중에서 가장 유명한 탑이 도시 서쪽의, 유럽에서 가장 기품있는 요새로 평가되는 로브리예나체 요새Fortress Lovrijenac이다. 이 탑의 입구 위에는 라틴어로 'Non bene pro toto libertas venditur auro.자유는 아무리 비싼 황금으로도 팔릴 수 없다.'라는 문장이 새겨져 있다.

스베티 스파스 교회를 지나는 계단길

자유의 도시 두브로브니크를 제대로 느끼기 위해서 플로체Ploče 해안에서 아드리아해 수영을 즐기는 것도 좋고, SRD 언덕 위로 케이블카를 타고 올라가 붉은 도시 두브로브니크와 에메랄드 빛 아드리아해를 감상하는 것도 좋다. 하지만 두브로브니크에서 빼놓지 말아야 할 것은 바로 해 질 무렵 도시를 둘러싼 성벽길을 걷는 것이다. 필레Pile 문으로 들어가자마자 스트라둔Stradun이라고 불리는 플라차 대로Placa-Stradun가 직선으로 길게 뻗어 있다. 두브로브니크에서 가장 넓고 긴 스트라둔, 플라차 대로는 무려 292m나 되며 두브로브니크의 상업과 관광, 종교의 중심이다. 스트라둔이 시작되는 바로 왼편에 아름다운 르네상스 스타일의 교회 스베티 스파스Sveti Spas, 거룩한 구원자라는 뜻가 있고 성벽길로 올라가는 계단이 있다. 이 교회는 건설 당시 특히 두브로브니크의 여성들이 돌을 나르고 우유와 계란 흰자를 섞은 모르타르로 돌 틈을 메워 견고하게 했다는 일화가 전해진다.

    계단을 따라 두터운 성벽길로 천천히 올라가면 도시의 골목길에서는 볼 수 없고 느낄 수 없는 두브로브니크의 진면목이 서서히 모습을 드러낸다. 붉은 타일로 덮인 지붕들이 마치 꽃밭인 듯 성벽 안을 가득 채운다. 성벽 너머 푸른 아드리아해가 아스라이 햇살에 반짝이고, 먼 바다에서는 범선이 눈처럼 하얀 돛을 바람에 펄럭이며 성벽 뒤로 흘러간다. 고개를 돌려 성벽 안을 보면 관광객들이 뜸한 뒷골목 사이로 아이들이 공을 차고 뛰어논다. 두브로브니크 부근에는 약 3만 명의 주민이 살고 있다. 두브로브니크 성벽 안에서 실제로 살아가는 주민은 20년 전만 해도 5,000명 정도였지만 지금은 1,500명 정도밖에 되지 않는다고 한다. 아무래도 높은 부동산 가격과 물가 때문이다. 각박한 현실은 어디에나 존재한다.

1 해질녘 성벽을 걸으면 붉은 지붕의 도시와 붉은 하늘이 하나가 되고 여행자들의 얼굴도 붉게 물든다. 2 왼쪽으로는 붉은 지붕의 구시가가, 오른쪽으로는 짙푸른 아드리아해가 완전한 대비를 이루는 성벽길 3 성벽에 올라서면 온통 붉은 지붕의 구시가가 거대한 꽃송이처럼 피어난다.

중세의 문화와 역사, 자연이 어우러진 풍경

고딕·르네상스·바로크 양식의 교회, 수도원, 궁전 그리고 분수가 성벽길을 걸을 때마다 새로운 각도로 파노라마가 되어 시선을 사로잡는다. 뜨겁던 태양은 열기를 누그러뜨리고 따스한 색채로 도시를 감싸 안는다. 여행자들은 조금 걷다가 멈춰 서서 감탄사를 내뱉고, 또 조금 걷다가 카메라 셔터를 누른다.

성벽 바깥 아드리아해에 뛰어들어 수영을 즐기던 여인은 책 하나 펼쳐 들고 절벽 바위에 누웠다. 먼 바다에는 거대한 유람선이 승객들을 자유의 도시 두브로브니크로 실어 나른 뒤 정박해 있고, 가까운 항구 안쪽에는 작은 보트들이 옹기종기 모여 파도에 흔들린다. 2인용 보트로 노를 저어 가는 일행들이 반갑게 웃으며 손을 흔들어 준다. 젊은 연인은 금방 아드리아해에 뛰어들었다 나온 듯 몸에 물기를 가득 묻힌 채 수영복 차림으로 손을 잡고 성벽을 활기차게 걸어간다.

일찍이 해상무역으로 성장하여 아드리아해를 건너 마주 보고 있는 베니스의 유일한 라이벌이었던 두브로브니크. 아드리아해의 진주, 두브로브니크의 성벽길을 걸으면서 강력한 오스만 제국과 베니스의 위협에도 굳건히 긴 세월을 버텨 낸 힘과 변치 않은 아름다움을 느낀다. 두브로브니크 성벽길 산책은 '아드리아해의 진주'의 진정한 속살을 엿보는 최고의 시간이다. 버나드 쇼의 말을 빌려 이렇게 말하고 싶다. "천국을 걷고 싶은 자, 두브로브니크의 성벽길을 걸어 보라. 그러면 느낄 것이다."

성벽 바깥의 아드리아해에서 수영을 하고, 바위에 누워 일광욕을 즐기며 쉼을 얻는 여행자들

붉은 지붕의 구시가와 바깥 성벽길, 푸른 아드리아해를 유유히 항해하는 범선이 만들어 내는 풍경만 봐도 지친 마음이 편안해진다.

●**두브로브니크 여행하기** 성벽투어는 두브로브니크 여행 최고의 하이라이트라 할 수 있다. 구시가를 완전히 둘러싼 성벽 전체를 천천히 산책하듯 돌아보는데 구시가와 아드리아해 풍경이 압권이다. 성벽의 전체 길이는 2km, 높이는 25m에 이른다. 성벽으로 오르는 출입구는 모두 3개로 필레 문(메인 입구), 플로체 문, 구항구에 있는 스베티 이반 요새 쪽에 있다. 간식이나 과일을 챙겨 가서 천천히 걷다가 중간에 쉬어 가면서 여유롭게 감상하기를 추천한다. 예상 소요 시간은 넉넉히 1시간 30분~2시간 정도이다. 두브로브니크 성벽을 돌아보기에 가장 좋은 시간대는 이른 아침이나 늦은 오후 시간이다. 여름 시즌의 경우 한낮에는 온도가 상당히 올라가고 빛이 강해 사진으로 담기에도 좋지 않다. 두브로브니크 카드를 구입하면 두브로브니크 성벽을 포함해 8곳의 미술관 및 박물관을 무료로 입장할 수 있다. 1, 2, 3일권이 있으며 버스카드가 포함되어 있다.

●**해산물 요리 먹기** 아드리아해의 대표적인 항구도시인 만큼 레스토랑마다 신선한 해산물을 주 메뉴로 제공하고 있다. 지중해 스타일의 해산물 리조토나 새우튀김 등 다양한 메뉴가 있다.

●**자수 제품 사기** 자수 제품으로 유명한 크로아티아답게 거리 곳곳에서 전통의상을 입고 자수 제품을 직접 만들어 파는 나이든 여인들을 쉽게 만날 수 있다. 기념품 가게에서도 자수 제품, 넥타이, 라벤더 오일 등 특산품들을 판매하고 있다.

함께 산책하고 싶은 길 06

Bratislava

브라티슬라바 구시가 산책

| **위치** | 슬로바키아 남부 도나우강 연안

| **교통** | 오스트리아 국경 가까이에 있어서 빈에서 가는 편이 편리하다. 빈공항과 브라티슬라바 사이에 하루에 13대의 버스Blaguss가 운행되고 있다. 또한 우편버스도 1시간에 1대꼴로 운행되고 있다. 빈 중앙역에서는 기차로 브라티슬라바까지 연결된다. 1시간 소요 프라하에서는 EC열차가 2시간마다 브라티슬라바까지 운행된다. 4시간 30분 소요 적어도 3일 전에 온라인으로 티켓을 구매하면 역 창구에서 사는 것보다 훨씬 저렴하게 구매할 수 있다. 부다페스트 켈레티와 뉴가티에서 하루에 6대씩의 EC열차가 운행된다. 약 2시간 45분 소요

슬로바키아의 수도 브라티슬라바는 도나우 강가에 고요히 빛나는 도시이다. 고대부터 교통의 요지로서, 로마 시대부터 사람들이 살았고 9세기 중엽부터 슬라브인이 거주했다. 1536년 헝가리 제국이 오스만 투르크 제국의 지배를 받았을 때, 헝가리 제국의 수도가 부다페스트에서 브라티슬라바로 옮겨지기도 했다. 그 후 1536년부터 1830년까지 이곳 성 마르틴 교회에서 헝가리왕들의 대관식이 거행되었다. 여왕을 포함해서 총 18명의 왕이 즉위했는데, 그중에는 합스부르크 왕가의 마리아 테레지아 여제도 있다. 오랜 기간 오스트리아-헝가리 제국의 지배하에 있다가, 제1차 세계대전 이후 체코슬로바키아의 영토가 되었다. 1993년에 슬로바키아 공화국이 독립하면서 수도가 되었다. 유럽의 수도 중에서는 상당히 젊은 편에 속한다. 구시가지는 조용하고 고풍스러운 분위기가 가득하고, 사람들은 낯선 여행자에게 상냥한 편이다.

1 푸르스름한 저녁이 되면 노천카페에서 커피 한 잔의 여유를 즐기거나 산책하기에 좋다. 2 한 나라의 수도답지 않게 골목길이 한적해 유유자적 여유를 즐기며 산책할 수 있다.

구시가 산책은 구시가의 중심인 흘라브네 광장에서 시작하면 된다. 브라티슬라바의 구시가는 유럽의 다른 도시 중 가장 작은 규모이지만 오히려 이로 인해 더욱 집중되어 있어 가볍게 산책하기에 좋다. 브라티슬라바의 골목길을 걷다 보면 어느새 발걸음은 도나우 강가의 높은 언덕에 자리 잡은 브라티슬라바 성으로 향한다. 베토벤의 장엄미사Missa Solemnis가 처음으로 연주된 성 마르틴 성당을 지나 언덕길을 오르면 투박하면서도 중후한 브라티슬라바 성이 모습을 드러낸다. 유럽의 화려한 다른 성과 달리 투박한 사각형의 건물 네 모퉁이마다 짧은 탑이 세워져 있어서 '거꾸로 뒤집힌 테이블'이라고 불린다. 현재는 박물관과 슬로바키아의 역대 하키 선수들을 기념하는 하키의 전당, 콘서트홀 등으로 이용되고 있다.

브라티슬라바에 활기를 더하는 동상들

브라티슬라바는 험난했던 공산주의 시대의 우울한 회색빛 이미지를 지우기 위해 많은 건물을 새롭게 페인트칠했다. 또한 구시가의 활기를 살리기 위해 구시가 골목 모퉁이 구석구석에 재미와 위트가 넘치는 조각상들이 설치되었다. 여행자들은 자신도 모르게 보물찾기하는 아이처럼 작은 흥분을 안고 어디서 나타날지 모르는 동상들을 찾아 두리번거린다.

제일 먼저 눈에 띄는 것은 흘라브네 광장 한 켠에 있는 나폴레옹 시대의 군인 복장을 한 프랑스인Frenchman 동상이다. 나폴레옹은 실제로 1805년과 1809년에 군대를 이끌고 브라티슬라바를 방문했다. 어떤 이는 이 조각상이 바로 나폴레옹을 표현한 것이라고도 한다. 전설에 따르면 후버트Hubert라는 프랑스 병사가 부상을 당했는데 브라티슬라바 출신의 간호사와 사랑에 빠지게 되었다. 그는 이곳에서 살기로 결심하고 프랑스의 전통 기법에 따라 스파클링 와인을 생산하며 행복하게 살았다고 한다. 현재 후버트는 슬로바키아에서 가장 유명한 스파클링 와인 브랜드이기도 하다. 여행자들과 현지인들은 벤치에 앉아 프랑스 군인과 함께 즐겁게 사진을 찍기도 한다.

흘라브네 광장을 벗어나 리바르스카 브라나Rybárska brána 거리로 가면 은빛 조각상이 나온다. 프록 코트를 입고 실크 모자를 든 채 환하게 웃고 있는 쇼네 나치Schone Naci이다. 전설에 따르면 가난하고 정신적으로 아픈 그는 지나가는 사람들에게 밝게 인사를 잘했다고 한다. 특히 여인들에게 인사를 하고 꽃을 건네거나 노래를 불러 주었다고 한다. 그를 보고 있으면 괜히 기분이 좋아진다.

브라티슬라바에서 가장 유머러스하고 짓궂은 동상은 아마도 판스카Panská 거리 모퉁이에 있는 추밀Cumil일 것이다. 추밀은 맨홀에서 얼굴을 내밀고 지나가는 여인들을 묘한 표정으로 훔쳐보는 동상이다. 추밀은 전 세계에서 브라티슬라바로 모여든 예쁜 여자들을 엿보고 있다는 모티브로 제작되었다. 짓궂은 장난꾸러기 같은 표정 때문에 여행자들에게 가장 인기가 많다. 부주의한 운전자들이 추밀을 두 번이나 친 사고로 인해 추밀 앞에는 추밀만을 위해 운전자에게 경고하는 도로 표지판이 세워졌을 정도이다.

추밀만큼 유명한 조각상이 동명의 레스토랑 길모퉁이에 숨어서 지나가는 사람들을 카메라로 몰래 찍는 파파라치Paparachi이다. 자세나 카메라가 얼핏 보면 실제로 파파라치가 숨어 있는 듯한 착각이 들 정도이다.

이런 동상들을 보면서 비록 어두운 역사, 굴곡진 역사를 살아 왔지만 인생을 즐겁게 해 주는 위트와 해학을 아는 브라티슬라바인들에게 따스한 호감을 느끼게 된다. 낡아서 더욱 운치 있는 트램이 구시가를 휘감고 돌아나간다. 사람들의 삶과 오랜 도시의 역사가 바로 그 골목길 사이사이에 켜켜이 쌓여 있다. 여행길의 가벼운 산책이 한 도시에서 살아가는 이들에 대한 좀 더 깊은 이해를 얻게 만든다. 이것이 바로 여행의 매력이다.

● **브라티슬라바 여행하기** 브라티슬라바 구시가는 걸어 다니기에 큰 부담이 없을 정도로 규모가 작은 편이다. 구시가 한쪽 끝에서 다른 한쪽까지 10분이면 이동이 가능할 정도이다. 구시가는 보행자 전용 구역이다. 다만 브라티슬라바 기차역 Bratislava hlavná stanica에서 구시가까지는 1.5km 정도로 도보로는 20분 정도 소요된다. 버스나 트램을 이용하는 편이 좋다. 운전기사는 표를 판매하지 않으므로 탑승 전에 미리 승차권 자동판매기에서 구매해야 한다.

● **슬로바키아 와인 맛보기** 세계적인 와인 대회인 Vinalies Internationales Paris 2014년 대회에서 슬로바키아 와인이 총 50 개의 메달금메달 16개을 수상했다. 참고로 스페인이 77개, 이탈리아가 21개, 독일이 17개의 메달을 받았다. 총 47개의 메달을 획득한 2013년에 이어 슬로바키아 와인이 세계적으로 인정받고 있음을 보여 주었다. 슬로바키아는 오랜 와인의 역사 속에서 리슬링과 토카이 와인으로 가장 유명하다.

● **수제 인형 사기** 천으로 직접 만든 수제 인형들이 흘라브네 광장과 구시가 주변의 기념품점에서 판매되고 있다. 소박하면서도 귀여워 가족이나 지인들 선물용으로 좋다.

1 브라티슬라바 성으로 오르는 길에 구시가와 신시가를 한눈에 내려다볼 수 있다.
2 추밀은 맨홀 뚜껑을 열고 짓궂은 표정을 지으며 지나가는 여인들을 훔쳐본다.

함께 산책하고 싶은 길 07

Consuegra

콘수에그라 풍차의 언덕 산책

| **위치** | 스페인 중남부 카스티야라만차 자치 지방 톨레도주(州) 콘수에그라
| **교통** | 기차역이 없어서 버스나 렌터카로 가야 한다. 마드리드에서 콘수에그라까지는 마드리드 남부터미널에서 사마르Samar회사의 마드리데요스Madridejos행 버스를 타고 콘수에그라에서 내리면 된다. 1시간 10분 정도 소요 톨레도에서도 사마르의 버스를 타고 1시간 정도 소요된다. 사마르 버스 홈페이지 http://samar.autobusing.com 또는 http://samar.es

    콘수에그라Consuegra는 스페인 카스티야라만차Castile-La Mancha 지방, 톨레도Toledo주에 있는 소박한 농경마을이다. 톨레도에서 60km 정도 떨어진 라만차의 붉은 평원에 위치하며 특히 세계 최고 품질의 샤프론 산지로 유명하다. 세르반테스의 불후의 명작《돈키호테》의 무대가 된 곳으로, 책에서 묘사된 것처럼 대부분의 풍차는 스페인 중부 카스티야라만차 지방에 있다.

    마을 중심에 있는 에스파냐 광장Plaza de España에는 1670년에 지어진 르네상스 양식의 시청사가 있다. 시청사 탑과 광장 주변의 건축물들은 라만차의 전형적인 스타일을 보여 준다. 마을 중심을 지나 계단을 따라 언덕을 오르면 12개의 풍차가 언덕 위로 그 모습을 드러낸다. 풍차 언덕 중간쯤에 아랍 양식의 콘수에그라 성이 그 옛날의 영화로움과 강인함의 흔적을 안고 솟아 있다.

    거대한 고래의 등짝 같은 풍차 언덕은 마치 돈키호테가 말을 달리던 그 시절로 돌아간 듯하다. 거센 바람은 거인의 거친 콧바람처럼 불어온다. 기념품을 판매하는

1 풍차의 언덕에서 바라본 콘수에그라 전경이 평화롭고 소박하다.
2 낡았지만 운치 있는 콘수에그라 골목길을 걷다 보면 자연스레 풍차의 언덕으로 이어진다.

첫 번째 풍차와 관광안내소인 두 번째 풍차부터 시작해서 모두 12개의 풍차를 향해 거센 맞바람을 헤치며 차례차례로 앞으로 나아간다.

《돈키호테》는 10년의 시차를 두고 1부1605와 2부1615로 나뉘어 출판되었다. 세르반테스는 이 작품 속에서 스스로를 '지나간 옛 시대의 방랑 기사'라고 상상하는 가난한 라만차 지방의 시골 양반인 알론소 키하노돈키호테와 그의 시종 산초 판사라는 독특한 인물을 창조했다.

사람들은 돈키호테를 통해 차가운 현실과 뜨거운 이상의 강렬한 대비를 느낀다. 어쩌면 돈키호테는 현실의 우리가 닿을 수 없는 이상 속의 인물인지도 모른다. 세월이 흐르고 사람들은 소설 속 돈키호테가 지나간 여정을 따라 '돈키호테의 길'이라고 부르기 시작했다. 스페인의 유명한 도시들에 비해 거의 알려지지 않은 작은 마을 콘수에그라. 그곳의 풍차는 분명 돈키호테가 '무자비한 거인'이라고 착각에 빠져 결투를 신청하고 비루한 말 로시난테를 끌고 돌진한 그 풍차였을 것이다. 콘수에그라 언덕에 있는 '돈키호테의 길'을 걸으면 누구나 주체할 수 없는 상념에 빠지게 된다.

● **콘수에그라 여행하기** 마을 자체는 광장을 중심으로 붉은 지붕의 스페인 전통 가옥들로 형성되어 있다. 시청사가 있는 에스파냐 광장이 마을 중심이다. 에스파냐 광장에서 풍차가 시작되는 마을 외곽 언덕까지는 도보로 10분 정도 소요된다. 12개의 풍차가 언덕 위로 길게 늘어서 있으며 두 번째 풍차가 관광안내소 역할을 하고 있다. 5번째 풍차와 6번째 풍차 사이에 아랍식 콘수에그라 성이 있으며 따로 입장료를 내고 들어갈 수 있다. 원래 13개의 풍차가 있었지만 12개만 복원되었다. 재미있는 사실은 풍차마다 이름을 가지고 있다는 점이다. 풍차 앞에 이름이 표기되어 있으며 산초Sancho도 있다.

● **샤프란 사기** 요리사들이 샤프란 중에서 최고의 샤프란으로 인정하는 생산지가 바로 스페인 중부 라만차 지방이다. 붉고 향이 강한 이곳의 샤프란은 만체간 샤프란Manchegan saffron이라고 불리는데, 세계에서 유일하게 '카스티야라만차Castilla y la Mancha'라는 원산지를 표기한 이름도 가지고 있다. 직접 농부에게서 구매할 수도 있다. 선물용으로 좋다.

● **샤프란 축제 참가하기** 카스티야라만차 지방의 전통문화와 샤프란 수확을 기념하는 축제Festival de la Rosa del Azafrán로 1963년부터 시작되었고 매년 10월 말에 콘수에그라에서 열린다. 다양한 전통음식과 공예품, 역사적인 전통들을 살펴볼 수 있다. 《돈키호테》속 여인인 둘시네아Dulcinea 선발 대회도 열린다. 또한 실제로 16세기의 풍차를 돌려서 밀을 밀가루로 갈아 내는 이벤트도 열린다. 라만차 전통음식을 맛볼 수 있으며, 빠른 시간 내에 샤프란 꽃을 분리해 내는 샤프란 수확 대회 등이 흥미진진하게 펼쳐진다.

함께 산책하고 싶은 길 08

갈리폴리 해안길 산책

| **위치** | 이탈리아 남부 아풀리아주(州) 갈리폴리

| **교통** | 타란토Taranto만의 살렌토 반도Salento Peninsula 서쪽 해안이다. 브린디시Brindisi에서 남쪽으로 90km, 타란토의 남동쪽으로 100km 정도 떨어져 있다. 갈리폴리는 국철은 다니지 않고 사철인 페로비아 델 수드 에스트Ferrovia del Sud Est 철도 노선과 버스 노선이 있다. 정기적인 기차 노선이 포기아Foggia나 브린디시에서 레체Lecce를 거쳐 연결된다. 레체까지는 국철로 오고 이곳에서 사철로 갈아타면 1시간 정도 소요된다. 일요일은 운행하지 않는다. 자동차로는 유료 고속도로Autostrara를 타고 레체나 타란토까지 온다. 그리고 일반도로를 타고 타란토에서는 2시간, 레체에서는 40분 정도 달리면 도착한다. 가장 가까운 공항은 브린디시에 있다. 이탈리아의 주요 도시와 유럽의 일부 도시와 연결편이 있다.

이탈리아 남부 아풀리아Apulia 지방의 아름다운 어촌마을이자 작은 섬마을인 갈리폴리는 제1차 세계대전의 치열한 전투가 벌어졌던 터키의 갈리폴리만큼 유명한 곳은 아니다. 하지만 이 도시는 긴 역사와 아름다운 구시가, 그림 같은 해변으로 현지인들에게는 명성이 높다. 신시가지가 있는 본토와 구시가가 둥지를 튼 작은 석회암 섬으로 이루어져 있다. 역사적으로 도시 이름의 기원에서 알 수 있듯이 고대 그리스의 한 도시로 알려지기 시작했다. 그 후 로마제국, 반달족, 고트족, 비잔틴 제국, 베네치아공국 등 수많은 세력이 이 작은 도시를 거쳐 갔다. 전략적인 위치로 인해 자주 외세의 침입과 지배를 받았다. 1861년에 이탈리아 통일이 이루어질 때까지 지속적으로 외세에 시달렸다. 미로 같은 골목길과 바다를 향해 열려 있는 해안길은 갈리폴리 여행의 백미이다. 여름철이면 갈리폴리는 이탈리아를 비롯해 유럽 각 나라에서 몰려온 여행자들로 활기가 넘친다.

신시가와 구시가를 이어 주는 베키오Vecchia 다리는 마치 현재에서 과거로 넘어가는 시간의 다리 같다. 다리 근처 그늘에서는 늙은 어부들이 그물을 손질하고 있다. 16세기에 재건된 그리스 양식의 분수 조각들은 오랜 세월 풍화작용으로 작은 구멍이 뚫려 있어 신비롭기까지 하다. 베키오 다리를 건너자마자 현대적인 도시의 느낌은 완전히 사라지고 거의 원형대로 보존된 구시가가 맞아 준다. 좁은 골목 양쪽으로 온갖 해산물 기념품 상점, 올리브유와 와인 상점, 해산물을 주 메뉴로 하는 레스토랑이 즐비하다.

사실 갈리폴리에는 특별히 꼭 봐야 할 관광 명소가 있지는 않다. 그저 날이 더우면 이오니아 해변으로 내려가 이탈리아 남부의 태양을 만끽하며 바다에서 수영을 하거나 파라솔 그늘 아래에서 책 한 권 읽기에 딱 좋은 곳이다. 그러다가 지루해지면 골목길 구석구석 기념품 가게들을 구경하며 주민들과 이야기를 나누는 것도 즐겁다. 베키아 다리가 있는 바닷가에서는 생선가게들이 갓 잡아 온 싱싱한 해산물을 펼쳐 놓고 손님들과 흥에 겨워 흥정을 벌인다. 그 다리를 따라 저녁이 되면 다양한 기념품과 액세서리를 파는 노점상이 길게 늘어선 야시장이 들어선다. 따스하고 넉넉한 이탈리아 남부 사람들의 미소에 마음마저 푸근해지는 곳, 그곳이 바로 갈리폴리이다.

- **갈리폴리 여행하기** 신시가에 있는 갈리폴리 기차역에서 구시가까지는 도보로 20분 정도 소요된다. 기차역을 나와서 오른편 길로 계속 가면 된다. 베키오 다리를 건너자마자 왼편에 옛 성인 카스텔로Castello가 있으며 구시가 외곽으로 성벽이 둘러싸고 있다. 리비에라 사우로Riviera Sauro 거리 옆으로 모래 해변이 길게 형성되어 있어 해수욕을 즐기기에 좋다. 해안길을 따라 다양한 카페와 식당, 와인바가 있으므로 편안히 쉬어 가면 좋다.
- **납작 파스타 맛보기** 해안마을답게 레스토랑의 메뉴는 주로 해산물을 재료로 해서 구성되어 있다. 특히 갈리폴리의 전통 음식인 납작 파스타, 생선 수프, 문어 튀김을 추천한다. 예전 올리브 오일의 산지답게 질 좋은 올리브 오일에 버무린 브로콜리 요리 등이 미각을 만족시킨다.
- **야시장에서 해산물 기념품 사기** 이오니아 바다로 둘러싸여 있는 어촌마을답게 바다에서 나는 재료를 활용한 기념품이 많아 앙증맞으면서도 저렴한 기념품을 살 수 있다. 여름 시즌에는 카스텔로 맞은편 베키아 다리 근처에서 야시장이 열린다. 해안도로를 따라서도 기념품 가게가 모여 있다. 매달 첫 번째 일요일에는 골동품 시장이 열린다.

1 바다와 구시가의 성벽이 어울린 이탈리아 남부의 소박한 어촌마을 2 저녁이 되면 해안길 따라 노천 레스토랑마다 여행자들이 이오니아 바다를 바라보며 저녁 식사를 즐긴다. 3 와인통이 테이블이 되고, 이오니아 바다가 배경이 되는 해안길 노천 레스토랑

함께 산책하고 싶은 길 09

Basel

바젤의 라인 강변 산책

| **위치** | 스위스 북서부 바젤슈타트주(州) 바젤

| **교통** | 유럽 각국이나 스위스 국내의 주요 도시에서 비행기를 이용해 바젤에 갈 수 있다. 바젤에서 9km 떨어진 근교에 유로 에어포트EuroAirport, 바젤국제공항가 있다. 유로 에어포트는 지리적으로는 프랑스 땅에 속해 있지만 프랑스와 스위스가 함께 관리한다. 스위스 지도를 보면 북서부의 제일 위쪽 프랑스와 독일 국경에 있다. 국제선뿐 아니라 스위스 내 주요 도시들과 열차 연결이 잘 되어 있다. 열차로 취리히나 베른, 루체른에서 1시간 정도 소요되고 파리에서 TGV로 3시간 정도 소요된다. 바젤 SBB역에서 구시가까지는 트램을 이용하는 것이 좋다.

스위스 북서부의 정점에 위치한 바젤은 국경도시이자 유럽의 대동맥인 라인강 수운의 기점 도시로서 중세 시대부터 번영한 곳이다. 바젤 관광국은 구시가 도보 여행을 위해 구시가 구석구석을 돌아볼 수 있는 흥미로운 5가지 산책로를 제시하고 있다. 짧게는 30분부터 길게는 90분까지 소요되는 5가지 테마 코스는 바젤과 관련 있는 유명인사들의 이름을 따서 만들어졌다. 인문학자인 에라스무스Desiderius Erasmus, 1466~1536 산책로, 바젤에서 출생하고 사망한 역사가이자 스위스 1,000프랑 지폐에 그려진 인물인 야콥 부르크하르트Jacob Burckhardt, 1818~1897 산책로, 발레주州에서 태어나 바젤에서 사망한 인문학자 토마스 플라터Thomas Platter, 1499~1582 산책로, 바젤 대학에서 공부했던 유명한 의사이자 연금술사인 파라켈수스Paracelsus, 1493~1541 산책로, 바젤에서 화가생활을 한 르네상스기의 대표 화가 한스 홀바인Hans Holbein, 1497~1543 산책로 등이 바로 5가지 테마 코스이다.

구시가 벽이나 갈림길 곳곳에 각 인물의 얼굴이 그려진 방향 표지판이 설치되어

있다. 이 표지판을 찾아 구시가 골목을 요리조리 누비다 보면 어린 시절 숨은 보물찾기를 하던 기분이 든다. 그 길을 따라 다니면 바젤의 구석구석을 저절로 다 돌아보게 된다.

인문학자 에라스무스를 따라가면 바젤의 역사 지구 중심을 돌아볼 수 있고, 역사학자 야콥 부르크하르트를 따라가면 바젤의 과거와 현재가 어우러진 모습을 볼 수 있다. 토마스 플라터는 바젤의 학문과 공예를 알려 준다. 파라켈수스는 연금술사가 되어 중세의 한적한 골목으로 우리를 이끌어 준다. 화가 한스 홀바인은 바젤을 가로지르는 라인강의 좌안과 우안을 넘나들며 바젤의 아름다움을 보여 주고 즐거운 산책의 동행자가 되어 준다. 위대한 5명의 지성인을 따라 바젤의 구석구석을 돌아보면 바젤의 예술과 문화, 역사의 깊이를 몸소 체험할 수 있다.

라인 강변 산책로 따라 걷는 길

라인 강변 산책로Rheinweg는 대성당 뮌스터에서 강 건너편 클라인바젤에 있는 오베러 라인 산책로Oberer Rheinweg와 뮌스터 바로 아래쪽 강변의 성 알반 산책로St. Alban Rheinweg 두 군데가 있다. 오베러 라인 산책로는 베트슈타인 다리Wettsteinbrücke에서부터 드라이로젠 다리Dreirosenbrücke까지 약 2km 구간이다. 성 알반 산책로는 뮌스터 옆에 있는 베트슈타인 다리에서 고속도로 입구까지 약 1.5km 구간이다. 개인적으로 전망이 좋은 코스는 오베러 라인산책로이며 유유히 흐르는 라인강과 뮌스터, 구시가가 만들어 내는 멋진 스카이라인을 감상하며 거닐 수 있다.

겨울 시즌에는 차가운 바람을 맞으며 상쾌하고 한적한 산책을 즐길 수 있고, 여름철에는 라인강에서 수영을 즐기거나 선탠을 하며 책을 읽는 활기차고 여유로운 바젤 시민들의 모습을 엿볼 수 있다. 주로 상류의 슈바르츠발트 다리 근처에서부터 강의 흐름에 따라 하류로 내려가다가 중간에 강변에서 쉬어 간다. 또 하류에 있는 몇 군데의 출구를 통해 강에서 나와 다시 상류로 올라가서 떠내려 오며 수영을 즐긴다.

1 유유히 흐르는 라인강 위 미틀레레 다리와 바젤 구시가
2 라인강을 따라가면 프랑스, 독일, 스위스 3국의 국경 지점을 눈앞에서 볼 수 있다.

대성당이 마주 보이는 강 건너편에 이르면 유럽의 다른 곳에서 보기 힘든 독특한 나룻배를 목격할 수 있다. 이 나룻배는 어떤 동력 장치도 없이 강변을 가로질러 설치된 로프에 연결되어 있으며 강물의 유속을 이용해 강을 건넌다. 의외로 속도가 빠르다. 바젤 한가운데로 흐르는 라인강 위에 놓인 5개의 다리 사이로 각각 총 4곳에 나룻배 선착장이 있다. 그중에서도 제일 아름다운 풍경을 볼 수 있는 곳은 뮌스터 아래 남쪽 강변과 북쪽 강변을 연결하는 나룻배 Münsterfähri이다. 나룻배를 타고 바라보는 뮌스터와 구시가, 라인강과 다리가 한 폭의 정교한 풍경화를 이룬다.

　라인강 상류를 따라 계속 올라가면 프랑스, 독일, 스위스 3국의 국경에 접해 있는 3국 국경 지점 Dreiländereck이 있다. 3국 국경이 라인강 위에서 나누어지는데 그 지점 바로 앞에 3국의 국기를 휘감은 듯한 커다란 창 형태의 조형물을 세워 놓았다. 이곳에 서면 스위스, 독일, 프랑스를 한눈에 감상할 수 있다. 또한 열차나 버스를 타고 국경을 넘어 독일의 검은숲과 프라이부르크, 프랑스의 콜마르, 스트라스부르까지 1~2시간 이내에 갈 수 있어 3국 당일치기 여행이 가능다는 것이 바로 바젤만의 매력이다.

1 나룻배를 타고 라인강을 건너는 아이들은 호기심이 가득하다.　2 스위스에서 가장 독특한 아름다움을 자랑하는 바젤 시청사는 바젤 여행의 랜드마크이다.

유유히 흐르는 라인강 위로 느리게 흐르는 나룻배와 그 너머의 뮌스터 대성당, 푸른 하늘이 긴 여운으로 남는다.

● **바젤 파스나흐트 축제 참가하기** 바젤 파스나흐트Basler Fasnacht는 유럽에서 최고의 지역 축제 50곳 중 하나로 선정된, 스위스의 최대 규모 축제이며 매년 2월~3월 사이에 열린다. 매년 재의 수요일Ash Wednesday, 사순절이 시작되는 첫날 후 월요일에 시작되어 3일간 열린다. 새벽 4시 정각에 악단 지휘자가 "모르게슈트라이히, 포어배르츠 마르쉬모르게슈트라이히, 앞으로 전진, Morgestraich, vorwärts marsch!"라고 명령하면 행진과 함께 연주가 시작된다. 레스토랑이나 바들이 72시간 동안 영업을 계속해 바젤 파스나흐트의 전통음식인 즈비벨쿠헨Zwiebelkuchen이나 케제베헤Käsewähe 같은 요리를 맛볼 수 있다. 무려 2만 명에 가까운 바젤 주민이 특이하게 장식된 복장과 우스꽝스러운 가면을 쓰고 축제에 참여한다. 메인 퍼레이드는 월요일과 수요일 오후에 있다. 이때는 큰 수레가 이동하면서 과일, 꽃, 사탕 등을 군중들에게 던진다. 월요일 저녁부터 수요일 아침까지는 뮌스터 광장에서 세계 최대의 랜턴 전시장이 열린다. 파스나흐트는 바젤 구시가의 주요 광장인 마르크트 광장, 바르퓌서 광장, 클라라 광장, 뮌스터 광장과 구시가 일대에서 펼쳐진다. www.fasnacht.ch

● **바젤 건축 감상하기** 렌조 피아노Renzo Piano, 마리오 보타Mario Botta, 프랭크 오 게리Frank O. Ghery 등 세계적인 명성을 가진 건축가들의 현대 건축물들이 도시 곳곳에 자리 잡고 있다. 프리츠커 수상자들의 3분의 1이나 되는 건축가들이 바젤에 건축물을 세웠으며, 현재 바젤은 현대 건축의 메카로 인정받고 있다. 리하르트 마이어Richard Meyer, 프랭크 오 게리, 마리오 보타와 바젤에 본사를 두고 있는 헤르조그와 뒤 뮈롱Herzog & de Meuron에 이르기까지 세계 건축을 이끄는 이들이 바젤의 현대 건축물의 하이라이트를 빛내고 있다. 바젤 시내에서 15분이면 도착하는 독일 국경 도시, 바일 암 라인Weil am Rhein에 있는 비트라 캠퍼스Vitra Campus는 건축학도들의 필수 코스이다.

함께 산책하고 싶은 길 10

Cinque Terre

친퀘테레의 다섯 마을 산책

| **위치** | 이탈리아 북서부 리구리아주(州) 친퀘테레

| **교통** | 친퀘테레로 들어가기 위해서는 피사를 거쳐 라 스페차 중앙역La Spezia Centrale으로 들어가는 것이 가장 편리하다. 5개의 해안마을마다 역이 있기 때문에 기차로 이동하면 편리하다. 암벽 해안 마을이어서 자동차 접근성은 좋지 않다. 친퀘테레의 마을들은 모두 제노바Genova-라 스페지아La Spezia 해안선상에 위치해 있다. 열차편은 트렌이탈리아 홈페이지를 참조한다.www.ferroviedellostato.it

 이탈리아 북서부의 리구리아Liguria주에 위치한 친퀘테레는 '다섯 개의 땅'이라는 이름처럼 리오마조레Riomaggiore, 마나롤라Manarola, 코르니글리아Corniglia, 베르나차Vernazza, 몬테로소 알 마레Monterosso al Mare의 다섯 마을로 이루어져 있다. 해안가에 불규칙한 간격으로 늘어서 있는 개성 어린 이 다섯 개의 마을을 이어 주는 해안길은 친퀘테레 여행의 백미이다. 이 해안 산책로는 센티에로 아쭈로Sentiero Azzurro라고 불리는데 '담청색 길'이라는 뜻이다. 리오마조레에서 시작되는, 그 이름도 사랑스러운 '사랑의 작은 길Via dell'Amore'은 리오마조레 기차역을 나와서 시작된다.

 이 작은 길은 이름처럼 2km 조금 넘는 짧은 구간이어서 30분도 채 걸리지 않는다. 하지만 걷다 보면 눈부신 풍경에 발걸음은 자꾸만 느려지고, 입에서는 나도 모르게 감탄사가 흘러나온다. 이 길은 혼자 걸으면 괜한 소외감이 들 정도로 연인과 가족 여행자들이 많이 몰려든다. 절벽 중턱으로 이어진 구불구불한 사랑의 작은 길을 걷다 보면 마음속에는 이유를 알 수 없는 작은 기쁨이 샘솟는다. 풍경이 선사하는 즐거

1 친퀘테레의 첫 번째 마을인 리오 마조레는 푸른 바다와 하늘 사이에서 역동적인 색채를 선사한다.
2 파도가 거친 날 마을 안쪽 작은 광장으로 끌어올려진 배들

움인지, 함께 걷는 이가 주는 행복인지 헷갈리지만 그건 중요치 않다. 이렇게 눈부신 길을 걸을 수 있다는 그 자체가 기쁨이다. 도중에 유명한 키스 조각상이 있는데, 이곳은 연인들이 꼭 키스 기념사진을 남겨야만 통과할 수 있는 마법 같은 곳이다. 그냥 지나치려 하면 옆을 지나가던 외국인 노부부가 혹은 다른 여행자들이 기꺼이 사진을 찍어 주겠다며 얼른 키스를 하라고 재촉한다. 작은 실랑이에 함박웃음이 피어난다.

거친 절벽 위 자연과 사람이 만든 풍경
'사랑의 작은 길'을 걷다 보면 마나롤라에 닿는다. 마나롤라는 마을 속에 들어가 있을 때보다 마을을 뒤로 하고 코르니글리아를 향해 걷다가 큰 모퉁이를 돌기 전 뒤로 바라볼 때의 전경이 숨 막힐 정도로 아름답다. 거친 절벽 위에 솟아 있는 파스텔톤의 집과 산비탈의 푸른 포도밭, 절벽 아래로 규칙적으로 밀려드는 파도가 하얀 포말을 일으킬 때 보는 이의 심장을 거세게 뛰게 만든다. 셔터만 누르면 작품이 나오는 곳이다. 집들을 다양한 색채로 칠하게 된 이유는 바다에서 일하던 어부들이 먼 바다에서도 자신의 집과 집에 있는 아내를 알아보기 위해서라고 한다.
    코르니글리아 마을은 가파른 절벽 위쪽 산꼭대기에 있다. 368개의 계단을 숨을 참아 가며 올라 마침내 정상에 다다르면 놀랄 만큼 빼어난 풍경을 선사해 준다. 걷기에 지쳤다면 좁은 골목 사이로 풍겨 나는 음식 냄새를 따라 마음이 끌리는 식당에 들어가 파스타 한 접시와 진한 에스프레소 한 잔으로 여유를 누리는 것도 좋다.

푸른 바다와 맞닿아 걷는 길
코르니글리아에서 베르나차로 이어지는 길은 숲 속을 걷다가 절벽 길을 걷기도 하고 올리브 나무 작은 숲 사이를 걷기도 한다. 아주 오랜 옛날부터 경작된 산비탈의 계단식 밭들과 올리브 나무들은 자연과 함께 살아가는 친퀘테레의 아름다움 그 자체이다. 작은 해안과 예쁜 종탑이 있는 성당을 품고 있는 베르나차는 친퀘테레의 숨은 보석이다. 카스텔로 도리아 탑에 올라 바라보는 전경은 숨 막힐 정도로 아름답다. 베르나차에서 몬테로소 알 마레로 가는 길, 포도밭 중간쯤 산길 모퉁이에서 잠시 걸음을 멈추고 베르나차를 바라보라. 먼 수평선과 파스텔빛 마을, 초록빛 포도밭 그리고 철길 위로 간헐적으로 지나가는 열차가 만드는 풍경이 친퀘테레 여행의 클라이맥스를 이룬다. 한참을 걸어서 조금 지쳤다면 친퀘테레에서 가장 넓은 해변을 자랑하는 몬테로소 알 마레 해안에서 마음껏 수영을 즐기고 모래사장에서 선탠을 하며 쉬어 보면 어떨까?

푸른 바다와 거친 절벽, 절벽 위에 솟아오른 다섯 마을, 드라마틱한 해안길, 산비탈을 따라 잘 가꾸어진 포도밭이 어울린 친퀘테레 풍경은 마음까지 정화시켜 주는 힘이 있다. 여름이면 색색의 파라솔로 가득한 몬테로소 알 마레 해안, 2011년 홍수로 인해 큰 피해를 입었지만 다시 그 아름다움을 되찾은 매력적인 작은 어촌마을 베르나차, 항구를 가지고 있지는 않지만 포도밭 산속에 독수리 요새처럼 솟아 있는 코르니글리아, 암벽 위 층층이 솔방울처럼 쌓인 파스텔톤의 집들이 그림 같은 마나롤라, 작은 항구를 안고 있으며 파도가 높은 날에는 바다에서 끌어올린 색색의 어선들이 마을 중심 광장에 옹기종기 모여 있는 리오마조레.

어스름이 내리는 저녁 때 리오마조레 항구에 있는 식당에 들러 야외 테이블에서 맛보는 정통 이탈리아 해산물 파스타도 좋지만, 잔잔해진 바다를 바라보는 어스름의 시간이 더욱 인상적이다. 비현실적으로 아름다운 풍경 사진은 친퀘테레 여행이 선사하는 보너스이기에 이곳을 찾는 여행자라면 어느 누구도 결코 그 선택을 후회하지 않으리라.

1 마나롤라 바닷가에서 뜨거운 햇살 아래 일광욕을 즐기는 여행자들 2 리오마조레에 저녁이 오면 푸른 대기가 감싸고 여행자들은 삼삼오오 레스토랑에 자리를 잡는다.

바다를 품고 있는 마을, 베르나차는 바다와 어울린 풍경이 드라마틱하다.

●**친퀘테레 여행하기** 11세기에 처음으로 역사 기록에 등장한 친퀘테레의 마을은 바로 몬테로소와 베르나차였다. 역사의 부침 속에서 1970년대 이전까지만 해도 소외되고 가난한 어촌마을이었다. 1970년대부터 관광으로 조금씩 부와 명성을 얻기 시작했고, 1998년에 친퀘테레 마을 전체가 유네스코 세계문화유산으로 지정되면서 세계적인 명성을 얻게 되었다. 다섯 마을 이어 주는 전체 길이는 13km 정도이고, 마을 사이의 평균 거리는 3.2km 정도이다. 전체 마을을 다 걷는 데는 평균 대여섯 시간 정도 걸린다.

●**현지 교통편 이용하기** 관광안내소에 들러 하이킹 지도와 기차 시간표를 챙기고 친퀘테레 카드를 구입하는 것이 현명한 선택이다. 1, 3, 7일간 유효한 친퀘테레 카드는 정해진 기간 동안 추가 비용 없이 라 스페차와 친퀘테레 다섯 마을을 지나 레반토Levanto 마을 구간의 열차와 버스를 마음껏 이용할 수 있다. 친퀘테레에서 숙소를 구하기 어려울 경우 라 스페차나 레반토에 숙소를 잡고 친퀘테레 카드를 이용해 돌아보는 것도 차선의 선택이 될 수 있다. 다섯 마을 중 배가 정박할 수 있는 항구가 없는 코르니글리아를 제외하고 4개의 마을을 이어 주는 페리선도 운항하고 있다.

●**해산물 튀김 먹기** 친퀘테레는 바닷가 마을이기 때문에 해산물이 유명하다. 그중에서도 걷다 보면 종이 깔대기에 다양한 해산물 튀김이 담겨 있는 것을 많이 보게 된다. 각종 해산물 튀김을 저렴하게 즐길 수 있다.

●**레몬 관련 제품 사기** 친퀘테레는 레몬이 유명하다. 그래서 곳곳에서 레몬을 이용한 비누, 샴푸, 술 등의 제품을 많이 판매한다.

Part.2

예술 작품을 만나는 공간 10

01 프랑스 모네의 정원과 연못을 만나는 지베르니 | **02 이탈리아** 피렌체 예술을 집대성한 우피치 미술관 | **03 독일** 가구와 건축을 아우른 비트라 디자인 박물관 | **04 프랑스** 세잔의 아틀리에가 있는 엑상프로방스 | **05 벨기에** 루벤스와 네로의 자취가 남은 안트베르펜 | **06 스페인** 화가 엘 그레코가 사랑한 톨레도 | **07 프랑스** 고흐가 사랑한 프로방스의 아를 | **08 오스트리아** 클림트의 키스를 만나는 빈 | **09 스페인** 스페인 예술을 대표하는 프라도 미술관 | **10 프랑스** 유럽 예술의 거점이 된 루브르&오르세 박물관

예술 작품을 만나는 공간 01

Giverny

모네의 정원과 연못을 만나는 지베르니

| **위치** | 프랑스 북서부 오트노르망디주(州) 지베르니
| **교통** | 파리 생 라자르역Gare St-Lazare에서 베르농행 SNCF 열차로 45분 소요된다. 베르농역에 내려서 택시를 타거나 버스를 타고 지베르니 마을까지 가면 된다. 버스는 기차 도착 시간에 맞추어 운행되는데, 생 라자르역에서 버스 티켓까지 포함하는 콤비티켓을 구매하면 편리하다. 기차역 바깥 바로 맞은편에 있는 카페에서 자전거도 빌릴 수 있다.

프랑스 인상파의 거장 모네Oscar-Claude Monet, 1840~1926의 대작인 〈수련〉 연작이 실제 눈앞에 펼쳐지는 공간이 있다. 한 걸음씩 모네의 그림 속으로 걸어 들어가 대작을 지그시 바라보고, 대기를 호흡하고, 빛과 색채의 유희를 탐닉할 수 있다. 모네가 실제로 살았고, 그림을 그렸고, 그림의 피사체로 삼아 늘 함께 호흡하던 공간 속으로 빠져 들어가는 곳이 바로 세느Seine강과 엡트Epte강이 만나는 계곡 안에 있는 지베르니이다.

파리를 지나 북서쪽으로 달리는 기차 안에서 창 밖을 바라보던 모네는 평범해 보이기만 하던 작은 마을에 마음을 뺏겨 이주를 결심했다. 그리고 1883년 5월에 부인과 8명의 자녀를 데리고 이곳으로 이주했다. 그는 이곳에서 43년을 살다가 1926년에 생을 마쳤고, 이곳은 모네 그림의 소재이자 영감의 원천으로서 지대한 영향을 미쳤다.

그는 정원의 설계와 정원 조성을 위한 꽃의 구입, 배치까지 그가 정원사에 직접 지시하고 나중에 7명의 정원사를 두었을 정도로 정원 가꾸기에 열심이었다. 또한

1 모네의 정원에는 아름다운 색채를 품은 꽃들과 식물들이 무성하게 향기를 발하며 자란다. 2 모네의 정원과 연못은 마치 모네의 그림 속을 걷고 있는 듯한 착각에 빠지게 한다. 3 웅장한 베르농 성당이 있는 지베르니 인근 마을 베르농

수련이 가득 피어나는 큰 연못을 조성하고 수양버들과 나무들로 연못을 감쌌다. 변화하는 빛과 거울 같은 반영이 있는 이 풍경들은 모네 작품의 핵심이 되었다. 1899년에 그는 비로소 〈수련〉을 그리기 시작했다. 이후 그의 생애의 남은 20여 년간 지속적으로 연작에 전념했다. 이렇게 반복을 통해 그는 계절의 경과와 빛의 변화를 포착하고자 했다. 지베르니는 바로 이런 그의 꿈을 실현할 수 있는 무대였다. 지베르니가 없었다면 그의 〈수련〉 연작은 불가능했을 것이다. 1910년대 중반에 모네는 '수련 연못을 통해 추상 예술의 출발점이 되는 완전히 새롭고, 부드러우며 대담한 회화 스타일개리 틴터로우, Gary Tinterow을 성취했다.'고 인정받았다.

1910년대 중반에 백내장 증상과 수술로 인해 그림에 붉은 톤이 더해지거나, 정상적인 육안으로는 볼 수 없는 자외선 파장을 볼 수 있게 되어 그의 그림은 한층 인상적인 색채 요소가 강해졌다. 1926년에 그는 86세의 나이에 폐암으로 사망했고 이곳, 지베르니 교회 묘지에 묻혔다.

빛과 색채의 마술사 모네의 비현실적인 현실이 눈앞에 펼쳐지는 경험을 하고 싶다면 주저하지 말고 당장 지베르니로 달려가면 된다.

● **지베르니 여행하기** 모네의 집클로드 모네 재단, Monet's HouseFondation Claude Monet에는 모네의 그림 진품은 없다. 그의 생활 공간과 작업실, 그가 수집한 일본식 목각 프린트들, 집 앞에 직접 가꾼 화려한 식물 정원 그리고 정원과 연결된 통로로 갈 수 있는 수련 연못을 천천히 둘러보면 좋다. 혼잡한 시간을 피해 일찍 가는 것이 좋다.
· **주소** 84 Rue Claude Monet · **전화** +33 (0)2 32 51 28 21 · **시간** 4월~10월 월~일요일 9:30~18:00 *온라인으로 e-티켓 구매 가능

● **인상파 박물관 둘러보기** 인상파 박물관Musée des Impressionnismes Giverny은 프랑스 인상주의 예술의 영향을 받은 19~20세기 미국 출신 화가들의 작품을 주로 전시하는 곳으로 들러보면 좋다.
· **주소** 99 Rue Claude Monett · **전화** +33 (0)2 32 51 94 65 · **시간** 5월~10월 화~일요일 10:00~18:00 · **입장료** 성인 6,50유로, 학생&12~18세 4,50유로, 7세~12세 3유로, 7세 이하 무료

● **파리 마르모탕 미술관 방문하기** 마르모탕 미술관Musée Marmottan은 파리 시내에 있으며 프리미티브 회화, 타피스리, 가구, 청동제품, 제1제정기1804-1814의 회화 등을 소장하고 있다. 무엇보다 인상주의의 시작을 알린 모네의 작품 〈인상, 해돋이〉도 이곳에 전시되고 있으며 〈수련〉 연작의 대작들을 감상할 수 있다.
· **주소** 2 Rue Louis Boilly 75016 Paris · **전화** +33 (0)1 44 96 50 33 · **입장료** 10유로/18.5유로Combined ticket : +Monet Giverny Foundation · **시간** 화~일요일 10:00~18:00, 월요일 휴관 · **찾아가는 방법** 지하철 9호선 La Muette역 하차후 도보로 8~10분 정도 소요 · **홈페이지** www.marmottan.com

예술 작품을 만나는 공간 02

Firenze

피렌체 예술을 집대성한 우피치 미술관

| **위치** | 이탈리아 중부 토스카나주(州) 피렌체
| **교통** | 피렌체 중앙역인 산타 마리아 노벨라Santa Maria Novella, S.M.N역에서 도보로 15분 거리, C1버스로 10분 정도 소요 시뇨리아 광장에 있는 베키오 궁전 바로 옆에 있다. 관심 있는 작가들의 작품이 있는 방을 박물관 지도에 미리 표시해 두고 감상하기를 권한다. 모르고 지나치면 다시 돌아오기 힘든 구조로 되어 있다. 성수기에는 온라인으로 미리 예약하는 것을 추천하며 예약을 하지 못했다면 최소 1시간~5시간까지 기다려야 할 수도 있다.

피렌체는 1982년에 유네스코 세계문화유산으로 선정되었고, 2007년에 세계에서 최고로 매력적인 여행지로 선정되었으며, 미국의 저명한 경제잡지《포브스Forbes》에 의해 세계에서 가장 아름다운 도시들 중 하나로 선정되었다. 이러한 사실들을 나열하지 않더라도 피렌체는 도시 그 자체가 르네상스의 색채로 그려진 회화이자 몽환적인 선율이며, 최고의 건축이자 위대한 역사이다. 두오모를 한 바퀴 돌아보고, 늦은 오후 아르노 강변을 따라 거닐다가 화려한 금세공품에 잠시 한눈을 팔기도 하면서 베키오 다리를 천천히 건너 본다. 잔잔히 흐르는 아르노강은 그 옛날 어린 단테가 베키오 다리 위에서 베아트리체를 만나 첫눈에 반했던 그 장면을 목격했을까?

베키오 다리를 건너 시뇨리아 광장Piazza della Signoria으로 들어서면 피렌체 르네상스의 꽃인 우피치 미술관Galleria degli Uffizi이 나온다. 우피치 건물은 〈미술가 열전1550〉으로 유명한 조르조 바사리Giorgio Vasari, 1511~1574가 설계한 것으로, 원래는 화려

1 미켈란젤로 언덕에서 바라보는 르네상스의 꽃 피렌체는 저녁이 되면 더욱 아름답다. 2 아르노강 위로 베키오 다리와 오른편으로 우피치 미술관이 구시가를 아름답게 수놓고 있다.

한 르네상스식 건축물로 메디치 가家의 궁전으로 건설되었다. 영어로 오피스Office라는 뜻으로 1560년에서 1580년에는 코시모 1세의 사무실로 사용되기도 하였다. 지금은 보티첼리의 〈봄La Primavera〉, 〈비너스의 탄생Nascita di Venere〉, 다 빈치의 〈수태고지〉, 미켈란젤로의 〈성가족聖家族〉, 라파엘로의 〈방울새의 성모〉, 티치아노의 〈우르비노의 비너스〉 등 최고의 걸작들이 전시되어 있다. 여기에 메디치가가 대대로 수집한 작품들을 중심으로 르네상스 전 시대를 아우르는 많은 조각과 회화가 묘한 아우라를 뿜어내며 최고의 미술관으로 자리매김하고 있다.

우피치 미술관을 그저 가볍게 둘러보기만 해도 최소한 반 일 정도가 소요된다. 하나하나의 작품을 음미하려면 거의 일주일은 피렌체에 눌러앉아야 할 것이다. 긴 줄이 늘 늘어서 있다는 것도 예상하고 가는 편이 좋다. 주요 회화 작품들은 3층에 전시되어 있으며 작품마다 번호가 매겨져 있다. 유명한 보티첼리의 작품들이 있는 방은 10~14번이며, 다 빈치는 15번, 미켈란젤로는 25번이다.

'그'자형의 모양을 하고 있는 우피치의 회랑과 복도를 거닐다 보면 자신도 모르게 수백 년을 거슬러 화려한 미학의 세계로 빠져들게 된다. 그저 잠시 거닐기만 해도 예술적·문화적 향기가 곳곳에서 배어 나오는 르네상스의 도시 피렌체. 이제 느긋하게 눈앞에 펼쳐지는 풍경을 관조하며 우피치로 한 걸음 내딛어 보는 것은 어떨까. 물론 최소한 며칠을 머물 요량으로 말이다.

● **우피치 미술관 카페에서 잠시 쉬어 가기** 우피치 미술관 전시실 위층에 있는 카페에서 차를 마시며 잠시 여유를 부리는 것도 좋다. 카페와 연결된 옥상에서 두오모의 쿠폴라를 조망할 수 있어 조금 비싸지만 아깝지 않을 것이다.

● **비스테카 알라 피오렌티나 맛보기** 피렌체를 필두로 하는 토스카나 지방에서 반드시 맛보아야 할 대표 요리가 바로 비스테카 알라 피오렌티나Bistecca alla Fiorentina이다. 두툼한 고기 속에 T자형 뼈가 들어 있어서 일명 '티본 스테이크T-bone steak'라고도 불린다. 진정한 비스테카 알라 피오렌티나는 이탈리아 중부 토스카나와 움브리아주에 걸쳐 있는 비옥한 충적토양의 키아나 계곡Val di Chiana에서 키운 키아니나종Chianina Breed의 부드럽고 신선한 고기로 요리된다. 관광객들이 몰리는 식당보다는 현지인들이 즐겨 찾는 구석진 골목에 있는 식당이 가격도 저렴하고 맛도 좋다.

예술 작품을 만나는 공간 03

Weil am Rhein

가구와 건축을 아우른 비트라 디자인 박물관

| **위치** | 독일 남서부 바덴뷔르템베르크주(州) 바일 암 라인
| **교통** | 스위스 바젤로 간 후, 클라라플라츠Claraplatz나 바젤에 있는 독일 기차역인 바디셔 반호프Badischer Bahnhof or DB역 앞에서 55번 버스를 타면 비트라 디자인 박물관 바로 앞에 도착한다. 클라라플라츠에서 20분, DB에서 15분 정도 소요된다. 바젤 시내에서 택시를 타고 10~20분 정도 소요된다.

스위스 바젤에서 버스를 타고 10여 분을 달려 한 마을에 내린다. 그곳은 독일의 바일 암 라인Weil am Rhein. 생소한 지명이지만 바젤에 머문다면, 건축이나 디자인에 관심이 있다면 결코 지나칠 수 없는 곳이다. 비트라 캠퍼스Vitra Campus로 일컬어지는 현대 건축 거장들의 건축물과 세계 최고의 디자인 작품을 전시하는 곳이다. 또한 스위스 최고의 가구 디자인 회사 비트라의 가구 제품을 실제로 체험하고 구입도 할 수 있는 비트라 하우스Vitra House가 있다.

1940년대에 스위스 바젤에서 탄생한 가구회사 비트라는 바젤 근교 독일의 마지막 도시인 바일 암 라인에 비트라 디자인 박물관을 세우고 바로 옆 넓은 부지에 세계적인 명성을 가진 건축가들과 콜라보레이션으로 공장건물, 소방서, 명상관 Meditation Pavilion, 1993 등을 세워서 이를 모두 통칭하는 비트라 캠퍼스를 이루었다.

안도 다다오Ando Tadao, 리처드 풀러Richard Buckminster Fuller, 프랭크 게리, 니콜라스 그림쇼Nicholas Grimshaw, 자하 하디드Zaha Hadid, 헤르조그와 드 뫼론Herzog & de Meuron, 알바로 시자Alvaro Siza 등 현대의 세계 최고 건축가들이 각자의 개성과 아름다움으로 비트라 캠퍼스를 채웠다. 이 건축물들이 만들어 내는 독특한 앙상블과 콘트라스트는 세계 어디에서도 보기 힘든 진풍경이다. 그래서 이곳은 건축학도와 디자이너들에게는 현대 건축과 디자인을 한눈에 볼 수 있는 건축과 디자인의 메카이다.

마치 뒤틀린 상자처럼 기하학적인 형태를 하고 있는 비트라 디자인 박물관은 1989년에 미국인 건축가 프랭크 게리가 유럽에서 작업한 첫 번째 프로젝트로 건설되었다. 박물관 바깥에서 위치를 달리하면서 건물을 바라보면 마치 피카소의 그림을 보는 것처럼 일관된 방향성이 없어 보는 각도에 따라 똑같은 모양이 하나도 없이 다른 형태로 보인다. 각 방의 구석 혹은 천장으로부터 들어오는 자연광은 전시실 내의 실내 조명과 어울려 독특한 분위기를 연출한다.

비트라 디자인 박물관을 마주 보고 있는 비트라 하우스는 독특한 외관과 하나의 건물 속에 유려한 디자인 전시 공간이 개별적이면서 효율적으로 배치되어 있어 인테리어와 가구 디자인에 관심이 많은 사람에게 폭발적인 인기를 얻고 있다. 의자, 테이블, 꽃병 등 다양한 비트라의 최신 디자인 제품들을 직접 만져 보고 체험해 볼 수 있으며 온라인으로 배달 주문이 가능하도록 시스템이 갖춰져 있어서 편리하다. 물론 윈도쇼핑 window shopping 만도 가능하다. 세계 최고의 건축 디자인의 아름다움에 마음을 빼앗긴 여행자들은 비트라 하우스의 디자인 제품들에 매혹되어 시간 가는 줄도 모르고 비트라 캠퍼스를 헤매게 될 것이다.

● **비트라 디자인 박물관 여행하기** 비트라 디자인 박물관Vitra Design Museum은 유료이며 비트라 하우스는 누구나 마음껏 둘러볼 수 있고 제품도 구매할 수 있다. 2시간 정도 진행되는 비트라 캠퍼스Vitra Campus 건축 가이드 투어 프로그램도 있다. 가이드 투어가 부담스럽다면 비트라 디자인 박물관만 따로 갈 수도 있다.

비트라 캠퍼스 ·**주소** Charles-Eames-Str, 2 D-79576 Weil am Rhein ·**전화** +49 (0)7621 702 3500 ·**이메일** vitrahaus@vitra.com ·**홈페이지** www.vitra.com/campus ·**시간** 월~일요일 10:00~18:00

비트라 디자인 박물관 ·**이메일** info@design-museum.de ·**홈페이지** www.design-museum.de 독, 영, 불, 이, 스, 중, 일 ·**콤비네이션 티켓** 박물관+건축 가이드 투어: 성인 18유로, 할인 16유로, 12세 미만 아동 무료 ·**건축 가이드 투어** 매일 독일어-11:00, 13:00, 15:00 / 매일 영어- 12:00, 14:00 ·**시간** 연중무휴, 10:00~18:00 ·**요금** 박물관 성인-10유로, 할인 8유로/건축가이드투어-2시간 소요 성인 13유로, 할인 11유로

● **비트라 하우스에서 가구 제품이나 기념품 구입하기** 비트라의 홈 컬렉션을 전시·판매하고 있는 비트라 하우스에서는 직접 제품을 체험할 수 있다. 마음에 드는 물건은 각 전시 코너에 있는 인터넷이 연결된 아이패드를 통해 간단히 온라인 주문을 할 수 있다. 비트라 하우스 1층에는 기념품 코너가 있다. 비트라 가구의 미니어처나 간단한 일상 소품을 구매할 수 있다.

1 건축학적으로 독특한 비트라 하우스 내부는 비트라의 제품들로 가득하다. 건축학도들과 디자이너들의 필수 코스이다.
2 비트라 하우스 내부는 다양한 테마의 가구들과 세련된 디자인의 작품들로 채워져 있다.

예술 작품을 만나는 공간 04

Aix-en-Provence

세잔의 아틀리에가 있는 엑상프로방스

| **위치** | 프랑스 남부 부슈뒤론주(州) 엑상프로방스
| **교통** | 엑상프로방스는 TGV역과 일반 기차역을 모두 갖추고 있어 파리와 마르세유 같은 도시와 잘 연결되어 있다. TGV역과 엑상프로방스 사이에는 셔틀버스가 운행된다. 일반 기차역은 도시 중심부와 도보로 5분 거리이다. 마르세유에서 30~40분 소요된다. 파리 리용역 Gare de Lyon에서 엑상프로방스 TGV역까지 3시간 5분 내외로 소요된다.

    엑상프로방스 Aix-en-Provence는 프랑스 남부 프로방스 지방에 있는 중세풍의 작은 마을이다. 폴 세잔 Paul Cezanne, 1839~1906은 1839년에 이곳에서 태어났고, 아버지의 반대를 무릅쓰고 1861년에 고향을 떠나 당시 예술의 중심 파리로 향했다. 당시 화가들이 한두 가지 분야에 집중한 것과 달리 그는 정물, 인물, 풍경, 누드까지 다양한 분야를 섭렵했다. 파리 살롱에 출품한 작품들이 계속 거절당하다가 마침내 1882년에 성공적으로 파리 살롱에 입성, 1895년에는 화가로서 더 크게 성공했다. 하지만 바로 그해에 그는 고향 땅으로 돌아와 버렸다. 엑상프로방스의 조용한 자연 속 소박한 아틀리에에서 그는 고독하게 작품 활동을 계속했다.

    그의 작품들은 대중들에게 잘 받아들여지지는 않았지만 젊은 화가들은 그를 존경했고 그의 그림을 추종했다. 세잔은 형태를 해체하는 화법을 개발했고, 이는 즉각 큐비즘 Cubism, 입체파의 발전에 영향을 미쳤다. 그는 마티스 Matisse와 피카소 Picasso의 아버지로도 불린다.

세잔이 사랑한 마을

작고 조용하던 마을은 프랑스 초고속 열차인 TGV역이 들어서면서 프랑스 북부를 비롯한 유럽의 주요 도시로부터 수많은 여행자를 몰고 왔다. 작은 골목과 광장, 중세의 느낌이 남아 있는 건축물, 활기찬 시장, 다국적 레스토랑이 가득한 엑상프로방스를 거닐다 보면 세잔이 왜 이 도시를 사랑했는지 알 수 있을 것이다.

도시 곳곳에서 솟아나는 분수와 복잡한 문, 종탑이 이 도시의 건축을 수놓는다. 또한 엑상프로방스의 광장이나 대로를 따라 다채로운 색채와 향기로 가득한 시장들이 다양하게 열리는데, 특히 토요일이나 여름철에는 축제처럼 활기가 넘친다.

아름다운 분수와 세월의 두께가 쌓인 좁은 골목, 사람들로 붐비는 광장을 지나 구시가를 벗어난 한적한 자연 속에 세잔의 아틀리에Atelier des Lauves가 조용히 숨어 있다. 전형적인 프로방스풍 주택의 모습을 한 그의 아틀리에는 지금도 그의 숨결이 그대로 느껴진다. 세잔이 사용하던 여러 가지 미술도구, 입던 양복, 그의 정물화의 모델이 되었던 낡은 주전자와 소품들이 여기저기에 놓여 있다. 그는 주변에 있는 소소한 일상의 사물들을 비범한 예술적 그림으로 승화시켰다.

밤의 장막이 엑상프로방스를 덮으면 작은 분수대 옆에서 노래하던 거리의 악사는 어느새 사라지고 정적만이 흐른다. 그 밤공기 속에서 희미한 조명 아래 골목길을 걸으면 어디선가 라벤더 향기가 풍겨 오는 곳이 바로 엑상프로방스이다.

- **엑상프로방스 여행하기** 시내 곳곳에 버스정류장이 있으며 마르세유와도 버스 노선이 잘 연결되어 있다. 시내 중심은 구시가로 상당히 잘 보존되어 있으며 대로와 광장으로 둘러싸여 있는데, 도보로 손쉽게 돌아볼 수 있다. 현재 미라보 대로에서 영업하고 있는 카페 레 되 가르송Les Deux Garcons은 화가 세잔의 단골 카페였다. 세잔이 가장 좋아한 피사체는 마을 동쪽에 있는 생 빅토와르 산Mont Sainte Victoire이었다. 관광안내소에서는 도시 내부의 세잔 관련 유적지와 생 빅토와르 산과 같이 외곽의 세잔이 자주 갔던 장소들을 돌아보는 코스Dans les Pas de Cézanne로 나누어 다국어 관광 가이드를 제공하고 있다.

- **현지 재래시장에서 일상용품 구매하기** 거의 매일 오전 7시부터 미라보 거리와 시청 앞 광장에서 재래시장이 열린다. 각종 채소, 향신료, 수제 비누, 빈티지 그릇, 주방용품, 액세서리, 프랑스 음식뿐 아니라 다양한 나라의 음식들을 판매한다. 라벤더가 많이 피어나는 곳답게 향수 제품이나 수제 비누 제품을 기념품으로 사기에 좋다.

- **아몬드 과자 칼리송 맛보기** 엑상프로방스의 '축제의 과자'로 알려진 칼리송Calissons은 아몬드와 설탕을 반죽해서 멜론, 오렌지 껍질을 더한 작은 다이아몬드 형태의 전통과자이니 맛보도록 하자.

1 엑상프로방스는 밤이 되면 레스토랑마다 프로방스의 식도락을 즐기는 여행자들로 가득하다. 2 전통 햄을 잘게 썰어 시식을 권하는 시장 상인의 인심과 미소가 푸근하기만 하다.

예술 작품을 만나는 공간 05

Antwerpen

루벤스와 네로의 자취가 남은 안트베르펜

| 위치 | 벨기에 북서쪽 안트베르펜

| 교통 | 벨기에는 초고속열차 탈리스Thalys를 포함하여 광범위한 기차 연결망을 갖추고 있어 도시 간 또는 유럽의 주요 도시들과 이동이 편리하다. 안트베르펜 중앙역은 파리-암스테르담 초고속 구간 노선에 있다. 수도 브뤼셀40분 내외, 브뤼헤1시간 20분, 겐트1시간 등과 기차로 손쉽게 오갈 수 있다. 암스테르담에서 직행 노선이 운행되고 있으며 시간당 1대씩 운행되고 2시간 정도 소요된다. 파리에서 탈리스를 타면 2시간 정도 소요된다. 유로라인 버스로도 전 유럽 도시들로부터 연결된다.

플란더스는 벨기에의 북서쪽 지역을 가리키던 말인데, 플란더스 지방의 안트베르펜Antwerpen과 근교 호보켄Hoboken이 소설 《플란더스의 개A Dog of Flanders, 1872》의 주요 배경으로 알려져 있다. 주요 무역항인 안트베르펜은 동화 속 주인공 소년인 네로가 존경하는 바로크 화가 루벤스Peter Paul Rubens, 1577~1640의 원래 고향이자 그림을 공부하고 화가로서 활동한 곳이며 그가 사망한 곳이기도 하다. 네로는 안트베르펜의 성모 성당Onze Liev Vrouwekathedraal, Cathedral of Our Lady을 방문해 그곳에 걸려 있는 루벤스의 명화를 보는 것이 소원이었다.

《플란더스의 개》는 위다Ouida라는 필명의 영국 여류작가 매리 루이스 드라 라메이Marie Louise de la Ramee가 집필해서 1872년에 출간된 영어소설인데 영국을 비롯한 영어권 국가들 그리고 작품의 배경이 된 벨기에와 다른 유럽 국가들에서는 거의 알려지지 않은 작품이다. 그런데 일본 후지TV에서 1975년에 애니메이션으로 제작해서 방영한 후 놀랍게도 일본뿐 아니라 우리나라에서도 선풍적인 인기를 얻었다.

1 성모 성당 앞 그로엔 광장에 우뚝 서 있는 루벤스 동상 2 소년 네로가 보고 싶어 했던 루벤스의 명작들로 가득한 성모 성당은 예술의 향기가 넘친다. 3 벨기에의 주요 무역항이었던 안트베르펜 구시가의 스카이라인은 우아함이 넘친다.

성당 앞에 있는 넓은 그로엔Groen 광장 한가운데에 루벤스의 동상이 우뚝 서 있다. 광장 뒤로는 이 도시의 랜드마크landmark가 되는 성모 성당이 웅장하게 서 있다. 123m 높이의 첨탑이 아름다운 바로크의 도시를 빛내고 있다. 소년 네로가 그렇게 보고 싶어 했던 루벤스의 그림은 과연 어떤 작품일까. 육중한 성당문을 밀고 들어서면 성당 내부 곳곳에 루벤스의 명화를 비롯한 다양한 작가의 작품이 걸려 있다. 네로가 평생 동안 너무나 보고 싶어 했던 루벤스의 〈십자가에서 내림The Descent from the Cross,1612〉과 〈성모승천Assumption of the Virgin,1626〉이 대표적이다.

성당 바깥으로 나오면 네로와 파트라슈의 우정과 헌신을 기리는 기념석이 교회 정문 앞 마당에 놓여 있다. 특이한 것은 벨기에 사람들이나 다른 외국 여행자들은 이 동화를 잘 모르고 있으며 그리 대수롭지 않게 여긴다는 것이다. 우리나라와 일본 여행자들만 이곳에 와서 애틋한 마음과 슬픈 눈빛으로 루벤스의 명화를 감상할 뿐이다. 밤이 되면 화려한 그로테 시장 광장, 역동적인 브라보 동상, 높이 솟아오른 성당의 첨탑, 안트베르펜의 오래된 전통주택들이 만들어 내는 실루엣과 스카이라인이 네로의 비극과는 상관없이 아름답기만 하다.

● **안트베르펜 여행하기** 안트베르펜 역사 지구는 도보로 돌아보기에 좋다. 버스나 트램 노선도 잘 갖춰져 있다. 승차권은 1회권보다 10회권이 절반 정도의 가격으로 저렴하다. 자전거를 효율적인 대중교통수단으로 활용하는 벨기에답게 안트베르펜 여행에서도 자전거가 유용하다. 벨로Velo 시티 바이크를 이용하면 편리하다. 벨로 사이트 www.velo-antwerpen.be

● **벨기에 전통 감자튀김 맛보기** 대부분의 플란더스 도시들에서 감자튀김Frietkoten 가게를 쉽게 만날 수 있다. 감자튀김의 역사는 1680년 벨기에에서 시작되었다고 한다. 전설에 따르면 벨기에 남쪽 왈롱이라는 지역의 나무르Namur와 안덴Andenne, 디낭트Dinant 주민들이 강에서 작은 물고기를 잡아 기름에 튀겨 먹는 음식 문화가 있었는데 물고기가 잘 잡히지 않는 겨울에는 생선 대신 감자를 튀기기 시작했다고 한다. 그때부터 감자튀김이 인기를 얻어 널리 퍼졌다고 한다. 벨기에 감자튀김의 특징은 두께가 최소한 10mm 이상이며 속은 부드럽고 겉은 바삭바삭해서 식감이 좋고 감자 고유의 맛이 살아 있다는 것이다. 감자튀김을 전문으로 하는 식당들을 벨기에말로 프리트콧Frietkot 혹은 프릿투르Friture라고 한다. 이런 프리트콧과 프릿투르에서는 전통적인 감자튀김과 같이 곁들이는 다양한 소스와 딥프라이deep fry 튀김을 먹을 수 있다.

● **전통 레이스 자수 제품 구매하기** 벨기에의 레이스는 세계적으로 알려져 있으며 가장 독창적이고 정교하다고 평가받고 있다. 16~17세기에 플란더스 지역이 레이스 제조업을 통해 경제적으로 큰 부를 얻었을 때 거의 대부분의 플란더스 여성은 레이스 공예 기술을 보유하고 있었다고 한다. 식탁보에서부터 책갈피, 냅킨, 손수건 등에 이르기까지 시내 기념품 가게마다 다양한 레이스 제품을 판매하고 있다.

예술 작품을 만나는 공간 06

Toledo

화가 엘 그레코가 사랑한 톨레도

| **위치** | 스페인 중부 톨레도주(州) 톨레도

| **교통** | 마드리드에서 30분마다 톨레도행 알사Alsa 버스가 운행되며 1시간 정도 소요된다. 톨레도 버스터미널에서 구시가 중심부까지는 가파른 언덕길을 따라 도보로 20분 정도 소요된다. 터미널 바깥에 구시가 중심인 소코도베르 광장으로 가는 5번 버스가 있으므로 이를 이용하는 편이 좋다. 15분마다 운행한다. 기차로 가려면 마드리드 푸에르타 데 아토차Madrid-Puerta de Atocha역에서 톨레도 기차역까지 33분 정도 소요된다. 톨레도 기차역 앞에서 버스 5번, 61번, 62번을 타면 소코도베르 광장까지 간다. 운전기사에게 요금을 지불하면 된다.

천 년 세월 동안 변함없는 풍경으로 서 있는 도시와 그 천 년 도시를 사랑한 한 화가의 삶이 어우러진 곳이 있다. 바라보는 풍경은 언제나 변함이 없고, 흐르는 강과 구름만이 멈춰 있는 풍경 속에서 살아 움직인다. 스페인 중남부 카스티야라만차 지방의 톨레도를 마주 보는 순간, 누구나 시간이 정지하고 숨이 멎는 것 같은 느낌을 받는다. 엘 그레코가 사랑한 이 도시는 과연 무슨 이야기를 품고 있는 걸까.

엘 그레코El Greco·1541~1614는 그리스의 크레타 섬 태생으로 본명은 도메니코스 테오토코풀로스였다. 그가 스페인으로 왔을 때 그리스 사람El Greco이란 뜻으로 엘 그레코라고 불리게 되었다. 크레타 섬에서 비잔틴 회화의 전통을 익히던 그는 20대 초반에 이미 대가의 반열에 올랐고, 그 후 베네치아로 유학을 떠났다. 베네치아에서 당대 유럽 최고의 화가 베첼리오 티치아노Vecellio Tiziano, 1488~1576에게 수학하면서 색채와 빛을 중시하는 회화 전통을 배우게 된다. 빛과 어둠의 분명한 대비를 강조한 틴토레

토Tintoretto, 1519~1594에게서도 영향을 받는다. 그 후 1570년에 로마로 건너가서 신체를 조각처럼 묘사하는 미켈란젤로의 영향을 크게 받는다. 그러던 중 1577년에 스페인으로 건너가 스페인 궁정화가를 꿈꾸었으나 당시 왕 펠리페 2세의 눈에 들지 못해 결국 톨레도를 찾게 된다.

당시 유럽은 종교개혁의 불길이 한창 퍼져 나가던 시기였다. 이런 시대적인 배경 탓인지 그레코는 특히 가톨릭 신앙의 울타리를 벗어난 자들에 대해 준엄한 경고를 표현하는 작품을 많이 남겼다. 이는 당시 가톨릭의 위기가 극에 달했음을 알려 준다. 그레코의 〈톨레도 풍경〉이라는 작품을 보면 톨레도는 짙은 어둠에 휩싸여 있고 하늘에는 먹구름이 자욱하다. 기괴한 형상의 구름은 혹독한 심판자처럼 금방이라도 도시를 집어삼키려 하고 무언가 무서운 일이 벌어질 것만 같은 긴장감이 가득하다. 이 작품을 보면서 당시 톨레도 사람들과 가톨릭을 떠난 사람들은 두려움에 사로잡혔을 것이다.

톨레도 대성당의 아름다움

실제로 마을 북동쪽의 알칸타라 다리를 통해 타호강을 건너 마을 뒤편 언덕에 오르면 톨레도의 전경이 파노라마처럼 펼쳐진다. 때때로 라만차 평원 어딘가에서 흘러온 구름이 톨레도의 하늘 위에 모여들고, 바람이 세차게 불어온다. 먹구름이 아닌 뭉게구름이라는 것만 빼면 조금 으스스하게 느껴질 수도 있다. 톨레도는 작지만 천연 요새로 이루어진 도시인데 기원전에는 로마의 식민지였다. 이후 서고트 왕국, 무어인의 지배를 거쳐 1085년에 알폰소 6세에게 점령당한 후 카스티야 왕국의 가장 중요한 정치적·사회적 중심지가 되었다. 그리스도교·아랍·유대 문화가 하나로 융합된 독특한 분위기의 도시였으나 1560년에 펠리페 2세가 마드리드를 수도로 선택한 이후 톨레도는 쇠퇴하였다. 그러나 옛 영화로움의 흔적들은 그대로 간직되어 있다.

이슬람의 영향을 받은 모스크들과 무데하르 양식의 유대교 회당인 시나고그들 그리고 무데하르 양식의 성당과 고딕 양식의 대성당 카떼드랄이 공존하는 독특한 아름다움이 있다. 특히 산토토메 성당에는 훌륭한 탑과 엘 그레코가 그린 〈오르가스 백작의 매장Burial of the Conde de Orgaz〉이 소장되어 있다. 이 그림을 보기 위해 1년 내내 수많은 순례자와 여행객이 이 성당을 찾는다.

1 가장 스페인적인 고딕 양식의 톨레도 대성당은 스페인 가톨릭의 중심이기도 하다. 2 겨울철 소코도베르 광장은 아름다운 조명으로 낭만과 운치가 넘친다. 3 톨레도 대성당 내에 있는 박물관은 엘 그레코를 비롯한 유명 화가들의 작품으로 가득하다.

1 긴 세월 타호강이 흐르고 구름이 흘렀을 천년 고도 톨레도는 예나 지금이나 그대로이다.
2 마을 뒤편 언덕에서 바라본 톨레도의 오밀조밀한 건축물들

고딕 양식의 스페인 대성당들 가운데 가장 스페인적이라고 평가받는 톨레도 대성당 입구에 있는 세개의 문은 각각 Infierno지옥, Perdon용서, Juicio심판을 나타낸다. 성당 중앙의 정교한 성가대석을 비롯해 휘황찬란한 종교적 유물들이 가득하다. 무엇보다 성당 안 박물관 내에 있는 엘 그레코의 〈그리스도의 옷을 벗김The Disrobing of Christ〉, 〈참회의 베드로Las Lagrimas de S.Pietro〉 등이 인상적이다. 또한 반 다이크Van Dyck, 고야Goya, 라파엘, 루벤스의 작품들도 여행자의 시선을 만족시켜 준다.

가만히 언덕 위에서 톨레도를 바라보고 있으면 엘 그레코의 작품도 위대하지만 어쩌면 톨레도 그 자체가 하나의 대서사시라는 생각을 하게 된다. 천 년의 세월 동안 변함없이 라만차의 평원 위에 우뚝 솟아 있는 시간의 걸작, 톨레도. 그레코도 그런 톨레도를 사랑한 것이 아닐까.

●**톨레도 여행하기** 버스터미널에서 마을 중심부인 소코도베르 광장Plaza de Zocodover까지 도보로 올라가는데 조금 힘이 든다. 구시가는 도보로 충분히 돌아볼 수 있을 정도로 규모가 크진 않다. 언덕 위에 형성된 천년 고도여서 골목길은 미로처럼 좁고 구불구불하며 오르막과 내리막으로 이루어져 있다. 마을 뒤편 언덕 위 전망 포인트로 올라가려면 소코도베르 광장에서 출발하는 관광열차를 타거나, 택시를 타고 가면 된다. 관광열차는 전망 포인트에서 세워 주지는 않는다. 택시를 이용하거나 도보로 직접 올라가는 수밖에 없다.

●**톨레도 전통과자 마자판 맛보기** 카스티야라만차의 남쪽과 톨레도 주변 지역의 전통과자인 마자판Mazapán은 달걀 노른자와 꿀, 아몬드 가루만을 이용해서 만든다. 소코도베르 광장에 있는 산토 토메 제과점Pasteleria Santo Tomé은 1856년에 처음 문을 열었고 스페인에서 가장 유명한 마자판 제과점이다. 이 과자는 특히 크리스마스 파티 때 가족들이 함께 모여 먹는 과자로 크리스마스 시즌이 가까워지면 스페인 전역에서 이 가게로 몰려온다고 한다.
·**주소** Plaza Zocodover, 7, 45001 Toledo, Spain ·**전화** +34 925 22 11 68

●**전통 도자기와 다마신 공예품 구매하기** 톨레도 외곽에 있는 탈라베라 데 라 레이나Talavera de la Reina는 수세기에 걸쳐 전통을 이어 온 도자기로 유명하다. 톨레도에서는 손으로 그림을 그려 넣은 도자기를 파는 상점을 자주 볼 수 있다. 다마신Damascene은 고대 무어인들의 공예 기법으로 강철이나 쇠에 황금으로 수를 놓듯 섞어서 불로 태워 장식한 전통 공예품이다. 톨레도의 대부분의 상점에서 작은 장식용 접시나 보석류에 흔히 다마신 기법으로 장식한 기념품들을 볼 수 있다. 가격은 비싼 편이다.

예술 작품을 만나는 공간 07

Arles

고흐가 사랑한 프로방스의 아를

| **위치** | 프랑스 남동부 프로방스 아를

| **교통** | 마르세유에서는 TGV^{Train à Grande Vitesse}, 초고속열차나 Ter^{Transport express régional}, 지역고속열차를 타고 40~45분 정도 소요된다. 파리 리용역^{Gare de Lyon}에서는 아비뇽^{Avignon}이나 님^{Nimes}을 거쳐 3시간 40분 정도 소요된다. 아를과 근교 도시 엑상프로방스 사이에는 18번 버스가 운행된다.

유난히 햇살이 따스했던 곳. 골목골목 한 사람의 흔적이 유난히 짙게 남아 알 수 없는 여운에 뒤돌아보던 곳이 바로 아를^{Arles}이다. 비운의 화가 고흐가 우울한 파리를 떠나 프로방스의 햇살과 색채에 취해 희망을 꿈꾸었던 곳, 아를 여행은 고흐의 발자취를 찾아가는 여정이다. 〈노란 집〉, 〈아를 요양원의 정원〉, 〈밤의 카페 테라스〉 등 아를에서 남긴 그의 작품들에는 강렬한 아를의 색채가 담겨 있다. 아를에서 동생 테오에게 보낸 편지 속에서 그는 아를에 대해 이렇게 고백한다. '예전에는 이런 행운을 누려 본 적이 없다. 하늘은 믿을 수 없을 만큼 파랗고 태양은 유황빛으로 반짝인다. 천상에서나 볼 수 있을 듯한 푸른색과 노란색의 조합은 얼마나 부드럽고 매혹적인가.'

프랑스 남동부 프로방스 지방에서도 유난히 반짝이는 햇살이 가득한 아를은 중세의 흔적과 따스한 대기로 가득하다. 론강을 따라 게으른 산책을 즐기다가 카페에 앉아 에스프레소나 독한 앱상트를 한 잔 들이킨 후 다시 프로방스의 햇살 속을 거닐

1 노란색을 사랑한 고흐의 흔적이 남아 있는 밤의 카페 La Nuit
2 아를의 모든 것이 고흐의 그림 소재였다. 고대 로마인들이 세운 아를 원형 경기장도 예외는 아니었다.

어 보자. 그 옛날 고흐도 그랬을 것이다. 아를은 고흐뿐 아니라 피카소에게도 영감을 주었다. 피카소는 아를에서 펼쳐지는 투우를 보러 왔고, 레아튀 미술관(Réattu Museum)에 그림과 드로잉 60여 점을 기증하기도 했다. 유네스코 세계문화유산에 등록된 아를은 사실 반 고흐와 불가분의 관계이다. 파리 생활에 지친 고흐는 남프랑스의 빛과 색채의 매력에 흠뻑 빠져들었고, 1888년 2월의 어느 날 아를로 들어왔다.

아를에 머무르던 시기는 고흐의 화가로서의 삶에서 가장 생산적인 때였다. 미디(Midi, 남프랑스)의 태양 아래서 그는 그 어느 시기보다 열정적이고 집중적으로 작품 활동을 했다. 그래서 15개월의 체류 기간 동안 무려 300점 이상의 작품을 쏟아냈다. 아를의 햇살처럼 그의 예술사에 있어서 가장 눈부신 시기였다. 사실 현재 아를에는 고흐의 작품이 하나도 존재하지 않는다는 게 상당히 아이러니하지만, 그의 흔적은 아를 어디에나 존재하고 있다.

아를의 사랑과 영혼이 머무는 길

아를 기차역에 내려서 마을 중심으로 향하는 길에 가장 먼저 눈에 띄는 고흐의 흔적은 바로 〈노란 집〉이다. 예술가들의 유토피아 공동체를 꿈꾸며 희망을 안고 아를을 찾은 고흐는 역에서 가까운 라마르틴(Lamartine) 광장에 있는 노란 집을 빌렸다. 그의 〈노란 집〉을 보면 낮인지 밤인지 알 수 없는 짙은 청색의 하늘과 화면 절반의 황색이 강한 대비를 이루고 있다. 그는 이를 두고 "아무튼 태양빛 아래의 노란 집들과 청색의 비할 데 없는 산뜻함이란 굉장해. 지면은 완전히 황색이지."라고 말했다. 남프랑스 풍경 특유의 청색과 황색은 아를에서의 그의 그림의 중요한 모티프였다. 함께했던 고갱도 떠나고 유토피아는 결국 한낱 허망한 꿈으로 끝나 버렸지만 꿈이 담긴 그의 노란 집은 그림으로 남아 있다.

골목 곳곳 그의 시선이 머물렀을 아를의 거리를 걸으면 아를의 모든 풍경이 그의 그림의 소재였음을 알게 된다. 2,000여 년 전에 로마인들이 이곳에 세운 원형 경기장과 에스파스 반 고흐도 예외는 아니다. 에스파스 반 고흐는 빈센트 반 고흐가 자신의 귀를 자르는 이상 행동을 한 후 입원한 요양원이었다. 고흐는 1888년부터 1889년 사이에 실제로 이곳에 입원해서도 그림을 그려 유명하다. 펠릭스 레이(Félix-Rey) 박사로부터 치료를 받았으나 호전되지 못했고 아를을 떠난 지 얼마 되지 않아 자살로 비운의 생을 마감했다. 고흐가 이곳에서 그린 〈아를 요양원의 정원Le Jardin de la Maison de Santé a Arles, 1889〉은 그림처럼 그대로 있다. 아를 시가지를 벗어나 고흐가 즐겨 걸었던 한적한 숲길을 걷다 보면 그림 속 풍경 그대로 〈반 고흐 다리Le Pont Van Gogh〉가 쓸쓸히 서 있다. 황금 석양이 질 무렵 그 길을 걷다 보면 외롭고 가난한 고흐의 쓸쓸함이 가슴에 와 닿는다.

자신의 감정을 강렬한 색채를 통해 솔직하게 표현하고자 했던 고흐의 내면은 아를의 밤을 통해 묘사된다. 론 강가의 밤하늘의 빛과 색채, 강물에 비친 그림자 등 캄캄한 어둠이 가진 색채와 아름다움은 화폭에 담겨 〈아를의 별이 빛나는 밤La nuit étoilée, Arles〉으로 남았다. 또한 그는 〈아를 포럼 광장의 카페 테라스Café Terrace, Place du Forum, Arles〉라는 작품을 통해 단골로 다니던 포럼 광장의 카페 테라스의 밤을 강렬하면서도 낭만적인 색채로 담아 냈다. 개인의 주관적인 감정을 강렬한 색채로 표현한 그의 독자적인 표현 양식이 확고해진 때가 바로 아를에 머물던 시기였다. 동생에게 쓴 편지에서 그는 이 노천카페의 밤 풍경을 묘사했다.

'푸른 밤, 카페 테라스의 커다란 가스등이 불을 밝히고 있어. 그 위로는 별이 빛나는 파란 하늘이 보여. 바로 이곳에서 밤을 그리는 것은 나를 매우 놀라게 해.'

그 카페는 이제 '반 고흐 카페'로 이름을 바꾸었고 그를 추억하는 여행자들로 가득하다. 여전히 그림 속 풍경을 그대로 간직한 채 말이다.

1 자신이 입원했던 요양원마저 고흐에게는 그림의 소재였다. 2 아를 외곽의 흙길을 한참 걸으면 만나는 '반 고흐 다리'는 그림 속 풍경 그대로 여행자들을 맞아 준다.

아를 요양원(에스파스 반 고흐)은 노란색 벽들과 초록의 나무, 풀들로 생명력이 넘친다.

● **아를 여행하기** 아를 곳곳에 고흐 작품의 배경이 된 장소들이 있다. 주요 장소마다 고흐 그림이 부착된 기념판이 설치되어 그림 속 풍경과 실제 풍경을 비교해 볼 수 있다. 기차역에서 아를 구시가 중심부까지는 도보로 10분 정도이며 구시가는 도보로 돌아보기에 충분한 규모이다. 자전거를 대여해서 돌아보는 것도 추천한다. '반 고흐 다리'는 아를 시가지 외곽의 한적한 곳에 있어서 도보로는 30분 정도 소요된다. 택시나 자동차로는 10분 정도 소요된다.

● **라벤더 포푸리 구입하기** 프로방스 지방답게 라벤더가 많이 자란다. 포푸리Potpourri의 어원은 프랑스어로 '발효시킨 항아리'라는 뜻이다. 주된 재료는 꽃이고 여기에 향이 좋은 식물, 잎, 과일 껍질, 향료 등을 첨가한다. 향기가 오랫동안 나도록 하기 위해서 백단유, 수지, 꽃기름 등과 함께 용기 속에 넣어 숙성시킨다. 숙성되면 예쁜 용기 또는 천 주머니 속에 넣어 향기를 즐기는 것을 포푸리라고 한다. 프로방스의 대표 허브인 라벤더로 만든 포푸리를 아를 기념품 가게에서 자주 접할 수 있다.

● **아를 소시지 먹어보기** 아를 소시지Saucisson d'Arles의 유래는 1655년에 이탈리아 볼로냐Bologna로부터 이탈리아 전통 살시차salsiccia, 소시지를 아를의 정육업자 고다트Godart가 수입해 오면서 시작되었다. 아를 소시지는 프랑스 전통에 따라 오로지 소금과 돼지고기만을 이용하고 따로 특별한 향신료를 쓰지 않아 원재료의 순수하고 깊은 맛을 자랑한다. 프로방스나 론 계곡에서 생산된 레드와인을 곁들이면 최고의 풍미를 느끼게 해 준다.

예술 작품을 만나는 공간 08

Wien

클림트의 키스를 만나는 빈

| **위치** | 오스트리아 북동부 빈

| **교통** | 인천–빈 직항편이 운항되며 유럽의 주요 도시에서 열차나 버스로도 들어갈 수 있다. 프라하에서 열차로 4시간 45분 정도, 잘츠부르크에서 2시간 30분 정도 소요된다. 슬로바키아의 수도 브라티슬라바Bratislava와는 열차로 1시간 정도 거리에 있다. 공항에서 시내까지의 이동은 공항버스, 직행열차City Airport Train : CAT, 지하철, 택시 등의 교통수단을 이용하면 되는데 대부분 20분 정도의 시간이 소요된다.

구스타프 클림트Gustav Klimt, 1862~1918는 1862년에 빈 근교의 바움가르텐에서, 보헤미아에서 이민 온 금세공사이며 판화가의 아들로 태어났다. 그의 어린 시절은 가난하고 우울했다. 친척의 도움으로 빈 응용미술학교를 졸업하고 공공건물에 벽화를 그리는 일을 했다. 그러던 중 국립극장과 미술사 박물관의 장식화 작업으로 '황제 대상'의 수상자로 선정되는 등 큰 명성을 얻기 시작한다.

당시 빈은 구체제가 몰락해 가는 유럽의 중심에 있었고 빈에서는 가장 완고한 예술가들이 아카데미를 장악했다. 신진 예술가들의 창의성을 억누르는 숨 막히는 분위기 속에서 클림트는 결국 빈의 보수파 예술가 집단인 '쿤스틀러 하우스'를 탈퇴해 버린다. 그리고 뜻을 같이하는 인사들과 함께 '빈 분리파Vienna Secession'를 결성하고 초대 회장이 된다. 그들은 낡고 판에 박힌 사상을 버리고 미술과 삶의 상호 교류를 주장했다. 전시관 체체시온Secession을 개관하고 젊고 재능 있는 화가들을 발굴하여 전시 기회를 제공했으며, 일본 미술전, 인상파 미술전 등을 통해 새로운 외국 작품들을 소개하면서 오스트리아에 예술의 새 기운을 불어넣었다.

클림트의 작품은 에로틱한 여성 이미지와 눈부신 황금빛, 다채롭고 화려한 색채를 특징으로 한다. 그는 성性과 사랑, 죽음에 대해 다양하면서도 수수께끼 같은 은유로 수많은 사람을 매혹시켰다. 반면에 퇴폐적인 에로티시즘을 강조했다는 이유로 강력한 반발을 사기도 했다.

클림트가 1905년에 빈 분리파를 탈퇴한 것을 기점으로 하여 이른바 '황금시대'가 열렸다. 클림트는 이탈리아 라벤나의 모자이크와 장식적인 패턴, 금을 사용하여 눈에 띄는 독창적인 양식을 발전시켰다. 이 시기의 작품들은 현실과는 거리를 두고 신비로운 것과 정신적인 것에 초점을 맞추어 매우 화려하고 역동적인 이미지를 보여 준다. 그는 에로틱한 요소와 강렬한 상징주의 등을 발전시켜 나간다. 클림트의 작품 중에서 가장 사랑받는 〈키스Der Kuss〉는 벨베데레 궁전에 있는 미술관 벨베데레 오스트리아 갤러리Osterreichische Galerie Belvedere의 상궁Upper Belvedere에 전시되어 있다.

빈의 오페라 하우스 계단 천장화 속에는 클림트가 자신의 모습도 그려 넣어서 흥미를 자아낸다. 그가 단골로 들렀던 시내 카페 첸트랄Central의 누스쿠스Nusskuss는 클림트의 키스를 표현하고자 만든 조각 케이크이다. 거리마다 키스를 형상화한 기념품들로 가득한 빈. 그곳에 머무르는 시간은 키스처럼 언제나 달콤하다.

● **빈 여행하기** 슈테판 대성당을 비롯한 대부분의 관광 명소는 링슈트라세Ringstraße라고 불리는 구시가를 둘러싼 대로 안과 주변에 있다. 시청사, 호프부르크 왕궁, 자연사 박물관, 미술사 박물관, 시립 오페라 하우스 등이 링슈트라세를 따라 늘어서 있다. 클림트의 〈키스〉가 소장된 벨베데레 궁전은 시내 외곽에 있으며 시립공원 근처에서 S선S-Bahn을 타고 가는 편이 좋다. S-Bahn, U-Bahn, 트램, 버스를 이용할 수 있는 24시간이나 48시간권 티켓이 편리하다. 며칠 머문다면 72시간권이나 박물관 할인을 받는 빈 카드Wien Carte를 추천한다.

● **호이리게에서 와인 맛보기** 호이리게Heurige는 '올해'라는 어원을 가지고 있는데 말 그대로 그해에 생산된 햇와인을 파는 선술집이다. 빈 외곽의 숲 하일리겐슈타트Heiligenstadt는 낭만적인 선술집 호이리게로 유명하다. 특히 이곳에 있는 호이리게 '마이어 암 파르플라츠Mayer am Pfarrplatz'는 일명 베토벤 하우스로 불린다. 실제로 베토벤이 휴양 차 1802년 4월에 이 집에 기거하면서 제9번 교향곡 〈합창〉을 작곡한 것으로 전해진다.

● **첸트랄 카페의 키스 케이크 맛보기** 오스트리아의 수도 빈은 커피 문화로 명성이 높은 곳이다. 전통과 역사를 지닌 카페도 많다. 특히 클림트가 단골로 들렀던 카페 첸트랄은 빈 시민들에게 늘 인기가 높다. 이곳에서는 클림트의 〈키스〉를 테마로 한 조각 케이크인 '누스쿠스'를 비롯해 클림트를 기념하고 추억하는 먹거리를 판매하고 있다. 멜란제Melange는 가장 전형적인 빈 스타일의 커피이다. 카푸치노와 비슷하지만 우유 거품이 좀 더 많은 빈 스타일의 모카Mokka 커피이다. 케른트너 거리에 있는 호텔 자허Hotel Sacher에서 운영하는 카페도 그곳만의 오리지널 자허 토르테Sachertorte로 인기가 높다.

1 눈 내리는 겨울날 벨베데레 상궁의 정원은 쓸쓸함보다는 운치가 더욱 느껴진다. 2 벨베데레 상궁에 전시된 클림트의 〈키스〉를 보는 것만으로도 빈 여행의 충분한 이유가 된다.

예술 작품을 만나는 공간 09

Madrid

스페인 예술을 대표하는 프라도 미술관

| **위치** | 스페인 중부 마드리드

| **교통** | 시내 중심에서 13km 정도 떨어져 있는 마드리드 바라하스 공항Madrid-Barajas Airport에서 다양한 항공편이 운항되며 공항에서는 24시간 운행하는 고속버스를 타고 마드리드 시내로 들어갈 수 있다. 스페인 열차인 렌페Renfe는 국내외 주요 도시들을 연결해 주고 있다. 바르셀로나에서 2시간 40분, 세비야에서는 2시간 20분, 말라가에서 2시간 30분 정도 소요된다. 그 외에도 리스본, 밀라노, 파리와도 연결되며 북쪽의 도시들과 국제 노선은 주로 차마르틴역에서 출발하고, 스페인 남부와 바르셀로나, 발렌시아행 열차는 아토차역에서 출발한다. 또한 국내 노선과 국제 노선을 이어 주는 다양한 버스도 운행되고 있다.

스페인의 수도 마드리드는 뛰어난 문화적·예술적 유산으로 여행자들의 발길을 끌어 모은다. 광기 넘치는 돈키호테가 아직도 살아 숨 쉬는 듯한 스페인 광장, 피가 흥건한 종교 재판이 열렸던 역사를 안고 있는 17세기의 마요르 광장, 축구 팬들의 심장을 뛰게 하는 레알 마드리드 축구팀이 있는 곳이 마드리드이다. 그리고 무엇보다 루벤스, 엘 그레코, 벨라스케스, 고야, 렘브란트 등 이름만 대면 알 수 있는 세계 최고 화가들의 작품을 소장하고 있는 프라도 미술관이 마드리드 여행의 정점을 수놓는다.

마드리드 중심부에 자리 잡고 있는 프라도 미술관Museo del Prado은 15세기 이후 스페인 왕실에서 수집한 미술작품들을 전시하고 있다. 스페인 국민의 문화적 자존심을 상징하듯 5,000점 이상의 그림과 2,000점 이상의 판화, 1,000개 이상의 주화와 메달, 700점 이상의 조각상 그리고 2,000개 이상의 장식물과 예술 작품이 전시

1 세계 3대 미술관 중의 하나인 프라도 미술관은 마드리드 여행의 필수 코스이다.
2 스페인 건축미의 절정을 보여 주는 마드리드 왕궁 남쪽에 있는 알무데나 대성당의 위용

되어 있다. 단연 세계적인 수준의 규모를 자랑한다. 디에고 벨라스케스Diego Velázquez, 프란시스코 고야Francisco Goya, 엘 그레코El Greco, 주세페 데 리베라Jusepe de Ribera 를 비롯한 수많은 유명 화가의 작품을 소장하고 있다. 이 밖에도 티티안, 피터 폴 루벤스, 라파엘, 안드레아 만테냐, 보티첼리, 카라바조, 귀도 레니, 뒤러, 렘브란트 등을 비롯한 세계적인 화가의 작품들이 프라도 미술관의 컬렉션에 이름을 올려 두고 있다.

벨라스케스의 진수로 인정받는 〈시녀들Las Meninas〉은 프라도 미술관에서 가장 유명한 작품으로 손꼽힌다. 미술관 중앙의 깊숙한 곳에 모셔져 있는데, 벨라스케스의 다른 모든 작품들이 〈시녀들〉을 보호하는 것처럼 이 작품을 둘러싸고 있는 형상이다. 천재 피카소마저도 이 그림을 연구하기 위해 수십 점에 걸쳐 〈시녀들〉을 모사하고 변형하며 고뇌했다고 한다. 피카소의 유명한 작품인 〈게르니카〉는 이곳 프라도 미술관에 있다가 1992년에 국립 소피아 왕비 예술센터로 옮겨졌다.

달리가 질투한 보쉬의 작품

이곳에서는 특히 네덜란드 화가이자 광기의 화가로 알려진 히에로니무스 보쉬Hieronymus Bosch의 작품을 만날 수 있다. 천하의 달리가 보쉬의 작품 옆을 지날 때마다 질투심에 불타서 눈을 가렸다는 일화가 유명하다. 놀라운 상상력으로 그려 낸 그의 작품 〈세속적 쾌락의 정원The Garden of Earthly Delights, 1504〉은 서양 미술계에서 가장 많이 연구되고 있고, 가장 다양한 해석을 낳고 있다. 여유로운 발걸음으로 보쉬의 작품들을 감상하면서 그의 놀라운 창의력과 상징의 세계로 뛰어들어 보자.

미술관 건물은 찰스 3세 왕정 때 도시 미화 작업을 통해 지어진 건축물이다. 1819년에 미술관으로서 처음 문을 열었고 1868년 이사벨라 2세 때 국유화되었으며 'Museo del Prado'라는 이름을 얻었다. 고야의 〈1808년 5월 3일The Third of May, 1808〉, 〈벌거벗은 마하The Nude Maja, 1800〉, 엘 그레코의 〈가슴에 손을 얹은 기사The Knight with His Hand on His Breast, 1580〉, 로지에 반 데르 바이덴의 〈십자가에서 예수를 내리심The Descent from the Cross, 1443〉, 티치아노의 〈뮐베르크의 카를로스 5세의 기마화Emperor Charles V on Horseback, 1548〉, 카라바조의 〈골리앗의 목을 자르는 다비드David Victorious over Goliath, 1599/1600〉 등 일일이 나열하기 힘들 정도로 수많은 명작이 관람객을 맞이한다.

프라도 미술관을 둘러본 후 마드리드의 구시가 중심을 둘러보는 즐거움은 마드리드 여행의 보너스이다. 돈키호테Don Quixote de La Mancha는 마드리드 중심가에 자리한 스페인 광장에 산초와 함께 늠름하게 서 있다. 세르반테스의 사망 300주년을 기념하여 세워진 기념 조각상이다. 또한 마요르 광장은 한때는 투우장으로, 한때의 처참한 종교 재판이 벌어진 곳으로 이용되기도 했다. 현재는 그런 비극의 자취는 보이지 않고 시민들과 여행자들이 여유롭게 거닐고, 주말이면 벼룩시장이 열리는 공간이 되었다. 마드리드에 연고지를 두고 있는 스페인 프리메라리가의 대표적인 프로 축구팀, 레알 마드리드 축구 클럽Real Madrid Club de Fútbol은 축구애호가들에게는 성지와도 같다. 예술과 역사, 열정이 공존하는 마드리드 여행은 그래서 늘 흥미진진한 과거와 현재 사이의 팽팽한 스릴과 즐거움이 공존한다.

● **마드리드 여행하기** 마드리드는 세계에서 가장 훌륭한 대중교통 체계와 큰 메트로 망을 갖추고 있다. 일정에 따라 1일권, 2일권, 3일권, 5일권, 7일권 패스를 구입하는 편이 효율적이다. 메트로와 버스가 마드리드의 대중교통망을 촘촘히 형성하고 있다. 버스는 무료 와이파이를 제공한다.

● **레알 마드리드 경기 관람하기** 스페인과 유럽에서 가장 성공한 축구 클럽인 레알 마드리드의 경기를 직접 관람하는 즐거움을 누려 보자. 스페인 챔피언을 32회, 유럽 챔피언을 9회 기록한 전설적인 프로 축구팀이다. 최고의 라이벌은 FC 바르셀로나 팀이다. 두 팀 간의 대결은 엘 클라시코El Clasico라고 부를 정도로 스페인뿐 아니라 세계적으로도 대단한 인기를 자랑한다. 경기가 없는 시기에는 산티아고 베르나베우 경기장Santiago Bernabeu Stadium의 가이드 투어를 할 수 있다. 경기장과 드레싱 룸, 프레스 룸과 레알 마드리드 박물관을 둘러볼 수 있다.

● **마드리드 전통음식 갈리네하스와 엔트레시호스 맛보기** 갈리네하스Gallinejas는 전형적인 마드리드 전통요리로 양의 내장을 양의 지방으로 모두 튀긴 음식이다. 그래서 나선형의 모양을 주로 하고 있으며 감자튀김과 함께 제공된다. 엔트레시호스Entresijos도 양 내장의 한 부위를 가리키며 갈리네하스 요리의 일종이다.

1 스페인 광장에 세워져 있는 작가 세르반테스와 돈 키호테 조각상 **2** 태양의 문(푸에르타 델 솔) 광장에는 마드리드의 상징인 곰이 마드로뇨(Madrono) 나무를 붙잡고 열매를 따 먹고 있다. **3** 크리스마스 시즌이 되면 마요르 광장은 반짝이는 조명과 크리스마스 시장으로 활기가 넘친다.

예술 작품을 만나는 공간 10

유럽 예술의 거점이 된 루브르&오르세 박물관

| 위치 | 프랑스 파리

| 교통 | 파리로 들어가는 관문은 주로 샤를 드골 국제공항Charles de Gaulle International Airport이다. 공항에서 파리 북역, 노트르담, 뤽상부르 등 시내까지 RER 열차가 운행되고 있다. 북역까지 35분 정도 소요된다. 로이시버스Roissybus도 공항에서 파리 중심에 있는 오페라 가르니에Opéra Garnier 극장까지 운행한다. 1시간 정도 소요된다. 파리는 프랑스 국내뿐 아니라 유럽의 주요 도시들과 고속 열차로 잘 연결되어 있다. 파리에는 6개의 기차역이 있는데, 행선지에 따라 기차역을 잘 확인하고 타야 한다. 유로라인 버스들도 파리와 유럽의 주요 도시들과 모로코까지 연결해 준다. 파리 시내의 주요 관광 명소들은 도보와 메트로를 적절히 활용해서 다니는 편이 좋다.

지구상의 모든 도시들 중에서도 가장 아름답고 또 그 어느 곳보다 낭만적인 도시가 바로 파리라는 것에 대부분의 여행자가 고개를 끄덕인다. 어떤 이는 개똥이 널린 길거리와 냄새 나는 낡은 파리의 메트로, 흙탕물이 흐르는 세느강에 실망한 나머지 간혹 이 도시를 폄하하기도 한다. 하지만 여행을 꿈꾸는 이들에게 파리는 여전히 낭만과 동경의 대명사이다. 빛의 도시la Ville Lumière라는 별명답게 파리의 야경은 파리 여행에서 반드시 누려야 할 풍경이다. 또한 파리는 패션의 수도답게 샤넬Chanel, 디올Dior, 입생로랑Yves Saint-Laurent, 겔랑Guerlain, 랑콤Lancôme, 로레알L'Oréal, 클라란스Clarins 등 세계 최고의 패션 디자이너들의 제품과 화장품들로 가득하다. 요리는 어떤가. 도쿄 다음으로 세계에서 두 번째로 높은 수의 《미슐랭Michelin 가이드》 추천 레스토랑을 보유하고 있다.

파리 여행이 무엇보다 즐겁고 추억에 남는 이유는 또한 루브르 박물관The Louvre

을 필두로 하여 오르세 미술관Musée d'Orsay, 피카소 미술관Picasso Museum, 마르모땅 미술관Musée Marmottan, 로댕 박물관Rodin Museum, 오랑주리 미술관Musée de l'Orangerie, 들라크루와 미술관Musée Delacroix, 조지 퐁피두 센터Centre Georges Pompidou 등 고대와 중세, 현대를 모두 아우르는 엄청난 컬렉션과 다양성을 자랑하는 미술관, 박물관 여행이 가능하기 때문이다.

프랑스 제1의 박물관, 루브르

파리 여행에서 자타 공인 최우선 순위로 들러야 할 박물관으로 꼽히는 곳이 바로 루브르 박물관이다. 루브르는 웅장한 건축물과 방대한 컬렉션으로 인해 한 번의 방문으로 모든 작품을 본다는 것은 애초에 불가능하다. 선사시대부터 21세기에 이르기까지 약 3만 5천 점의 작품을 약 6만m²의 공간에 소장하고 있기 때문이다. 궁전이었던 이곳은 원래는 필립 2세Philip II가 통치하던 12세기에 요새로 건설되었고 이후 현재의 루브르 궁전으로 여러 번 확장되었다.

프랑스 혁명 당시 의회는 루브르가 국가의 걸작들을 전시하는 박물관으로 이용되도록 선포했고, 1793년 8월에 537점의 회화를 갖춘 박물관으로 개관되었다. 나폴레옹 치하에서 소장품은 급격히 증가했으나 나폴레옹이 워털루 전투에서 패한 후 많은 작품을 원래 주인에게 돌려주었다. 1862년에 루이 14세Louis XIV는 베르사유 궁전으로 거처를 정했고, 루브르를 떠나면서 이곳을 왕가의 소장품을 전시하는 공간으로 삼았다. 이후 루이 18세, 찰스 10세 등을 거치면서 박물관의 소장품 수는 2만 점이나 늘었고 오늘날의 규모에 이르렀다.

〈모나리자〉로 대표되는 회화와 〈비너스 상〉으로 대표되는 조각상 등 진귀한 작품들이 가득하다. 또한 고풍스러운 루브르 박물관의 안뜰 중심에는 이집트 피라미드를 연상시키는 유리 피라미드가 새롭게 건설되어 주변 건축물과의 조화 문제로 한때 논쟁의 불씨가 되기도 했다. 하지만 지금은 루브르 박물관의 상징과도 같은 조형물이 되었고 출입구로 사용되고 있다. 밤이 내린 루브르 박물관에 불이 켜지면 따스함과 우아함을 간직한 궁전, 차가움과 모던함을 지닌 유리 피라미드가 하나의 아름다운 작품으로 변한다.

1 우아한 궁전과 유리 피라미드의 어울림이 묘하게 아름다운 루브르 박물관 2 가벼운 산책에 적당한 마레 지구는 운치 있는 카페와 개성 넘치는 가게가 가득하다. 3 달콤하고 부드러운 마카롱을 맛보는 것은 파리 여행에서 빼놓을 수 없는 즐거움이다.

기차역의 변신, 오르세 미술관

오르세 미술관Musée d'Orsay은 원래 기차역Gare d'Orsay이었던 건물을 미술관으로 재활용한 독특한 공간이다. 고전적인 루브르와 현대적인 퐁피두 센터의 국립 현대 미술관 사이에 다리 역할을 해 주는 미술관을 세우고자 하는 아이디어가 채택되어 미술관으로 바꾸는 작업을 하게 되었다. 19세기 위대한 프랑스 작가들의 회화, 조각, 가구, 사진 등 걸작들이 가득해서 눈을 한 곳에 둘 시간이 없을 정도이다. 모네Monet 〈푸른 수련Blue Water Lilies〉, 르느와르Renoir의 〈물랭 드 라 갈래트의 무도회Bal du Moulin de la Galette〉, 반 고흐van Gogh의 〈아를의 침실Bedroom in Arles〉, 〈론강의 별이 빛나는 밤Starry Night Over the Rhone〉, 휘슬러Whistler의 〈화가의 어머니La mrère de l'artiste〉, 밀레의 〈만종 L'Angélus〉 등 교과서에서 보았던 명화들의 진품이 이곳에 걸려 있다. 이외에도 마네, 드가, 세잔, 고갱, 쿠르베, 들라크루와 등 인상파와 후기 인상파 작가들의 작품에 있어서는 세계에서 최고로 인정받는 곳이다.

미술관 꼭대기층의 커다란 시계는 오가는 사람들과 대비되어 시간에 종속된 인간의 운명을 느끼게 해 준다. 위층 야외 테라스에서는 세느강과 고풍스러운 파리 지붕을 조망할 수 있다. 루브르와 오르세만으로도 파리는 충분히 예술적이고 낭만적이며 아름다운 곳이다. 이곳을 방문하는 것만으로도 파리 여행은 분명 충분한 의미를 가질 것이다.

1 단순한 철골 구조물인 에펠탑은 밤이 되면 예술 작품처럼 변신한다. 2 퐁피두 센터 바로 옆에는 장 팅겔리와 니키 드 생팔의 작품들이 가득한 스트라빈스키 분수가 시선을 끈다.

렌조 피아노 등 유명 건축가가 설계한 복합 문화시설인 퐁피두 센터는 파리 현대미술의 요람이다.

● **파리 여행하기** 박물관을 포함해 파리의 명소들을 둘러보기에 비용과 시간 절감면에서 가장 효율적이고 편리한 방법은 파리 뮤지엄 패스Paris Museum Pass를 이용하는 것이다. 선불 입장 카드로 베르사유 궁전을 포함해 70곳 이상의 파리 박물관과 명소를 둘러볼 수 있다. 또한 세느강 크루즈 유람과 60곳의 파리 명소에 입장할 수 있는 파리패스ParisPass도 유용하다. 파리패스는 메트로와 대중교통을 무제한 이용할 수 있어 더욱 편리하다. 프랑스의 모든 박물관은 매달 첫째 일요일은 무료이다. 예술의 수도로서 파리의 예술에 대한 애정과 배려가 엿보인다. 하지만 방문객들로 상당히 혼잡하므로 이때 방문하려면 일찍 가는 편이 좋다. 대부분의 박물관과 갤러리는 월요일 또는 화요일에 휴관한다.

● **마레 지구 쇼핑하기** 뉴욕, 런던, 밀라노와 함께 세계 패션의 중심 파리는 쇼퍼들에게는 달콤한 즐거움의 장소이다. 생 마르탱 운하Canal St-Martin 주변 부티크들과 역사적인 팔레 로얄Palais-Royal 아케이드를 따라 산책하며 돌아보면 좋다. 생 제르맹 데 프레 지구QuartierSaint-Germain-des-Prés는 빈티지한 옷 가게와 패션소품들이 눈에 띈다. 무엇보다 주로 유대인 거주지인 마레Le Marais 지구를 추천한다. 대부분의 상점이 일요일에도 문을 열며 개성 강한 파리지엔의 느낌이 더 살아 있어 쇼핑의 즐거움을 더해 준다.

● **원조 마카롱 맛보기** 파리에도 오랜 전통을 가진 제과점들이 많지만 대표적인 마카롱 전문점은 라뒤레Ladurée다. 1862년에 프랑스 남서부 출신의 제분업자 루이 에르느스트 라뒤레Louis Ernest Ladurée가 파리에 처음 베이커리를 열면서 그 역사가 시작되었다. 부드러운 머랭 과자인 마카롱이 입에서 살살 녹는 달콤한 맛을 낭만적인 파리에서 음미해 보자.

Part.3
중세의 유럽을 만나는 곳 10

01 **체코** 블타바 강변의 중세 도시 체스키 크롬로프 | 02 **프랑스** 부르고뉴 공국의 분홍빛 도시 세뮤르 앙 우와즈 | 03 **스위스** 스위스 최고의 중세 도시 프리부르 | 04 **프랑스** 노르망디의 바닷가 섬 몽생미셸 | 05 **이탈리아** 성자 프란치스코가 태어난 중세 마을 아시시 | 06 **라트비아** 라트비아의 창문이자 동유럽의 파리, 리가 | 07 **이탈리아** 붉은 캄포 광장의 도시 시에나 | 08 **리투아니아** 유럽에서 가장 큰 바로크 구시가 빌뉴스 | 09 **에스토니아** 발트해의 신비로운 전설이 떠도는 탈린 | 10 **독일** 동화 같은 로맨틱 가도의 도시 로텐부르크

중세의 유럽을 만나는 곳 01

Český Krumlov

블타바 강변의 중세 도시 체스키 크롬로프

| 위치 | 체코 남부 체스키 크롬로프

| 교통 | 프라하를 비롯한 주요 도시로부터 버스를 이용해 가는 편이 기차를 이용하는 것보다 쉽고 빠르며 좀 더 저렴하다. 프라하에서 체스케 부데요비체České Budéjovice를 거쳐 3시간 소요. 체스키 크롬로프 버스터미널에서 구시가 중심까지는 도보로 5~10분 정도 소요된다. 오스트리아 잘츠부르크에서 3시간, 빈에서 3시간, 독일 뮌헨에서 4시간, 슬로바키아의 수도 브라티슬라바에서 4시간 정도 소요된다. 기차로는 프라하 흘라브니 나드라지Hlavní nádraží역에서 3시간 40분 정도 소요되며 체스케 부데요비체에서 환승해야 한다. 체스키 크롬로프 기차역은 마을 외곽의 언덕 위에 자리 잡고 있다. 구시가 중심부까지 도보로 15~20분 정도 언덕길을 내려가야 한다. 기차역 앞에 택시가 대기하고 있다.

체스키 크롬로프는 프라하 남서쪽으로 200km 떨어진 오스트리아와의 국경 근처에 있는 조용한 숲 속에 위치한다. 체코가 공산국가였던 시절에는 그저 낡은 옛 도시에 불과했으나 1992년 도시 전체가 유네스코 세계문화유산에 등재되면서 세상에 알려지기 시작했다. 300여 개의 건물이 문화유산으로 등록되어 있고, 18세기 이후에 지어진 건물은 아예 없다고 할 만큼 중세의 시간에 머물러 있는 곳이다. 영화 세트보다 더 중세적인 느낌이 살아 있어서 영화 〈일루셔니스트The Illusionist, 2006〉와 〈아마데우스Amadeus, 1984〉의 배경 도시가 되기도 했다. 〈일루셔니스트〉에서 사람들의 영혼을 휘어잡는 마술사 아이젠하임과 황태자의 약혼녀 소피가 못다 이룬 옛사랑을 완성해 가는 모험이 '보헤미아의 보석'으로 불리는 이곳을 배경으로 펼쳐진다.

체스키Český는 체코어로 '보헤미아의 것'을 의미하며, 크롬로프Krumlov는 '강의 활 모양으로 굽은 부분의 습지'를 의미한다. 이름에서 알 수 있듯이 아름다운 중세

도시를 활처럼 휘어진 블타바강이 S자를 그리듯 감싸고 흐른다. 이 도시는 고딕, 르네상스, 바로크 양식이 혼재된 13세기 성Zamek을 중심으로 형성되었다. 13세기에 남부 보헤미아의 비테크 가가 이곳에 자리를 잡고 고딕 양식의 성을 지은 것이 체스키 크롬로프 역사의 시작이다. 그 후 5세기 이상 평화로운 발전을 이루었다. 남부 보헤미아의 이 작은 도시는 중부 유럽에서 어떤 손상도 없이 가장 온전히 보존된 중세 도시의 가장 좋은 예로 남았다.

이발사의 다리로 연결되는 중세 거리

신시가지 라트란Latran 거리와 구시가를 연결하는, '이발사의 다리'라고 불리는 라제브니키 다리Lazebnicky Most를 건너면 본격적으로 구시가가 시작된다. 이 목재 다리의 이름은 블타바강의 왼쪽 제방에 있던 오래된 이발소에서 유래했다고 한다. 신분을 초월해 이발사의 딸을 사랑한 레오폴트 2세 황제의 서자가 살해당한 슬픈 전설이 깃들어 있다. 구시가는 스보르노스티 광장Náměstí Svornosti을 중심으로 주변에 후기 고딕 양식의 성비투스 성당 등을 비롯해 중세·르네상스 시대의 건축물이 즐비하다. 다른 중세 도시들처럼 좁고 구불구불한 골목길이 미로처럼 얽혀 있어서 길을 잃을까 걱정스럽기까지 하다. 차 한 대가 간신히 지날 수 있는 이 좁은 길은 아기자기한 전통 수공예품 상점과 개성 강한 카페가 가득해 골목 산책을 즐겁게 한다.

클림트와 동시대의 화가였던 에곤 쉴레Egon Schiele는 체스키 크롬로프에서 그의 유명한 〈데드 타운Dead Town〉 연작 풍경화와 〈어린 소녀〉를 그렸다. 마을사람들은 그를 음란하다고 하여 쫓아냈다. 하지만 지금은 이곳에 에곤 쉴레 미술관Egon Schiele Centrum Museum이 있어 미술 애호가들의 발길을 이끈다. 해마다 6월이면 르네상스 시대를 추억하고 재현하는 다섯 꽃잎 장미 축제Five-Petalled Rose Celebrations가 열린다. 마을 사람들의 절반 이상이 르네상스 시대의 옷을 입고 거리에서 공연을 한다. 체스키 크롬로프 성에서는 바로크 시대의 악기로 연주하는 음악회나 18세기 귀족들의 가면무도회가 열린다.

1 블타바강을 건너면 미로 같은 구시가가 펼쳐진다.
2 어디선가 중세 복장을 하고 검을 찬 공연자들이 밤거리에 활기를 불어넣는다.

중세 영주가 살던 체스키 크롬로프 성

13세기에 건설된 체스키 크롬로프 성은 프라하 성에 이어 체코에서 두 번째로 큰 성이다. 16세기에 르네상스 양식으로 개축되면서 둥근 지붕의 탑과 회랑이 추가되었다. 크롬로프 성의 플라슈티교most Na Plasti, 망토 다리에서 바라보는 체스키 크롬로프는 탄성이 절로 나올 만큼 아름답다. 완만한 블타바강의 곡선과 붉은 지붕들이 모여 있는 중세의 도시는 초록의 자연을 배경으로 한 폭의 장대한 풍경화를 이룬다.

다양한 유물과 그림, 생활 용품, 화려한 방, 가구가 전시된 성 내부를 둘러본 후 성 뒤쪽에 있는 넓은 정원을 거닐면 마치 중세의 영주가 된 듯하다. 성 아래 마을에서 볼 때는 전혀 상상조차 못했던 공간에 정원이 아름답게 가꿔져 있다. 바로크와 르네상스 양식이 섞인 정원의 다양한 조각상과 계단식 분수, 잘 손질된 나무와 꽃들이 만들어 내는 질서정연한 공간은 휴식 공간으로서 충분히 멋스럽고 여유롭다.

체스키 크롬로프의 랜드마크와 같은 원통형 탑은 1257년에 처음 건설되었고, 16세기에 재건축되었다. 높이에 따라 지름이 점점 좁아지고 외벽도 다양한 색채와 무늬로 채색되어 있어 상당히 독특한 느낌을 준다. 160개의 계단이 있는 탑 전망대에 오르면 발 아래로 블타바강과 도시의 전경이 파노라마처럼 펼쳐진다. 저 멀리 비투스 성당은 견고한 바위처럼 우뚝 서 있고, 굽이쳐 흐르는 블타바강을 따라 래프팅 보트들이 끊임없이 흘러내려 간다. 강변 카페의 파라솔은 동글동글 원과 사각형을 이루며 강을 따라 군데군데 모여 있고, 부지런한 여행자들은 끊임없이 골목길을 오간다. 체스키 크롬로프는 그저 바라보고만 있어도 생에 대한 찬미가 흘러나온다.

1 한가롭게 산책하기 좋은 체스키 크롬로프 성의 정원 2 여름이면 블타바강을 따라 래프팅을 즐기는 여행자들로 인해 체스키 크롬로프는 잠시 소란스러울 때도 있다.

밤이 내리고 잔잔한 블타바 강물 위로 체스키 크롬로프의 반영이 비쳐 한폭의 유화가 된다.

● **체스키 크롬로프 여행하기** 체스키 크롬로프를 여행하는 최고의 방법은 도보로 골목 구석마다 깃든 750년이 넘는 역사 속을 돌아보는 것이다. 중세의 조약돌이 깔린 길은 울퉁불퉁해서 편안한 운동화를 신고 다니는 편이 좋다. 블타바 강변을 따라 구시가 외곽을 산책하는 것도 즐거운 경험이다. 원통형 탑 전망대나 플라슈티 교에서 바라보는 전망이 예술이다. 관광안내소에서는 워킹 가이드 투어 프로그램을 진행하고 있다. 특히 야간에 횃불을 들고 진행하는 나이트 워킹 가이드 투어가 인기 있다.

● **블타바강에서 래프팅하기** 호스텔이나 몇 군데 대여소에서 래프팅을 위한 보트를 대여할 수 있다. 블타바강의 유속이 빠르지 않아 초보자나 가족들도 함께 즐길 수 있다. 비가 내린 후에는 유속이 빨라지니 조심해야 한다. 6명까지 탈 수 있는 고무보트, 2~3명이 탈 수 있는 카누와 소형 보트가 있다. 가이드가 함께하는 야간 래프팅도 있다.

·**주소** Vĕzní 99 38101 Cesky krumlov ·**홈페이지** www.hostel99.cz ·**전화** 380 712 812 ·**이메일** hostel99@hostel99.cz

● **체코 최고의 고기그릴요리 맛보기** 구시가 중심 시청사 광장 근처에 있는 크르츄마 사트라브스케 Krčma v Šatlavské 레스토랑은 체코에서 최고의 고기그릴요리를 한다고 인정받고 있다. 예전 감옥이 있던 곳에 위치한 아담한 선술집이다. 다양한 종류의 고기그릴요리와 체코의 전통맥주를 맛볼 수 있다. 투박한 나무 접시에 담겨 나오는 그릴에 구운 고기와 감자, 신선한 채소가 입맛을 돋운다. 운치 있는 구시가 골목에서 입맛을 돋우는 요리와 전통맥주가 선사하는 맛에 취해 보는 경험은 색다른 즐거움을 줄 것이다.

중세의 유럽을 만나는 곳 02

Semur-en-Auxois

부르고뉴 공국의 분홍빛 도시 세뮤르 앙 우와즈

| **위치** | 프랑스 동부 부르고뉴 세뮤르 앙 우와즈
| **교통** | 세뮤르 앙 우와즈는 비행기나 기차로는 갈 수 없다. 트란스코Transco 버스 노선이 예전 부르고뉴 공국의 수도였던 디종Dijon과 연결해 준다. 디종까지 기차로 간 후 디종에서 시외버스를 이용해 세뮤르 앙 우와즈로 당일치기로 다녀올 수 있다. 디종에서 편도로 1시간 30분 정도 소요된다.

세뮤르 앙 우와즈Semur-en-Auxois는 여행자들에게 거의 알려지지 않은 프랑스 부르고뉴 지방에 있는 소도시이다. 디종과 베즐레Vezelay의 중간 지점이자 아르만송Armançon 강가에 고즈넉하게 자리 잡고 있다. 전설에 따르면 헤라클레스Hercules가 이 도시를 세웠다고 한다. 디종에서 시외버스를 이용하며 딱히 이정표가 없으므로 운전기사에게 세뮤르가 나오면 꼭 알려 달라고 신신당부해 두는 편이 좋다.

마을 앞 버스정류장에서 꽃들이 수놓아진 도로를 따라간다. 관광안내소 옆에 있는 바바케인Barbacane 문을 통과하면 부폰Buffon 거리가 마을 중심을 가로지른다. 르네상스 양식의 건축물과 해시계, 목조와 석조 가고일gargoyle이 인상적인 거리이다. 작은 마을 규모에 비해서 노트르담 성당은 웅장하게 서서 옛날 영화로웠을 종교 시대의 흔적을 보여 준다.

노트르담 광장을 지나 마을 중심에는 중세의 향기가 그대로 살아 있는 네 개의 탑이 우람한 모습을 자랑한다. 단단한 분홍빛 화강암으로 건설되었지만 세월이 흐르면서 갈라진 틈 사이로 시간이 흘러들어 생채기를 냈다. 네 개의 탑을 한 바퀴 돌

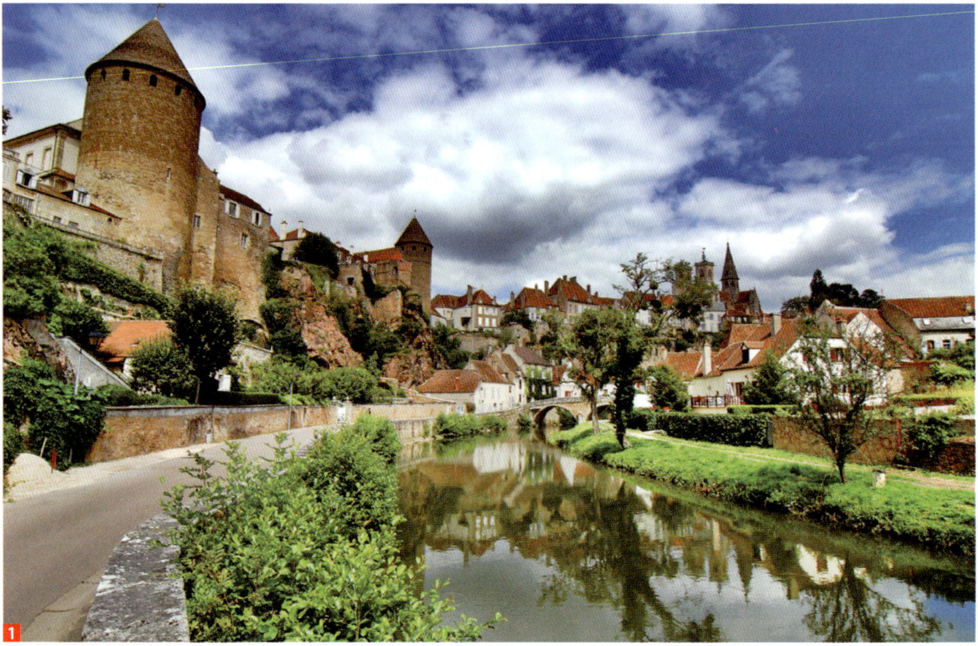

1 아르만손 강가에서 바라보는 세뮤르는 마치 동화 《라푼젤》 속의 한 장면처럼 몽환적이다.
2 소박하고 정겨운 일상이 흐르는 구시가 골목길

아본 뒤 세뮤르에서 최고의 전망 포인트라고 일컬어지는 아르만손 강가로 향한다. 마을 주택 골목을 요리조리 걷다가 강으로 향하는 계단을 내려간다. 세월의 풍상이 그대로 내려앉은 피나르 다리Pont Pinard와 미니메스 다리Pont des Minimes가 조용히 흐르는 강물 위로 말없이 서 있다.

아르만손 강변을 따라 마을에서 조금씩 멀어지면서 뒤를 돌아보면 마고 탑Tour Margot과 세뮤르의 옛 집들이 아름다운 스카이라인을 그려 낸다. 중세를 배경으로 한 동화책 속에 들어와 있는 것 같다. 눈부신 햇빛을 받아 지붕이 더욱 붉게 빛나고, 녹음 우거진 강둑에는 새하얀 뭉게구름이 피어오른다. 빠르게 흘러가던 시간도 멈추고, 분주하던 여행자의 발걸음도 멈추고, 일상에 쫓기던 분주함도 그곳에서는 평온한 적막 속에 조용히 잦아든다.

천천히 아르만손강을 따라 걷다 마을 전경을 감상할 수 있는 졸리 다리Pont Joly로 향한다. 다리를 건너 인적이 전혀 없는 오르막길을 좀 더 걷다 보면 어느새 세뮤르가 한눈에 내려다보이는 전망 포인트에 이른다. 파란 하늘과 양떼처럼 떠 있는 흰 구름 아래, 4개의 탑과 노트르담 성당의 첨탑, 중세 도시의 성벽과 붉은 지붕의 마을이 시간의 흐름에서 비켜선 듯하다. 이 아름다운 광경을 마주하면 현실로 되돌아가고 싶지 않은 마음이 커져만 간다.

- **세뮤르 앙 우와즈 여행하기** 마을은 걸어서 보기에 충분할 정도로 작다. 아르만손강의 피나르 다리와 미니메스 다리 근처에서 올려다 보는 탑, 마을 풍경이 아름답다. 마을 바깥의 졸리 다리를 건너거나 오르막길을 걸으면 나오는 전망대에서 마을 전경을 보는 것도 좋다. 대부분의 마을 내 골목은 보행자 전용 골목이다. 바바케인 문 바로 근처에 관광안내소가 있다.
- **전통과자 분홍 화강암 맛보기** 분홍 화강암Le Granit Rose으로 지어진 중세 마을 세뮤르의 유래에서 비롯된 특별한 전통과자이다. 설탕에 조린 체리와 초콜릿, 오렌지, 헤이즐넛과 체리로 만든 독한 술인 키르시kirsch를 배합하고 가늘게 구운 아몬드를 덧붙인 쿠키이다. 50년이 넘는 전통을 가지고 있으며 세뮤르인들의 사랑을 듬뿍 받고 있다. 리베르테 거리Rue de la Liberté의 알렉산더 제과점Pâtisserie Alexandre을 추천한다. 이외에도 1904년부터 전통 레시피로 전해져 오는 부르고뉴의 훌륭한 와인이 곁들여진 세뮤레테Semurettes 초콜릿도 추천한다.
- **근교마을 이푸와스 전통 치즈 맛보기** 세뮤르에서 서쪽으로 13km 떨어진 곳에 있는 이푸와스Époisses는 치즈로 유명하다. 유명한 프랑스 중북부 부르고뉴 치즈를 생산하는 마을이다. 이푸와스 마을에 가서 치즈를 구매해도 좋고, 세뮤르에서 시장이 열릴 때 사도 된다. 이푸와스 치즈로 만드는 피자의 일종인 플라미슈Flamiche는 부추 파이인데, 꼭 맛봐야 한다.

중세의 유럽을 만나는 곳 03

Fribourg

스위스 최고의 중세 도시 프리부르

| **위치** | 스위스 남서부 베른 프리부르주(州) 프리부르

| **교통** | 스위스의 주요 대도시인 제네바와 취리히를 연결해 주는 메인 기차 노선에 있는 도시여서 열차로 접근하는 게 편리하다. 또한 스위스를 동에서 서로 가로지르는 고속도로 1번과 베른에서 레만 호수의 브베Vevey까지 연결하는 12번 도로가 통과하므로 자동차로 접근하기에도 편리하다. 베른 남서쪽 35km 거리에 위치하고, 스위스의 수도 베른에서 열차로 21분 소요된다. 제네바에서 열차로 1시간 20분 정도, 취리히에서 열차로 1시간 25분 소요된다.

1157년 채링겐Zähringen 가의 베르톨트 4세Duke Berthold IV에 의해 건설된 프리부르Fribourg는 사린느Sarine 계곡 위 작은 암벽 언덕에 고색창연한 모습으로 솟아 있다. 대성당을 중심으로 형성된 구시가 부르Bourg가 높은 언덕 위에, 소박한 일상이 흐르는 바세-빌Basse-Ville 지역이 계곡 아래쪽에 있어 사린느강을 사이에 두고 묘한 대비와 인상적인 조화를 이룬다.

프리부르는 스위스의 여느 도시와 달리 불어와 독어가 공존하는 독특한 도시이다. 바세-빌에 사는 노인들 중에는 불어와 독일어가 혼용된 고대 볼제Bolze 방언을 사용하는 이들도 아직 남아 있다고 한다. 로잔과 베른을 잇는 중간 지점에 위치해 있는 프리부르는 이 때문인지 스위스의 여느 도시와는 다른 독특한 분위기가 풍긴다. 중세의 흔적이 그대로 남아 있는 자갈이 깔린 골목길과 사린느강 위에 걸친 지붕이 있는 목조 다리, 성문과 탑, 구시가 중심에 우뚝 솟은 대성당은 옛 모습 그대로이다. 12~14세기에 지어진 건물들이 가득한 프리부르는 중세의 시간과 문화를 느끼기에

최적의 여행지이다.

특히 카톨릭 중심지여서 중세 시대 순례지로서 중요한 역할을 했다. 생 니콜라스 대성당을 중심으로 11개의 교회가 있으며 구시가 부르의 골목길 벽에는 순례자 길의 표시인 조개문양이 가끔씩 눈에 띈다. 프리부르 칸톤은 비교적 규모가 작아 스위스를 여행하는 이들이 무심코 그냥 지나칠 수 있다. 하지만 이렇게 가볍게 무시를 받기에는 너무나 아쉬운 보물 같은 곳이다.

4개의 새로운 매력을 선보이는 프리부르

프리부르는 크게 네 구역으로 나뉜다. 사린느강이 흐르는 저지대의 운치 있는 마을인 바세-빌Basse-ville, U자형 계곡을 의미하는 우즈Auge, 높은 암벽 절벽 위에 있으며 구시가 중심마을인 부르Bourg 그리고 구시가 중에서도 신시가를 의미하는 누브빌Neuveville이다.

프리부르의 랜드마크이자 가장 높은 건축물인 생 니콜라스 대성당Cathedrale St. Nicolas de Myre은 1283년에서 1490년에 걸쳐 약 200년 동안 건설된 고딕 건축물이다. '최후의 심판'이 묘사된 정문으로 들어가서 365개의 계단을 오르면 74m의 탑 꼭대기까지 올라갈 수 있다. 그곳에서 보는 프리부르 전경과 프레알프스Prealps 일대는 말 그대로 장관이다. 폴란드 화가 조제프 메호퍼Jozef Mehoffer가 그린 대성당의 스테인드 글라스는 유럽의 종교적인 아르누보 스테인드 글라스 분야에서 최고의 컬렉션으로 인정받는다. 오르간 장인인 알로이스 무서Aloys Mooser가 19세기 초에 제작한 이 성당의 오르간은 프란츠 리스트Franz Liszt와 안톤 브룩크너Anton Bruckner의 마음을 사로잡았다고 한다.

프리부르를 연결하는 5개의 중세 다리

프리부르의 낮은 지대에 있는 바세-빌에는 모두 5개의 중세 다리가 있다. 목조나 석조로 된 이 다리들은 사린느강이 굽이쳐 흐르는 프리부르에서 가장 오래된 지역을 운치 있게 연결해 준다. 특히 1250년에 건설된 베른 다리Pont de Berne는 스위스에서 가장 오래된 다리 중 하나로 손꼽힌다. 프리부르에서 유일한 목조식 지붕으로 덮여 있는 이 바로크식 다리 위로는 지금도 버스가 통과하고 사람들이 걸어 다닌다. 바

1 구시가 골목을 걷다 보면 운치 있는 그림 간판과 낡은 레스토랑들이 시선을 멈추게 한다. 2 오랜 세월 사린느강 위를 가로질러 프리부르를 지켜 온 베른 목조다리 3 석조 다리를 일상적으로 건너는 가족들의 모습이 정겹다.

세-빌을 굽이쳐 흐르는 사린느강 위의 운치 있는 아치형 석조다리는 1720년에 원래의 목조다리1275를 대체해서 건설된 밀루 다리Pont du Milieu이다. 이 다리 위에서 바라보는 사린느강과 구시가가 어울린 풍경은 말 그대로 한 폭의 중세화이다.

1899년에 처음 운행을 시작한 프리부르의 명물 푸니쿨라Funiculaire는 고지대의 시내 중심과 저지대의 바세-빌을 이어 준다. 100년 넘는 세월 동안 변함없이 현재까지 운행되고 있다. 도심의 폐수를 이용해 균형추counterweight 시스템으로 움직이는, 유럽 유일의 독특한 시스템을 자랑한다. 삐그덕거리고 달그락거리는 소리를 내면서도 가파른 경사를 오르내리는 푸니쿨라는 프리부르의 과거와 현재를 이어 주는 타임머신과 같다. 대성당과 구시가 부르를 조망할 수 있는 프리부르에서 가장 좋은 전망은 로레트 예배당Chapelle de Lorette이 있는 계곡 건너편 언덕 위이다. 17세기에 세워진 바로크풍의 이 작은 예배당에 서면 사린느 계곡과 U자형으로 흐르는 강, 붉은 지붕의 구시가 부르, 우뚝 솟은 첨탑의 대성당이 한눈에 펼쳐진다. 그 풍경을 앞에 두고 넋을 잃은 여행자들은 시간 가는 줄 모르고 스위스 최고의 중세 도시 프리부르의 아름다움에 빠져든다.

100년이 넘는 역사를 자랑하는 프리부르의 명물 푸니쿨라를 타 보는 것도 색다른 경험이다.

로레트 예배당에서 바라본 프리부르 대성당과 구시가의 붉은 주택들

● **프리부르 여행하기** 기차역에서 구시가까지는 도보로 10분이면 충분히 접근할 수 있다. 구시가는 사린느강을 중심으로 대성당이 있는 언덕 위의 부르 지역과 언덕 아래 바세-빌 지역으로 나뉘지만 마음의 여유를 가지고 도보로 돌아보기를 추천한다. 프리부르 칸톤 내의 버스 연결과 일부 철도 노선을 비롯한 대중교통은 TPF Transports Publics Fribourgeois가 책임지고 있다. www.tpf.ch(독어, 불어)

● **에스빠스 장 팅겔리-니키 드 상 팔레 박물관 들러보기** 프리부르에서 태어난 20세기의 유명 화가이자 키네틱 아티스트kinetic artist인 장 팅겔리Jean Tinguely, 1925~1991와 그의 아내이자 조력자인 니키 드 생 팔레Niki De St. Phalle, 1930~2002의 영감 넘치는 예술 작품과 기계가 전시된 멋진 공간이다. 장 팅겔리는 특히 무빙 아트의 천재라고 불린다. 발로 기계에 연결된 버튼을 밟으면 활기차게 움직이는 그의 작품들은 시각과 청각, 촉각을 자극하며 공감각적인 즐거움을 준다. 프랑스 출신의 예술가인 그의 아내 니키의 작품 〈나나스Nanas〉도 눈에 띈다. 스위스 바젤에도 장 팅겔리 박물관이 있다.

● **카디날 맥주 박물관 구경하기** 유명 맥주 브랜드인 카디날Cardinal의 고향이 바로 프리부르이다. 예전에 맥주 양조장 지하 저장고에 박물관Musee de la Bière Cardinal이 들어섰으며, 과거부터 현재까지의 맥주 양조법과 문화, 프리부르에서 시작된 카디날 맥주의 역사에 관한 자료들을 전시하고 있다. 전통적인 스타일의 비스트로bistrot에서 맥주 시음도 할 수 있다. 프리부르 기차역 앞에서 택시를 타고 3분 정도 소요된다. 기차역을 등지고 오른쪽 방향으로 아흐세누 거리Route des Arsenaux를 따라 도보로 10분 소요된다.

중세의 유럽을 만나는 곳 04

Mont Saint Michel

노르망디의 바닷가 섬 몽생미셸

| **위치** | 프랑스 북서부 바스노르망디주(州) 몽생미셸

| **교통** | 제방길 외에 다른 루트로 몽생미셸에 접근하는 것은 상당히 위험하다. 빠른 조수 변화로 인해 밀물이 갑작스럽게 밀려와서 개펄을 함부로 걸어 다니는 것은 위험하다. 깊은 뻘과 유사로 인해 자칫 늪에 빠지는 것과 같은 사고를 당할 수도 있다. 파리에서 자동차로 4시간 정도 소요된다. 파리와 몽생미셸 사이에 직접적으로 연결된 기차 노선은 없다. 폰토손Pontorson까지 기차로 이동한 후 폰토손에서 버스로 몽생미셸까지 이동하면 된다. 폰토손에서 자전거를 대여해서 몽생미셸에 가는 방법도 추천한다. 폰토손에서 10km 정도 거리이다.

프랑스 북부 노르망디Normandy 해안가에 솟아 있는 바위섬, 몽생미셸Mont Saint Michel은 1979년에 유네스코 세계문화유산에 등록된 프랑스의 보물이다. 바위섬 꼭대기에 세워진 베네딕트회 수도원은 그 어떤 곳보다 드라마틱한 장관을 보여준다.

세계의 8번째 경이라고 불리는 몽생미셸 수도원은 밀물이 되면 바다 속 섬이 되고 썰물이 되면 육지와 연결되는 세계에서 가장 유명한 수도원이다. 이 건축의 경이驚異, 몽생미셸은 하루아침에 생겨나지 않았다. 708년 대천사장 미카엘Michael이 아브랑쉬Avranches의 대주교 오베르Aubert의 꿈에 나타나서 '몽똥브Mont Tombe, 몽생미셸의 옛 지명'에 기도대를 세우고 예배당을 지으라고 명령했다. 수차례의 명령에도 대주교는 이를 무시했고, 화가 난 미카엘이 세 번째 꿈에 나타나서 손가락으로 강한 빛을 쏘아서 대주교의 머리에 구멍을 냈다고 한다. 이에 놀란 대주교가 몽똥브로 가서 높이 80m

하나의 섬이자 수도원인 몽생미셸은 말을 타고도 갈 수 있다.

의 바위 위에 기도대를 세우고, 이탈리아에서 가져온 질 좋은 화강암으로 예배당을 지었다. 몽생미셸이란 지명은 바로 예배당을 지으라고 명령한 천사장 미카엘의 불어식 발음에서 기원했다. 더욱 놀라운 것은 아브랑쉬의 생 제르베 교회 St Gervais church 에는 오베르 대주교의 구멍 난 해골이 전시되어 있다는 것이다.

 선사 시대에는 육지였던 이곳은 세월이 흐르면서 점점 해수면이 상승했고 침식 작용으로 인해 해안이 형성되었다. 조수의 차가 매우 심하고, 때때로 밀려오는 조수로 섬 전체가 물에 잠긴 적도 있다고 한다. 대문호 빅토르 위고 Victor Hugo는 몽생미셸의 거친 조수를 보며 '생동감 넘치는 말이 파도를 박차고 급속하게 달려 나가는 것처럼' 그 유속이 빠르다고 말했다. 예전에는 몽생미셸로 순례여행을 오가던 수도승들이 조수의 때를 모른 채 무턱대고 수도원을 향해 바닷길을 걸어 들어갔다가 밀려오는 바닷물에 수없이 익사하기도 했다. 그래서 악마의 성이라 불리기도 했다.

 그러나 현재로 올수록 점점 섬으로서의 특성이 사라져 가고 있다. 육지와 이어주던 다리 역할을 했던 길이 실제적인 제방이 되어 버린 것이다. 이 높은 제방이 침적토를 씻어 내던 파도를 막아 버려 이제는 만조가 되어도 완전한 섬의 형태를 유지할 수 없게 되었다. 프랑스 정부는 수년에 걸쳐 수억 유로를 들여서 침적토를 제거하는 작업을 하고 몽생미셸을 원래의 섬의 모습으로 복원하겠다고 발표하기도 했다.

 중세의 느낌이 가득 묻어 있는 좁은 골목길은 이제 중세 수도승들이 아닌 세계 각지에서 몰려든 다국적 여행자들로 가득하다. 워낙 유명한 관광지여서 그런지 기념품 가게와 식당들이 대부분이다. 수도원의 전망대에서 바라보는 노르망디의 바다와 하늘 그리고 바닷바람에 막힌 가슴이 뻥 뚫린다. 수도원 내부의 아치 회랑은 완벽한 균형미와 우아한 절제미를 보여 준다. 수도원 건축의 보석으로 여겨지는 라 메르베유La Merveille는 13세기에 증축된 부분이다. 고딕 양식 건축의 걸작으로 손꼽힌다. 14세기 백년 전쟁의 격랑 속에서도 그 견고한 모습을 잃지 않았고, 프랑스 혁명 당시에는 거물 정치범을 수용한 감옥으로 사용되기도 한 슬픈 역사를 가지고 있다. 대문호 빅토르 위고와 같은 이들의 노력으로 몽생미셸 수도원은 원래의 모습으로 복원이 되었다. 그 수도원을 거닐다 보면 자연스럽게 시간의 깊이와 인간과 종교, 건축, 자연에 대해 생각하게 된다.

● **몽생미셸 여행하기** 몽생미셸을 돌아볼 수 있는 유일한 방법은 도보이다. 마을로 들어가는 문은 두 개이다. 제방 둑길 끝의 메인 게이트인 포르트 델 아방쉐Porte de l'Avancée는 중심 거리인 그랑 루Grande Rue로 바로 연결된다. 메인 게이트 왼편에 있는 포르트 에샤우게테Porte Eschaugette는 덜 혼잡한 편이다. 모든 길은 섬 꼭대기 수도원으로 연결된다. 여름철 성수기에는 여행자들로 골목이 빈틈이 없을 정도로 가득 찬다. 7~8월에는 밤 11시까지 입장이 가능해서 밤에 방문하면 좀 더 여유롭게 둘러볼 수 있다. 제방 좌우로 섬을 둘러싼 개펄을 걸을 때는 주의해야 한다. 때론 깊은 진흙 구역이나 늪과 같은 유사流沙, 바람이나 물에 의해 아래로 흘러내리는 모래. 사람이 들어가면 늪에 빠진 것처럼 헤어 나오지 못함가 있어서 조심해야 한다. 이곳은 조수가 유럽에서도 가장 빠르게 일어나는 곳이어서 개펄을 함부로 건너가는 것도 위험하다. 자격을 갖춘 전문 현지 가이드가 동행하거나 조수 간만 시간표를 반드시 확인하고 다녀야 한다.

● **몽생미셸의 명물 오믈렛 맛보기** 몽생미셸의 전통요리는 바로 오믈렛Omelette이다. 하지만 유명 관광지답게 가격은 상당히 비싼 편이며 바쁜 종업원들의 친절한 서비스를 기대하는 것은 무리이다. 가장 유명한 메뉴인데 오히려 가장 많은 악평을 듣는다. 수도원 아래 구시가는 다양한 레스토랑과 카페, 패스트푸드점들로 가득하다. 바닷가답게 홍합이나 굴요리 등 해산물 요리와 바닷가 소금기 어린 풀을 먹고 자란 양들이 많아 양고기도 유명하다. 빨간 간판이 인상적인 라 메흐 뿔라르La Mère Poulard가 몽생미셸 오믈렛의 원조가게이다. 이곳은 1879년에 처음 문을 연 이래 100년이 넘는 역사 동안 수많은 유명 인사가 들러 유명하다. 헤밍웨이Ernest Hemingway나 입생로랑Yves Saint Laurent을 포함해 수많은 유명인사의 사인과 사진들이 벽에 걸려 있다. 이곳의 오믈렛은 전통적인 오믈렛보다는 수플레soufflé와 더 닮았다. 타오르는 불 위, 수제 구리 그릇에서 만들어진다. 늘 사람들로 붐비는 곳이어서 자리 잡기가 쉽지 않다. 레스토랑과 함께 호텔도 운영하고 있다.

· **주소** Grande Rue BP 18 50170 LE MONT-SAINT-MICHEL FRANCE · **전화** +(33) 2 33 89 68 68(Fax. +(33) 2 33 89 68 69)
· **홈페이지** www.merepoulard.com

중세의 유럽을 만나는 곳 05

Assisi

성자 프란치스코가 태어난 중세 마을 아시시

| **위치** | 이탈리아 중부 움브리아주(州) 아시시
| **교통** | 움브리아주의 주도인 페루자에서 열차로 25분 소요된다. 페루자에서 APM버스로 50분, 피렌체에서 테론톨라Terontola를 경유하면 3시간, 로마에서 폴리뇨Poligno를 경유하면 2~3시간이 소요된다. 아시시 기차역에 도착하면 역 앞에서 출발하는 버스를 타고 4km 정도 떨어진 아시시의 마테오티 광장Piazza Matteotti까지 갈 수 있다. 산중턱에 있어서 도보로 올라가기에는 조금 힘들 수 있다.

이탈리아의 푸른 심장이라고 불리는 중부 움브리아주는 비옥한 토양과 향기로운 와인을 자랑하는 곳이다. 그리고 구릉과 평야 지대 곳곳에 아름다운 도시가 가득하다. 수바시오산Monte Subasio 비탈에 가볍게 내려앉은 소박하고 평화로운 작은 마을이 바로 아시시이다. 아시시에서 태어나고 자란 성자 프란치스코의 발자취가 구석구석 아로새겨져 있기도 하다. 움브리아 평원을 달리는 버스 창문에서 올려다 보는 아시시는 천상의 도시인 듯 태양빛을 받아 새하얗게 빛난다. 나무지팡이를 짚으며 부지런히 아시시를 향해 걸어가는 순례자들이 심심치 않게 눈에 띈다. 버스가 조금 경사진 길을 달려 마을 뒤편 마테오티 광장으로 점점 다가갈수록 움브리아 평원이 아스라이 멀어져 간다.

마테오티 광장에서 오랜 세월 매끈해진 돌이 깔린 골목길을 따라 걷다 보면 아시시는 조용히 산책하거나 한가롭게 배회하기에 좋은 마을이라는 것을 자연스레 느끼게 된다. 아기자기하면서도 낡고 소박한 주택 사이로 보이는 움브리아 평원은 적막하리만치 평화롭다. 골목골목 오랜 전통의 레스토랑들이 뽐내거나 자랑하지 않은 채 숨어 있고, 빛바랜 프레스코화가 군데군데 보인다. 천천히 산타 키아라 성당 Basilica di Santa Chiara 으로 향한다.

분홍빛 돌로 지어진 아름다운 키아라 성당은 성 프란치스코의 제자인 성녀 키아라를 위한 성당이다. 13세기에 건설된 이탈리아 고딕 건축의 표본이다. 성당 앞 광장에 서면 자애로운 어머니의 품에 안긴 듯 편안해진다. 광장에서 내려다보는 움브리아 평원은 그 자체로 평화로움이다. 따사로운 오후 햇살이 만든 긴 나무 그림자들, 초록과 갈색으로 가꾸어진 들판, 띄엄띄엄 붉은 지붕의 주택들이 만들어 내는 풍경은 바라보기만 해도 마음이 느긋해진다. 산비탈을 따라 군집을 이루어 자라는 올리브 나무들은 햇살에 반짝반짝 윤기가 흐르는 잎사귀마다 충만한 생명력이 느껴진다.

평화의 성자 프란치스코의 삶

아시시로 하여금 오늘날의 명성을 얻게 하고 사람들이 찾아들게 만든 것은 다름 아닌 평화의 성자 프란치스코임을 누구도 부인하지 않는다. 아시시의 부유한 포목상인의 아들로 태어난 그는 방탕한 삶을 살았다. 어느 날 신의 존재를 깨닫고 방탕의 길에서 벗어나 그가 가진 모든 소유를 가난한 이들에게 나누어 주었다. 신발까지 벗어주고 맨발로 다녔다. 심지어 추운 겨울에 입고 있던 옷마저 더 가난한 이에게 벗어주고 거의 벌거벗은 채로 돌아다닌 일화는 너무나 유명하다. 그는 생애 말년에 예수 그리스도가 받은 상처를 상징하는 다섯 개의 상처를 몸에 받은 사실로 더욱 사람들의 존경을 받았다. 그를 따르는 11명의 제자와 함께 '작은 형제회'가 시작되었고, 이 작고 소박한 수도회는 지금도 세상 속에서 아름다운 향기를 발하며 세상을 밝혀 주고 있다.

1 햇살이 아시시를 가득 비추어서인지 올리브 나무가 무성하게 자란다.
2 산타 키아라 성당 앞 넓은 광장은 움브리아 평원을 내려다보기에 좋은 장소이다.

산타 키아라 성당에서 조금만 걸어가면 꼬무네 광장Piazza del Comune에 이른다. 뒤이어 장중한 코린트 양식의 돌기둥 여섯 개가 떠받치고 있는 미네르바 신전Tempio di Minerva이 시선을 끈다. 기원전 1세기에 건설된 이 고대 로마 신전은 우아한 품격이 풍겨 난다. 때때로 광장을 가로질러 마치 그 옛날 프란치스코처럼 허름한 수도승 복장을 한 여윈 몸의 남자가 맨발로 눈앞을 스쳐간다. 환영인 듯도 해서 눈을 비비고 다시 봐도 분명 맨발의 순례자이다.

프란치스코 거리Via San Francisco를 따라 아시시 최고의 명소인 성 프란치스코 성당Basilica di San Francisco으로 향한다. 이탈리아의 여느 도시보다 유난히 많은 순례자와 수도승, 수녀들이 조용히 골목길을 걸어가는 모습이 그저 자연스럽게 흘러간다. 성 프란치스코 성당 안에는 〈작은 새에게 설교하는 성 프란치스코〉를 비롯해서 프란치스코의 생애를 그린 조토의 연작 벽화 28장이 있다. 복층으로 구성된 이 바실리카의 지하 묘지에 성 프란치스코의 무덤이 있다.

아시시에서 최고라 손꼽히는 풍경은 성 프란치스코 성당 너머로 황금빛 태양이 저무는 석양 무렵에 볼 수 있다. 성당 너머로 움브리아 평원은 평온한 저녁을 맞이하고 있다. 세상에서 가장 평화롭고 절대적인 고요의 풍경이다. 그저 바라보는 것만으로도 기도가 되고, 하늘의 은총이 쏟아지는 듯해 세상 가시에 찔려 생채기 투성이가 된 마음이 한없는 위로를 얻는 곳. 바로 성자 프란치스코의 고향 아시시이다.

성당 앞 광장을 오가는 여행자들은 아시시에서 평온함을 누린다.

석양이 내릴 무렵 성 프란치스코 성당 앞에 서면 마음속 깊은 곳에서 평화의 기도가 흘러나온다.

●**아시시 여행하기** 아시시는 산중턱에 자리 잡고 있어서 마을 전체가 살짝 경사져 있다. 성 프란치스코 성당이 마을의 아래쪽에 있고, 마테오티 광장이 마을 위쪽에 자리 잡고 있다. 마을 제일 위에는 요새이자 전망 포인트인 로까Rocca가 있다. 마을 위쪽에서 아래쪽으로 천천히 구석구석을 도보로 다니면 덜 힘들다. 더운 여름철에는 걷는 중간에 만나는 카페에서 젤라토를 맛보거나 성당의 그늘 아래에서 쉬어 가는 편이 좋다.

●**로까에서 일몰 감상하기** 아시시 위쪽 언덕 꼭대기에 요새이자 전망 포인트인 로까La Rocca가 있다. 이곳에 서면 아시시 마을 전경과 마을 아래 계곡, 움브리아 평원이 시원스럽게 펼쳐진다. 해 질 무렵 로까에서 바라보는 일몰도 무척 평화롭고 아름답다.

●**성물 기념품 구입하기** 성자 프란치스코의 고향답게 종교적인 성물 기념품이 많다. 나무로 만든 십자가, 수도승이나 성모상, 천사상과 같은 다양한 종류의 성물들을 아기자기한 크기부터 제법 큰 크기까지 다양하게 판매한다. 무엇보다 성자 프란치스코의 일화와 관련된 기념품도 많다.

중세의 유럽을 만나는 곳 06

Riga

라트비아의 창문이자 동유럽의 파리, 리가

| 위치 | 라트비아 중부 리가

| 교통 | 리가 국제공항Starptautiskā Lidosta Rīga은 리가 남서쪽 10km 정도 떨어져 있다. 대부분의 유럽 주요 도시들과 항공편으로 연결되어 있다. 공항과 구시가를 연결해 주는 22번 버스가 운행되며, 구시가까지는 40분 정도 소요된다. 에코라인Ecolines, 심플 익스프레스Simple Express, 유로라인Eurolines 등 유럽의 주요 도시와 연결되는 국제노선 버스도 운행된다. 에스토니아 탈린에서 매일 운행되는 페리선을 타고 리가에 들어갈 수도 있다. 모스크바, 상트 페테르부르크 등과는 열차로도 연결된다.

'라트비아의 창문'으로 불리는 리가는 800년 역사를 자랑한다. 그 역사의 시작은 1201년 독일 브레멘Bremen의 대주교 알베르트Alberts가 이 지역을 무역 본거지로 삼고 자신의 기사단을 발족시키기 시작하던 때부터이다. 이 야심만만한 주교가 창설한 '검의 형제 기사단Fratres Militiae Christi'은 오늘날의 라트비아와 남부 에스토니아 지역을 완전히 점령해서 독일의 봉토로 삼게 된다. 리가는 중세 유럽의 무역 도시 연맹이었던 한자동맹의 중심 도시로서 그 이름을 떨치기 시작한다. 이 역사적 사실을 기념해서 브레멘시에서 동물 군악대 동상을 리가시에 기증했다.

구시가의 랜드마크이자 뾰족한 첨탑이 인상적인 성 피터 교회St. Peter's Church는 1209년에 처음 지어졌다. 시대의 흐름에 따라 가톨릭교회, 루터교회, 박물관 등으로 여러 차례 변화를 겪었다. 높이가 123.25m나 되는 이 교회는 제2차 세계대전 이전까지는 유럽에서 가장 높은 목조건물이었다. 이 교회 뒤쪽에 그림형제의 유명한 동화《브레멘 음악대》에 나오는 동물들의 동상이 설치되어 있다. 당나귀 동상의 코를

만지면 소원을 이루어 준다는 전설이 있어서 수많은 여행자가 만져 당나귀의 코가 유난히 반질반질하게 빛이 난다.

리가를 대표하는 검은머리전당

조용히 산책을 하며 사색에 빠지기에 더없이 좋은 리가를 여유롭게 걷다 보면 발걸음은 자연스레 시청사 광장에 이른다. 광장의 한가운데에는 성 롤란드 동상Roland Statue이 서 있다. 롤란드는 샤를마뉴의 조카였는데 14세기에 북부 독일과 한자동맹을 맺은 도시 여러 곳에 정의와 자유의 상징으로 그의 동상이 세워지기 시작했다. 그 동상 뒤편에 리가에서 가장 유명하고 아름다운 건축물로 손꼽히는 검은머리전당 House of Blackheads이 우뚝 서 있다. 독일 르네상스의 진수를 보여 주는 아름다운 고딕풍의 이 건축물은 14세기 당시 상인들의 조합인 검은머리길드의 회원들이 세를 얻어서 사용한 건물이었다.

1713년에 검은머리길드가 이 건물을 구입하여 현재와 같은 화려한 건물로 변신시켰다. 검은머리길드의 회원은 젊은 독신의 상인과 배의 선장으로 구성되었는데, 상상 속의 아프리카 흑인 무어인인 '성 모리셔스'를 그들의 수호신으로 삼아서 검은머리라는 명칭이 유래되었다. 검은머리전당은 제2차 세계대전 후에 라트비아를 점령한 소련에 의해 1948년에 완전히 파괴되었지만 독립을 쟁취한 라트비아가 복구를 시작해 2000년에 재건했다. 현재 관광안내소, 콘서트홀, 검은머리길드의 역사를 다룬 박물관 등으로 일반인에게 공개하고 있다.

19세기 후반에서 20세기 초에 유럽에서 일어난 새로운 예술 사조가 바로 아르누보, 라트비아어로 유겐트스틸Jugendstil이다. '새로운 예술'이라는 그 명칭처럼 기존의 천편일률적이고 모방적인 양식에서 벗어나 새로운 형태의 아름다움을 추구하는 사조를 말한다. 기존의 교회 중심의 이탈리아적인 건축 양식을 배제하고 라트비아의 정신을 화려한 장식과 결합시켰다. 그래서 리가의 건축물은 유럽 건축물 중에서 가장 아름다운 아르누보로 자타가 인정한다. 리가에 있는 건물 중 3분의 1 이상이 아르누보 건축물일 정도로 이 도시는 아르누보의 중심지이다. 아르누보 건물들이 집중적으로 모여 있는 알베르타 거리로 들어서면 장식미가 넘치는 아르누보 건축물의 노천 박물관 같다는 느낌을 받게 된다.

1 벽화가 어우러진 리가 구시가는 동유럽의 파리라는 별명처럼 예술적인 감흥이 넘친다. 2 알베르타 거리는 온통 아르누보 건축 양식으로 가득하다. 3 건축물과 조각 작품이 하나가 되어 리가의 아르누보는 유럽에서 최고로 손꼽힌다.

리가의 상징, 자유의 기념탑

아르누보 거리에서 구시가 중심으로 돌아오는 길에 브리비바스Brivibas 대로에서 보이는 자유의 기념탑Freedom Monument도 리가의 상징이다. 라트비아 국민에게 자유의 상징인 이 탑은 밀다Milda라는 애칭으로 불린다. 기념비의 맨 윗부분에 머리 위로 손을 뻗쳐서 세 개의 별을 들고 있는 소녀 동상이 바로 밀다이다. 소녀의 손에 들린 세 개의 별은 원래 라트비아의 역사적인 세 지역인 쿠제메Kurzeme, 비제메Vidzeme, 라트갈레Latgale를 상징했다. 구소련 지배하에서도 이 자유의 기념탑은 철거되지 않았다. 세 개의 별이 소련에 새로 편입된 발트 3국인 에스토니아, 라트비아, 리투아니아를 상징한다고 재해석했기 때문이다. 소녀상의 이름도 밀다 대신 '마더 러시아Mother Russia'라고 불렀다. 그 시절에는 이 탑 아래에 꽃을 바치거나 집회를 가지면 정치범으로 몰려 즉시 시베리아로 추방되었다. 그래서 이 기념탑은 '시베리아행 편도 티켓을 받게 하는 여행 대리인'이라는 슬픈 농담이 나돌기도 했다.

한때 '동유럽의 파리', '동유럽의 라스베가스'라고 불렸던 리가는 전형적인 중세 건축물부터 신고전주의, 아르누보, 포스트모더니즘에 이르기까지 다양한 유럽 건축 양식의 전시장이다. 넓지 않은 구시가지에서 이처럼 다양한 건축 양식을 본다는 것 그리고 이런 다양한 양식이 상충되지 않고 조화로운 아름다움으로 병존하고 있다는 것은 유럽 어디에서도 보기 힘든 리가만의 특별한 매력이다.

1 비행기 격납고 건축물을 재활용한 리가 중앙시장은 독특한 아름다움을 풍긴다. 2 리가 시민들의 일상을 엿볼 수 있는 중앙시장

라트비아의 아픈 역사가 서려 있는 자유의 기념탑

● **리가 여행하기** 구시가는 개인 차량이 진입할 수 없다. 리가의 구시가는 도보로 탐험하는 편이 좋다. 대중교통은 시에서 운영하는 리가스 사틱스메(Rigas Satiksme)에서 트램, 버스, 미니버스, 트롤리버스 등을 운행하고 있다. 이-탈론(e-talons)이라고 부르는 전자 티켓 시스템이 이용된다. 1회 요금으로 거리에 상관없이 탈 수 있지만 환승할 경우 추가 요금을 지불해야 한다. 하지만 같은 노선과 방향으로 1시간 이내일 경우 환승을 하더라도 추가 요금을 지불할 필요가 없다. 리가는 대체로 조용하고 안전한 도시이지만 바나 레스토랑을 방문할 경우 주문하기 전에 가격을 확인해 두는 편이 좋다. 가끔 손님을 속이고 바가지를 씌우는 경우가 있다. 남성을 대상으로 갑자기 여성이 접근해서 클럽이나 바로 초대하는 경우에는 강도나 사기를 의심해 봐야 한다.

● **리가 중앙시장 구경하기** 리가 중앙시장(Rigas Centrāltirgus)은 유럽에서 가장 큰 시장이다. 라트비아에 있는 20세기 건축물 중에서 가장 인상적인 건물 중 하나이다. 1998년에 리가 구시가와 함께 유네스코 세계문화유산에 등록된 유서 깊은 건물이다. 1922년에 설계된 후 1930년에 네오클래식 양식과 아르 데코 양식이 혼합되어 완공되었다. 옛 독일 체펠린 비행선 격납고를 재활용해서 건설되었으며 5개의 파빌리온 구조물로 구성되어 있다. 7만 2천㎡의 넓이에 3,000개 이상의 점포가 있다. 리가 버스터미널 옆에 위치, 매일 08:00~17:00 운영 구역별로 판매하는 물품들이 나뉘어져 있는데, 큰 파빌리온에서는 고기, 4개의 작은 파빌리온 중 첫 번째에서는 우유와 낙농제품, 두 번째에서는 빵제품, 세 번째에서는 과일과 채소, 네 번째에서는 생선을 소매로 취급하고 있다.

● **리가 특산품 호박 장신구 구입하기** 리가의 특산품은 호박이다. 길가의 노점상들은 호박의 산지답게 호박을 이용한 목걸이, 귀걸이, 팔찌를 비롯해 각종 장신구와 직접 손으로 뜨개질을 한 공예품을 판매한다. 구소련 지배의 영향 때문인지 러시아 전통 목각인형인 마뜨료쉬까도 많다. 기념품 상점보다는 리가 중앙시장이나 구시가의 노점상에서 사는 편이 좋다. 이곳에서는 흥정도 할 수 있고, 가격도 기념품 전문점보다 저렴하다.

중세의 유럽을 만나는 곳 07

Siena

붉은 캄포 광장의 도시 시에나

| **위치** | 이탈리아 중부 토스카나주(州) 시에나

| **교통** | 시에나는 로마에서 240km, 피렌체에서 약 71km 떨어져 있다. 기차로 올 경우 로마에서 피렌체를 경유환승해서 시에나까지 3시간 20분 정도 소요된다. 피렌체에서는 1시간 30분 정도 걸린다. 시에나 기차역은 시에나 구시가 중심으로부터 2km 정도 떨어져 있다. 기차역에서 버스 첸트로Bus Centro 이정표를 따라가면 구시가 중심부 델 살레 광장Piazza del Sale으로 가는 버스를 탈 수 있다. 버스 3, 8, 10, 17, 77번이 구시가로 간다. 기차역에서 구시가 중심까지 도보로는 20~30분 정도 소요된다. 천천히 주변을 둘러보며 걷는 것도 괜찮다. 피렌체에서 S.M.N역 바로 옆 서쪽 지하 정류장에서 시타SITA버스를 타고 1시간 20분 정도 걸린다.

시에나는 중세 시대 피렌체에 최종적으로 패배할 때까지 부유하고 호전적이며 독립적인 도시국가였다. 시에나인들은 자신들의 도시와 전통에 대해 다른 그 어떤 곳보다 강한 자부심을 가졌고, 이웃 도시국가들에게 열정적인 라이벌 의식을 느꼈다. 이런 강력한 자부심과 라이벌 의식은 햇살 강한 여름철이면 캄포 광장에서 펼쳐지는 팔리오Palio라는 전통 축제를 통해 지금까지 이어져 오고 있다.

광활한 바다와 같은 캄포 광장에서 열리는 안장 없는 말 경주대회 팔리오Palio는 시에나인들의 지칠 줄 모르는 뜨거운 심장과도 같다. 지축을 울리는 말발굽 소리와 캄포 광장을 가득 메운 관중들의 함성, 각 콘트라데Contrade, 자치구를 대표하는 깃발들은 마치 중세의 전쟁터 한가운데에 들어와 있는 듯한 느낌을 준다. 축제가 열리지 않는 기간에도 캄포 광장에 서 있으면 중세 기사들의 호령과 말발굽 소리가 들리는 듯하다.

800년 동안 시청사로 사용되고 있는 푸블리코 궁전Palazzo Pubblico을 마주 보고 타원형으로 조개껍질처럼 펼쳐진 광장을 사뿐히 한 바퀴 돌아본다. 궁전 바로 앞 좌우의 중간 지점에 서서 광장을 바라보면 사선으로 퍼진 선이 직선으로 평행하게 보이는 신기한 착시 현상이 일어난다. 작은 골목마다 콘트라데를 상징하는 팔리오 깃발들이 불어오는 바람에 펄럭거린다. 산더미처럼 쌓인 젤라토 가게, 형형색색의 다양한 파스타 재료들을 진열한 식품품 가게, 곰팡이가 으슬으슬 피어 있는 다양한 햄을 걸어 놓고 파는 식료품점Pizzicheria 등 가게마다 오랜 전통과 역사가 느껴진다.

시에나에서 꼭 봐야 할 대표적인 명소는 두오모이다. 장엄한 검은색과 흰색의 대리석 줄무늬가 인상적인 이탈리아 로마네스크 성당이다. 시에나의 붉은 지붕 위로 솟아오른 흰색과 검은색의 줄무늬 두오모는 이질적이면서도 우아함이 감돈다.

시에나 전통 케이크인 판포르테Panforte의 기원에 관해서는 수많은 이야기가 전해 온다. 그중 가장 유력한 전설은 1200년대에 견습 수녀인 레타Leta가 쥐가 파먹은 설탕 더미와 향신료, 아몬드를 버리려다가 불에 익혀서 꿀을 넣어 휘젓다가 탄생하게 된 것이 판포르테라는 설이다. 오늘날 가장 인기 있는 대표 판포르테는 약간 쓴맛이 나는 검은색의 판포르테 네로Panforte Nero와 밝은 색깔과 달콤한 설탕 가루가 뿌려진 판포르테 마케리타Panforte Margherita 두 종류이다.

시에나 여행은 캄포 광장에서 시작해 다시 캄포 광장으로 귀결된다. 서쪽으로 기울어 가는 여름 햇살이 부드러워지고, 만자탑Torre del Mangia은 긴 그림자를 광장으로 드리운다. 어디선가 들려오는 듯한 가슴을 울리는 말발굽 소리에 광장에 비스듬히 드러누워 자신도 모르게 땅에 귀를 가까이한다.

검은색과 흰색 줄무늬 대리석이 인상적인
시에나의 두오모 성당

두오모 지붕에 올라 바라보는 시에나 전경이 눈부시게 아름답다.

●**시에나 여행하기** 시에나 구시가는 차량 출입이 제한되고 오로지 도보로만 접근할 수 있다. 스쿠터나 오토바이는 진입할 수 있다. 구시가 호텔에 숙박하는 여행자는 짐을 내리기 위해 차량을 이용할 수 있지만 호텔 프론트 데스크로부터 허가증을 받아야 한다. 그리고 허가증에 표시된 루트대로 이동해야 한다. 시에나를 둘러싼 성벽 바깥에 넓은 주차장이 있다. 시에나는 캄포 광장을 중심으로 구시가가 형성되어 있으며 도보로 돌아보기에 충분하다. 경사진 길이 많아서 천천히 여유롭게 걷는 편이 좋다.

●**판포르테 맛보기** 시에나에서 전통으로 내려오는 독특한 종류의 케이크로, 꿀, 밀가루, 아몬드, 조린 과일, 비밀 향신료 등으로 만들어진다. 판포르테 네로Panforte Nero와 판포르테 마케리타Panforte Margherita가 대표적이다. 가장 유명한 판포르테 브랜드는 사포리Sapori이다. 반치 디 소프라 거리Via Banchi di Sopra에 있는 카페 난니니Nannini 가 판포르테와 다양한 종류의 독특한 케이크로 유명하다.

추천 판포르테 가게 난니니 Nannini ·**주소** Via Banchi di Sopra, 24 53100 Siena, Italy ·**전화** 00828590521

●**팔리오 축제** 중세 시대 시에나의 자치구였던 17개의 콘트라데 사이에 벌어지는 안장 없는 말 경주로 캄포 광장에서 열린다. 1482년에 처음 개최된 후 1659년부터 현재의 모습으로 자리를 잡고 전시 외에는 지금까지 매년 개최되는 전통의 축제이다. 매년 7월과 8월에 두 차례 열린다. 모든 시에나 주민들은 17개 콘트라데 중 하나에 속해 있으며 자신의 콘트라데에 대한 자부심과 상대에 대한 라이벌 의식이 매우 강하다. 시에나에서만 볼 수 있는 독특한 전통 경주 겸 축제이다. 팔리오 기간에 시에나에 숙소를 구하기는 무척 어렵다. 근교 도시에 숙소를 정하고 아침 일찍 캄포 광장에 들러 자리를 잡는 편이 좋다.

중세의 유럽을 만나는 곳 08

유럽에서 가장 큰 바로크 구시가 빌뉴스

| **위치** | 리투아니아 동남부 빌뉴스

| **교통** | 리투아니아의 관문이자 수도인 빌뉴스는 핀란드 항공이 우리나라에 취항하면서 헬싱키를 경유해서 갈 수 있다. 헬싱키에서 비행기로 한 시간이면 도착한다. 빌뉴스 국제공항은 빌뉴스 도심에서 남쪽으로 6km 떨어져 있다. 버스나 기차로 시내로 접근할 수 있다. 유럽의 주요 도시와 항공노선으로 연결되어 있다. 기차로는 모스크바, 상트 페테르부르크, 칼리닌그라드, 민스크와 연결되어 있다. 하루에 1대씩 폴란드 바르샤바 노선도 운행하고 있다. 카우나스(Kaunas)와 세스토카이(Šestokai)에서 환승해야 한다. 유로라인과 에코라인 등 주요 버스 노선이 빌뉴스와 카우나스, 칼리닌그라드, 리가, 탈린, 바르샤바 등과 연결된다.

빌뉴스는 발트 3국 중 하나인 리투아니아의 수도로 발트해 국가 중에서 두 번째로 큰 도시이다. 20세기까지 유대인들의 영향력이 강해서 '리투아니아의 예루살렘'이라고 불렸다. 네리스Neris강과 빌니아Vilnia강이 합류하는 계곡에 자리 잡고 있다. 사실 빌뉴스라는 지명은 빌니아강에서 유래했다. 여성형인 빌니아 대신 남성형 단어인 빌뉴스가 도시명으로 채택된 것이다.

분열된 리투아니아 공국을 재통일한 통치자 게디미누스Gediminas, 1275~1341 대공을 기념하는 조각상이 구시가 중심의 대표적 건축물인 대성당 광장에 늠름하게 서 있다. 말에서 내린 채 땅을 향해 검을 들고 있는 모습을 하고 있다. 이는 그가 최종적으로 빌뉴스로 천도 결정을 내리고 이 땅을 축복하는 모습을 형상화한 것이라고 한다. 그의 발아래에는 크게 울고 있는 아이언 울프iron wolf, 강철 늑대가 조각되어 있다. 그래서 빌뉴스에서는 곳곳을 자세히 살펴보면 게디미누스 대공과 그의 꿈에 나타난 아이언 울프를 모티브로 한 다양한 상징을 찾아볼 수 있다.

1 푸른 대기가 감싸는 저녁이면 대성당과 웅장한 종탑에 평온함이 감돈다.
2 한 나라의 수도답지 않게 여유롭고 조용한 국회의사당 앞 광장

빌뉴스는 아주 먼 옛날부터 리투아니아인, 독일인, 슬라브인, 유대인들이 거주한 다국적 도시였다. 17세기 중엽 무렵에는 유대인들의 주요 거주지였고 유대인 문화의 수도 역할을 했다. 제2차 세계대전이 일어나기 전까지 빌뉴스의 유대인 사회는 경제적으로 인구수 면에서 계속 성장했다. 그러나 나치 독일에 의한 10만 명의 희생자들 중에서 7만 명의 유대인이 빌뉴스 게토Ghetto 출신이었다고 한다. 전후에는 구소련에서 새로운 이주민들이 많이 들어왔다. 게디미나스의 천도로 14세기부터 발전한 이 도시는 르네상스와 고딕 양식의 건축물들이 일부 있지만 대부분 바로크 양식이다. '비뚤어진 모양의 기묘한 진주眞珠'라는 뜻의 포르투갈어에서 비롯된 바로크의 뜻처럼 장식적인 아름다움이 느껴진다.

유유자적 빌뉴스 골목 걷기

빌뉴스는 한 나라의 수도답지 않게 골목길에 한적한 공기가 흐른다. 구시가는 리투아니아어로 '세나미에스티스Senamiestis'라고 불린다. 구시가 한가운데를 가로지르는 필리에스Pilies 거리와 디지요이Didžioji 대로를 빼면 구시가 대부분은 좁은 골목길이 촘촘한 거미줄처럼 뻗어 있다.

국회의사당 앞 광장을 지나 작은 골목길을 거닐다 보면 빌뉴스 대학, 대통령궁을 지나서 대성당 앞 광장에 다다른다. 대성당에서 가장 아름다운 곳은 17세기 초에 바로크 양식으로 건설된 성 카시미르St. Casimir 예배당이다. 성당 지하의 카타콤Catacomb도 견학할 수 있다. 성당 바깥에는 57m 높이의 종탑Belfry이 있다. 대성당 바깥 광장 바닥의 타일 중 한 곳에 리투아니아어로 'Stebuklas'라고 적혀 있는 타일이 있다. 기적Miracle을 뜻하는 말인데, 이 타일 위에 서서 소원을 빌면서 세 번 돌면 소원이 이루어진다고 한다. 이 타일은 1989년에 빌뉴스와 에스토니아 수도 탈린 사이에 사람들이 서로 손을 잡고 인간 띠를 만들고 늘어서서 소련의 압제에 저항했을 때 인간 띠의 마지막 타일이었다고도 한다.

세월의 향기가 그윽한 구시가와 함께 요즘 예술인의 자치 마을로 한창 인기를 얻고 있는 빌뉴스의 몽마르트르가 바로 우주피스Užupis 마을이다. 이 마을로 가는 길목인 리테라투 가트베스Literatų gatvės는 '문학인의 거리'라는 뜻이다. 리투아니아 문학사를 장식했던 유명 작가들을 테마로 하여 다채로운 장식들로 골목을 수놓았다.

빌뉴스의 문화를 담은 교회 예배당

빌뉴스 구시가 곳곳에는 다양한 종파의 종교 건축물이 자리하고 있다. 초록색 제단과 화려한 내부의 러시아 정교회 예배당, 새벽의 문에 설치된 검은 마리아상, 독일의 전통을 물려받은 루터파 교회, 빌뉴스에서 가장 아름답다고 하는 성 안네 교회St. Anne's Church, 리투아니아 바로크 양식의 걸작 성 베드로와 바울 교회Šv. apaštalų Petro ir Povilo bažnyčia, St. Peter and St. Paul's Church 등이다. 성 안네 교회와 바로 그 뒤에 위치한 프란치스코 성회의 일파인 버나딘Bernadine 수도사들이 건축한 버나딘 성당이 이웃한 풍경이 그림 같다. 이 성당 근처에서 작품 활동을 했던 폴란드의 문호 아담 미츠키에비치Adam Mickiewicz의 동상이 두 성당 앞에 있다. 특히 성 안네 교회는 고딕 건축의 아름다운 표본이 되는 건물인데, 1812년에 러시아를 정벌하러 가던 길에 빌뉴스에 들른 나폴레옹이 이 교회를 보고 "손바닥에 올려놓고 프랑스로 가져가고 싶다."라고 말했다고 한다.

시대를 앞서간 천재 음악가 프랭크 자파의 동상이 빌뉴스 골목 한 귀퉁이에 있다. 그는 왕가위 감독의 〈부에노스아이레스〉 영화 속 〈해피 투게더〉라는 곡을 통해 대중적으로 널리 알려졌다. 발길은 자연스레 대성당 뒤편 산 위에 우뚝 솟은 게디미나스 성으로 향한다. 이 성은 빌뉴스로 천도한 게디미나스가 처음으로 지은 성으로 현재는 그 탑만 남아 있다. 푸니쿨라를 타고 성으로 올라가서 탑의 계단을 따라 꼭대기 전망대에 서면 빌뉴스시의 구시가와 신시가가 한눈에 펼쳐진다. 온통 붉은 벽돌로만 지어진 구시가지의 지붕들이 석양 속에서 더욱 붉은 장미꽃처럼 활짝 피어난다.

게디미나스 성에서 내려다본
빌뉴스 구시가의 붉은 지붕들

나폴레옹이 손바닥에 올려 프랑스로 가져가고 싶다고 말했던 고딕 양식의 성 안네 교회

● **빌뉴스 여행하기** 빌뉴스의 구시가가 유럽에서 매우 큰 규모의 구시가 중의 하나이긴 하지만, 도보로 손쉽게, 충분히 돌아볼 수 있다. 버스와 트롤리버스가 운행되며 싱글 티켓으로 1회 탑승할 수 있다. 종이 티켓은 운전기사에게 구입 후 운전기사 옆에 있는 빨간색 기계에 투입했다가 빼 내면서 스탬프밸리데이팅, Validating를 받아야 한다. 노란색 전자 펀치 기계는 빌뉴스 시티즌 카드Vilniečio kortelė, Vilnius Citizen Card라고 불리는 전자 티켓을 위한 것이다. 정기적으로 표 검사를 하기 때문에 무임승차는 하지 말아야 한다. 트롤리버스와 일반버스가 동일한 번호를 사용하기 때문에 주의할 필요가 있다. 만약에 1번 버스를 타라는 말을 들었다면 그 버스가 트롤리버스인지 일반버스인지 확인할 필요가 있다.

● **호박 기념품** 리투아니아를 대표하는 상품이 바로 호박이다. 특히 빌뉴스 구시가 곳곳에 호박과 관련된 제품을 판매하는 매장이 많다. 발트해의 호박은 예부터 그 품질과 보석의 가치를 인정받아 로마, 아시아, 아프리카 등 각지로 퍼져 나갔다. '호박의 길'이라는 무역로가 생길 정도였다. 심지어 이집트 왕 투탕카멘의 무덤에서도 발트해에서 넘어온 호박 장신구가 발견되었다. 리투아니아 여인들이 전통의상을 입을 때 반드시 착용하는 액세서리가 바로 호박 장신구일 정도로 리투아니아인들에게 중요한 의미를 지닌다. 구시가 노점상이나 기념품 가게, 백화점 등에서 다양한 가격대와 품질의 호박 장신구와 기념품을 구매할 수 있다.

● **리투아니아 전통요리 체펠리네이** 리투아니아 전통요리 중 대표적인 것이 체펠리네이Cepelinai이다. 체펠리네이는 고기를 속에 넣고 찐 감자요리인데, 리투아니아에서 가장 유명한 요리 중 하나이다. 담백한 감자 속에 고기가 들어 있어 속을 든든하게 채워 준다. 전통요리 속에 한 나라의 문화의 정수가 들어 있다는 생각이 든다. 양도 넉넉해서 가격 대비 만족감을 준다.

중세의 유럽을 만나는 곳 09

Tallinn

발트해의 신비로운 전설이 떠도는 탈린

| **위치** | 에스토니아 북부 탈린

| **교통** | 항공편은 서유럽런던, 암스테르담, 바르셀로나, 베를린, 브뤼셀, 뮌헨, 로마 등, 북유럽코펜하겐, 예테보리, 헬싱키, 오슬로 등, 동유럽바르샤바, 프라하, 빈, 발트리가, 빌뉴스, 러시아키예프, 모스크바 등에서 취항한다. 탈린공항에서 시내 중심부까지 약 4km 거리이다. 시내까지는 버스 2번이 아침 7시부터 밤 12시까지 30분 간격으로 운행된다. 공항에서 시내까지 바로 들어가는 공항버스Hansa Bus도 있다. 기차편은 라트비아, 리투아니아, 러시아모스크바와 매일 운행하는 기차노선이 있다. 구시가Old Town와 항구 근처에 있는 기차역에서 시내까지는 버스 1번, 2번을 타거나 도보로 10분 정도 소요된다. 핀란드 헬싱키에서 탈린 구간에는 Eckero Line, Linda Line 등 여러 페리 회사에서 20편의 선박을 운행한다. 고속페리는 1시간 50분, 완행페리는 3시간 50분이 소요된다.

에스토니아의 수도 탈린은 핀란드만 남서쪽 해안에 위치해 있다. 역사적인 구시가 중심은 툼페아Toompea 언덕에 있다. 툼페아 언덕 아래로도 낮게 형성된 구시가가 세월을 거스른 풍경 그대로 여행자들을 맞아 준다. 구시가를 둘러싸고 옛 성벽이 놀랍도록 온전하게 보존되어 있다. 우아한 중세 풍경을 기대하며 처음 탈린에 도착한 여행자들은 놀랍게 변화한 현대적인 고층건물 앞에서 당황한다. 유리와 강철로 만든 모던한 건축물들이 햇살에 눈부신 빛을 발한다. 구시가는 그런 모던한 현대의 시간 한쪽 구석에 두꺼운 성벽에 둘러싸여 숨어 있다.

탈린이 처음 세계 지도에 등장한 것은 1154년이지만 최초의 요새가 툼페아 언덕에 건설된 해는 1050년이다. 14세기에 무역도시로 번영을 누리면서 탈린 구시가의 대부분이 이때 건설되었다. 지정학적인 위치로 인해 주변 강대국들의 노리개가

1 중세 건축물에 둘러싸인 구시청사 광장에서는 소박한 시장이 열리기도 한다.
2 올데한자 기념품점에서는 중세 복장의 직원들이 다양한 기념품과 전통 식품을 판매한다.

되어 왔다. 슬픈 역사를 지니고 있으나 에스토니아인들은 평화를 사랑하고 여행자들에게 속 깊은 친절함을 베푼다. 에스토니아인들은 일부는 자신들이 북유럽, 또 일부는 동유럽에 속해 있다고 생각한다. 실제로 인종, 언어, 문화적으로는 북유럽인 핀란드와 매우 밀접한 관계에 있다. 탈린의 건축은 역사적인 배경으로 인해 최소한 3가지 비주얼을 가지고 있다. 잘 보존된 1920년대 부르주와 취향의 화려한 목조 주택과 낡은 건물이 있는 성벽의 구시가, 1950~60년대 콘크리트 아파트 건물로 조성된 소련의 브루탈리즘거대한 콘크리트나 철제 블록 등을 사용하여 추하게 여겨지기도 한, 특히 1950~60년대의 건축 양식 구역 그리고 성벽 바로 옆에 있는 맥도날드와 같은 현대적인 건축물들이 그렇다.

시간이 느리게 흐르는 탈린 구시가지

현대적인 건물, 쇼핑센터, 패스트푸드점이 펼쳐진 도로를 지나 마침내 짙은 회색의 성벽과 탑이 우뚝 솟아 있는 탈린 구시가로 들어서는 건 순간이다. 바나 투르그Vana Turg 거리에 들어서면 현대적인 시각 요소는 완전히 사라지고 건물의 형태나 식당 종업원의 복장까지도 완연한 중세의 모습이다. 탈린에서 가장 유명한 중세 식당이 바로 올데한자Olde Hansa이다. 중세식 복장을 한 종업원들이 옛날 나무 수레에서 예전 방식인 수작업으로 달콤한 설탕과 계피소스에 아몬드를 버무리고 볶아서 판다.

올데한자를 지나면 금세 나오는 구시청사 광장에는 1422년부터 한 집안이 10대째 운영하고 있는 에스토니아에서 가장 오래된 마기스트라트 약국Town Hall Pharmacy도 있다. 그 옛날 고양이피, 생선눈알, 유니콘 뿔로 조제한 파우더를 정력제로 팔았는데, 그 당시 유니콘을 너무 많이 잡아서 현재 유니콘의 씨가 말랐다는 전설이 전해 온다. 시청사 광장에서 픽 얄그Pikk Jalg 거리를 따라 오르막길을 오르면 1219년에 덴마크가 최초로 요새를 건설한 지역이자 탈린의 탄생지인 툼페아Toompea 언덕에 이른다. 툼페아 언덕에 올라 과거에서 시간이 멈춘 탈린의 지붕을 바라본다. 도시 너머 발트해가 아스라이 펼쳐져 있고 바람이 언덕 위로 가볍게 불어온다. 툼페아 언덕에서 내려오면 성 광장Lossi Plats에 이른다. 현재 에스토니아 국회로 사용되는 툼페아 성 맞은편에 우뚝 서 있는 알렉산드르 넵스키 교회는 19세기 에스토니아를 지배한 제정 러시아 차르의 권력을 보여 주는 러시아 정교회 건물이다. 세 개의 큰 원형 돔이 인상적이다.

중세 식당에서 즐기는 맛있는 식사

허기가 지면 고민할 필요 없이 바로 올데한자나 페퍼색으로 가는 편이 좋다. 중세 복장을 한 아가씨들이 피리도 불고, 의자에 앉아 식당의 허드렛일을 하면서 웃으며 수다를 떤다. 그들의 일상이 너무나 자연스러워서 생생하게 살아 있는 중세의 시간 속에 앉아 있는 것처럼 느껴진다. 올데한자는 내부 인테리어와 식탁, 의자, 종업원들의 의상, 천장과 벽, 길게 드러난 나무대들보 그리고 중세식 글자체로 된 메뉴판에 이르기까지 모든 것이 중세의 모습이다. 탈린의 황금기에 한자동맹에 연합된 상인들이 이곳에 들러서 호탕하게 웃으며 게걸스럽게 식사하는 모습이 저절로 떠오른다. 고어체로 된 메뉴판을 읽는 것은 조금 난해하면서도 즐거운 일이다. '대상인의 연회Grand Merchant's Feast'는 분명 대식가를 위한 것이고, 'Grand beef of the Mighty Knight'는 힘센 기사를 위한 넉넉한 양의 소고기 요리일 것이다. 음식도 옛날처럼 나무접시에 담겨져 나온다.

그 흥겨움을 가슴에 안은 채 탈린의 골목길을 정처 없이 걸어 보라. 길을 몰라 헤맨다 할지라도 성벽으로 둘러싸여 있기에 크게 걱정할 필요는 없다. 선선한 밤공기를 타고 발트해의 신비로운 전설들이 어두워진 골목길을 배회하는 것만 같은 곳, 그곳이 바로 탈린이다.

1 올데한자의 라이벌 페퍼색에서는 흥겨운 춤판이 벌어지기도 한다. 2 중세 복장을 한 직원들이 악기를 연주하며 여행자들의 시선을 뺏는다.

툼페아 언덕에 오르면 탈린 시가지가 한눈에 내려다보인다.

● **탈린 여행하기** 구시가 내부는 대중교통망이 거의 없다. 택시는 바가지를 씌울 수 있으므로 타기 전에 반드시 가격을 확인해야 한다. 빨간색의 관광용 버스가 구시가에서 운행된다. 2013년 1월부터 혁신적인 조치로 탈린 주민들은 대중교통을 무료로 이용하지만, 여행자들은 요금을 지불해야 한다. 여행자들에게 좋은 선택은 홉오프온Hop-Off-On 관광 버스를 타는 것이다. 도시의 역사와 관광 명소에 대한 해설을 제공한다.

· **시내교통** 구시가는 도보로 여행하기에 아주 적당하며, 도시 외곽으로는 버스나 트램, 트롤리버스 등을 타고 이동할 수 있다. 버스나 트롤리, 트램은 06:00부터 23:00까지 정기적으로 운행되며, 티켓은 신문 가판대나 운전기사에게 구입한다. 버스, 트롤리, 트램 요금은 동일하며, 구입한 티켓은 승차 시 검표기에 바로 펀칭해야 한다. 탈린카드Tallinn Card 소지자는 탈린 시내 대중교통을 제한 없이 무료로 이용할 수 있다.

· **여행안내소** 중앙 여행안내소Tallinn Tourist Information Centre는 구시가의 중심Niguliste 2 / Kullassepa 4에 있다. 시내 볼거리에 대한 안내와 탈린카드를 판매하고 있다. 호텔이나 투어 등 예약은 취급하지 않는다. 시내 중심부Viru Keskus에도 여행안내소가 있다. 홈페이지www.tourism.tallinn.ee

· **환전** 에스토니아는 유로를 사용하므로 환전은 걱정하지 않아도 된다. 여행자 수표를 사용할 사람들은 은행의 위치를 미리 알아 두는 것이 좋다.

● **중세 레스토랑에서 중세 요리 맛보기** 중세 도시답게 탈린에서는 대표적인 중세 식당 2곳이 있다. 올데한자와 페퍼색Peppersack이다. 워낙 단체와 개별 손님이 많아 미리 예약해야 한다. 샹들리에와 나무들보, 돌기둥 등 인테리어, 음식 메뉴, 종업원 복장, 라이브 연주 음악, 에스토니아 전통 춤 공연, 검투사 공연 등 다양한 중세 분위기를 연출한다. 가격은 조금 비싼 편이지만 탈린에서만 누릴 수 있는 색다른 즐거움이다.

● **에스토니아 음악&무용 축제 즐기기** 5년 단위로 열리며 작은 나라에서 개최되는 행사치고는 규모가 크다. 에스토니아의 수도인 탈린에서 시작되어 에스토니아 전역에서 열린다. 이 행사는 1869년에 처음 시작되었고, 2009년에는 35,000명의 합창단 가수들이 90,000명의 청중을 위한 공연을 하기 위해 모였다. 유네스코에 의해 인류의 귀중한 무형유산으로 인정받고 있다.

중세의 유럽을 만나는 곳 10

Rothenburg

동화 같은 로맨틱 가도의 도시 로텐부르크

| **위치** | 독일 남동부 바이에른주(州) 로텐부르크

| **교통** | 로텐부르크 오프 데어 타우버Rothenburg ob der Tauber라는 정확한 지명을 확인하고 표를 끊는다. 자동차로는 아우토반Autobahn A7번을 타고 108번 출구로 나간다. 낭만적인 드라이브를 원하면 뷔르츠부르크Würzburg에서 로맨틱 가도Romantische Straße를 따라 도시로 진입한다. 기차로는 프랑크푸르트 중앙역에서 뷔르츠부르크, 슈타이나흐Steinach를 거치거나총 2회 환승, 2시간 30분~3시간 15분 정도 소요 뮌헨 중앙역에서 뉘른베르크Nürnberg, 안스바흐Ansbach, 슈타이나흐를 거친다.총 3회 환승, 2시간 40분 정도 소요 버스로는 뷔르츠부르크에서 출발하는 로맨틱 가도를 통과하거나 하이델베르크에서 출발하는 고성가도 버스를 탄다. 개시된 유레일 패스 소지자에게는 정상 요금에서 40% 할인 혜택을 제공한다. 다만 버스는 10월경까지만 운행한다.

로텐부르크Rothenburg의 정식 명칭은 로텐부르크 오프 데어 타우버 Rothenburg ob der Tauber, 즉 '타우버 강가의 로텐부르크'라는 의미이다. 독일 남동부 프랑크푸르트와 뮌헨의 중간 즈음에 있다. 온전히 보전된 14세기 성벽에 둘러싸여 시간의 흐름에도 손상되지 않은 중세의 모습이 고스란히 남아 있다. 이곳을 찾는 여행자들에게 어느 곳에서도 만나기 힘든 시간 여행을 경험하게 해 준다. 로텐부르크의 역사는 9세기에 시작되었는데, 13세기 말부터 자유제국도시로서 교역이 활발하게 이루어지면서 발전했다. 15세기에 하인리히 토플러 시장Heinrich Toppler 치하에서 당시 프랑크푸르트나 뮌헨보다 더욱 번영해서 최고의 시기를 누렸다.

로맨틱 가도는 원래는 전후 독일이 관광객들을 끌어 모으기 위해 개발한 테마 여행 루트 중 하나이다. 워낙에 아름답고 고풍스러운 도시와 성들이 모여 있어서 독일 여행의 필수 코스이다. 시간이 흐르다가 그곳에서만 멈춰 버린 것처럼 중세 시대

의 멋과 낭만이 그대로 남아 있다. 독일의 수많은 가도 중에서 로맨틱 가도, 메르헨 가도, 에리카 가도, 괴테 가도, 고성 가도, 판타지 가도, 알펜 가도가 7대 대표 가도이다. 이 중 여행자들 사이에 제일 유명한 가도가 뷔르츠부르크에서 퓌센을 잇는 '로맨틱 가도', 원래 만하임에서 뉘른베르크까지 구간이었는데 동서냉전이 끝난 후인 1994년 체코 프라하까지 이어진 '고성 가도', 동화《헨젤과 그레텔》,《빨간 모자》등의 배경이 되는 브레멘에서 프랑크푸르트까지 잇는 '메르헨 가도'이다. 로맨틱 가도와 고성 가도 두 군데에 이름을 올리고 있는 유일한 도시가 바로 로텐부르크이다.

로텐부르크 기차역을 나와서 10여 분을 걸으면 마침내 고풍스러운 뢰더 성문이 눈앞에 나타난다. 그 뢰더 성문을 들어서면 거리에는 마차가 다니고, 전통 양식의 주택들이 오밀조밀 모여 마치 동화책을 펼쳐 놓은 것만 같다. 구시가 자체는 15분 정도면 끝에서 끝까지 다 걸을 수 있을 정도로 아담하다.

마르크트 광장을 중심으로 한 풍경
로텐부르크 관광의 중심은 시청사Rathaus 앞의 코른 마르크트 광장Marktplatz이다. 마을에서 가장 넓은 그 광장에 가만히 서서 360도 한 바퀴를 돌면 정말 비현실적으로 아름다운 공간 속에 들어와 있다는 것이 실감난다. 르네상스 양식의 시청사 전면부는 아기자기하면서도 아름답고, 60m 높이의 탑이 있는 하얀 건물은 고딕 양식으로 지어져서 우아하고 위엄이 있다. 시청사를 마주 보았을 때 오른편에 화려한 곡선 지붕과 세 종류의 벽면 시계가 인상적인 시의회 연회관Ratstrinkstube이 있다. 이 건물은 로텐부르크에서 가장 유명한 건물들 중의 하나이다. 시계가 있는 옆면 양쪽 창에서 정해진 시간에 인형이 나와서 잔을 들이키는 행동을 한다.

여기에 얽힌 전설이 재미있다. 신구교간의 종교 전쟁인 30년 전쟁 당시, 1631년 카톨릭구교군이 프로테스탄트신교 도시인 로텐부르크를 점령했다. 점령군의 틸리 장군이 이 도시를 약탈하고 파괴하겠다고 위협했다. 그때 즉흥적으로 그는 3.25L나 되는 와인이 담긴 거대한 잔을 보고서 이 잔을 한 번에 들이키면 도시를 파괴하지 않고 돌려주겠노라 약속했다. 그때 시장이었던 누쉬Nusch가 자청해서 단숨에 들이켜 상처 하나 입지 않고 도시를 구했다고 한다. 그래서 오늘날도 해마다 성령강림절5월경에 수백 명의 주민이 전통의상을 입고 이 일을 기념하는 축제가 열리는데, 이를 마이스터

1 시청사와 시의회 연회관으로 둘러싸인 마르크트 광장은 구시가의 중심이다. 2 뢰더 성문을 통과하면 시간의 흐름이 멈춘 중세의 보석 로텐부르크가 반짝인다. 3 구시가를 둘러싼 성벽길을 걷노라면 붉은 지붕으로 가득한 로텐부르크의 속살이 한눈에 보인다.

트룽크Meistertrunk라고 한다.

　광장에서 멀지 않은 곳에 있는 야곱 교회는 바이에른주에서 유일하게 입장료를 받을 정도로 예술적인 가치가 있는 작품을 품고 있다. 1505년에 제작된 리멘슈나이더Riemenschneider의 〈성혈의 제단Heilig Blut Altar〉 조각 작품이다. 두 명의 천사가 받든 십자가에 예수의 피 세 방울이 들어 있는 수정이 박혀 있다는 이야기가 전해진다. 중세범죄박물관Mittelatterliches Kriminalmuseum은 아름다운 도시와는 어울리지 않지만, 유럽의 700년이 넘는 법과 형벌에 관련된 3천 점의 유물을 전시하고 있다. 인형박물관, 크리스마스마켓 박물관 등 작은 도시이지만 볼거리가 많다. 도시를 에워싼 3.4km의 성벽 바깥쪽으로 나가서 산책을 하는 것도 좋다. 성벽을 따라 돌다가 계단이 있는 통로로 성벽을 오를 수 있는데, 지붕으로 덮인 성벽을 천천히 걸으며 붉은 지붕과 첨탑의 도시를 내려다보면 마치 그 옛날 영주가 된 듯한 기분이 든다. 구시가 서쪽 외곽에 있는 부르크 정원Burggarten으로 가면 초록의 숲 속에 안겨 있는 붉은 도시 로텐부르크가 한 폭의 중세화처럼 보인다.

　저녁 어스름이 내리면 작은 골목 건물마다 따스한 불빛이 밝혀지기 시작한다. 로텐부르크에서 가장 아름다운 야경은 시청사 광장에서 슈피탈문으로 가는 길에 있는 플뢴라인Plönlein에서 만날 수 있다. 단정한 시계탑과 전통 독일식 주택의 창가에 수놓아진 꽃들, 두 갈래로 갈라진 작은 골목길이 아름다운 조명 아래에서 빛난다. 동화 같은 중세 마을 로텐부르크의 밤이 그렇게 고요함 속에 깊어만 간다.

시청사 주변으로 전통 양식으로 지어진 우아한 건물과 분수가 조화롭게 어울린다.

밤이 되면 로텐부르크 구시가는 조명으로 아름답게 다시 빛나기 시작한다.

● **로텐부르크 여행하기** 기차역에서 도보로 10~15분 거리에 있는 구시가는 성벽으로 둘러싸여 있으며 온전한 중세의 모습을 하고 있다. 구시가 끝에서 끝까지 도보로 15분이면 횡단이 가능하다. 하지만 성벽길도 걸어보고 구시가 외곽의 부르크 정원까지 산책도 즐겨 보기를 추천한다. 부르크 정원에서 바라보는 도시 전경과 스카이라인이 무척 아름답다. 특히 로텐부르크는 야경이 아름답기로 유명하다. 하룻밤 정도 체류하면서 낮과 밤을 온전히 느껴 보기를 추천한다.

● **야경꾼**Nightwatchman**과 함께하는 야간 가이드 투어하기** 야간에 야경꾼과 함께 어두운 골목길과 으슥한 광장을 걸으며 즐겁고 유익한 정보와 이야기를 들을 수 있다. 중세 시대 로텐부르크 사람들의 삶을 엿볼 수 있는 경험을 할 수 있다. 1월초~3월초에는 매주 토요일 밤 8시, 3월 중순~12월말까지는 매일 밤 8시에 진행된다.12월 24일 제외 예약이 필요 없으며 시청사 앞 마르크트 광장에 모이면 된다. 약 1시간 소요. 성인 7유로, 12세~18세 4유로, 12세 미만 무료2014년 기준

● **로텐부르크 전통과자 슈니발 맛보기** 슈니발Schneeball은 로텐부르크의 대표적이고 가장 유명한 전통 과자로서 무척 인기가 많다. 눈송이처럼 생긴 외양은 귀엽고 맛은 달콤하다. 바삭한 이 과자는 직경이 8~10cm 정도의 둥근 공 모양이며 전통적으로 마치 흰 눈이 내린 것처럼 매우 고운 아이싱 슈가로 장식이 된다. 주재료는 밀가루, 계란, 설탕, 버터, 크림, 실구 술 등이다. 적어도 300년이 넘는 역사를 가지고 있으며 원래는 결혼식과 같은 특별한 행사가 있을 경우에만 먹던 과자였다. 요즘은 1년 내내 즐겨 먹는 간식이며 특히 로텐부르크의 제과점이나 카페에서 흔하게 볼 수 있다. 아이싱 슈가를 뿌리던 전통적인 슈니발 외에도 초콜릿과 견과류로 장식한 슈니발, 마지판Marzipan으로 채운 슈니발 등 다양하게 변형된 슈니발이 제조·판매되고 있다. 8주 정도 실온에서 보관이 가능하므로 기념 선물용으로도 좋다.

Part.4
향긋한 포도향에 취하는 곳 10

01 오스트리아 도나우 강가의 슈피츠 와인 마을 | **02 스위스** 스위스 와인의 수도 시에르 | **03 이탈리아** 산-지미냐노의 구릉 속에서 맛본 단테의 와인 | **04 체코** 모라비아 와인의 중심 미쿨로프 와인 축제 | **05 이탈리아** 옛 도시 스펠로에서 맛보는 움브리아 와인 | **06 헝가리** 미녀의 계곡에서 맛보는 황소의 피, 에게르 와인 | **07 스위스** 계단식 포도밭 라보 지구의 중심 브베 | **08 이탈리아** 천년 역사를 지닌 와인의 천국 시칠리아 | **09 스위스** 라인 계곡을 포도향으로 채우는 마이엔펠트 | **10 독일** 뷔르츠부르크에서 맛보는 로맨틱한 와인

향긋한 포도향에 취하는 곳 01

Spiez

도나우 강가의 슈피츠 와인 마을

| **위치** | 오스트리아 북동부 슈피츠 안 데어 도나우

| **교통** | 빈에서 기차로는 생 푈텐St. Pölten, 크렘스를 거쳐 2회 환승 슈피츠까지 갈 수 있다. 약 2시간 소요 도나우강 유람선으로 들어가는 방법은 빈에서 크렘스까지 열차로 이동한 후 크렘스에서 도나우강 유람선을 타고 슈피츠에서 하선하면 된다. 멜크를 방문하는 여행자라면 멜크에서 크렘스 방향으로 유람선을 타고 슈피츠까지 올라갈 수 있다.

왈츠의 황제 요한 슈트라우스 2세의 〈아름답고 푸른 도나우An der schönen, blauen Donau. op. 314〉 선율처럼 도나우강은 햇살에 반짝이며 유유히 흐른다. 도나우 강가의 슈피츠Spitz an der Donau는 바하우Wachau 계곡 깊숙이, 크렘스Krems 근처 도나우 강가에 자리한 오스트리아의 대표 와인 마을이다. 슈피츠에는 '천 개의 양동이들의 언덕Tausendeimerberg'이라고 불리는 언덕이 있다. 슈피츠 마을 뒤편의 언덕을 따라 엄청난 양의 포도가 생산되기 때문에 그렇게 불린다. 오스트리아의 멜크Melk와 크렘스Krems 사이의 36km 구간을 바하우 계곡이라고 한다. 도나우강ㅍ, 계단식 포도밭, 수도원, 성, 마을 등이 어우러진 풍경이 아름답다. 선사시대 이후 사람이 살았으며, 마을은 중세의 풍경을 고스란히 간직하고 있다. 바하우 계곡은 오스트리아의 와인 원액의 절대 다수를 차지하는 포도 생산지로 유명하다. 또한 슈피츠는 바하우 계곡의 그림 같은 마을 중에서도 가장 아름다운 마을로 손꼽힌다. 여름방학이면 캔버스를 들고 이 마을 언덕 곳곳에서 스케치를 하는 빈의 미술학도들을 종종 만날 수 있다.

포도밭과 계곡을 아우르는 풍경

마을을 감싼 부드러운 능선의 언덕, 햇살이 깃드는 산비탈을 따라 길게 줄지은 포도밭, 윤기 나는 돌이 깔린 골목, 바로크 양식의 집, 마을 중심 광장에 우뚝 솟은 후기 고딕 양식의 성 모리스St. Maurice 성당, 도도히 흘러가는 도나우강 그리고 강변을 따라 달리는 자전거 여행자들이 슈피츠의 소소한 풍경들이다. 슈피츠 마을 남쪽 언덕 위에는 옛 요새 힌터하우스Ruine Hinterhaus가 유유히 흐르는 도나우강을 내려다보고 있다. 모든 풍경 속에 삶의 여유가 반짝반짝 빛난다. 요즘 바하우 계곡은 도나우 강변을 따라 달리는 자전거 여행자들에게 가장 인기 있는 코스이다. 여름철이면 가족끼리, 친구들끼리 강변을 따라 바람을 가르며 달리는 자전거 여행자들이 쉬지 않고 지나간다. 멜크Melk, 뒤른슈타인Dürnstein, 빌렌도르프Willendorf, 크렘스Krems, 괴트바이그Göttweig 수도원 등 바하우 계곡을 따라 멋진 풍광이 펼쳐진다.

특히 멜크에 있는 바로크 양식의 수도원은 10만여 권의 장서와 2,000여 권의 필사본을 보관하고 있으며 움베르토 에코의 소설《장미의 이름》의 배경이 되었던 곳으로도 유명하다. 바하우 계곡은 양질의 화이트와인 생산지로도 유명하며, 이 바하우 계곡의 전통문화와 자연 경관Wachau Cultural Landscape은 2000년에 유네스코 세계문화유산으로 지정되었다.

슈피츠는 멜크와 크렘스의 거의 중간 지점에 있다. 마을 뒤편 경사진 산비탈을 따라 층층이 병풍처럼 둘러싼 계단식 포도밭 풍경은 바라보기만 해도 아늑하다. 관광안내소 직원이 추천해 준 하이킹 코스는 힌터하우스 요새까지 올라 완만하게 옆으로 이어지는 포도밭 사이를 걷는 것이다. 이제는 폐허에 가까운 힌터하우스Ruine Hinterhaus에 오르면 슈피츠와 도나우강 그리고 강 건너 마을이 파노라마가 되어 펼쳐진다. 산등성이 굽이굽이 짙은 초록의 포도밭과 그 사이에 옹기종기 빨강, 파랑 지붕의 집들이 양떼처럼 모여 있다. 온갖 자연의 생동하는 노래가 들리는 듯한 언덕에서 숲길을 걸어 내려가면 슈피츠 선적박물관Schiffahrts Museum이 있는 작은 마을이 나온다. 그 길부터 본격적으로 길 좌우로 포도밭이 끝없이 이어진다. 포도밭 한가운데에 있는 어느 주택 벽면에 쓰여진 글귀가 더욱 달콤하게 읽힌다. '쓴 노동, 달콤한 와인, 어느 누가 포도밭 주인이 되고 싶지 않겠는가?Saure Arbeit, Süsser Wein, Wer Möcht nicht Winzer Sein?' 포도밭 하이킹의 정점은 그 옛날 중세의 상인들과 여행자들이 드나들었

1 로테스 토르에 올라 바라보는 슈피츠 마을과 포도밭, 도나우강은 한폭의 수채화이다.
2 마을 뒤편 힌터하우스에 올라 바라보는 전경이 시원스럽다.

던 로테스 토르Rotes Tor, 붉은문이다. 슈피츠를 둘러싼 포도밭의 제일 높은 곳에 예전 모습 그대로 서 있는 돌로 지어진 문이다.

자연과 사람 그리고 와인이 있는 자리
로테스 토르에 올라온 대여섯 명의 일행은 약속이라도 한 듯이 배낭에서 와인잔을 각기 꺼내 든다. 배낭에서 꺼낸 화이트와인 한 병을 각자의 와인잔에 가득 따른다. 높이 잔을 들고 건배를 하고서는 슈피츠를 내려다보며 천천히 와인을 음미한다. 여행의 진정한 기쁨은 바로 이런 것이 아닐까. 슈피츠의 포도밭에서 와인을 들이키며 여유롭게 그 시간을 음미하는 것. 한 잔의 와인으로도 행복해질 수 있음을 느끼는 것은 슈피츠에서는 반드시 누려야 할 행복한 추억이다.

　포도밭에 둘러싸인 슈피츠 풍경에 빠져 있다 보면 시간 가는 줄도 모른다. 어느새 도나우강 위로 달이 뜨고, 석양에 붉게 물든 구름과 하늘은 초록의 포도밭과 강렬한 대비를 이룬다. 나무 벤치에 앉아 노란 반달과 붉게 물든 하늘, 와인의 향기를 머금은 슈피츠를 내려다본다. 마을에 하나둘 불빛이 켜지고 포도밭 사이로 난 길과 부드럽게 흐르는 강물 위로 눈부신 달빛이 쏟아져 내린다. 이런 밤이면 호이리게에서 향기로운 햇와인에 취해 보는 게 딱 제격이다.

1 잘 익은 와인을 맛보는 즐거움은 슈피츠에서 반드시 누려야 할 덕목이다. 2 마을 곳곳마다 호이리게에서는 그해 수확한 포도로 만든 와인이 향기를 발한다.

오스트리아 와인 원액 생산의 절대 다수를 차지하는 슈피츠는 온통 포도밭이다.

● **슈피츠 여행하기** 슈피츠 마을 자체는 그리 크지 않아 도보로 돌아볼 수 있으며, 와인과 포도밭 하이킹을 즐기려면 최소한 1박 정도는 머무르는 편이 좋다. 관광안내소에서 마을 지도를 얻어 하이킹 코스를 표시해 달라고 부탁한다. 또 마을에서 시즌별로 문을 여는 호이리게의 위치와 정보를 알려 주는 소책자도 배포한다. 슈피츠는 와인뿐 아니라 살구 재배로도 유명하다. 바하우의 살구는 EU에 의해 보호받고 있으며 특별한 품질 인증을 받고 있다. 약 10만 그루의 살구나무가 바하우 일대에서 자란다. 특히 봄이면 살구꽃이 계곡마다 가득 피어 절경을 이룬다. 브랜디, 리큐어liqueur, 달고 과일 향이 나는 술, 비누, 케이크, 잼 등 살구로 만든 제품이 많다.

● **도나우강의 유람선 타기** 도나우강을 따라 유람선을 타고 바하우 계곡의 아름다운 풍경을 감상할 수 있으며 중간중간 마을에 내려 여행을 할 수 있다. 크렘스에서 멜크까지의 유람선 여정이 단연 최고이다. 유람선 회사에서는 빈-(열차)-멜크-(유람선)-크렘스-(열차)-빈 구간을 묶어서 콤비티켓으로 판매하기도 한다. 빈에 체류하는 여행자에게 추천할 만하다. DDSG와 브랜드너Brandner 두 회사에서 도나우강 유람선을 운행한다. 바하우 계곡에 숙소가 있다면 크렘스-멜크 구간에서 운행되는 유람선을 이용하면 된다. 운항 시즌은 보통 4월~10월 말이며, 10월 말부터 3월 말까지는 운항하지 않는다. 크렘스와 멜크 사이의 주요 경유 마을은 엠머스도르프Emmersdorf, 슈피츠, 뒤른슈타인 등이다. 두 유람선 회사마다 바하우 계곡 유람선과 멜크 수도원을 같이 이용할 수 있는 콤비티켓을 판매한다.

● **호이리게의 슈피츠 와인 맛보기** 바하우 계곡의 온화한 기후와 비옥한 토지는 와인과 과일 재배에 최적의 조건을 갖추고 있다. 바하우는 와인에 관해 국제적으로 뛰어난 명성을 가지고 있다. 슈피츠에 머물면서 와이너리 방문은 필수이다. 바하우의 호이리게와인 캘린더를 통해 호이리겐heurigen, 포도원에서 운영하는 술집의 오픈 시기를 알 수 있다. 호이리겐은 와인 재배업자들의 와인 선술집을 말한다. 매년 특정한 시기에 모든 와인 상인은 자신의 호이리겐을 오픈하고 지역 전통요리와 함께 자신만의 와인을 선보인다.

향긋한 포도향에 취하는 곳 02

Sierre

스위스 와인의 수도 시에르

| **위치** | 스위스 남부 발레주(州) 시에르

| **교통** | 시에르는 스위스의 주요 도시로부터 열차로 손쉽게 접근할 수 있다. 제네바에서 2시간, 베른에서는 비스프Visp를 경유비스프 1회 환승해서 1시간 20분 정도 소요된다. 자동차로는 9번 고속도로A9를 타고 가다가 28번 출구인 시에르 우웨스트Sierre-Ouest나, 29번 출구 시에르-에스트Sierre-Est로 나가면 된다. 좀 더 빠르게 시에르에 접근할 수 있는 그림젤 고개Grimsel Pass와 푸르카 고개Furka Pass, 누페넨 고개Nufenen Pass 또는 그레이트 세인트 버나드 고개Great St Bernard Pass는 여름철에만 개방된다. 열차가 다니지 않는 마을은 포스트 버스Post bus가 운행된다.

    남쪽으로는 이탈리아, 서쪽으로는 프랑스와 국경을 접하고 있는 발레Valais주의 깊은 계곡에 온통 푸른 포도밭으로 뒤덮인 시에르가 있다. 발레주에서 불어권과 독어권의 경계에 위치한 이곳은 스위스에서 공식적으로 2개 국어를 사용하는 세 마을 중 한 곳이다. 불어와 독어가 공식 언어로 사용되고 있는데, 마을 이름도 불어로는 시에르Sierre, 독어로는 시더스Siders라 불린다.

    시에르는 스위스의 와인 생산을 이끄는 지역으로 일명 스위스 와인의 수도라고 불린다. 골프 휴양지인 크랑 몬타나Crans-Montana와 아니비에 계곡Val d'Anniviers 근처의 발레주 중심에 위치해 있다. 햇살이 잘 드는 산비탈이 굽이쳐 흐른다. 대략 5,000개의 포도밭이 있으며 2,500여 명의 토지 소유자가 포도밭을 소유하고 있다. 와인은 산비탈 곳곳 어디서나 넘쳐 난다. 와인 박물관에서는 발레주와 시에르 와인의 역사와 문화를 보여 준다. 와인 산책로는 시에르와 주변 마을들로 이어지며 포도밭 사이로 산비탈을 따라 오르내린다. 동네마다 와인 셀러cellar와 와인 바, 레스토랑들이 식

도락가와 와인 마니아들을 유혹한다. 스위스 와인 박람회인 비네아VINEA와 와인 이벤트인 마르셰 데 세파즈Marche des Cépages가 열린다.

성당과 포도밭이 만들어 낸 풍경
1년 중 300일 이상이 실제로 화창한 날인 시에르는 '햇살의 도시'라고 불린다. 그래서 도시의 상징 문장紋章에도 태양이 들어가 있다. 대부분의 마을은 하나의 중심을 주변으로 발전하지만 시에르는 산비탈을 따라 여기저기 자리 잡은 포도밭으로 인해 하나의 마을이지만 수많은 역사 구역으로 나뉜다. 르 부흐Le Bourg, 체르베타Tservetta, 뮈하Muraz, 빌라Villa, 글라헤Glarey, 제혼드Géronde 등이 대표적인 마을이다. 기차역 근처에 있는 시청사Hôtel de Ville를 중심으로 시에르의 가장 번화한 거리가 형성되어 있다. 시청사는 한때 호텔로 운영되었다. 보헤미아 태생의 독일 시인 라이너 마리아 릴케Rainer Maria Rilke, 1875~1926가 이곳에 묵기도 했다.

시에르의 역사 지구인 부르 거리Rue du Bourg 중심에 있는 성 캐더린 성당은 17세기 발레주의 바로크 건축의 아름다움을 보여 준다. 화려한 고딕 양식의 마레의 노트르담 성당Eglise Notre Dame des Marais은 고풍스러움이 넘친다. 마을 사이로 난 언덕길을 오르면 본격적으로 포도밭이 끝없이 펼쳐진다. 넓은 포도밭 사이로 둥지를 틀고 있는 시에르의 주택들은 평온하기만 하다. 산비탈을 오르내리는 빨간색 산악열차가 초록의 포도밭을 가르며 크랑 몬타나를 향해 오른다.

시에르 여행길에 맛보는 향긋한 와인
프라덱Pradegg 언덕 위에 있는 메흐시어 성Château Mercier, 시에르 최고의 건축물 중 하나인 빌라 성Château de Villa 등이 인상적이다. 특히 빌라 성은 발레주의 와인과 지역 특산품을 맛보고 구매할 수 있는 공간이기도 하다. 16세기에 귀족의 저택이었던 이곳은 이제 발레주 전통요리와 발레주 최고의 와인들을 맛볼 수 있는 저명한 레스토랑으로 운영되고 있다. 또한 바로 옆에는 발레주 와인박물관이 있어 시에르 여행에서 반드시 들러야 할 곳이기도 하다.

와인에 곁들여 먹을 수 있도록 익숙한 솜씨로 덩어리 치즈를 썰어 내는 모습에서 여유가 느껴진다. 야외 테라스의 그늘 아래에서 맛보는 시에르 와인이 향기롭다.

1 시에르 계곡 산비탈을 따라 포도밭이 펼쳐지고 그 사이로 길들이 이어진다. **2** 시에르 계곡을 오르내리는 푸니쿨라는 시에르 여행을 편리하게 해 준다.

1 언덕을 오르는 계단과 포도밭, 작은 성당이 어우러진 전형적인 시에르 풍경
2 시인 릴케가 머무르며 작품을 구상했던 시에르에는 릴케 박물관이 있다.

빙하가 녹은 물이 사시사철 적합한 수분을 공급하며, 양분이 풍부한 빙하 충적토는 시에르 와인에 최고의 맛과 품질을 더해 준다. 전형적인 시에르 와인은 피노 누아르 Pinot Noir, 가메 Gamay, 코날랭 Cornalin 혹은 위마뉴 루즈 Humagne Rouge 등의 레드와인과 샤슬라 Chasselas, 실바너 Sylvaner, 샤르도네이 Chardonnay, 피노 블랑 Pinot Blanc, 혹은 피노 그리스 Pinot Gris 등의 화이트와인이 있다.

시에르에서 살게쉬 Salgesch 까지 이어진 와인 트레킹 코스는 가족이 함께 여유롭게 걸을 수 있는 길이다. 발레주의 문화와 전통을 살펴보며, 깊은 계곡과 높은 산을 감상한다. 포도밭 사잇길을 따라 편안하게 걸으며 가벼운 대화를 나누기에 좋다. 걷다가 지치면 와이너리에 들러 향긋한 와인 한 잔 마시고 전통 치즈를 음미하며 쉬어가면 된다.

20세기 최고의 시인 라이너 마리아 릴케가 생애 말년을 보내며 결국 안식을 얻은 곳이 시에르이기도 하다. 구시가에 있는 릴케 박물관에는 그의 작품들과 시에르에서의 발자취들이 향기로운 와인처럼 깊은 여운으로 남아 있다.

● **시에르 여행하기** 시에르 마을 자체는 도보로 충분히 돌아볼 수 있다. 기차역에서 시청사, 성 캐더린 성당, 릴케 박물관을 둘러본 후 언덕 위의 포도밭과 빌라 성, 메흐시어 성을 둘러보면 좋다. 시에르를 비롯해 발레주의 도시들을 좀 더 돌아보려면 발레 센트랄 패스 Valais Central Pass를 구입하는 편이 좋다. 발레주의 마티니 Martigny와 고펜슈타인 Goppenstein 사이의 대중 교통수단을 무제한 이용할 수 있는 패스로 추가 요금 없이 무려 700km의 대중교통망을 이용할 수 있다. 이 카드는 3일간 유효하며 1주일 이내의 기간 내에 사용해야 한다. 발레 센트랄 패스는 발레주 중부 지역 내에 있는 대중교통 서비스 파트너 회사에서 1년 내내 판매한다. 또한 사용과 시에르를 포함해 주요 관광안내소에서도 구할 수 있다. 이 패스가 있으면 발레주 중부의 리프트 이용 시 로이커바트 온천, 발리저 알펜테름 온천 스파, 사용 내 박물관 등 제휴 기관에서 20% 요금 할인을 또한 지정 케이블카 요금의 50%를 할인받는다. 성인 48프랑, 아동 39프랑, 2014년 기준

● **시에르 와인과 요리 맛보기** 샤또 빌라 Château de Villa 성은 발레주의 전통요리와 와인을 즐기기에 더없이 좋은 장소이다. 이곳의 와인숍과 레스토랑은 세심하게 선별된 요리와 지역 와인 장인들이 생산한 최고의 와인을 제공한다. 패키지 상품으로 샤또 빌라에서의 와인 테이스팅과 발레주 전통 식사, 시에르에 있는 3성 호텔 Hôtel de la Poste에서의 1박 조식 포함을 묶어서 제공하기도 한다. 수백 가지 와인 중에서 마음에 드는 와인을 시음하며 다양한 치즈와 햄 등을 맛볼 수 있다. 와인 테이스팅과 식사는 1인당 70프랑, 1박 포함 시 1인당 175프랑이다. 2014년 기준

·**주소** Rue de Sainte-Catherine 4, CH-3960 Sierre ·**전화** +41 27 455 18 96(Fax. +41 27 456 24 45) ·**홈페이지** www.chateaudevilla.ch ·**이메일** info@chateaudevilla.ch ·**시간** 매일 10:30∼23:00

● **와인 산책로 걷기** 시에르와 살게쉬 사이의 와인 산책로는 1년 내내 가족이 함께 걸을 수 있다. 포도밭 사이로 조용한 길을 따라 걸을 수 있고, 와인 재배 농장주의 집을 지나간다. 하스필 협곡 Gorges de la Raspille은 뛰어난 자연경관을 보여 준다. 산책로를 따라 80여 개의 정보 제공 안내판이 일정한 간격으로 설치되어 있다.

향긋한 포도향에 취하는 곳 03

San Gimignano

산 지미냐노의 구릉 속에서 맛본 단테의 와인

| **위치** | 이탈리아 중부 토스카나주(州)

| **교통** | 높은 언덕 위에 있는 산 지미냐노는 기차역이 없다. 하지만 포지본시Poggibonsi까지 기차로 이동한 후에 그곳 기차역Poggibonsi-S. Gimignano에서 버스를 타고 산 지미냐노에 갈 수 있다. 피렌체에서 포지본시까지 1시간 5분 소요, 포지본시에서 산 지미냐노까지 버스로 약 20분 소요된다. 버스로 갈 경우에도 피렌체나 시에나에서 손쉽게 접근할 수 있다. 버스 또한 포지본시에서 갈아타야 한다. 피렌체에서 1시간 30분~2시간 정도 소요된다. 시에나에서는 1시간 15분 정도 걸린다. 산 죠반니 문Porta San Giovanni 앞에서 버스가 정차한다. 구시가는 차량 출입이 제한된다.

이탈리아에서 가장 풍요롭고 비옥한 토스카나의 들판을 달리다 보면 포도밭과 올리브 나무로 뒤덮인 완만한 언덕들이 펼쳐진다. 그러다가 높은 언덕 위에 현대 도시의 마천루처럼 직선의 탑들이 솟아오른 산 지미냐노가 불쑥 나타난다. 성벽으로 둘러싸인 마을을 올리브밭과 포도밭이 둘러싸고 있으며 남북으로 1km, 동서로 500m 정도의 규모이다. 버스정류장과 주차장이 있는 성벽 바깥 몬테마조 광장에서 낡은 산 조반니 성문을 통과하는 순간 시간과 공간은 과거로 훌쩍 뛰어넘는다. 돌이 박힌 골목 양쪽으로 다양한 기념품 가게와 옛 주택이 가득하다. 골목을 오가는 여행자들만이 현재의 시간을 말해 줄 뿐이다. 토스카나의 비옥한 땅에서 자란 포도로 만든 산 지미냐노 전통 화이트와인, 베르나치아 디 산 지미냐노Vernaccia di San Gimignano와 판포르테를 비롯한 이 지역 전통과자로 가득한 가게, 도자기 기념품 가게가 즐비하게 늘어서 있다.

중세의 위엄을 간직한 14개의 탑

중세 때의 산 지미냐노는 영국의 캔터베리Canterbury에서 출발해 프랑스, 스위스를 거쳐 로마로 가는 성지순례길인 비아 프란치게나Via Francigena의 한 도시였다. 지리적인 위치로 인해 중요한 교역도시로 크게 발전했다. 13~14세기에 교황파와 황제파의 피비린내 나는 싸움 후에 특히 토스카나의 부유한 가문들은 자신의 권력과 부를 과시하기 위해 경쟁적으로 높은 탑을 세우기 시작했다. 그래서 한때 붉은 기와지붕 위로 총 72개의 탑이 하늘을 향해 높이 솟아나 장관을 연출하기도 했다. 중세 시대 빈번한 전쟁과 흑사병 그리고 결정적으로 당시 라이벌 피렌체의 침략으로 산 지미냐노는 쇠퇴의 길로 들어서게 된다. 하지만 지금도 여전히 신비로운 중세의 분위기 속에 14개의 탑이 무너지지 않고 남아 있다.

산 지미냐노의 역사 지구 곳곳에 솟아 있는 탑들은 여느 중세 도시에서는 보기 힘든 멋진 경관을 선사해 준다. 가장 높은 탑인 토레 그로싸Torre Grossa는 높이가 무려 54m인데, 팔라조 코무날레Palazo Comunale, 시청 바로 옆에 우뚝 서 있다. 내부는 가파른 계단으로 되어 있어서 탑의 꼭대기까지 올라갈 수 있다. 탑의 좁고 가파른 계단을 오르기가 부담스럽다면 지금은 폐허가 된 옛 요새인 로까Rocca에 오르면 된다. 마을 뒤편 언덕 가장 높은 곳에 있는 로까는 초록의 풀밭과 올리브 나무들로 둘러싸여 있다. 그 로까에 서면 눈앞에 환상적인 토스카나 풍경이 펼쳐진다. 완만한 곡선을 그리는 토스카나의 언덕들, 그 부드러운 곡선의 언덕에 산재한 붉은 지붕의 주택들과 올리브 나무와 포도밭이 한 폭의 따스한 수채화를 그려 낸다.

산 지미냐노를 대표하는 화이트와인

아름다운 산 지미냐노를 대표하는 화이트와인인 베르나치아 디 산 지미냐노의 기원은 확실치 않지만 1276년에 처음 역사 기록에서 언급되었다. 사암으로 구성된 언덕에서 잘 자라는 베르나치아 포도로 인해 산 지미냐노 특유의 와인으로 자리를 잡았다. 산 지미냐노에서 시작된 이 와인은 급속하게 토스카나와 리구리아Liguria, 이탈리아 전역으로 퍼져 나간다. 중세 시대의 베르나치아는 달콤한 화이트와인으로, 당시 인기를 끌었던 그리스 와인과 매우 유사했다고 한다. 교황 마틴 4세Pope Martin IV, 단테Dante Alighieri, 죠반니 보카치오Giovanni Boccaccio 등 당시 유명인사들의 사랑을 받았다.

1 구시가 중심 두오모에서 바라본 산 지미냐노는 현대적인 마천루의 도시처럼 보인다. 2 로까에서 바라본 평온한 토스카나의 오후 풍경

1 포도밭에 둘러싸인 낭만 넘치는 산 지미냐노의 전경 2 치스테르나 광장에는 오랜 세월이 느껴지는 우물이 있다. 3 토스카나의 다양한 지역에서 생산되는 향기로운 와인들

특히 단테는 《신곡》의 〈연옥〉 편에서 베르나치아를 언급하기도 했다. 시인이기도 했던 미켈란젤로Michelangelo Buonarroti는 '베르나치아는 키스를 하고, 새어 나가고, 깨물고, 찌르고, 쏜다.'라고 묘사하기도 했다.

한때 쇠퇴하기도 했지만 베르나치아는 이 지역 포도 재배 기술자들의 노력으로 훌륭한 품질과 최상의 맛을 인정받아 1966년에 이탈리아에서 최초로 DOC 등급을, 1993년에 최고등급인 DOCG 등급을 받았다. 오늘날 베르나치아는 이탈리아에서 최고의 와인으로 손꼽힌다. 베르나치아는 숙성이 되면 황금빛을 띠는 담황색의 와인이다. 우아하고 섬세한 향을 지니고 있으며 과일향과 꽃향기를 은은히 풍긴다. 입 안에서는 드라이하면서도 조화롭고 풍미를 지닌 와인이며 아몬드향의 뒷맛을 가지고 있다. 생선, 흰색 고기, 채소, 토스카나 햄, 리볼리타Ribollita 수프뿐 아니라 여름철 요리와 잘 어울린다. 아름다운 풍경과 함께 향기로운 전통와인에 취할 수 있다는 것은 산 지미냐노 여행의 묘미이기도 하다. 중세 도시에서 그 시절 단테와 미켈란젤로처럼 베르나치아의 매력에 빠져 보는 것은 어떨까.

●**산 지미냐노 여행하기** 산 지미냐노는 정말 작은 중세 도시여서 도보로 돌아보는 것이 제일 좋다. 자동차는 마을로 진입할 수 없으며 성벽 바깥 주차장에 세워 두어야 한다. 전기로 운행하는 셔틀버스가 산 죠반니 문Porta San Giovanni에서부터 치스테르나 광장Piazza della Cisterna을 거쳐 산 마테오 문Porta San Matteo까지 하루 종일 운행된다. 관광안내소나 타바키Tabacchi 상점에서 티켓을 구매할 수 있다. 1시간에 1.2유로, 2014년 기준

●**베르나치아 와인 젤라토 맛보기** 마을 중심에 있는 치스테르나 광장Piazza della Cisterna 주변에는 다양한 젤라토 가게와 레스토랑이 있다. 이 광장에 있는 젤라테리아 디 피아짜Gelateria di Piazza는 산 지미냐노를 찾은 여행자들뿐 아니라 수많은 유명인사가 꼭 들르는 젤라토 가게이다. 가게 문 앞에는 늘 사람들이 길게 줄을 서 있다. 젤라토 세계 대회에서 2006년부터 매년 챔피언을 차지하고 있는 이탈리아 최고의 가게이다. 주인장 세르지오Sergio는 손님들과 기념촬영도 하며 즐거움을 안겨 준다. 산 지미냐노 전통 와인 베르나치아가 들어간 베르나치아 소르베Vernaccia Sorbet를 추천한다.

젤라테리아 디 피아짜 Gelateria di Piazza ·**주소** Piazza della Cisterna 4, 53038 San Gimignano, Italy ·**전화** +39 057 794 2244 ·**이메일** sergio@gelateriadipiazza.com ·**홈페이지** www.gelateriadipiazza.com ·**시간** 매일 9:00~23:30

●**엑스트라 버진 올리브 오일 구매하기** 중세 시대의 산 지미냐노는 베르나치아 와인과 샤프란 생산으로 유명했다. 하지만 중세 후기부터 소작농과 혼합 영농이 발전함에 따라 올리브 나무도 지역 농업에서 중요한 역할을 차지하게 되었다. 현재 산 지미냐노 지역에는 800헥타르 이상의 대지에 올리브 나무들이 무성하게 자란다. 산 지미냐노의 올리브 오일은 부드러운 맛과 과일 향을 지니고 있으며 아티초크artichoke와 카르둔cardoon, 갓 베어낸 풀향과 약간 쓰면서도 강한 아몬드향을 풍긴다고 한다. 토스카나 지역 요리에서 중요한 역할을 하고 있으며 특히 소금 없이 슬라이스해서 그릴에 구운 토스카나의 빵인 브루셰타bruschetta에 이 올리브 오일을 뿌려서 와인에 곁들이면 최고이다.

향긋한 포도향에 취하는 곳 04

Mikulov

모라비아 와인의 중심 미큘로프 와인 축제

| **위치** | 체코 남부 미큘로프

| **교통** | 오스트리아 국경에 인접해 있으며 빈에서 약 85km 거리에 있어 자동차로 1시간 10분 정도 소요된다. 빈에서 버스를 타고 2시간 20분 정도 소요된다. 체코 남부의 대도시인 브르노Brno에서 약 50km 거리에 있으며 자동차로 40분 정도, 버스로는 1시간 정도 걸린다. 수도 프라하에서 약 250km 거리이며 자동차로 2시간 30분 정도 소요된다. 프라하에서 기차로 브르노까지 이동한 후 브르노에서 버스로 미큘로프에 갈 수 있다. 미큘로프는 기차역이 없다.

미큘로프Mikulov는 체코 공화국의 남부 모라비아 지역에 있는 소도시이다. 빈 근교 오스트리아 국경에 위치해 있어서 프라하보다는 빈에서 훨씬 더 가깝다. 1421년부터 미큘로프에는 특이하게도 유대인들이 살기 시작했다. 그 이유는 오스트리아에서 추방당해 이곳으로 피난을 와서 정착했기 때문이다. 이때부터 수많은 유대인 랍비가 유대 문화와 전통을 전수하여 모라비아 유대 문화의 중심지가 되었다. 독일이 체코슬로바키아를 점령하기 전인 1938년에는 472명의 유대인이 살았으나 나치의 참혹한 홀로코스트Holocaust로 인해 327명이 죽임을 당했다. 독일이 패망한 후 이곳에 살던 독일인은 모두 추방되었다. 비극적인 제2차 세계대전을 계기로 유대인들도 더 이상 미큘로프에는 살지 않게 되었다.

독특한 역사를 지닌 미큘로프의 주요 여행 명소 중에서 가장 인상적인 곳은 자멕성이다. 성의 오랜 역사와 유물들도 인상적이지만, 성 내부의 과거 와인제조공장은 특히 그 규모가 놀랍다. 그 크기가 인간의 몸의 수십 배에 달하는 와인통과 포도

즙을 짜는 기계들은 미큘로프가 얼마나 와인과 밀접한 도시인지 느끼게 해 준다. 미큘로프는 비옥한 모라비아 땅에서 최고의 와인 재배 지역으로 인정받는다. 자멕을 중심으로 형성된 마을은 르네상스 건축물과 화려한 바로크 양식의 분수 그리고 노천카페, 웅장한 교회들로 둘러싸여 규모는 작지만 충분히 아름답다.

성스러운 언덕 너머 풍경

마을 전망을 살펴보려면 마을 뒤 언덕 위에 있는 요새에 올라가야 한다. 그리 높지 않은 요새에 올라서면 자멕을 중심으로 동그랗게 형성된 마을 전경과 그 너머 초록과 황토색이 어울린 모라비아의 들판이 시원스럽게 펼쳐진다. 광장으로 내려와서 전망 좋은 카페테라스에 앉아 와인 한 잔 들이켜며 마을 너머 둥근 '성스러운 언덕 Svatý Kopeček, Holy Hill'을 올려다본다.

'십자가의 길 Way of the Cross, krizova cesta'이라고 불리는 그리 가파르지 않은 언덕길을 따라 오르면 금세 붉은 지붕의 미큘로프가 발아래로 펼쳐진다. 성 세바스찬 St. Sebastian 교회와 종탑이 둥근 언덕 위에서 랜드마크가 되고 있다. 드넓은 모라비아의 들녘은 온통 포도밭이다. 자멕을 중심으로 원형으로 형성된 붉은 지붕의 미큘로프와 온통 초록색의 포도밭은 강한 대비를 이루며 시선을 사로잡는다.

지리적인 위치와 온화한 기후, 탄산칼슘이 풍부한 석회암 토양을 갖춘 미큘로프의 파라바 언덕 Pálava Hills은 독특한 모라비아 와인을 재배하기 위한 최적의 장소이다. 고대 로마인들도 파라바 일대를 와인 재배의 최적지로 인정했다고 한다. 미큘로프를 필두로 하여 주변의 발티체 Valtice, 돌니 Dolní, 두나요비체 Dunajovice, 페르나 Perná, 파블로프 Pavlov 등 주변 지역에서 모라비아 와인이 풍요롭게 발전할 수 있었다. 미큘로프 와인의 80%는 화이트와인이 차지한다. 토양 속에 있는 풍부한 석회 성분과 온화한 기후는 미큘로프에서 생산되는 와인으로 하여금 강렬한 미네랄 맛을 갖게 해 준다.

파벨의 와이너리

포도 수확 시즌이 다가오면 마을 전체가 와인 축제의 장으로 변화한다. 축제 전날부터 민속의상을 입은 수많은 주민이 광장에 모여 악기를 연주하고 춤을 추고 노래를 한다. 이 날은 단돈 몇 코루나에 와인 잔을 하나 받을 수 있는데, 각종 모라비아 와인

1 가벼운 산책 삼아 올라가기에 좋은 마을 뒤편의 성스러운 언덕 2 파스텔톤 주택들이 아름다운 미쿨로프 3 마을 중심 광장에서 바라본 미쿨로프는 온전히 중세적인 풍경을 선사한다.

을 얼마든지 무제한으로 맛볼 수 있다. 이곳을 방문했을 때 파벨Pavel이란 이름의 와인 장인을 만나 그의 초대로 역사가 깃든 와이너리와 포도밭을 방문할 기회를 얻게 되었다. 그가 안내한 와인 셀러는 겉보기에는 전원주택처럼 보인다.

지하실로 들어가자 엄청난 양의 와인 원액이 담긴 거대한 오크통들이 가득하다. 좀 더 깊숙한 와인저장실에는 셀 수 없을 정도로 엄청난 양의 와인으로 가득하다. 수십 년의 세월 동안 와인 한 길만 달려온 장인의 성소와 같은 곳이다. 1층에 있는 방 벽면에는 수십 개의 액자가 걸려 있었는데, 매해 최고의 품질을 공인받은 와인 인증서diploma이다. 그는 단연 모라비아에서 최고의 와인을 생산해 내는 최고 전문가로 공인을 받는다. 지극히 평범한 와인 셀러로 보일 법한 이곳의 와인은 체코 정부에서도 중요한 행사가 있을 때 공식적으로 사용한다고 한다.

와인 축제날이 되면 자멕에는 온갖 민속의상을 화려하게 차려입은 다양한 공연단이 속속 모여든다. 여인들은 눈부신 장식의 모자와 화려한 색상의 상의, 통이 넓은 치마로 한껏 맵시를 뽐낸다. 풍성한 포도 수확과 최고의 와인을 기원하며 각 마을 사람들이 공연을 펼친다. 미큘로프 와인에 대한 진한 애정과 자부심이 그들의 표정에서 묻어난다. 함께 건배를 하고 와인 축제를 기념하고 이 순간을 즐긴다. 공연단들은 자멕을 나와서 마을 곳곳을 돌아다니며 와인 축제를 알리는 행진을 한다. 행진하다가 길 위에 멈추면 길 위에서 아코디언 반주에 맞춰 중년의 남녀들은 춤을 추고, 바이올린 선율에 맞춰 아가씨들은 노래를 한다. 와인으로 그들의 생은 아름다운 향기가 되고 기쁨의 축제가 된다.

포도 수확기가 되면
마을에서는 전통의상을 입고
와인 축제가 펼쳐진다.

미큘로프 외곽 비옥한 토양에서 자라는 싱싱한 포도송이들

● **미큘로프 여행하기** 미큘로프는 기차역이 없으며 마을은 자멕을 중심으로 하여 원형으로 형성되어 있다. 마을은 규모가 작아서 도보로 충분히 돌아볼 수 있다. 자멕과 요새, 성스러운 언덕 등 관광 명소도 그리 많지 않아 부담이 없다. 와인을 즐기고 와인 트레킹을 즐기려면 최소 1박은 하기를 권한다. 프라하보다는 체코 남부의 브르노Brno 또는 오스트리아 빈에서 접근하기가 용이하다. 포도 수확 시즌 전에 펼쳐지는 와인 축제가 볼 만하다.

● **와인 셀러 방문하기** 미큘로프에서 시작해서 65km에 이르는 와인 산책로가 주변 와인 생산 지역과 연결되어 있을 정도로 곳곳에 오랜 역사와 전통을 자랑하는 와인 셀러들이 있다. 미큘로프 구시가 외곽의 포도밭 주변에 와인 셀러가 모여 있으며 구시가 안에 있는 레스토랑에서는 다양한 모라비아 와인을 제공한다. 와인과 관련된 다양한 이벤트도 열린다. 특히 200년 전통의 파라바 포도 수확 축제Pálava Vine Harvest는 이 지역 축제의 하이라이트이다. 미큘로프 성과 마을 광장을 중심으로 수백 명의 주민이 지역별 전통의상을 입고 행진을 하고 춤을 추고 노래를 한다.

● **체코 전통요리 베프조파 페체네 맛보기** 체코의 대표적인 전통요리 중 하나인 베프조파 페체네Veprova pecene를 맛보자. 미큘로프의 레스토랑에서 대부분 메뉴판에 이 요리를 올려 두고 있다. 돼지고기를 삶아서 특별히 만든 전통소스에 절인 요리이다. 크네들리키Knedliky 빵과 함께 곁들여 나오는데, 미큘로프에서 생산된 화이트와인을 곁들이면 금상첨화이다.

향긋한 포도향에 취하는 곳 05

Spello

옛 도시 스펠로에서 맛보는 움브리아 와인

| **위치** | 이탈리아 중부 움브리아주(州) 스펠로

| **교통** | 기차로 로마에서 직행은 2시간 소요되고, 폴리뇨Foligno에서 환승하는 완행은 2시간 30분 정도 걸린다. 피렌체에서 직행으로 2시간 45분 소요. 움브리아주의 주도인 페루자에서 열차로 30분 소요된다. 아시시에서 버스로 20분 정도 소요된다.

이탈리아 중부 토스카나Toscana주(州)에 이웃해 있는 움브리아Umbria주에는 무심코 지나치기에는 아쉬운 소도시가 곳곳에 산재해 있다. 그중의 하나가 성자 프란치스코의 고향으로 유명한 아시시가 멀리 보이는 옛 로마인의 도시 스펠로Spello 이다. 스펠로는 이탈리아 중부 티베르Tiber 계곡을 굽어 보는 수바시오산Monte Subasio 남쪽의 완만한 산비탈에 편안하게 안겨 있다. 6개의 성문과 잘 보존된 성벽들은 중부 이탈리아에서 가장 훌륭한 로마 시대 성벽의 표본으로 인정받고 있다.

BC 1세기에 건설된 포르타 베네레Porta Venere, 비너스의 문를 지나 마을로 들어서면 조약돌들이 촘촘히 박힌 골목길이 눈앞에 펼쳐진다. 긴 세월의 풍화의 흔적이 고스란히 남아 있는 골목길 집집마다 활짝 만개한 제라늄들이 황폐한 돌벽들을 화사하게 치장한다. 스펠로를 방문하기에 가장 좋은 시기는 꽃들이 활짝 꽃을 피우는 봄과 여름 사이이다. 특히 6월 성체 축일Corpus Christi에는 너무나 유명한 꽃축제 인피오라타Infiorata가 열린다. 유럽 여행자들을 비롯하여 대부분의 현지 이탈리아인들이 스펠로를 찾아 몰려드는 때가 바로 이 축제 기간이다.

1 움브리아에서 가장 오래된 에노테카 프로페르지오는 스펠로 여행의 필수 코스이다.
2 인피오라타 꽃 축제로 유명한 스펠로는 골목길이 꽃밭이다.

움브리아는 토스카나와 함께 이탈리아 중부의 와인 생산지로 명성이 높다. '이탈리아의 초록 심장'이라고 불리는 움브리아의 아름다운 언덕마다 여름이면 포도송이가 주렁주렁 열린다. 작은 마을 규모에 비해 골목길마다 꽤 많은 와인바와 에노테카Enoteca, 와인을 전시하고 판매하는 곳가 자주 눈에 띈다.

수많은 와인 애호가가 스펠로를 찾는 진짜 이유는 움브리아를 비롯해 이탈리아 와인의 진수를 맛볼 수 있는 최고의 에노테카가 있기 때문이다. 마을 중심 마테오티 광장Piazza G Matteotti에 있는 에노테카 프로페르지오Enoteca Properzio가 바로 '움브리아 와인의 천국'이라 불린다. 이곳은 이탈리아를 통틀어 세 번째로 오래된 에노테카이며, 움브리아주에서는 가장 오랜 역사를 가졌다. 윤기 나는 대리석 바닥, 프로슈토 써는 기계prosciutto slicer, 커피 머신 등을 갖추고 있고, 풍성한 치즈와 햄, 2,200여 병의 와인들, 올리브 오일, 꿀, 마멀레이드, 각종 소스, 진귀한 트뤼플 등 움브리아 지역의 전통음식들이 가득하다. 주인장 로베르토Roberto는 7대째 대를 이어 가족들과 에노테카를 운영하고 있으며 두 자녀가 아버지를 도와 즐거운 마음으로 함께 에노테카를 꾸려 가고 있다. 1997년산 아시시 로쏘 티리Assisi Rosso Tili는 무화과를 곁들인 프로슈토와 함께 들이키면 최고이다. 스펠로는 그렇게 밤이 깊도록 와인 이야기를 나누며 아름다운 움브리아의 만찬을 누릴 수 있는 곳이다.

● **스펠로 여행하기** 스펠로는 메인 도로 외에는 도로가 좁아서 걸어 다니는 것이 무난하다. 인피오라타 기간에는 숙소 구하기가 힘들며 여행자들로 혼잡하므로 근처 아시시나 페루자에 숙소를 정하고 대중교통으로 스펠로를 방문하기를 추천한다.

● **인피오라타 축제 참여하기** 스펠로를 대표하는 행사가 바로 인피오라타Infiorata 꽃 축제이다. 매년 5월 말이나 6월 초 주말 성체 축일Corpus Domini Sunday에 맞춰 열린다. 스펠로 주민들과 행사 참가자들은 몇 달 동안 산이나 들에서 다양한 꽃을 채취한다. 채취한 꽃잎을 색채별로 정리한 뒤 축제 전날부터 스펠로의 모든 골목길을 구획을 나눠 꽃잎으로 정교하게 회화 모자이크를 만든다. 8월에는 주로 무료 콘서트와 미술 전시회, 고고학 투어와 같은 축제가 펼쳐진다. 늦여름에 열리는 로마인 축제에서는 시대 의상을 입고 연극 공연이나 로마식 만찬을 즐긴다. 11월이나 12월에는 지역 올리브 오일 축제인 페스타 델라 브루쉐타Festa della Bruschetta가 열리며 신선한 올리브 오일과 전통 빵을 곁들여 먹거나 전통요리를 맛볼 수 있다.

● **에노테카 프로페르지오에서 움브리아 와인 맛보기** 스펠로 최고의 명소는 바로 에노테카 프로페르지오이다. 움브리아에서 가장 오랜 역사를 가졌고, 이탈리아를 통틀어 세 번째로 오래된 와인숍이다. 피나코테카 미술관 바로 옆 메인 도로 옆에 있다. 와인과 함께 곁들여 먹을 수 있는 핑거푸드와 파스타도 있다. 블랙 트뤼플 파스타는 향이 예술이며, 올리브 오일과 발사믹 식초를 뿌린 브루쉐타Bruschetta도 별미이다. 치즈와 살라미, 참치와 채소가 곁들여 나오는 와인용 요리도 추천한다.

에노테카 프로페르지오 Enoteca Properzio S.R.L. · **주소** Piazza Giacomo Matteotti, 8, Spello, Italy · **전화** +39 0742 301521 · **시간** 12:00~24:00 · **홈페이지** http://www.enotecaproperzio.com

향긋한 포도향에 취하는 곳 06

Eger

미녀의 계곡에서 맛보는 황소의 피, 에게르 와인

| **위치** | 헝가리 북동부 에게르

| **교통** | 부다페스트에서 자동차로 1시간 30분 정도 소요된다. 버스로는 부다페스트 스타디오녹Stadionok 버스터미널에서 2시간 정도 걸린다. 기차로는 부다페스트 켈레티 역에서 1시간 50분 정도 소요된다. 에게르 기차역은 시내 중심부에서 1.5km 거리에 있다. 도보 15~20분 소요. 버스 10, 11, 12번을 타면 시내 중심 바실리카 뒤편에 정차한다.

헝가리 북동부에 있는 에게르Eger는 부다페스트와 토카이Tokaji 사이에 위치해 있으며 에그리 비커베르Egri Bikavér 와인으로 유명한 중세 도시이다. 에그리 비커베르는 일명 '황소의 피'를 뜻하는데, 헝가리에서 가장 유명한 레드와인이다. 이 와인은 1970년대에 에게르로 하여금 국제적인 명성과 부를 얻게 해 주었다. 사실 비커베르가 처음 만들어진 곳은 에게르 남서쪽으로 209km 떨어진, 헝가리 톨너Tolna주의 도시 섹사르드Szekszard였다. 하지만 에게르 시 소유의 에게르빈 와이너리Egervin winery가 이 와인의 생산을 독점해서 성공적으로 해외 시장에 진출하게 되었다.

에게르는 사실 13세기 이래로 와인으로 성공한 긴 역사를 지니고 있다. 이 풍요로운 와인 생산에 가장 큰 방해가 된 일이 바로 오스만 투르크족의 헝가리 침략이었다. 1552년에 오스만 투르크의 술탄 술래이만Suleiman the Magnificent이 20만 명의 이슬람군을 이끌고 헝가리를 침공했다. 겨우 2천 명밖에 되지 않는 에게르군은 격렬하게 저항하며 굴복하지 않았다. 에게르의 군인들이 레드와인을 마시는 장면을 보고서 이슬람군은 이들이 '황소의 피'를 마신다고 생각했다. '황소의 피'를 마심으로써

1 에게르의 대표 와인 '황소의 피' 와인병이 놓여 있는 창문 2 에게르 와인을 맛보기 위해서 에게르의 외곽 미녀의 계곡을 찾아가면 깊은 동굴 속 에게르 와인을 맛볼 수 있다. 3 오스만 투르크 군대에 맞서 끝까지 싸웠던 에게르인들의 정신이 담긴 동상

이슬람군에게 굴복하지 않는 헝가리인들의 힘과 강인한 의지가 나왔을 거라고 추측했다고 한다. 이때부터 이곳의 레드와인은 황소의 피라고 불리게 되었다.

에게르는 마트라Mátra와 뷔크Bükk 산맥 사이에 있으며 남향의 에게드 언덕은 포도 재배에 최고의 조건을 제공한다. 도시 자체로는 옛 성과 온천, 역사적인 건축물 등에 중세의 흔적이 남아 있다. 특히 오스만 투르크의 침략과 지배 시기에 세워진 이슬람식 첨탑 미나렛Minaret은 유럽의 가장 북쪽에 남아 있는 이슬람 미나렛 유적이다. 구시가는 반나절이면 돌아볼 수 있지만 황소의 피로 대표되는 와인을 맛보려면 최소 1박 이상을 해야 한다. 고딕 양식의 에게르 성Egri Vár의 단단한 성벽에 올라 바라보는 구시가의 붉은 지붕은 황소의 피처럼 뜨겁게 느껴진다. 헝가리에서 가장 높은 42m의 '미나렛의 좁은 97개의 계단'을 오르면 에게르의 전망이 시원스레 펼쳐진다. 헝가리에서 세 번째로 큰 규모의 피르크 바실리카Basilica on Pyrker도 인상적이다. 보행자 전용 거리인 세체니Széchenyi 거리는 다양한 상점과 레스토랑이 늘어서 있다.

무엇보다도 에게르에서 꼭 방문해야 할 곳은 바로 세파스조니 뵐기Szépasszony-völgy로 '미녀의 계곡'이라고 불리는 곳이다. 이 계곡은 에게르 남쪽 외곽에 있는데, 셀 수 없이 많은 와인 셀러로 가득하다. 깊이를 가늠할 수 없는 동굴마다 수십 년 세월 곰팡이로 덮인 와인병과 오크통이 가득하다. 긴 세월 동굴 속에서 익어 가는 와인들로 가득한 미녀의 계곡과 황소의 피처럼 붉은 와인으로 인해 에게르는 와인을 좋아하는 여행자라면 꼭 들러야 할 헝가리의 명소임에 틀림없다.

● **에게르 여행하기** 에게르 기차역은 관광 명소가 있는 시내에서 약 1.5km 거리에 있어서 도보로 15~20분 정도 소요된다. 버스 10, 11, 12번을 타면 바실리카 바로 뒤에 있는 시내 정류장에 도착한다. 시내는 도보로 충분히 돌아볼 수 있다. 미녀의 계곡은 에게르 중심부에서 4km 남쪽에 있으므로 도보로 가기에는 좀 힘들다. 자동차나 택시를 타고 10분 정도 소요된다.

● **미녀의 계곡에서 에게르 와인 즐기기** 미녀의 계곡Szépasszony-völgy을 따라 수많은 와인 셀러가 저렴한 가격으로 에게르 와인을 판매한다. 조상 대대로 물려받은 동굴 깊숙한 곳에서 에게르 와인이 숙성되고 있다. 와인 셀러마다 번호나 간판이 적혀있다. 에게르 중심부에서 남쪽으로 4km 거리에 있으며 영어로도 'Nice Woman Valley'라고 적힌 이정표가 있다. 병으로만이 아니라 개인별로 담는 용기를 가져가면 거기에 와인을 채워서 판다. 와인 1L에 400~700포린트 정도의 가격이다. 비로 보로조Biró Borozó, 헬리벤 포그바스타스Helyben Fogyasztás, 파르상 티보르Farsang Tibor 등은 주인장이 영어도 잘하고 추천을 받는 와이너리이다. 19번과 45번 와인 셀러에서는 에게르 최고의 와인 양조학자로부터 생산된 훌륭한 와인을 맛볼 수 있어 와인 애호가들이 추천한다.

향긋한 포도향에 취하는 곳 07

Vevey

계단식 포도밭 라보 지구의 중심 브베

| **위치** | 스위스 남동부 브베

| **교통** | 로잔에서 출발해 발레주로 향하는 모든 열차가 브베에서 정차한다.단 국제 노선은 제외 로잔과 몽트뢰에서는 호수 정기선/유람선으로도 브베에 갈 수 있다. 트롤리 버스가 자주 몽트뢰와 시용성을 경유해 빌뇌브Villeneuve와 브베 사이에서 운행된다. 라보 지구 내에서는 지역선인 S선 열차가 수시로 운행된다. 제네바에서 기차로 1시간 정도 소요된다. 베른에서는 로잔에서 1회 환승을 해서 1시간 30분 정도 소요된다. 루체른에서도 로잔에서 1회 환승을 해서 2시간 30분 정도 소요된다. 로잔에서는 15분~20분 정도 소요된다.

라보 지구의 포도밭Terrasses de Lavaux은 보Vaud주의 레만 호수를 따라 무려 30km나 뻗어 있다. 포도밭 사이에 6곳의 마을이 숨어 있고 그 중심에 브베가 있다. 온화한 기후와 햇살을 잘 받는 남향의 언덕은 포도가 자라는 데 최적의 조건을 선사한다. 스위스 최대이자 유럽에서 두 번째로 큰 호수가 바로 레만 호수제네바 호수이다. 호수 둘레는 195km에 이른다. 이 중 로잔에서 브베를 거쳐 몽트뢰Montreux에 이르는 약 30km 구간은 유럽 최고의 휴양지로 사랑받고 있다. 지중해의 아름다운 해안을 일컫는 리비에라Riviera를 이 구간에 붙여 '스위스의 리비에라'라고 부를 정도이다.

러시아의 대문호 도스토예프스키도 브베에 반해 잠시 정착했고, 빅토르 위고는 브베의 온화한 기후를 사랑했다. 그 누구보다 브베를 사랑한 이는 찰리 채플린Charles Chaplin, 1889~1977이었다. 그는 1943년에 미국에서 최고의 전성기를 누리던 중 공산주의자라는 누명을 쓰고 스위스로 망명했다. 그는 24년간 브베를 떠나지 않고 살다가 브베에서 숨을 거두었다. 그가 살던 생가는 2009년에 박물관으로 재탄생했고 그와 그의 아내는 도시 외곽의 코르시에 묘지Cimetiere de Corsier에 안장되었다. 브베 호반 산책로의 정원에 연미복과 중절모를 착용하고 지팡이를 든 그의 동상이 서 있다.

브베에서는 대략 20년마다 한 번씩 세계적인 와인 장인의 제전Fête des Vignerons이 열린다. 가장 최근에 열린 제전은 1999년이었다. 와인장인협회Confrérie des Vignerons에 의해 1797년 처음 시작된 제전으로, 이 제전이 얼마나 자주 열릴지를 조직 위원회가 자유롭게 선택할 수 있는데 100년 기준으로 최대 횟수는 5번이다. 와인과 관련된 다양한 행사와 공연이 그랑 플라스에서 펼쳐진다.

브베의 명소이자 중심 광장인 그랑 플라스Grande Place, 혹은 시장 광장 Place du Marche에서는 매주 화요일과 토요일 아침에 다채롭고 활기찬 시장이 열린다. 이 지역에서만 생산되는 특산품과 오랜 세월의 때가 묻은 골동품을 파는 가판대가 들어선다. 7월과 8월 여름철이 되면 민속 시장이 열리며, 이 지역의 와인 장인들이 전통의상을 입고 다양하고 질 좋은 와인을 판매한다. 무엇보다 봄부터 가을 사이에 운행하는 와인 열차 Train-des-Vignes를 타고 라보 지구의 포도밭을 달리는 기분이 최고이다.

● **브베 여행하기** 브베나 몽트뢰 등 라보 지구에서 숙박하는 여행자라면 반드시 호텔이나 숙소에서 리비에라 카드Riviera Card를 발급받도록 하자. 1박 이상의 여행자에게 무료로 발급되는 이 카드는 스위스 리비에라 지역 내 모든 대중교통수단을 무료로 이용할 수 있다. 브베 기차역 바로 옆에 있는 COOP 슈퍼마켓 앞에 있는 자전거 대여소에서는 무료로 하루종일 자전거를 대여해 준다. 단 예치금 20프랑이 필요하다. 예치금은 자전거 반환 시 돌려받을 수 있다.

● **와인 열차 타고 라보 지구 둘러보기** 와인 열차Train-des-Vignes는 브베-푸두Puidoux 구간의 포도밭을 이어 주며 포도밭 중간 높이보다 조금 위쪽 철로를 달린다. 1시간에 1대 운행, 매일 운행 특히 쉐브레Chexbres 마을에서 내리면 멋진 계단식 포도밭 사이로 여러 하이킹 코스가 나 있다. 포도밭 중간중간 작은 마을이나 와이너리가 있어서 와인을 시음하거나 구매할 수도 있고, 라보 지구의 역사와 포도 종류를 알려 주는 이정표도 있어 천천히 걷기에 좋다. 브베에서 종착역인 푸두-쉐브레까지는 약 12~13분이 소요되며 중간에 브베-푸니Vevey-Funi-코르소-코흐나예Corseaux-Cornalles-쉐브레 빌Chexbres-Ville에 정차한다.

● **네슬레의 알리멘타리움 식량 박물관 구경하기** 네슬레 재단이 1985년에 문을 연 박물관이다. 찰리 채플린 동상 바로 맞은편으로 보이는 거대한 포크가 식량 박물관의 상징이다. 1867년 브베에서 설립된 네슬레는 현재도 브베에 본사를 두고 있다. 구매Purchasing, 요리Cooking, 먹기Eating, 소화Digesting라는 주제로 상설 전시를 하고 있으며, 음식, 신진대사, 소화 등 이와 관련해서 다양한 쌍방향 체험 관람 설비를 갖추고 있다. 브베 기차역에서 시장광장을 지나 호반 산책로를 따라 도보 15분 거리이다.

알리멘타리움 Alimentarium · **주소** Quai Perdonnet 25 Case postale 13 CH-1800 Vevey · **전화** +41 (0)21 924 41 11 · **이메일** info@alimentarium.ch · **홈페이지** www.alimentarium.ch 불,영 · **시간** 화~금요일 10:00~17:00, 토~일요일 10:00~18:00, 월요일 휴관, 크리스마스와 연말연시 일시 휴관

1 찰리 채플린이 사랑한 레만 호숫가의 한적한 도시 브베는 여유로움이 넘친다.
2 와인 장인의 제전을 알리는 플랜카드

향긋한 포도향에 취하는 곳 08

Sicilia

천년 역사를 지닌 와인의 천국 시칠리아

| **위치** | 이탈리아 남부 시칠리아 에리체, 마르살라 등

| **교통** | 시칠리아는 본토와 배와 기차로 연결된다. 본토의 로마나 나폴리, 밀라노에서 먼 길을 달려온 열차는 빌라 산 죠반니 항구에서 기차를 통째로 싣는 페리선에 실려 바다를 건너 메시나로 연결된다. 메시나에서 다시 시칠리아섬의 철도망을 따라 팔레르모와 카타니아 등 주요 도시로 열차가 운행된다. 나폴리에서 빌라 산 죠반니까지 8시간, 로마에서는 10시간 정도 걸린다. 이곳에서 열차 페리선에 실린다. 페리선에 실리면 같이 배를 타고 메시나 해협을 건넌 후 메시나에 도착하면 다시 타고 온 열차를 타거나 노선에 따라 다른 열차로 갈아탄다. 본토에서 빌라 산 죠반니까지 열차를 타고 온 후 페리선을 타고 해협을 건넌 후 메시나에서 자신의 목적지에 따라 적합한 기차나 버스를 이용하는 편이 무난하다. 나폴리나 제노아 등 본토에서 대형 크루즈 페리선을 타고 팔레르모로 바로 갈 수도 있다. 보통 이런 페리선은 밤에 출발해서 아침에 도착하는 스케줄로 운행된다.

구두 모양을 한 이탈리아 본토의 앞꿈에 해당하는 남쪽 끝 칼라브리아주의 빌라 산 죠반니 Villa San Giovanni 에서 메시나 해협을 건너면 1시간도 채 걸리지 않아 금방 닿을 수 있는 땅, 시칠리아. 거리는 가깝지만 본토와는 다른 독특한 문화와 정체성을 지닌 시칠리아 여행은 특히 흥미롭다. 긴 세월 다양한 문명이 공존하는 시칠리아는 비록 본토에 비해 발전이 느렸지만 오히려 이로 인해 더욱 자연 경관이 보존될 수 있었고, 시칠리아 특유의 삶의 모습도 고스란히 남아 있다.

시칠리아를 대표하는 도시는 아그리젠토 Agrigento, 카타니아 Catania, 마르살라 Marsala, 팔레르모 Palermo, 시라큐사 Siracusa, 트라파니 Trapani, 에리체 Erice, 타오르미나 Taormina 등 수없이 많다. 또한 지금도 살아 있어서 가끔씩 뉴스에 화산 분출 소식을 전해 주는 해발 3,323m의 에트나 Etna 화산은 시칠리아의 신비로운 자연을 대표한

다. 아그리젠토는 그리스 신전으로 가득한 유네스코 세계문화유산인 신전의 계곡 Valle dei Templi으로 유명하다. 카타니아는 에트나 화산 폭발로 수없이 피해를 입었지만 불굴의 의지로 극복해 낸 강인한 사람들이 살고 있는 현무암의 도시이다. 마르살라는 시칠리아 와인을 대표하는 도시 중의 하나이며, 팔레르모는 수많은 볼거리를 지닌 시칠리아의 수도이다. 매력적인 구시가와 그리스 유적을 지닌 유네스코 세계문화유산의 도시 시라큐사, 예부터 내려오는 전통방식으로 천일염을 생산하는 소금의 산지 트라파니, 높은 산 위에 솟아 있는 비너스의 도시 에리체, 괴테가 '작은 천국의 땅'으로 극찬한 타오르미나 등 개성 넘치는 도시가 시칠리아 섬에 가득하다.

유럽에서 가장 오랜 역사의 포도밭

개성 강한 문화와 전통만큼 시칠리아 와인은 오랜 전통을 자랑한다. 유럽에서 가장 오랜 역사를 지닌 포도 재배 지역이다. 전설에 따르면 인간에게 쾌락을 전해 준 술의 신인 디오니소스Dionysus가 시칠리아에는 와인을 전해 주었다고 한다. 시칠리아에서 와인이 시작된 시기는 이미 천 년이 넘었다고 전해진다. 고대 그리스의 미케네 무역 상인들이 BC 1,500년경에 시칠리아의 애올리안 섬에서 포도를 경작했으며 BC 8세기에 시칠리아에 정착한 그리스인들이 다양한 포도 종을 들여왔다는 명백한 증거가 있다. 시칠리아 와인 역사에 있어서 중요한 시기인 1773년에는 존 우드하우스John Woodhouse가 현재 시칠리아에서 가장 유명한 강화와인인 마르살라Marsala를 생산하기 시작했다. 드라이해질 때까지 완전한 발효 과정을 거친 후에 강화되는 마르살라는 시칠리아를 대표하는 화이트와인이다. 오늘날은 스위트한 마르살라 외에도 계란 노른자, 아몬드, 오렌지 등 다양한 재료를 사용해서 특별한 향을 지닌 와인이 생산되고 있다.

현재 시칠리아 와인은 수많은 국제적인 상을 수상할 정도로 많은 사랑을 받고 있다. 비옥한 토양과 시칠리아의 길고 구름 없는 여름, 습도는 있지만 6월부터 8월 말 수확기까지 거의 비가 오지 않는 기후 조건은 와인에 적합한 포도를 생산하게 해 주고 시칠리아 와인으로 하여금 늘 일관성을 유지하게 해 주었다. 섬의 독특한 기후와 다양한 토착 포도품종 그리고 비옥한 토양이 가진 무한한 잠재력으로 시칠리아 와인은 새로운 시대를 열고 있다. 대다수의 포도밭은 스위트한 강화와인인 마르살

1 고대 그리스 원형극장에서 바라본 타오르미나 전경이 답답한 가슴을 뻥 뚫어 준다. 2 시칠리아의 수도 팔레르모는 다양한 건축으로 아름다운 도시이다. 3 아그리젠토에는 고대 그리스 신전 유적이 가득한 신전의 계곡이 있다.

라를 위한 포도를 생산한다. 1990년에 시칠리아의 상업적인 와인 제조업자의 수는 수십 명에 불과했다. 하지만 20년이 조금 더 넘은 지금은 무려 300명에 가깝다고 한다. 시칠리아 토착 포도품종으로 만드는 가장 유명한 레드와인인 네로 다볼라^{Nero d'avola}도 인기가 높다. 단일 품종으로 만든 와인부터 다양한 종과 비율로 블렌딩한 와인까지 시칠리아 와인의 인기는 점점 높아지고 있다.

　　DOC 등급의 와인 산지 중 하나이자 비너스의 신전 유적이 있는 에리체산 정상에 중세 마을 에리체가 있다. 시칠리아에서 가장 높은 곳에 위치한 에리체에 오르면 시칠리아의 넓은 평지와 트라파니 염전, 티레니아 바다가 시원스럽게 펼쳐진다. 역사적으로 처음 에리체 주민들에게 올리브를 기르게 하고 와인을 만들게 한 사람들은 페니키아인들이라고 전해진다. 바삭하게 구운 빵조각이 올려진 에리체 페스토^{pesto, 바질 잎, 향긋한 소나무 열매, 마늘, 파마산 치즈와 올리브 오일을 짓이긴 소스}, 티레니아 바다에서 갓 잡은 신선한 생선과 잘게 썬 아몬드를 곁들인 트라파니 쿠스쿠스^{Trapani couscous} 등 시칠리아 전통 지중해 요리에 에리체를 둘러싼 산비탈 포도밭에서 나는 와인을 곁들이면 시칠리아 여행의 한 단락이 완성된다.

1 비너스의 도시 에리체에서 맛보는 시칠리아 와인이 향기롭다. 2 에리체의 소박한 식당에서 맛보는 지중해 요리와 시칠리아 와인

에리체 산 정상에서 내려다보는 시칠리아는 평온하기만 하다.

● **시칠리아 여행하기** 주중에는 대중교통이 잘 되어 있지만 주말이나 공휴일에는 운행 편수가 줄어든다. 미리 운행 시간표를 확인하거나 관광안내소에 문의하는 편이 좋다. 자동차 도로는 잘 되어 있으며 4개의 메인도로가 있다. 카타니아–팔레르모, 팔레르모–마자라Mazara, 카타니아–노토 세 도로는 무료이며 메시나Messina–팔레르모 도로는 유료이다. 주로 산악 지역의 작은 도로들은 속도는 느리지만 훨씬 더 아름다운 풍경을 제공한다. 기차 철도망도 잘 되어 있으며 요금도 저렴한 편이다. 메인 노선은 메시나–팔레르모–카타니아 구간이다. 그 외 일부 구간은 운행 횟수가 적고 속도도 느린 편이다. 시칠리아의 버스망은 상당히 광범위하고 요금도 저렴하다. 팔레르모와 카타니아를 중심으로 대부분의 크고 작은 도시들과 연결된다. 가장 유용한 운송 수단이다. 시칠리아와 주변 섬을 연결하는 정기 페리선도 운항하고 있다. 페리선은 여름 외의 계절에는 운행 편수가 줄어든다. 또한 마피아로 악명 높은 시칠리아이지만 실제로 마피아가 여행자들을 위협하거나 공격하는 일은 거의 없다. 혼잡한 관광지에서 소매치기는 이탈리아 어디서나 그렇듯 조심해야 한다.

● **에트나 화산길 트레킹하기** 시칠리아의 공원과 자연 보존 지역은 인위적인 느낌이 적어서 오히려 시칠리아의 진정한 자연을 즐기기에 더없이 좋다. 네브로디Nebrodi 산악 지대와 마도니에Madonie 산들 그리고 에트나Etna 화산 등이 대표적인 자연 트레킹 지역이다. 50만 년의 나이를 먹고도 현재 살아 있는 화산인 에트나 화산 트레킹은 그 어디에서도 경험할 수 없는 흥미진진한 트레킹 체험이다. 이곳은 그 가치를 인정받아 2013년부터 유네스코 세계문화유산으로 등록되어 있다. 만년 빙하와 둘레가 28m나 되는 세계 최대의 밤나무도 이곳에 있다. 전문가와 함께하는 에트나 볼케이노 투어 상품이 다양하게 있다.

● **시칠리아 전통 디저트 맛보기** 시칠리아 대표 디저트는 카놀리cannoli인데, 달콤한 리코타 치즈로 속이 채워진 둥근 튜브 모양의 페이스트리 케이크이다. 그라니타granita는 으깬 과일즙에 얼음을 섞은 과일빙수이다.

향긋한 포도향에 취하는 곳 09

Maienfeld

라인 계곡을 포도향으로 채우는 마이엔펠트

| **위치** | 스위스 남동부 그라우뷘덴주(州) 마이엔펠트

| **교통** | 기차로 가는 편이 편리하다. 취리히 중앙역에서 사르간스Sargans에서 1회 환승하여 마이엔펠트까지 1시간 10분 정도 걸린다. 생 갈렌St. Gallen에서는 바트 라가츠나 사르간스에서 1회 환승하여 1시간 20분~30분 내외로 걸린다. 생 모리츠St. Moritz에서는 쿠어Chur에서 1회 환승하여 2시간 40분 소요된다. 마이엔펠트에서 바트 라가츠나 주변 마을은 포스트버스우편버스를 이용하면 된다. 바트 라가츠는 기차로도 2분이면 도착할 정도로 가깝다.

스위스 남동부 그라우뷘덴주의 라인 계곡에 자리 잡은 마이엔펠트는 굽이치는 알프스 산들을 배경으로 마을을 둘러싼 포도밭이 인상적인 소박한 전원마을이다. 알프스 산맥의 라인 계곡을 지나가는 길목에 있어서 청정한 자연과 무척 가까운 곳이다. 선사시대 유적과 함께 로마 제국 시대 이전으로 추정되는 와인 저장고가 발견되었을 정도로 와인의 역사가 오래된 곳이기도 하다.

하이디가 뛰어 놀던 들판

세계 각지에서 아이들의 손을 잡고 수많은 부모가 이곳을 찾는 이유는 무엇보다《알프스 소녀 하이디》이야기의 배경이 된 곳이 바로 마이엔펠트와 주변의 알프스 자연과 마을들이기 때문이다. 마치 동화 속으로 걸어 들어가는 기분이 드는 곳이다. 1880년 스위스 여류작가인 요한나 슈피리Johanna Spyri, 1827~1901는 마이엔펠트의 바로 이웃마을인 예닌스Jennins에 머물렀다. 아름다운 마이엔펠트 마을과 알프스의 자

1 하이디의 여름 오두막집 가는 길에 펼쳐지는 그라우뷘덴주의 라인 계곡
2 그라우뷘덴주의 신선한 치즈에 전통 맥주나 와인을 곁들이면 마이엔펠트 여행의 진정한 맛을 느낄 수 있다

연 속을 거닐면서 하이디 이야기를 구상했다.

무엇보다 이것을 원작으로 하여 일본 애니메이션의 거장 미야자키 하야오 감독이 〈알프스 소녀 하이디〉를 제작해서 방영하면서 일본과 우리나라에서 특히 엄청난 인기를 얻었다. 미야자키 하야오 감독과 스태프들은 애니메이션 제작 전에 마이엔펠트와 이곳 알프스를 방문해서 애니메이션의 배경으로 사용될 장면들을 모두 스케치해갔다. 그래서 만화 속 장면들이 이곳에 가면 실제로 그대로 존재하고 있어서 여행자들은 더욱 즐거워한다. 마이엔펠트 마을 위에 있는 로펠스Rofels 마을부터 하이디 모험길Heidi Erlebnisweg이라는 산길을 따라 걸으면 하이디 이야기 속에 등장했던 장소들마다 이정표와 안내판이 설치되어 있다.

하이디도르프하이디마을, 해발 약 600m의 하이디 하우스에서 시작해 하이디의 여름 초원과 오두막해발 1,111m이 있는 오크센베르크Ochsenberg까지 올라가는 여정이다. 숲 속 흙길을 걷는 기분이 상쾌하기만 하다. 코스 중간중간 커브길이 나올 때마다 번호가 매겨진 안내판에는《알프스 소녀 하이디》책에 나온 내용과 그림, 관련 기념 조형물이 설치되어 있다. 시원한 약수와 나무 물통이 있는 3번, 알름Alm 삼촌이 요리를 하고 치즈를 만들기 위해 나무 땔감을 모으던 4번, 라인 계곡과 알프스 산들을 한눈에 감상하며 풀밭 위의 점심을 먹기에 가장 좋은 7번 즈뉘니플라츠Znueni-Platz, 알름 삼촌과 하이디가 잠시 벤치에 앉아 자연의 소리를 감상하던 큰 나무 아래의 벤치가 있는 8번 알푀히 플라츠Alpöhi-Platz는 잠시 사색에 빠지기에 좋은 장소이다. 11번 나무집Das Baumhaus에 이르면 나무로 지어진 커다란 전망대 타워가 있다. 하이디와 피터가 초원의 염소를 지켜볼 때 올랐던 나무 집을 기념해서 지은 것이다.

프랑크푸르트에 머물던 하이디는 마이엔펠트의 초원과 마을이 그리워서 그 도시의 높은 탑에 오르기도 했다. 이 전망대에 오르면 사방을 살펴볼 수 있고, 각 방향마다 주요 도시명을 나무에 새겨 놓았다. 이 전망대를 지나 조금 더 오르막길을 걸어가면 갑자기 나무들이 사라지고 드넓은 초원이 펼쳐진다. 마지막 12번 안내판인 바로 하이디알프Heidialp를 설명하고 있다. 그 알프스 초원 한복판에 있는 자그마한 오두막이 바로 하이디의 여름 오두막집이다. 지금은 산속 레스토랑으로서 그라우뷘덴의 전통음식과 맥주, 와인을 판매하고 있어 쉬어 가기 좋다. 이 지역 전통 치즈와 뷘트너플라이쉬, 전통 맥주나 와인을 주문해야 제격이다.

마이엔펠트에서 자란 포도로 만든 와인

마이엔펠트는 하이디로도 충분히 매력적이지만 와인으로 그 매력이 완성된다. 마이엔펠트 일대 포도밭에서는 17세기에 들여온 피노 누아르Pinot Noir, Blauburgunder 포도가 잘 자란다. 따스한 남풍인 푄Föhn의 영향 때문이라고 한다. 약 300명의 와인제조업자가 20종 이상의 포도를 재배해서 우수한 와인을 생산하고 있다. 마이엔펠트는 포도밭으로 포위되어 있다고 해도 과언이 아니다. 하이디 산책로를 걷는 길도 포도밭과 이어져 있으며 포도밭 사이로 난 옛길을 걸어 보는 것도 색다른 추억이다. 특히 직접 재배한 포도로 와인을 담그는 와이너리에 들러 인심 좋은 주인장과 얘기를 나누며 맛보는 와인은 그 어떤 와인이 부럽지 않다.

매년 9월 말에는 마이엔펠트, 말란스Malans, 예닌스Jenins, 플래쉬Flaesch 네 개의 마을이 속한 뷘트너 헤르샤프트Bündner Herrschaft 지역에서 네 마을이 교대로 주최하는 가을 포도 수확 축제가 열린다. 이 가을 와인 축제가 되면 1년의 대부분 조용하고 평화로운 마을이 잠시 많은 먹거리와 와인 향기, 다양한 이벤트와 콘서트로 활기와 흥겨움이 넘쳐 난다. 굳이 축제 기간이 아니더라도 4월부터 11월까지 주말마다 마이엔펠트 와인협회의 와인 장인들이 교대로 돌아가며 자신의 와인 셀러에서 손님들을 맞이하고서는 그들의 와인과 일에 대해 소개하고 시음을 하는 시간을 제공한다. 하이디의 동화처럼 맑고 깨끗한 자연과 향기로운 와인의 조용한 잔치가 주말마다 펼쳐지는 마이엔펠트는 아이와 어른 누구나 행복한 여행지임에 틀림없다.

독특한 라벨을 붙이고 있는 마이엔펠트 와인

포도밭 사이로 갈림길이 있다. 어느 길로 가든 와인의 향기가 가득하다.

●**마이엔펠트 여행하기** 마이엔펠트 기차역에서 구시가 중심 시청사 광장까지는 도보로 10분 정도 소요된다. 마을은 상당히 작아서 도보로 충분히 다닐 수 있다. 마이엔펠트 시청사에서 오크센베르크Ochsenberg 초원의 하이디의 여름 오두막까지 다녀오는 하이킹 코스와 그보다 짧은 하이디 박물관과 집이 있는 하이디도르프까지 다녀오는 코스가 인기가 높다. 하이디도프르오버 로펠스까지는 완만한 경사의 산책로를 따라 편도 1시간 정도 소요되며 여름 오두막까지는 편도 2시간~2시간 30분 정도 예상해야 한다.

●**바트 라가츠 타미나 테르메 온천욕 즐기기** 라인강을 사이에 두고 마이엔펠트와 마주 보고 있는 바트 라가츠는 온천으로 유럽에서 인기가 높은 휴양 마을이다. 특히 만화 〈알프스 소녀 하이디〉의 배경이 된 곳으로 휠체어를 탄 클라라가 요양을 하기 위해 들렀던 이곳의 온천이 바로 도르프 바트였다. 현재 온천 외관은 만화 속 모습과 똑같으며, 관광안내소로 이용되고 있다. 대신에 최고의 설비를 갖춘 공중 온천 센터인 타미나 테르메Tamina Therme가 온천 휴양객을 위해 문을 열었다. 5성급 호텔인 그랜드 호텔 퀠렌호프 옆에 있으며 건축가 조셉 스몰레닉키Joseph Smolenicky가 스위스 전통과 모던함을 조화롭게 섞어 설계했다는 평가를 받고 있다. 이곳 온천수는 나트륨, 마그네슘, 칼슘을 다량 함유하고 있어서 특히 순환기 질환, 내장 질환, 류머티즘에 큰 효과가 있다고 알려져 있다. 하이디 산책로를 트레킹한 후 이곳에서 피로를 풀면 더할 나위 없이 좋다.

●**뷘트너 플라이쉬 맛보기** 독일어로는 뷘트너 플라이쉬Bündner Fleisch, 불어로는 비앙드 세슈Viande Sesche라고 불리는 겨울철 저장음식이다. 생 모리츠를 중심으로 하는 그라우뷘덴주의 향토요리로 쇠고기 덩어리에 소금과 향신료를 뿌린 후 공기 중에서 일정 기간 건조시킨다. 소금이 육질 속에 스며들어 짭짤하며 종이처럼 얇게 썰어서 주로 와인이나 맥주와 곁들여 먹는다. 특히 하이디 산책로를 걸어서 오크센베르크 초원에 있는 하이디 여름 오두막에서 그라우뷘덴의 전통맥주나 마이엔펠트 와인과 먹으면 최고의 풍미를 선사해 준다.

향긋한 포도향에 취하는 곳 10

Würzburg

뷔르츠부르크에서 맛보는 로맨틱한 와인

| 위치 | 독일 중남부 바이에른주(州) 뷔르츠부르크

| 교통 | 기차로는 독일 서부 지역에서는 대부분 직행으로 도달할 수 있다. 베를린에서 올 때는 보통 괴팅겐Göttingen 에서 환승해야 한다. 베를린에서 ICE를 타고 괴팅겐을 거쳐 4시간 10분 정도 소요된다. 뮌헨 중앙역에서 ICE를 타고 2시간 15분 정도 소요된다. 프랑크푸르트 중앙역에서 ICE를 타고 1시간 10분 정도 소요된다. 독일은 아우토반Autobahn, 고속도로 시스템이 잘 되어 있어서 자동차 여행도 편리하다.

독일 중남부 바이에른주의 프랑코니아Francona 지역에 있는 뷔르츠부르크Würzburg는 마인 강변에 형성된 중세 도시이자 로맨틱 가도독일식으로는 로만틱 가도라 표현의 첫 번째 도시이다. 과거 프랑코니아 왕국의 중심이 바로 뷔르츠부르크였다. 주민들의 일상이 가득한 마르크트 광장, 11세기 로마네스크 양식의 화려한 노이뮌스터Neumünster 성당, 후기 르네상스 시대의 붉은색 건물과 웅장한 시청사탑, 바로크 시대의 분수가 시대를 넘나드는 건축미를 보여 준다. 마치 미술사의 책장을 넘기듯, 수세기에 걸친 중세 건축의 역사가 파노라마처럼 펼쳐진다. 시청사 바로 옆에 위치한 알테마인 다리에 서서 유유히 흘러가는 마인강 너머 웅장한 마리엔베르크Festung Marienberg 요새를 바라본다. 라이스텐베르크 언덕Leistenberg hill에 우뚝 솟은 마리엔베르크 요새는 뷔르츠부르크의 상징적인 건축물이다. 706년에 건립된 마리엔 예배당Marienkirche을 감싸며 성을 쌓아올린 것이 약 1200년경이었고 그 후 1719년까지 이 도시의 주교가 거주하는 성이자 요새로서의 기능을 해 왔다.

1 슈타인 와인이 생산되는 뷔르츠부르크를 둘러싼 포도밭 2 알테마인 다리 위에서 바라보는 구시가는 운치가 넘친다. 3 알테마인 다리에서 바라보는 마리엔베르크 요새

드라이한 맛이 특징인 와인

뷔르츠부르크Würzburg가 속해 있는 프랑코니아 일대는 독일 남부에서 유명한 와인 산지이다. 프랑코니아 지명에서 이름을 딴 프랑켄 와인Franken Wein이 이 지역을 대표하는 와인이다. 굴곡진 마인강 주변으로 크게 세 구역으로 나뉘어진 와인 생산 구역이 있다. 프랑코니아 서쪽의 마인퓌어레크Mainviereck, 중심부의 마인드라이에크Maindreieck, 석고가 풍부한 땅에서 자라 미네랄 성분이 좋은 슈타이거발트Steigerwald 구역이다. 가장 유명한 포도밭이 바로 뷔르츠부르크 마을을 둘러싼 언덕 위에 있는 뷔르츠부르크 슈타인Stein 포도밭이다. 이 유명한 슈타인Stein 포도밭의 이름을 따서 프랑코니아 지방에서 생산되는 슈타인바인Steinwein 와인의 이름이 지어졌다. 강한 맛의 드라이한 이곳의 와인은 독일 와인 중 가장 남성적인 와인이라 일컬어진다.

프랑코니아 지역에서 와인이 처음 생산된 시기는 1,000년 전부터라는 증거가 있다. 중세 시대에 특히 와인 생산이 발전해서 무려 10만헥타르의 땅이 와인 생산에 이용되었다고 한다. 당시 게르만 제국에서 가장 큰 와인 생산 지역으로 명성을 떨쳤다. 하지만 공업의 발달, 시대의 변화와 함께 20세기로 넘어오면서 2,000ha로 감소하게 되었다고 한다. 현재는 약 6,000ha의 땅이 와인 생산에 이용되고 있다. 리슬링이 대다수인 다른 지역과 달리 이곳에서만 유일하게 실바너 품종이 리슬링을 앞서고 있다. 그래서 실바너는 프랑켄의 왕이라고 불린다. 이곳의 특별한 토양과 마인 강변의 온화한 기후로 인해 이곳에서 생산되는 실바너Silvaner 와인은 미네랄 성분을 많이 함유하고 있는 것으로 명성이 높다. 대다수의 와인은 단일한 포도 품종으로 한 번에 만들어지는데 이곳의 전형적인 실바너 와인은 세계에서 가장 좋은 와인으로 인정받고 있다. 대부분의 프랑코니아 와인은 드라이하다.

남성적인 와인 맛뿐 아니라 이 와인을 담아내는 독특한 모양의 보크스보이텔Bocksbeutel 병도 인기가 높다. 최상급의 프랑코니아 와인은 그 모양이 일반 와인병과는 전혀 다른 보크스보이텔이라는 병에 담긴다. 둥글고 납작한 몸통과 짧은 목을 가진 독특한 모양의 보크스보이텔 병은 혹시 넘어져도 주인에게서 멀리 달아나지 못하도록 그런 형태를 가지게 되었다는 설도 전해 온다. 담을 수 있는 와인 용량은 750ml이며 250년이 넘는 역사 동안 이 병은 최고 품질의 프랑켄 와인을 담는 데 사용되고 있다. 1989년 이래로 이 병은 EU에 특허등록이 되었고 프랑켄 와인을 담는

데만 사용할 수 있도록 EU 법규에 의해 보호받고 있다.

　　마이엔베르크 요새와 함께 뷔르츠부르크에서 반드시 들러야 할 곳은 바로 주교의 거주지 레지덴츠Residenz이다. 유네스코 세계문화유산에 등록되어 있는 이곳은 건축가 발타자르 노이만Balthsar Neumann, 1687~1753의 작품인데, 300개 이상의 바로크와 로코코풍의 화려한 방을 보유하고 있다. 무엇보다 이곳 계단의 방에 있는 이탈리아 화가 티에폴로G.B.Tiepolo가 그린 장대한 프레스코 천장화는 보는 이를 압도한다. 계단과 벽면의 유려한 조각들과 어울린 프레스코화는 화려한 색채와 생생한 표현력으로 마치 조금 전에 화가가 천장화를 그리고 나간 것 같은 느낌을 준다. 레지덴츠의 정원을 한 바퀴 돌아본 후 구시가 레스토랑에서 보크스보이텔 병에 담긴 최고의 프랑켄 와인을 음미해 보자. 그런 다음 여유로운 발걸음으로 요새 언덕에 올라 중세의 향기 가득한 뷔르츠부르크의 밤풍경을 바라보노라면 세상 부러울 것이 없다.

●**뷔르츠부르크 여행하기** 뷔르츠부르크는 독일의 7대 가도 중 가장 유명한 로맨틱 가도의 출발점이다. 여기서부터 로텐부르크와 바이에른주의 알프스를 여행할 수 있다. 뷔르츠부르크는 트램과 버스 등 훌륭한 대중교통 시스템을 갖추고 있다. 매번 1회권을 사는 것보다 1일권을 사는 것이 값이 저렴한 편이다. 가족 여행자의 경우는 가족권을 끊으면 가격 절감을 할 수 있다. 가족권은 2명의 성인과 15세 이하 자녀 4명까지 유효한 티켓이다. 트램, 버스, 지역선 열차에서 이용 가능하다.

트램은 7분~15분마다 운행하며, 대부분의 버스는 20분 간격으로 운행된다. 특히 구시가 여행을 하는 사람에게 9번 루트 버스가 유용하다. 레지덴츠에서 구시가 중심을 가로질러 마리엔베르크 요새까지 운행한다. 굳이 버스가 아니더라도 구시가는 도보로 충분히 돌아볼 수 있다.

●**바이스부르스트**Weisswurst **맛보기** 소시지로 유명한 독일답게 뷔르츠부르크가 속한 바이에른주는 특히 하얀색 소시지인 바이스부르스트로 이름이 높다. 송아지 고기와 돼지고기로 만들어지며 베이컨, 양파, 파슬리, 소금, 후추, 레몬가루로 양념을 한다. 1857년 2월에 뮌헨에서 정육업자 조셉 모저에 의해 우연히 발명되었다. 오랜 전통을 가진 지역 축제 등에서 인기를 얻게 되었고 지금은 그 부드러운 맛으로 아이들이 가장 좋아하는 소시지이기도 하다.

●**밀 맥주 바이스비어 맛보기** 바이에른 일대에서 나는 밀 맥주를 바이스비어Weissbier라고 부른다. 바이스비어는 대부분의 맥주 재료인 보리 대신에 밀을 이용해 완전 발효한 흰 맥주인데 완전히 하얀색보다는 약간 옅은 바나나 색깔이다. 뮌헨 등지에서 일반적으로 생산되는 갈색 맥주보다 색깔이 옅어서 흰 맥주를 의미하는 바이스비어라고 불리게 되었다. 독일 전역에 널리 퍼지게 되었으며 바이에른 외의 지역에서는 밀을 뜻하는 바이젠Weizen으로 알려져 있다. 뷔르츠부르크에 있는 뷔르츠부르거 호프브로이Würzburger Hofbräu에서는 아주 뛰어난 바이스비어를 양조한다. 이곳의 바이스비어는 특히 1600년대 뷔르츠부르크의 주교였던 줄리우스 에흐터Julius Echter 이름을 병에 크게 써 놓아서 눈에 띈다.

1 유네스코 세계문화유산에 등록된 주교의 레지덴츠는 뷔르츠부르크 여행에서 꼭 들러봐야 할 곳이다.
2 저녁 어스름이 내릴 무렵 마리엔베르크 요새에 오르면 뷔르츠부르크의 야경이 아름답게 펼쳐진다.

Part.5

경이로운 자연을 마주하는 곳 10

01 스위스 알프스의 여왕 마터호른을 만나는 체르마트 | **02 루마니아** 유럽 대륙의 야생 자연이 숨 쉬는 델타 두나리 | **03 모로코** 파도가 만든 거대 사암 아치 레지그라 플라게 | **04 스위스** 만년설로 덮인 알프스의 대명사 융프라우 | **05 모로코** 붉은 장미처럼 치명적인 에르그 셰비 사막 | **06 이탈리아** 만년설이 감싸 안은 흰 봉우리, 몬테 비앙코 | **07 스위스** 라인강 유일의 폭포를 만나는 샤프하우젠 | **08 이탈리아** 드라마틱한 신들의 해안가 트로페아 | **09 독일** 기암괴석이 만든 작센 스위스의 비경 | **10 이탈리아** 돌로미티 산맥의 푸른 관문 알페 디 시우시

경이로운 자연을 마주하는 곳 01

Matterhorn

알프스의 여왕 마터호른을 만나는 체르마트

| **위치** | 스위스 남서부 마터호른

| **교통** | 마터호른을 제대로 보고, 산악 트레킹을 즐기려면 일단 발레주의 체르마트로 가야 한다. 휘발유 자동차 진입이 금지되어 있기 때문에 기차를 타고 들어가는 게 가장 무난하다. 차량으로 갈 경우에는 체르마트에서 5km 바로 전 역인 태쉬Tasch에 있는 공용 주차장에 차를 세우고 태쉬에서 열차를 타고 들어가야 한다. 마을의 규모는 크지 않기 때문에 도보로 충분히 돌아볼 수 있다. 역 앞과 마을 외곽까지 강변을 따라 연결해 주는 전기버스와 전기 택시가 있으며 주요 호텔마다 투숙객들을 위한 송영 마차나 전기 자동차를 서비스로 운행하고 있다. 기차로 취리히에서 비스프Visp까지 이동한 후 환승을 하면 체르마트까지 3시간 10분 정도 걸리고, 제네바에서 비스프까지 온 뒤 환승하면 3시간 40분 정도 걸린다.

이탈리아어로 몬테 체르비노Monte Cervino, 불어로는 몽 세르뱅Mont Cervin이라 불리는 마터호른은 스위스와 이탈리아 국경 사이의 펜닌 알프스Pennine Alps에 있는 바위산이다. 피라미드처럼 가파른 4면은 산 아래쪽의 마을을 모형 장난감처럼 작게 보이게 만들면서 빙하 위로 불쑥 솟아 있다. 마터호른이 내려다보고 있는 마을이 바로 발레Valais주에 속한 체르마트Zermatt이다. 스위스 남서쪽에 위치한 발레주는 로마시대부터 유럽의 남과 북을 이어 주는 교통의 요충지였다. 긴 일조 시간과 온화한 기후로 인해 산비탈마다 포도밭이 가득해 스위스 제일의 와인 생산량을 자랑하는 곳이기도 하다. 산악 지대의 특성상 독특한 전통문화가 많이 남아 있어 색다른 여행지로 각광받고 있으며, 많은 산악인의 사랑도 받고 있다.

하이킹의 천국

펜닌 알프스의 고봉 중 대표적인 봉우리가 바로 스위스에서 가장 높은 해발 4,634m의 몬테로사Monte Rosa이다. 그 다음으로 돔Dom, 4,545m, 리스캄Lyskamm, 4,577m, 바이스호른Weisshorn, 4,505m, 마터호른Matterhorn, 4478m의 순서이다. 마터호른은 웅장한 외관과 난공불락의 장엄함으로 단연 여행자들의 시선을 한몸에 받고 있다. 마터호른을 바라보면서 걷는 산악 트레킹은 마터호른 여행의 백미이다. 체르마트에서 등산열차를 타면 해발 3,000m가 넘는 고르너그라트Gornergrat, 3,089m 전망대까지 편안하게 올라간다. 땅 속을 뚫고 오르는 수네가 열차를 타면 금세 해발 2,000m가 넘는 수네가 전망대Sunnegga Paradise, 2,293m에 도착한다. 그곳에서 케이블카로 갈아타면 해발 3,100m의 '로트호른 패러다이스Rothorn Paradise, 3,100m'에 손쉽게 도달한다. 말 그대로 병풍처럼 둘러싼 알프스 고봉들을 감상할 수 있는 천국이다.

스위스는 2009년부터 전국의 하이킹 코스를 안내해 주는 이정표를 체계적으로 통일화시켜서 하이킹족들이 편안하게 하이킹을 즐길 수 있도록 해 놓았다. 체르마트 주변에는 5곳의 계곡이 있고, 마터호른과 몬테로사Monte Rosa를 감상할 수 있는 70가지 이상의 하이킹 코스가 실타래처럼 연결되어 있다.

《톰 소여의 모험》,《허클베리 핀의 모험》등으로 유명한 미국 작가 마크 트웨인Mark Twain ,1835~1910은 두 번째 유럽여행 중이던 1878년 8월에 체르마트를 방문했다. 그가 이곳을 찾았을 당시만 해도 산악열차는 없었고, 어렵게 도보로 등반을 해야만 했다. 리펠베르크 등반은 과장되고 풍자적이며 영웅담에 가깝게 묘사되어 있다. 17명의 산악가이드를 포함하여 205명이 등반에 참여했고, 22배럴의 위스키와 154개의 우산 등이 동행했다고 기록되어 있다. 그는 1881년에 출간된 여행 기록《어 트램프 어브로드A tramp abroad》에 리펠베르크 등반Climbing the Riffelberg 이야기를 기록했고, 마터호른을 '산악 세계의 나폴레옹'이라고 표현했다. 깊은 계곡이 보이고 계곡 곳곳에 있는 마을이 눈에 들어온다. 마크 트웨인이 실제 머물렀던 리펠알프 호텔 테라스에서 바라보는 마터호른은 장엄함 그 자체이다.

1 마터호른을 바라보며 걷는 5 호수길 하이킹은 자연과 하나가 되는 시간이다.
2 겨울철에는 해발 3,000m의 고르너그라트에서 어린 아이들도 부모와 함께 자유롭게 활강을 한다.

여행 사진가들이 사랑하는 반영 사진

잔잔한 호수에 비치는 마터호른의 반영은 여행사진가들에게는 꿈의 피사체이다. 해발 2,000m가 넘는 산 중에 있는 고요한 다섯 호수를 찾아 걸으며 그 호수에 비친 마터호른을 바라보는 하이킹 산책로가 5 호수길5-Seenbeg이다. 5 호수인 슈텔리제Stellisee, 2,537m, 그린지제Grindjisee, 2,334m, 그륀제Grünsee, 2,300m, 무스지제Moosjiesee, 2,140m, 라이제Leisee, 2,232m를 따라 걷는 산길은 그 어디에서도 경험할 수 없는 최고의 하이킹 여정이다. 구름이 흐르다 잠시 멈추는 마터호른과 호수에 비친 그 반영, 화려한 융단처럼 펼쳐진 알프스의 야생화들이 어우러져 살아 있는 풍경화를 완성한다. 슈텔리제와 그린지제, 라이제는 특히 반영이 아름다운 호수이다. 무더운 여름날에는 라이제나 그륀제에서 수영을 즐기는 것도 좋고, 호숫가 잔디밭에서 일광욕을 하며 쉬어도 좋다.

수네가 전망대 아래쪽에 있는 라이제 호숫가 바위에 걸터앉아 호수와 호수 너머 마터호른을 바라본다. 구름이 흐르다 마터호른 꼭대기에 걸려 멈춘다. 물 위에 비친 반영은 거대한 자연의 데칼코마니를 완성하고 조용한 호숫가에서는 여행자들의 웃음소리와 카메라 셔터 소리만이 들린다. 오래도록 바위에 걸터앉아 가만히 보고만 있어도 몸과 마음이 자연과 하나가 되는 놀라운 경험을 하게 되는 자리가 바로 이곳이다.

1 여름철이면 산악자전거를 즐기는 이들이 해발 수천 미터의 산길을 달린다. 2 5 호수는 저마다 개성 있는 풍경을 선사한다. 그린지제의 반영이 아름답기로 유명하다.

라이제 호수에서 타임랩스 촬영을 통해 구름의 흐름을 담아 본다.

●**마터호른 여행하기** 마크 트웨인 길은 고르너그라트 반을 타고 리펠베르크까지 올라가면 된다. 체르마트에 도착해 기차역 맞은편에 있는 고르너그라트 반 역에서 등산열차를 타고 정상 역인 고르너그라트 전망대에 올라가면 마터호른을 조망할 수 있다. 여기서부터 다양한 트레킹 코스를 즐길 수 있다. 마크 트웨인 길은 리펠베르크Riffelberg, 2,585m에서 리펠알프Riffelalp, 2,215m까지 이어진 1시간 정도의 코스이다. 체르마트 시내에 있는 수네가 전망대행 등산열차를 타고 수네가 전망대에 오를 수 있으며 여기서 케이블카로 갈아타고 블라우헤르트역과 로트호른 패러다이스까지 올라간다. 5 호수길은 블라우헤르트역을 나와 20분 정도 걸으면 닿는 슈텔리제에서 시작된다. 산길을 따라 라이제까지 5 호수를 차례로 내려오는 트레킹 코스이다. 전체 길이 약 7.5km, 2시간 30분~3시간 정도 소요 일부 험한 구간이 있지만 천천히 여유롭게 걸을 수 있다.

●**마터호른 초콜릿 기념품 사기** 1965년에 반호프 거리에 문을 연 푹스 베이커리Fuchs Bakery & Bistro는 현재 2대째 운영 중인 초콜릿과 제과 전문점이다. 대를 이어 물려받은 레시피를 기초로 제조에서 포장까지 직접 수제로 만들고 있다. 눈 쌓인 마터호른을 재현한 초콜릿은 선물용으로 특히 인기가 높다. 모든 재료를 스위스산으로 사용하고 있어서 품질도 뛰어나다. 호밀빵은 재배부터 제분, 제빵에 이르기까지 발레주에서 생산된 것으로 만들어 인기가 높다. 마터호른 빵과 AOC 인증원산지 인증을 받은 발레주 호밀빵Valais rye bread AOC 그리고 눈쌓인 마터호른을 표현한 마테히른리 마라카이보 초콜릿이 인기가 높다.

푹스 제과점 ·**주소** Bahnhofstrasse 72 CH-3920 Zermatt ·**전화** +41 (0)27 967 22 12 ·**이메일** info@fuchs-zermatt.ch ·**홈페이지** www.fuchs-zermatt.ch

●**5 호수길에서 피크닉 즐기기** 산악 트레킹을 하기 전에 체르마트 시내 슈퍼마켓에서 과일과 샌드위치, 요거트 등 간단한 피크닉 간식을 사 둔다. 등산열차와 케이블카를 타고 수네가를 거쳐 블라우헤르트까지 올라가서 슈텔리제에서 시작되는 5 호수길 트레킹을 하다 보면 마터호른을 감상하면서 쉬어 갈 수 있는 벤치나 넓은 바위, 잔디밭이 있다. 자신이 원하는 자리에 도시락을 펴고 피크닉을 즐겨 보자.

경이로운 자연을 마주하는 곳 02

Delta Dunarii

유럽 대륙의 야생 자연이 숨 쉬는 델타 두나리

| **위치** | 루마니아 동남부 델타 두나리

| **교통** | 일단 루마니아 수도인 부카레스트로 들어간 다음 자동차로 3시간 30분 정도 동쪽으로 달리면 툴체아Tulcea 가 나온다. 툴체아를 중심으로 크게 3가지 주된 수로가 있다. 칠리아 수로Chilia Branch, Bratul Chilia는 우크라이나 국경과 접하고, 술리나 수로Sulina Branch, Bratul Sulina는 루마니아의 가장 동쪽 끝으로 이어지며, 스판투 게오르게 수로Sfantu Gheoghe Branch, Bratul Sfantu Gheorghe는 다양한 마을이 있는 수로이다. 툴체아에서 배를 타고 3시간 정도 수로를 따라 달리면 게오르게 마을에 닿는다. 툴체아에 숙소를 잡고 관광안내소나 여행사를 통해 보트와 삼각주 안내인을 구해서 당일치기로 돌아보는 것도 가능하다. 툴체아는 기차역Tulcea Oras도 있으며 버스터미널과도 인접해 있다. 부카레스트 북역Bucuresti Nord에서 기차를 타면 툴체아로 올 수 있다.루마니아 철도 홈페이지 www.cfrcalatori.ro

독일 남부 산지에서 발원한 도나우강이 유럽 대륙을 굽이굽이 가로지르며 흐르다가 마침내 강으로서의 삶을 마감하는 곳이 바로 델타 두나리Delta Dunarii, 다뉴브 삼각주이다. 흑해와 인접한 다뉴브 삼각주는 유럽에서도 인공의 때가 가장 적게 묻은 자연친화적인 공간이다.

삼각주 곳곳에는 소박한 삶을 살아가는 마을이 있고, 주민들은 다뉴브강 삼각주와 흑해에서 물고기를 잡으며 살아간다. 옛날부터 동서 유럽의 문화가 이 강을 따라 흘러갔고, 각 나라의 토산품을 실은 배가 오가는 유럽의 대동맥 역할을 해 왔다. 또한 오리엔트의 여러 문화가 이 강을 거슬러 올라가 중부 유럽에 영향을 끼쳤다. 현재는 문화 전파로서의 역할보다는 자연 생태가 잘 보존된 유럽 생태계의 보고로서 그 가치를 인정받아 1991년에 유네스코 세계자연유산으로 지정되어 보호받고 있다.

이 천혜의 자연을 진정으로 느끼려면 루마니아의 수도 부카레스트Bucharest에서 동쪽으로 3시간 30분 정도 차를 달려 툴체아Tulcea 항구 도시로 가야 한다. 다뉴브 삼각주의 대부분이 루마니아 툴체아주에 속해 있기 때문이다. 삼각주의 표면적이 4,152 km²인데, 이 중에서 3,446 km²의 면적이 루마니아 땅이다. 툴체아에서 배를 타고 다뉴브강을 따라 삼각주를 향해 3시간 여를 달려가면 루마니아의 동쪽 끝자락에 있는 스판투 게오르게Sfântu Gheorghe라는 소박한 강변마을에 닿는다.

독일 검은숲에서 그 장대한 여정을 시작한 다뉴브가 흑해로 흘러들기 전 거대한 델타 두나리를 형성한 후 게오르게에서 잠시 쉬어 간다. 대대로 삼각주에서 살아온 어부들은 그곳의 삶에 자족하며 삼각주 깊숙한 강물 위 갈대밭에 움막을 짓고 며칠 동안 물고기를 잡는다. 그들은 델타 두나리가 키워 낸 싱싱한 물고기를 부지런히 건져 올리고, 화끈한 스탈린스카야Stalinskaya 보드카를 들이키며 하루의 피로를 푼다.

어부의 작은 보트에 몸을 싣고 갈대숲 사이 강을 달리다 보면 어느 순간 갑자기 시야가 환하게 열린다. 강이 끝나고 흑해가 시작되는 곳이다. 도시로 갔던 청년도 회귀하는 연어처럼 다시 돌아오는 곳, 그곳이 바로 델타 두나리이다.

● **델타 두나리 여행하기** 다뉴브 삼각주를 제대로 탐방하려면 삼각주 깊숙이 보트를 타고 들어가서 조류의 생태를 관찰하며 낚시를 즐기거나 그냥 느긋하게 쉬어야 한다. 여름 시즌에는 삼각주 깊숙한 곳에 있는 강변 숲이자 늪지에 휴양을 위한 리조트나 '수상 호텔'이라 부르는 하우스보트가 운영된다. 삼각주를 따라 띄엄띄엄 마을이 형성되어 있으며 특히 스판투 게오르게는 친환경적인 마을로 인기가 높다. 보트를 대여해 강을 따라 갈대숲이나 흑해까지 돌아보면 좋다.

델타 네이처 리조트 Delta Nature Resort ·**주소** 32 Str. Soseaua Parchesului, Somova coomune, Tulcea, Postal code 827210, Romania ·**전화** +40372714818 ·**이메일** reservations@deltaresort.com ·**홈페이지** www.deltaresort.com

● **조류 관찰하기** 300종이 넘는 새가 서식하는 다뉴브 삼각주는 조류 관찰을 위한 최고의 장소이다. 현지 안내인과 함께 보트를 타고 다뉴브의 작은 강줄기를 따라 이동하며 다양한 조류를 관찰할 수 있다. 늪지 곳곳에 조류 관찰용 전망대도 세워져 있으므로 망원경을 챙겨 가는 것이 좋다.

● **스판투 게오르게에서 머물기** 스판투 케오르게Sfântu Gheorghe는 루마니아 툴체아주의 동쪽 끝에 있는 작은 마을로 흑해에 인접한 다뉴브강의 끝자락에 위치하고 있다. 1318년에 처음 역사 기록에 등장한 어촌마을로 블랙 캐비어black caviar, icre negre 전통 요리로 유명하다. 아직도 비포장 흙길 위로 마차가 다니며 갈대와 나무로 집을 짓고 사는 주민의 수가 채 1,000명도 되지 않는다. 대부분의 집은 단층이며 일부는 비잔틴 양식의 영향을 받기도 했다. 주민들은 대부분 어업에 종사하고 있으며 다뉴브 삼각주를 찾아오는 여행자들을 위한 가이드 일을 하는 이들도 있다. 펜션이나 민박도 운영되고 있다.

1 급속한 현대 문명과는 거리가 먼 흙길과 자연에서 얻은 재료로 지은 집들 2 델타 두나리의 깊숙한 갈대밭에 어부들의 움막이 있다. 3 어부들은 델타 두나리에서 자라는 야생 갈대를 꺾어 지붕에 얹고 벽에 쌓는다.

경이로운 자연을 마주하는 곳 03

Legzira Plage

파도가 만든 거대 사암 아치 레지그라 플라게

| **위치** | 모로코 남서부 레그지라 플라게

| **교통** | 모로코의 공항 중 시디 이프니와 가장 가까운 것은 아가딜Agadir이다. 일단 아가딜로 들어간 후 버스를 타고 해안을 따라 시디 이프니까지 3시간 30분 정도 소요된다. 마라케시Marrakech에서는 8시간 30분 정도 걸린다. 시디 이프니에서 레그지라 플라게를 가려면 도시간 연결 택시인 그랑 택시Grand Taxi를 타는 게 편리하다. 6명까지 합승해야 하는데, 만일 1인이 이용한다면 6인 요금을 내고 타야 한다. 돌아올 때를 대비해서 미리 택시기사에게 몇 시까지 데리러 와 달라고 약속해 두는 편이 좋다. 마땅한 교통수단이 없을 경우에는 도보로 이동하거나 히치하이킹을 해야 한다.

모로코의 대서양 해안을 따라 남쪽으로 한참을 내려가면 그림 같은 해안 풍경이 나온다. 대서양 해안가의 경이로운 자연의 신비인 레그지라 플라게Legzira Plage를 찾아가려면 일단 모로코의 거의 최남단 해안도시인 시디 이프니Sidi Ifni로 가야 한다. 인구 2만 명 정도의 이 작은 도시 주민은 대부분 바다에 나가 물고기를 잡아 생활한다. 1476년에는 스페인의 침략을 받아 지배를 받아오다가 1969년이 되어서야 국제 사회의 압력으로 인해 마침내 모로코에 다시 반환되었다. 기나긴 스페인의 통치로 인해 이곳에는 현재까지도 스페인풍의 건축물과 문화가 남아 있다.

또한 시디 이프니 해변의 파도는 서핑에 최적의 조건을 갖추고 있어서 유럽과 세계 각지의 서퍼들이 한겨울에도 서핑보드를 들고 찾아온다. 겨울에도 서핑을 즐길 수 있을 정도로 온화한 기후 덕분에 겨울 시즌에는 해안가를 따라 캠핑카가 줄을 잇는다.

어촌마을 시디 이프니를 한가롭게 돌아보다가 전통차를 파는 가게에서 금방 튀

1 레그지라 플라게 해안에 대서양의 파도가 넘실거린다.
2 레그지라 플라게의 이웃마을인 시디 이프니는 스페인의 흔적이 남아 있는 어촌마을이다.

겨 낸 도너츠를 맛보는 것은 유럽의 다른 어디에서도 누리기 힘든 소박한 즐거움이다. 스페인 광장Plaza de España이라고도 불리는 핫산 2세 광장Place Hassan II이 시디 이프니의 중심이다. 그 주변으로 1930년대 풍의 건축물들이 둘러싸고 있다. 예전에는 교회였다가 현재는 법정으로 사용되는 호텔 벨 뷰Hotel Belle Vue, 빛바랜 스페인 영사관, 시청사, 왕궁이 있다. 왕궁을 지나면 독특한 네오-무어 양식의 장식이 있는 등대가 인상적이다. 마을 한가운데는 지금도 활기 넘치는 생선 시장이 있다. 그곳에서는 대를 이어 어부들의 삶을 살아가는 시디 이프니인들의 일상을 볼 수 있다. 싱싱한 해산물을 주재료로 한 메뉴를 내놓은 레스토랑에도 바다 냄새가 가득하다.

시디 이프니에서 북쪽으로 10km만 가면 레그지라 플라게라고 불리는 엘 그지라El Gzira가 나온다. 도로에서 바다를 향해 한참을 걸어가야 한다. 고운 모래 해변과 부드러운 파도가 평화롭기만 하다. 그 해변가에 자연이 만들어 낸 거대 아치형 사암 지형이 웅장한 자태를 드러낸다. 해안가 비탈진 경사면에는 소박한 호텔과 레스토랑이 자리하고 있다. 아직은 일부 서퍼들이나 사진작가들에게만 알려져 있어서 이곳을 찾아오는 이는 별로 없다. 오랜 세월 동안 침식을 통해 형성된 이 거대한 아치형 지형은 썰물 때는 직접 그 주변을 돌아볼 수 있고 거대한 구멍 사이를 통과해 걸을 수도 있어 더욱 생생하게 와 닿는다. 자연의 신비와 스페인의 유산과 일상의 평온함이 공존하는 곳이 바로 시디 이프니와 그 이웃 레그지라 플라게이다.

●**레그지라 플라게 여행하기** 레그지라 플라게는 시디 이프니에 숙소를 정해 두고 가는 편이 좋다. 시디 이프니와 미르레프트Mirleft의 중간에 위치해 있다. 레그지라 플라게 해안가에는 숙소와 레스토랑이 몇 곳 있어서 이곳에 숙소를 정해 두는 것도 한 방법이지만, 대중교통편을 이용하기에는 시디 이프니가 더 편리하다. 스페인의 지배를 받은 역사로 인해 마을도 예쁘고 숙소나 레스토랑도 훨씬 더 다양하다. 도시의 번잡함을 벗어나 조용히 해변에서 휴식을 원한다면 레그지라 플라게에 머무는 것이 더 좋다. 거대한 아치 사암 지형물은 2개가 있다. 해변으로 내려가서 왼쪽으로 계속 걸어가면 나온다.

●**민트 티와 모로코식 도너츠 맛보기** 시디 이프니의 구시가에는 전통 찻집과 레스토랑들이 있다. 특히 기름에 금방 튀겨 낸 도너츠와 수프가 별미이다. 겉은 바삭하고 고소하며 속은 쫄깃한 튀김 도너츠를 설탕에 찍어 먹는데, 값도 저렴하여 인기가 많다. 진한 민트 향이 우러난 민트 티에 곁들여 먹으면 좋다. 민트 티는 모로코인들이 일상적으로 즐겨 마시는 차이다.

●**생선시장 해산물 튀김 맛보기** 어촌마을답게 다양한 해산물을 재료로 한 요리가 많다. 오징어, 새우, 가자미 등 다양한 종류의 해산물을 즉석에서 튀겨서 그릇에 담아내 오는데, 절인 올리브와 소스를 곁들여 먹으면 느끼함도 적고 신선한 해산물의 맛을 느낄 수 있다. 시디 이프니의 생선시장 주변 레스토랑이 저렴한 편이다.

경이로운 자연을 마주하는 곳 04

Jungfrau

만년설로 덮인 알프스의 대명사 융프라우

| 위치 | 스위스 남부 베른 융프라우

| 교통 | 열차로 취리히에서 1시간 55분, 제네바에서 2시간 40분, 루체른에서 1시간 50분 정도 걸린다. 툰Thun 기차역 앞에 있는 유람선 선착장에서 호수유람선을 타고 인터라켄 서역까지 약 2시간 정도 걸린다. 자동차로는 취리히에서 1시간 30분 정도, 제네바에서 2시간 10분 정도, 루체른에서 1시간 정도 걸린다. 인터라켄에 도착하면 동역Ost으로 가서 등산열차를 타야 한다. 인터라켄을 출발점으로 해서 융프라우요흐 전망대에 올라가는 산악 열차 루트는 크게 두 가지로 나뉜다. 인터라켄 동역Ost▶그린델발트 또는 라우터브루넨▶클라이네 샤이덱▶융프라우요흐 전망대의 코스로 운행된다. 동역에서 그린델발트나 라우터브루넨까지 BOB 등산열차, 그린델발트나 라우터브루넨에서 클라이네 샤이덱까지는 WAB 등산열차, 클라이네 샤이덱에서 융프라우요흐까지는 JB 등산열차가 운행된다.

스위스의 수도 베른 남쪽으로 장대한 스위스 알프스의 중심, 베르너 오버란트Berner Oberland 지역이 위치해 있다. 베른주의 고지대를 의미하는 베르너 오버란트는 스위스 내에서도 가장 손쉽게 알프스의 대자연에 접근할 수 있어서 가장 많은 여행자가 찾는다. 그 중심에는 알프스 거봉 중에서 가장 유명한 세 봉우리인 아이거Eiger, 3,970m, 묀히Mönch, 4,107m, 융프라우Jungfrau, 4,158m가 깊은 계곡 사이에 빙하를 품고 우뚝 솟아 있다. 이 알프스 대자연을 찾아가는 길목에 '호수 사이'라는 뜻을 지닌 도시 인터라켄Interlaken이 있고, 인터라켄을 사이에 두고 툰 호수Thunersee, 브리엔츠 호수Brienzersee가 알프스에 둘러싸여 있다. 융프라우 지역을 둘러보기 위해 반드시 들러야 하는 알프스 여행의 전초기지가 바로 인터라켄이다. 인터라켄 동역Ost에서 산악열차로 갈아타면 드디어 진정한 알프스 여행이 시작된다.

1 피르스트에서 바흐알프 호수에 이르는 하이킹 코스는 청정한 대자연을 마음껏 누릴 수 있는 구간이다. 2 비가 내린 날이면 라우터브루넨 계곡에 무수한 실폭포들이 쏟아지며 장관을 이룬다. 3 그로세 샤이덱에서 하이킹을 시작하며 바라본 융프라우의 대자연

인터라켄 동역에서 출발한 BOB 등산열차는 쯔바이뤼치넨Zweilutschnen역에서 두 갈래로 나뉜다. 일부는 동쪽왼쪽 방향 철로를 타고 그린델발트Grindelwald, 1,034m로, 일부는 서쪽오른쪽 방향 철로를 타고 라우터브룬넨Lauterbrunnen, 796m으로 향한다. 그린델발트는 굽이굽이 계곡을 지나 비스듬한 언덕에 자리를 잡은, 인기 있는 알프스 리조트 마을이다. 융프라우의 고봉 중에서 아이거가 바로 코 앞에 솟아 있고, 주변으로 최고의 하이킹 코스들이 여기저기 펼쳐진다. 피르스트, 그로세 샤이덱, 멘리헨 등 각 전망대로 이어 주는 케이블카들이 그린델발트의 하늘 위로 부지런히 오간다. 융프라우를 처음 찾는 여행자나 하이킹을 즐기고 싶은 여행자들에게 최적의 마을이다. 그린델발트에서 클라이네 샤이덱을 거쳐 융프라우요흐 전망대에 올라갈 수 있다.

소박한 여유가 있는 라우터브룬넨

인터라켄에서 서쪽 방향으로 가면 유럽에서 가장 아름다운 U자형 계곡 속에 자리 잡고 있는 라우터브룬넨을 만나게 된다. 라우터는 '소리가 큰', 브룬넨은 '샘'이라는 뜻에서 알 수 있듯이 깊고 한적한 라우터브룬넨 계곡 곳곳에 자리한 72개의 폭포에서 쏟아지는 물줄기는 비현실적일 정도로 예술적이다. 깎아지른 절벽이 병풍처럼 솟아 있고 슈타우프바흐Staubbach 폭포가 수백 미터 절벽에서 쏟아져 내린다. 마을 깊숙한 암굴 속에는 200m 높이의 10층 폭포인 트륌멜바흐Trümmelbach 폭포가 숨어 있다.

뮈렌Mürren, 1,634m과 쉴트호른Schilthorn, 2,971m을 여행하려면 라우터브룬넨을 반드시 거쳐야 한다. 라우터브룬넨에서 WAB 등산열차를 타면 벵겐Wengen, 1,274m을 거쳐 클라이네 샤이덱으로 연결된다. 클라이네 샤이덱에서 융프라우요흐 전망대행 열차를 갈아탈 수 있다. 인터라켄 동역Ost에서 출발한 등산열차는 그린델발트와 라우터브룬넨의 두 가지 코스로 갈라졌다가 다시 클라이네 샤이덱Kleine Scheidegg, 2,063m에서 만나게 된다. 클라이네 샤이덱에서 JBJungfraubahn 열차를 타고 유럽의 지붕, 융프라우요흐 전망대 역으로 가게 된다.

유럽의 지붕, 융프라우요흐

유럽의 지붕Top of Europe이라고 불리는 융프라우요흐는 알프스 여행의 하이라이트이다. 유럽에서 가장 높은 곳에 위치한 철도역인 융프라우요흐 전망대 역은 무려 해발 3,454m 높이를 자랑한다. 이 산악철도는 1893년에 스위스 철도왕 아돌프 구에르 첼러Adolf Guyer-Zeller, 1839~1899에 의해 처음 구상이 되었고, 단단한 암벽 속 터널을 7km나 뚫어서 마침내 1912년에 완성된다. 아이거와 묀히의 단단한 암벽 속을 뚫고 30여 분을 달려 해발 3,000m가 넘는 곳에 이르는 융프라우 철도Jungfraubahn, JB는 그야말로 경이로움 그 자체이다. 암벽 중간역인 아이스미어Eismeer역과 아이거반트Eigerwand역에서 잠시 내려 암벽 중간에 설치된 유리창을 통해 놀라운 풍경을 감상할 수 있다. 정상에 끝없이 펼쳐진 알레취 빙하Aletschgletscher와 영원히 녹지 않는 만년설, 알프스 고봉들이 그려 내는 풍경은 말 그대로 딴 세상이다.

알프스 최장의 알레취 빙하와 만년설의 융프라우요흐는 알프스에서 최초로 유네스코 세계자연유산으로 선정되는 영예를 얻었다. 알프스 여행의 대명사 융프라우는 세계 각지에서 국적과 인종, 나이를 불문하고 여행자들이 몰려드는 가장 인기 있는 관광 명소이다. 100년이 넘는 장대한 역사와 강인한 스위스인들의 꿈을 간직한 채 지금도 스위스 여행의 최고 우선순위로 당당히 사랑받고 있다.

푸른 들판 위에 간결하게 난 길과 작은 집이 그림처럼 보인다.

눈이 시리도록 푸른 하늘과 융프라우요흐의 알레취 빙하가 묘한 대조를 이루며 신비로운 풍경을 선사한다.

● **융프라우 여행하기** 숙소나 인터라켄역에서는 융프라우 정상의 날씨에 대한 정보를 실시간으로 제공해 준다. 일기예보를 잘 확인하고 정상에 오르는 날이나 시간대를 잘 선택한다. 융프라우요흐 전망대만 올라갔다가 오는 일정이면 1박으로 충분하지만 하이킹이나 레포츠를 즐기려면 최소 2박 이상 머무르는 것이 좋다. 일반적으로 짧은 일정의 여행자라면 인터라켄에 숙소를 잡는 편이 이동 계획이나 시간 효율 면에서 유리하며, 3박 이상 여행자라면 그린델발트나 라우터브룬넨에 숙소를 잡고 하이킹 등을 해 보길 권한다. 2일 이상 머무는 여행자에게는 2일/3일짜리 융프라우 VIP패스를 적극 추천한다. VIP패스는 여러 무제한 탑승 구간과 할인의 혜택이 있다. 인터라켄에서 올라갈 때는 그린델발트를 경유해서, 내려올 때는 반대편 라우터브룬넨을 경유해서 내려와도 된다. 반대로 이동 경로를 선택해도 상관없다. 스위스 패스나 유레일 패스가 있거나 융프라우 등산열차 국내 총판 업체에서 할인 쿠폰을 구해서 갈 경우 상당히 할인된 요금으로 이용할 수 있다.

● **알프스 트레킹 즐기기** 그린델발트 주변으로 15개의 하이킹 코스가 있다. 그린델발트에서 케이블카를 타고 피르스트역까지 올라간 후 바흐알프 호수까지 갔다 돌아오는 코스가 인기가 높다. 피르스트역으로 가다가 보르트Bort역에서 내려 그린델발트 초원과 아이거 북벽과 빙하들을 보며 내려오는 코스도 무난하다.

● **툰 호수 유람선 즐기기** 스위스 패스 소지자는 유람선을 무료로 이용할 수 있다. 툰 호수 유람선 선착장은 인터라켄 서역West 바로 앞에 있는 툰 호숫가에 위치해 있다. 인터라켄으로 들어가거나 나오는 일정에서 툰Thun이나 슈피츠Spiez 마을까지만이라도 유람선을 타 보기를 추천한다. 주로 봄부터 가을까지 정기선이 운행된다. 인터라켄 서역에서 마을 툰까지는 2시간 10분 정도, 조용한 휴양지 슈피츠까지는 1시간 20분 정도 걸린다. 매일 운행하는 런치 크루즈나 커피&케이크 크루즈, 겨울철 토요일마다 운행하는 퐁듀 쉽 툰Fondue ship Thun, 일요일마다 운행하는 브런치 크루즈, 선셋 크루즈, 디너 크루즈 등 다양한 테마를 가진 유람선도 운행되고 있다.

경이로운 자연을 마주하는 곳 05

Erg Chebbi Desert

붉은 장미처럼 치명적인 에르그 셰비 사막

| **위치** | 모로코 서부 에르그 셰비 사막

| **교통** | 모로코까지는 아직 직항이 없으므로 유럽을 거쳐야 한다. 우리나라에서는 에어프랑스가 파리를, 터키항공이 이스탄불을 경유하여 모로코 카사블랑카로 입국한다. 유럽의 주요 도시 공항에서 카사블랑카에 취항을 하고 있다. 에어모로코 국내선 비행기로 메르주가와 가까운 도시 리사니Rissani 인근 30분 거리의 공항에 닿을 수 있다. 리사니에서 메르주가까지는 도시간 장거리 택시인 그랑 택시Grand taxi를 이용하면 된다. 페스와 마라케시에서 메르주가로 버스가 하루 2편 이상 출발한다. 대부분의 여행자는 베이스캠프 격인 마라케시에서 1박 2일 혹은 2박 3일간의 투어 프로그램을 이용한다. 메르주가에서는 호텔과 연계해서 투어프로그램이 운영되고 있다. 수프라투어Supratour 버스가 마라케시나 페스, 와자잣Ouarzazate, 메크네스Meknes 등 주요 도시에서 매일 메르주가까지 운행되고 있다. 좌석 공간도 적당하고 설비도 좋은 편이다.

오로지 뜨거운 태양과 붉은 모래, 건조한 바람이 불어오는 땅, 크고 작은 모래 언덕이 끝도 없이 펼쳐지는 곳에 들어서는 기분은 어떨까. 인간의 생존에 너무나 척박하고 편의 설비도 없는 그곳으로의 여정은 어떤 여행의 가치들을 남겨 줄까. 유럽의 끝이자 아프리카의 시작, 모로코 남부에는 붉은 사하라 사막이 끝없이 펼쳐진다. 어떤 이는 이 사막을 붉은 장미 같다고 말했다. 사하라 사막을 찾은 이들은 그 누구도 그 여정을 후회하지 않는다. 붉은 사막과 푸른 하늘 그리고 작은 생명들이 존재하는 사하라에서의 시간을 최고의 순간으로 이야기한다. 푸른 옷을 입은 베르베르족 낙타몰이꾼을 따라 사막을 배회하고, 듄 아래 베르베르족의 텐트에서 노래하고 수다를 떨다가 쏟아질 듯한 별을 보며 잠이 든다. 그리고 이른 아침 높은 듄에 올라 뜨겁게 솟아오르는 사막의 태양을 마주 보며 환희의 아침을 맞는다. 오로지 사하

라에서만, 사하라이기에 가능한 여행이다.

　북아프리카 대부분을 뒤덮은 세계에서 가장 뜨거운 땅이자 중국이나 미국 땅만큼 거대한 사하라는 동쪽의 홍해the Red Sea로부터 서쪽의 대서양까지 길게 뻗어 있다. 북쪽으로는 지중해와 닿아 있고, 남쪽으로는 비가 거의 오지 않는 열대 사바나savanna로 바뀌는 지역인 사헬Sahel에 경계를 두고 있다. 이 거대한 사막은 아프리카 대륙의 거의 10%를 덮고 있다.

　기나긴 세월 동안 바람에 의해 형성된 사하라 사막의 풍경은 모래 언덕인 듄dune, 모래로 뒤덮인 광대한 지역을 일컫는 모래 바다인 에르그erg, 황폐한 돌로 된 고원, 건조한 계곡과 소금 평지 등 다양한 지형을 품고 있다. 사막 지형의 약 25%는 모래 언덕인 듄이다. 다른 어디에서도 볼 수 없는 가장 인상적인 이 모래 언덕은 마치 춤추는 파도처럼 사막을 아름답게 수놓고 있다. 듄들의 크기와 높이는 다양한데, 150m가 넘는 것도 있다. 높은 듄의 기슭에는 오아시스가 있거나 여행자들을 위해 사막 민족인 베르베르족의 텐트촌이 형성되어 있기도 하다.

붉은 빛깔의 황홀한 황무지

모로코에는 두 곳의 사하라 사막이 있다. 므하미드M'hamid 근처의 에르그 시가가Erg Chigaga와 메르주가Merzouga 바로 옆에 있는 에르그 셰비Erg Chebbi이다. 에르그 셰비의 듄은 모로코에 있는 사라하 사막에서 최고의 아름다움을 자랑한다. 특히 에르그 셰비는 독특한 붉은 색채의 사막 빛깔이어서 보는 순간 황홀함을 느끼게 된다. 남북으로 무려 50km 길이에, 동서로 5~10km에 이르는 폭을 자랑한다. 붉은 사막 곳곳에서 노마드 생활을 하는 베르베르족들이 신비로운 수도자처럼 여겨지는 곳이다.

　8세기~14세기에는 카라반들이 통행하는 교통의 요지로서 왕국이 번성하기도 했다. 듄의 끝자락에 있는 메르주가는 사막으로 들어가는 전초기지와 같은 마을이다. 황토빛 흙으로 지어진 집들이 모래바람 속에 옹기종기 모여 있다. 이곳에서 낙타 몰이꾼을 구해 낙타를 타고 사막으로 들어간다. 전통의상인 푸른 원피스를 입은 베르베르족 청년이 낙타 고삐를 손에 쥐고 듄 사이로 난 길을 성큼성큼 걸어간다. 단봉낙타의 등에 올라타면 세상의 풍경을 바라보는 시선의 각도가 높아지고 풍경이 색다르게 보인다. 겹겹이 쌓인 장미 꽃잎처럼 듄들이 크고 작은 물결을 이루는 사막 깊

1 베르베르인 낙타몰이꾼을 따라 여행자들은 사막 깊은 곳 오아시스로 향한다. 2 사하라 사막의 전초기지인 메르주가 마을의 소박한 풍경 3 낙타몰이꾼은 일이 없는 날이면 주변 산악 지대로 화석 채집을 다닌다.

숙이 들어가는 기분은 말로 표현할 수 없을 정도로 흥분된다. 몇 시간을 흔들리는 낙타를 타고 걷다 보면 사막 한가운데 높은 듄 기슭에 자리 잡은 베르베르족의 텐트촌에 도착한다.

밤하늘을 뒤덮은 별

고운 모래 알갱이가 바람에 밀려 듄을 함께 오르고 듄 너머 붉은 석양빛이 마음을 흔든다. 모래언덕에 발목까지 푹푹 빠지고, 걸음을 내디딜 때마다 명치를 헉헉 누르는 호흡이 가쁘다. 하지만 고비를 넘기고 마침내 모래 언덕 꼭대기에 오르면 알 수 없는 희열에 가슴이 벅차오른다. 밤이 되면 높은 듄 아래의 오아시스 한가운데에 있는 베르베르족의 텐트에서 밤하늘을 지붕 삼아, 듄을 담장 삼아 가만히 드러눕는다. 마침 듄 위로 둥근 보름달이 떠오르면 칠흑 같던 사막이 훤히 빛난다. 텐트 위 듄 너머 밤하늘에는 억만 개나 될 듯한 별들의 반짝거림에 감탄이 쏟아진다.

적막한 사하라의 밤을 지나면 그 밤만큼이나 고요한 아침이 밝아 온다. 해가 솟아오르기 전 만만한 높이의 듄에 오른다. 채 걷히지 않은 먹구름 아래 미동도 않는 사막의 대기가 느껴진다. 유난히 붉은 일출이 알제리 국경 근처에서 솟아오르면 또다시 에르그 셰비는 장미꽃처럼 붉은 빛을 토해 낸다.

사막 속 베르베르인의 텐트에서 저녁을 먹은 후 낙타몰이꾼과 이런저런 이야기를 나눈다.

듄 아래 오아시스에서 사하라의 밤을 맞이하는 순간, 황홀함에 가슴이 떨린다.

● **사하라 사막 여행하기** 모로코의 에르그 셰비 사막을 가려면 일단 메르주가로 가야 한다. 에르그 셰비의 끝자락에 붙어 있는 사막마을로, 대부분의 사막여행자가 이곳에 숙소를 잡고 사막 투어를 한다. 일정이 바쁜 여행자들은 페스Fes나 마라케시Marrakech와 같은 모로코의 관광 거점 도시에서 사막 패키지 투어 상품을 이용하여 사막여행을 하기도 한다. 마라케시의 주요 여행사들이 호객을 하거나 상품을 광고하고 있으므로 가격과 일정을 잘 살펴서 신청하면 된다. 메르주가에서는 대부분의 숙소가 베르베르족의 생활을 체험할 수 있는 사막 투어 프로그램과 연계되어 있다. 사막으로 들어갈 경우에 반드시 스카프나 터번을 착용해서 머리와 얼굴을 감싸 주도록 한다. 모래와 열기를 막아 주고 일사병을 예방하는 데 도움이 된다. 가끔 친절을 베푸는 호객꾼들을 조심해야 한다. 바가지를 씌우는 경우도 있다.

● **낙타 트레킹과 베르베르족 텐트에서 하룻밤 머물기** 사하라 사막을 도보로 걷는 것은 상당히 힘들고 또 중간에서 길을 잃을 수도 있다. 현지 숙소나 여행사를 통해 베르베르족 가이드가 동행하는 낙타 투어를 신청하는 편이 안전과 여러 가지 면에서 좋다. 일반적으로 늦은 오후에 낙타를 타고 두어 시간 정도 트레킹을 하고 사막 한가운데 있는 베르베르족의 텐트에서 1박을 한 후 다음 날 아침을 먹고 오전에 마을로 돌아오는 일정이다. 저녁 식사와 아침 식사가 포함되어 있고, 텐트에 도착하면 자유롭게 주위의 듄들을 돌아다닐 수 있다. 사막의 밤하늘에 뜬 수많은 별을 바라보며 잠을 청하는 시간은 비현실적일 정도로 황홀하다. 아침 일찍 일어나 사막의 일출을 감상할 수도 있다. 마라케시에서 출발하는 사막 투어 상품도 일정 수의 인원을 모아서 관광버스를 타고 메르주가로 온 후 낙타 투어를 하고 다음 날 마라케시로 돌아가는 일정으로 진행된다.

듄들을 ATV 차량으로 돌아보는 상품도 있지만 이런 차량을 이용한 투어는 사하라의 듄들과 자연을 훼손하고 오염시키는 일이므로 가급적 하지 않기를 권한다. 가능하면 사막 본연의 모습을 유지할 수 있는 낙타 투어를 하고, 듄을 도보로 올라가기를 권한다.

경이로운 자연을 마주하는 곳 06

Monte Bicanco

만년설이 감싸 안은 흰 봉우리, 몬테 비앙코

| **위치** | 이탈리아 서북부 발레다오스타주(州) 몬테 비앙코

| **교통** | 기차나 버스로는 토리노를 거쳐 아오스타까지 간 후 아오스타 버스터미널에서 사브다Savda가 운행하는 버스를 타고 쿠르마유르까지 이동하면 된다. 토리노에서 아오스타까지 2시간~2시간 30분, 아오스타에서 쿠르마유르까지 1시간 정도 걸린다. 쿠르마유르 버스터미널에서 수시로 출발하는 버스를 타고 4km 떨어진 라 팔뤼La Palud 마을로 가면 그곳에서 케이블카Funivie Monte Bianco를 타고 몬테 비앙코의 가장 높은 전망대 푼타 헬브로너Punta Helbronner에 오를 수 있다. 한여름철에도 푼타 헬브로너의 기온은 영하 10도에 이를 정도로 춥다. 반드시 외투를 챙겨서 추위에 대비해야 한다. 몬테비앙코 홈페이지 www.montebianco.com, 사브다 버스 사이트 www.savda.it

이탈리아 서북쪽 끝에 위치한 발레다오스타Valle d'Aosta주는 알프스 산맥에 둘러싸인 험준한 산악 지대이다. 서유럽에서 가장 높은 4,807m의 몬테 비앙코Monte Bicanco와 4,685m의 몬테 로사Monte Rosa 등 4,000m의 이상의 고봉이 즐비한 이곳은 이탈리아에서 가장 3차원적인 입체감이 느껴지는 지역이기도 하다. 프랑스와 인접한 지리적인 특성으로 인해 이탈리아어 외에 불어가 함께 사용된다.

프랑스와 이탈리아 국경에 걸쳐 있는 몬테 비앙코Monte Bianco는 이탈리아 알프스라고도 불린다. 단단한 화강암으로 이루어진 몬테 비앙코는 '흰 산'이란 뜻인데, 불어 이름인 몽블랑Mont Blanc으로 더 널리 알려져 있다. 이탈리아에서 바라보면 산세가 무척 가파른데, 프랑스 쪽에서는 상대적으로 완만한 편이다. 18세기 중엽부터 등산가의 주목을 받기 시작했으며 현재는 이탈리아 쿠르마유르에서 프랑스의 샤모니몽블랑에 이르는 몽블랑 터널이 뚫려 관광도로 겸 산업도로로 이용되고 있다.

이탈리아 알프스를 직접 체험할 수 있는 곳은 바로 쿠르마유르Courmayeur이다. 몬테 비앙코 바로 기슭에 위치한 마을이다. 쿠르마유르는 이웃하고 있는 프랑스의 샤모니Chamonix와 함께 몬테 비앙코를 사이좋게 나눠 갖고 있다. 또한 쿠르마유르는 이탈리아에서 가장 높은 지대에 위치한 마을이라는 타이틀을 가지고 있다. 그림처럼 아름다운 쿠르마유르는 많은 등산가와 스키어들에게는 몬테 비앙코와 동의어로 여겨질 정도로 사랑받고 있다. 겨울철에는 유럽에서 가장 유명한 스키 리조트이고, 여름철에는 등산가들과 하이킹족들에게 최고로 인기 있는 베이스캠프이다.

쿠르마유르에서 4km 떨어진 라 팔뤼La Palud 마을로 가면 몬테 비앙코 정상으로 향하는 케이블카Funivie Monte Bianco 승강장이 있다. 케이블카를 타면 편안하게 몬테 비앙코의 꼭대기 전망대, 해발 3,462m의 푼타 헬브로너Punta Helbronner에 오를 수 있다. 정상 전망대에 도착해 케이블카에서 내려 전망대로 나가면 단단한 화강암 덩어리 고봉들과 끝없이 펼쳐진 설원, 발 아래 아득하게 이탈리아의 산속 마을이 보인다.

케이블카를 타고 내려오는 도중에 몬테 비앙코 바로 아래에 있는 해발 2,173m의 파비용 두 몽 프레티Pavillon du Mont Fréty에서 내리면 야생화 정원이 있다. 온갖 진기한 알프스의 야생화들이 제법 평평한 정원에 조성되어 편안히 맞아 준다. 간단한 도시락이나 과일을 먹으며 정원 벤치에 앉아 대자연을 만끽하며 쉬어 가는 공간이다. 전망대에서 만년설로 덮인 봉우리를 바라보며 찬 공기와 함께 마시는 에스프레소 한 잔의 여유와 야생화 정원에서 따사로운 햇살 받으며 거니는 산책만으로도 어느덧 여유가 생기고 편안해지는 곳이 바로 몬테 비앙코이다.

1 한여름에도 만년설로 가득한 몬테 비앙코의 정상 2 몬테 비앙코에서 내려온 후 페레 계곡을 하이킹하며 시냇물에 잠시 발을 담가도 좋다.

몬테 비앙코 전망대에서 맛보는 뜨거운 커피 한 잔은 지상에서 맛볼 수 있는 최고의 커피일 것이다.

●**쿠르마유르 여행하기** 쿠르마유르에 도착한 후 버스를 타고 4km 떨어진 라 팔뤼La Palud 마을로 가서 케이블카를 탄다. 전망대는 해발 3,000m가 넘는 고도에 있으므로 지상은 한여름일지라도 반드시 따뜻한 옷을 챙겨가야 한다. 허용된 길 이외의 길은 전문 가이드가 없다면 가지 않는 편이 좋다. 쿠르마유르에서 주변의 계곡이나 마을로 연결된 버스들이 운행되고 있다. 터미널 내에 있는 매표소에서 타임 테이블을 구할 수 있다.

●**페레계곡 하이킹** 쿠르마유르 관광안내소에 들러 주변 여행지 정보와 트레킹 코스 정보를 얻을 수 있다. 쿠르마유르 버스터미널에서 페레 계곡Val Ferret행 버스를 타고 폰트 페랭Pont Perrin에서 내린다. 몬테 비앙코 기슭에서 만나는 빙하 계곡 중의 하나인 페레 계곡은 대부분 평탄하거나 약간의 오르막길이어서 무난하게 걸을 수 있다. 길 왼쪽으로는 몬테 비앙코의 빙하가 녹은 물이 모여 형성된 도라 디 페레Dora di Ferret강이 잔잔하게 흐른다. 암벽과 초록의 풀들이 어울린 페레 계곡은 대자연의 감미로운 서정시처럼 아름답다. 트레킹 길 오른편 언덕 너머에 커다란 폭포도 있으며 초입에는 레스토랑도 있다.

●**몬테 비앙코를 바라보며 프레 생 디디에 온천 즐기기** 해발 3,000m가 넘는 몽블랑 등정과 페레 계곡 하이킹을 끝내고 뜨거운 온천에서 휴식을 얻을 수 있는 곳이 바로 프레생디디에르Pre-St-Didier 마을이다. 멀리 만년설을 머리에 이고 있는 몽블랑이 굽어 보이는 곳에 뜨거운 물이 용솟음친다. 이탈리아인들이 사랑하는 프레생디디에 온천Thermes de Pre Sant-Didier은 사시사철 현지인들로 붐빈다. 우아한 저택풍의 노천 온천에 몸을 담그면 저 멀리 만년설이 쌓인 몽블랑이 병풍처럼 펼쳐진다. 다양한 종류의 온천탕과 스파, 음식까지 제공하는 진정한 휴식지이다. 금요일과 토요일에는 별빛 가득한 밤하늘 아래에서 온천욕을 즐길 수 있다. 몬테 비앙코에서 뼛속까지 파고드는 쌀쌀함에 머리가 맑아지고, 뜨거운 온천에 온몸의 세포가 온전히 재충전되는 곳. 그곳이 바로 몽블랑 아래 아오스타 계곡 마을의 프레생디디에이다. 프레생디디에 온천 홈페이지 http://termedipre.it/en

경이로운 자연을 마주하는 곳 07

Schaffhausen

라인강 유일의 폭포를 만나는 샤프하우젠

| **위치** | 스위스 북동부 샤프하우젠

| **교통** | 스위스의 주요 도시에서 일단 샤프하우젠으로 간 후 거기서 S선을 타면 5분 소요된다. 샤프하우젠은 독일 국경과 가까운 도시여서 스위스 SBB열차와 독일의 DB열차가 같이 운행되고 있다. 취리히에서 기차로 40분 정도 소요된다. 1시간에 2~3대 운행 4월~10월 사이에는 라인강 상류 크로이츠링겐Kreuzlingen에서 출발하는 보트를 타고 접근할 수도 있다. 하루에 적어도 3대 꼴로 평화로운 라인강 풍경을 바라보며 샤프하우젠에 갈 수 있다. 무노트 요새 근처인 구시가 남동쪽 프라이어 플라츠Freier Platz에 정박한다. 샤프하우젠에서 남쪽으로 약 4km 거리에 있는데, 샤프하우젠역에서 S-Bahn 33번샤프하우젠과 빈터투어 사이 운행을 타고 두 번째 정거장인 라우펜성Schloss Laufen에서 하차하면 된다. 이 역은 4~10월에만 운행된다.

라인강 유일의 폭포이자 유럽 최대 규모의 폭포를 보려면 스위스 북동부 라인 강변에 있는 샤프하우젠으로 가야 한다. 이곳의 구시가는 르네상스 시대의 건축물로 가득한데, 각 건축물마다 독특한 프레스코화와 조각들이 시선을 끈다. 구시가 외곽의 높은 언덕 위에는 무노트Munot 요새가 중세 시절을 떠올리게 한다.

'배의 집'이라는 뜻을 지닌 샤프하우젠의 이름에서 알 수 있듯이 중세 시대 때 라인강을 오가는 배들의 수운 교역으로 번영을 누렸다. 무역상들은 라인 폭포 때문에 배가 더 이상 가지 못해 샤프하우젠에 머물며 육로로 돌아서 이동해야 했다. 구시가 골목길을 따라 고딕·르네상스 양식의 건축물에 화려한 장식이 더해진 퇴창 창문이 큰 볼거리이다. 독일의 바이에른과 오스트리아 티롤로부터 소금과 곡물을 교역하며 발전하다가 1501년에 스위스 연방에 가입하면서 급성장했다. 18세기에 막대한 부를 쌓으며 성장한 상인들이 자신의 재산과 고상한 취향을 과시하는 동시에 집

1 라인강 위로 설치된 캔젤리 전망대에서 거친 라인 폭포를 실감할 수 있다.
2 라인 폭포에 가기 위해 들러야 하는 샤프하우젠 마을은 예부터 '배의 집'이라는 별명으로 유명하다.

에서 거리 풍경을 잘 내다볼 수 있게 하기 위해 고안해 낸 것이 바로 퇴창이다. 그래서 샤프하우젠은 엘컬슈타트Erkerstadt, 즉 퇴창의 도시라는 별명을 얻었다.

샤프하우젠에서 기차나 버스를 타고 5분 정도만 가면 라인강 유일의 폭포 Rheinfall가 보인다. 알프스에서 발원하여 유럽 중부를 굽이굽이 흐르다가 북해에서 여정을 마무리하는 라인강은 총 길이가 1,320km에 이르며 규모도 압도적이다. 하지만 이 라인 폭포로 인해 라인강을 따라 교역을 하기 위해 물자를 실어 나르던 배들은 어쩔 수 없이 샤프하우젠에서 짐을 내리고 육로로 폭포를 지나가야 했다. 샤프하우젠이 중세에 교역 도시로 번영을 누릴 수 있었던 까닭이다. 폭이 150m에 걸쳐 있고 높이는 23m에 이른다.

라인 폭포가 이곳에 형성된 시기는 대략 14,000~17,000년 전인 마지막 빙하기 때였다. 폭포 한가운데에 우뚝 솟은 커다란 바위인 라인팔펠젠Rheinfallfelsen은 수만 년 세월을 버텨 온 원래 석회암 절벽의 남은 부분이다. 이 바위 꼭대기에는 스위스 국기가 힘차게 펄럭인다. 사람들은 강을 거슬러 폭포 한가운데에 있는 이 절벽에 배를 대고 꼭대기에 오른다. 폭포 아래 캔젤리 전망대에 서면 거대한 물줄기가 눈앞을 막아선다. 거대한 자연의 소리를 가장 가까이에서 들으며 자연 앞에 겸손해질 수 있는 자리가 바로 라인 폭포일 것이다.

● **샤프하우젠 여행하기** 라인 폭포를 제대로 감상하기 위해서는 라우펜 성Schloss Laufen을 통해야 한다. 라우펜 성은 일반적으로 라인 폭포에 접근하는 통로로만 인식이 되어 외면받기도 하지만 1,000년의 역사를 가진 멋진 성이다. 성 내부의 역사를 살펴볼 수 있는 히스토라마Historama 전시관, 성에서 라인 폭포로 이어지는 벨베데레 산책로, 라우펜 성에서 기차역과 라인 폭포가 있는 강둑으로 연결해 주는 통유리로 된 파노라마 리프트 등을 갖추고 있다. 라인 폭포의 수량은 매초 700m³나 되는 엄청난 양이다. 라우펜 성에서 폭포 전망대로 내려가는 벨베데레 산책길은 사진으로 담기에 가장 좋은 전망 포인트이다. 특히 폭포 속에 들어가 있는 듯한 느낌을 주는 캔젤리 전망대에 서면 라인 폭포의 웅장한 물살을 실감할 수 있다. 라인 폭포를 둘러본 후 성 내에 있는 카스텔로Castello 레스토랑에서 런치나 디너 메뉴를 즐겨 보는 것도 좋다. 연중 무휴.

● **라인 폭포 유람선 타보기** 유람선Schiffahrt am Rheinfall을 타고 폭포 가운데에 솟아 있는 바위 절벽으로 접근해서 꼭대기에 오르면 스릴이 넘친다. 바위 정상에 올라 라인강의 웅장한 물살과 라우펜 성을 바라보는 경험도 잊지 못할 것이다. 성 바로 아래의 라우펜 성 선착장Schloss Laufen과 강 건너편 노이하우젠 강변 선착장Schloessli-Woerth의 두 군데에 선착장이 있다.

● **고양이 혀 초콜릿 맛보기** 고양이 혀 모양의 캐첸준게Katzenzunge 초콜릿은 샤프하우젠의 특산품이다. 구시가의 보르더가세Vordergasse에 있는 제과점이나 기차역 안에 있는 상점에서 살 수 있다. 고양이 혀 초콜릿은 유럽과 남미의 여러 국가에서 볼 수 있는 조그마한 막대 초콜릿이다. 대략 8cm 정도의 길이이며 고양이 혀처럼 생겨서 그런 이름이 붙었다. 밀크 초콜릿, 다크 초콜릿, 화이트 초콜릿으로 생산된다. 1892년부터 오스트리아의 퀴퍼레Küferle라는 회사에 의해 생산되었으며 현재는 스위스의 대표적인 초콜릿 기업인 린트Lindt와 슈프륑글리Sprüngli에 속해 있다.

경이로운 자연을 마주하는 곳 08

Tropea

드라마틱한 신들의 해안가 트로페아

| **위치** | 이탈리아 남부 트로페아
| **교통** | 기차로 나폴리에서 라메치아 테르메Lamezia Terme나 로사르노Rosarno에서 1회 환승해서 5시간 정도 소요된다. 해안을 따라 달리는 기차 노선이 아름답기로 유명하다. 트로페아 기차역에서 구시가 중심부까지는 도보로 15분 정도 소요된다.

이탈리아 남부로 향할수록 해안 풍경은 더욱 드라마틱해진다. 소박한 남부 이탈리아의 삶이 고스란히 남아 있는 해안 절벽 위의 트로페아는 놀라운 풍경으로 보는 이를 압도한다. 알록달록 수많은 파라솔과 양떼처럼 하늘에 둥둥 떠 있는 흰 구름떼, 춤을 추듯 흔들리는 야자수들, 그 사이로 불어오는 소금기 머금은 바람, 부드러운 모래사장을 따라 여유롭게 거니는 산책, 주기적으로 들려오는 시원한 파도 소리, 비키니를 입고 한껏 젊음을 발산하는 여인들의 웃음소리까지. 절벽 위 트로페아와 절벽 아래 티레니아 바다가 극적인 대비를 이루며 여행자의 마음을 온통 빼앗아 간다.

이탈리아 지도를 볼 때 장화 모양의 앞굽에 해당하는 반도에 위치한 칼라브리아Calabria는 때 묻지 않은 산과 바다로 인해 최근 북부를 비롯해 유럽인들의 휴양지로 각광받고 있다. 남서쪽으로는 시칠리아Sicilia, 서쪽으로는 티레니아해Mar Tirreno, 동쪽으로는 이오니아해Mar Ionia, 북쪽으로는 바실리카타Basilicata주와 접한다. 칼라브리아

1 신들의 해안에서 마음껏
바다를 즐기는 휴양객들
2 낡은 건물 아래 푸른 바다가
끝없이 펼쳐지는 트로페아

는 이탈리아에서 가장 가난한 지역이지만, 거친 산과 황홀한 해안, 푸른 바다가 어우러져 매혹적이다. 비록 삶의 환경은 낙후되었을지라도 칼라브리아 사람들의 마음은 이탈리아 어느 곳보다 따뜻하고 정이 넘친다.

신들의 쉬어 가는 티레니아 해안

이탈리아 남부 피조Pizzo에서 리카디Ricadi까지 이어진 아름다운 티레니아 해안을 사람들은 '코스타 데글리 데이Costa degli Dei', 즉 '신들의 해안'이라고 부른다. 차마 인간이 범접할 수 없을 만큼 경이로워서 오로지 신들만이 이 눈부시게 아름다운 해안을 거닐었을 것이라는 표현이다. 칼라브리아에서 가장 아름다운 마을 하나를 딱 꼽아달라고 하면 현지인들은 머뭇거린다. 하지만 트로페아가 어떠냐고 물어보면 누구나 엄지손가락을 치켜세우며 침이 마르도록 찬사를 늘어놓는다. '티레니아 해안의 진주'라고 불리는 트로페아는 바다에 접해 있는 가파른 벼랑 위에 우뚝 솟아 있다. 깎아지른 암벽 위에 수백 년 된 주택들이 해안을 따라 구불구불 이어지고, 절벽 아래로 그 어느 곳보다 고운 모래해변이 길게 이어진다. 전설에 따르면 헤라클레스가 이 아름다운 트로페아를 건설했다고도 한다. 그래서 지금도 이곳의 항구는 헤라클레스항구라고 불린다.

이탈리아에서 가장 유명한 환경단체인 레감비엔테Legambiente는 매년 128개의 지침을 가지고 칼라브리아의 티레니아 해안에 있는 각 도시를 평가한다. 이 단체에서 발행하는 '귀다 블루Guida Blu'로부터 최고 등급인 '5-sails'을 거의 매년 수상하는 곳이 바로 트로페아이다. 이 평가에는 자연의 아름다움, 오염도, 여행자를 위한 시설, 소음 레벨, 환경 친화적인 쓰레기 처리 등의 항목이 포함되어 있다. 트로페아를 직접 두 눈으로 목격하는 이라면 누구나 그 평가에 수긍하지 않을 수 없다.

자연에 멋을 더한 건축물

트로페아의 역사는 로마 시대에 시작되었고 로마의 무역항이었으며, 지정학적인 위치 때문에 다양한 역사적 시기를 거치면서 무척 중요한 역할을 했다. 마을 중심에는 비토리오 엠마누엘레Corso Vittorio Emanuele 대로가 있고, 그 대로 양쪽으로 작은 골목들이 거미줄처럼 뻗어 있다. 그 소로를 따라 걸으면 숨겨진 작은 광장들이 나타나고, 소박한 레스토랑마다 작은 테이블이 몇 개 놓여 있다. 거창한 관광 명소는 없지만, 그저 작은 골목길을 따라 걸으며 소박한 남부 사람들의 삶의 흔적을 발견하는 기쁨이 있다. 그렇게 여유로운 배회를 하다가 마을 중심 광장인 피아자 에르꼴레Piazza Ercole에서 아래쪽으로 향한다. 그 광장의 끝자락인 벨베데레에 서면 바다와 하늘을 향해 시야가 뻥 뚫린다. 난간에 다가가 두 팔을 펼치면 바람이 시원하게 불어와 온몸을 휘감다가 사라진다. 일상에 지쳐 답답하던 가슴이 그곳에 서면 시원스럽게 뚫리는 듯하다.

    마을을 벗어나 깎아지른 절벽 아래 해안가로 내려갈수록 풍경은 더욱 드라마틱해진다. 그 바닷가에 작은 바위섬이 있는데, 그 꼭대기에 중세 베네딕트회 예배당인 산타 마리아 델리솔라Santa Maria Dell'Isola가 자리를 잡고 있다. 예배당의 정원에 서면 드넓은 티레니아 바다와 오른쪽으로 90도 각도로 우뚝 솟은 트로페아 전경이 숨이 멎을 정도로 아름답고 낭만적이다. 여름철에는 부드러운 모래 해변을 따라 수많은 원색의 파라솔이 활짝 펼쳐지고 수영복을 입은 휴양객들은 티레니아 바다의 파도와 남부의 햇살을 즐기느라 여념이 없다. 해안을 따라 걷다가 흘깃 뒤를 돌아보면 깎아지른 벼랑 위에 우뚝 솟은 중세의 트로페아가 마치 영화 〈인셉션Inception, 2010〉 속 한 장면처럼 몽환적이다.

1 더운 여름날이면 전통 젤라토 타르투포가 인기이다. 2 트로페아는 붉은 고추와 붉은 양파가 특산물이어서 이를 활용한 다양한 요리를 맛볼 수 있다.

트로페아에서 즐길 수 있는 건 피자와 파스타뿐 아니라 눈앞에 펼쳐지는 끝없이 푸른 바다이다.

● **트로페아 여행하기** 트로페아는 상당히 작은 도시이므로 도보로 충분히 다닐 수 있다. 절벽 위 마을과 절벽 아래 해안으로 크게 구성되어 있다. 외국 관광객이 많이 몰려드는 곳이 아니어서 여행자들을 위한 지도나 여행 정보를 구하기는 쉽지 않다. 시내에서 운행하는 지역 버스도 있지만 운행 시간이 불규칙적이며 주로 일터로 향하는 직장인들과 학생들을 위한 스케줄로 짜여 있다. 여유롭게 바다를 즐기는 시간을 갖기를 권한다.

● **붉은 고추 파스타와 빨간 양파 칼초네와 피자 맛보기** 트로페아의 특산품은 붉은 고추pepe rosso와 빨간 양파Cipolla Rossa di Tropea이다. 마을 곳곳 식료품 가게마다 빨간 양파와 붉은 고추가 가득하다. 특히 빨간 양파는 이탈리아에서 최고로 풍미가 좋기로 전국적으로 명성이 높다. 트로페아의 붉은 양파는 무척 유명해서 이탈리아의 어느 지역에서도 트로페아 양파라고 하면 으레 붉은 양파라고 인식할 정도이다. 트로페아의 특산품인 붉은 고추가 들어간 파스타, 붉은 양파를 재료로 한 칼초네와 피자 등을 레스토랑 메뉴판에서 쉽게 발견할 수 있다.

● **전통 젤라토 타르투포 맛보기** 현지인들이 후식이나 간식으로 적극 추천하는 젤라토가 바로 칼라브리아 전통 젤라토인 타르투포Tartufo이다. 칼라브리아주의 피조Pizzo에서 기원한 이탈리아 전통 아이스크림 디저트이다. 피조의 타르투포Tartufo di Pizzo 젤라토는 1952년에 발명되었다. 빅토르 엠마누엘레 2세 왕의 친척이 귀족의 결혼식을 축하하기 위해 피조를 방문했을 때였다. 손님들에게 젤라토 디저트를 서빙하려고 할 때 컵이 부족해서 현명한 제빵사 돈 피포 데 마리아Don Pippo de Maria가 컵이 필요 없는 얼린 타르투포를 만들어 제공한 데서 유래했다. 대개 한가운데에 딸기, 체리, 산딸기와 같은 과일 시럽이나 냉동 과일 등을 넣어 2가지 이상의 맛으로 구성된다. 그리고 초콜릿이나 코코아로 만든 껍질로 덮는다. 시나몬이나 견과류가 사용되기도 한다.

경이로운 자연을 마주하는 곳 09

Sächsische Schweiz

기암괴석이 만든 작센 스위스의 비경

| **위치** | 독일 동부 작센 스위스

| **교통** | 드레스덴 중앙역에서 교외선 열차S-Bahn를 타고 40여 분을 달린 후 쿠로르트 라텐Kurort Rathen에서 내린다. 기차역을 나와서 엘베강으로 향해 가면 엘베강을 건널 수 있는 나룻배가 여행자와 주민들을 기다리고 있다. 나룻배로 강을 건너서 작고 아담한 작센주의 산골 마을을 지나면 본격적으로 하이킹 길이 시작되며 작센 스위스의 대자연이 펼쳐진다. 일정의 여유가 있다면 구식 증기선을 타고 엘베강을 거슬러 작센 스위스를 찾아갈 수 있다. 엘베강을 따라 자전거 도로도 잘 되어 있다.

구동독 드레스덴 근교에 있는 작센 스위스Sächsische Schweiz는 그 이름에서 알 수 있듯이 독일 작센주에 있는 아름다운 산악 지대를 가리킨다. 국립공원으로 지정된 이곳은 약 1천 개의 산봉우리와 깊은 계곡이 있으며 세계 각지에서 암벽 등반가들이 즐겨 찾는 곳이다. 기암괴석 봉우리의 꼭대기에는 현재까지도 쾨니히슈타인 요새Festung Königstein와 혼슈타인 성Schloss Hohnstein 등 역사적인 유적들이 남아 있다.

18세기에 스위스 출신의 화가 아드리안Adrian Zingg과 안톤 그라프Anton Graff가 이곳을 들른 후 그들의 고향인 스위스의 주라Jura 산맥과 비슷한 풍경을 보고서 '작센의 스위스Sächsische Schweiz'라고 부르기 시작했다. 이후 신학자 빌헬름 레브레히트 괴칭거Wilhelm Lebrecht Götzinger가 자신의 책에 이 지역을 '작센의 스위스'라고 묘사하면서 이 지역의 명칭으로 굳어져서 지금까지 이어져 오고 있다. 19세기부터 수많은 여행자가 이곳을 찾아오면서 세상에 널리 알려졌다.

작센주에서 가장 산이 많은 이 지역은 드레스덴에서 엘베강을 거슬러 약 30km

상류에 있다. 이곳의 산들은 사암으로 형성되어 있으며 독특한 지형을 이루고 있다. 기이한 사암 형상들과 압도하는 대자연의 장관, 옛 유적인 요새와 성들이 어울린 풍경에 여행자들은 감탄사를 토해 낸다. 마법에 홀린 듯 숲 속 오솔길을 걷다 보면 갑자기 큰 주차장과 대로가 나오고 큰 호텔과 레스토랑도 나타난다.

거짓말처럼 바스타이 다리Basteibrücke가 보이고 작센 스위스의 기암괴석이 병풍처럼 늘어선 놀라운 자연이 펼쳐진다. 시커먼 기암괴석이 수백 길 아래로 폭포처럼 내리뻗어 있고, 신묘한 암석들 사이에 튼튼한 다리가 놓여 있다. 바로 바스타이 다리이다. 내려다보면 현기증이 날 정도로 높은 허공 위의 다리를 건너자 360m나 되는 높은 절벽 사이에 쾨니히슈타인 요새가 아무나 범접할 수 없는 독수리 요새처럼 불쑥 솟아 있다. 선사시대 사람들의 거주지이기도 했던 쾨니히슈타인에서 내려다보는 엘베강과 작은 마을들, 작센의 대자연은 너무나 아름답고 감동적이다.

작센 스위스의 사암 산봉우리들은 평균 높이가 400m 정도이다. 거친 암벽 너머 평탄한 계곡에는 과일과 포도가 자라는 비옥한 땅과 정겨운 마을들이 펼쳐진다. 엘베강은 부드러운 타원을 그리며 유유히 흘러간다. 유럽의 그 어디에서도 볼 수 없는 천 개의 사암 봉우리가 마침내 눈앞에 고스란히 펼쳐지고 작센의 신비로운 스위스를 온전히 두 눈에 담아내는 순간이다.

●**작센 스위스 여행하기** 작센 스위스는 기차, 버스, 보트 등 대중교통망이 잘 되어 있으며 하이킹 코스도 구석구석 잘 연결되어 있다. 특히 엘베강을 따라 드레스덴과 작센 스위스를 이어 주는 구식 증기선은 세계에서 가장 오래된 외륜선 중 하나이다. 일정의 여유가 있다면 엘베강을 따라 증기선을 타고 작센 스위스를 여행해 보라. 현대적인 디젤 엔진의 배도 운항 중이므로 표를 구입할 때 확인한다. 작센 스위스는 기차로는 지역선, 국내선, 국제선으로 모두 잘 연결된다. 독일 철도회사인 도이체 반Deutsche Bahn, DB에서는 자전거 여행자들을 위해 반 & 바이크Bahn & Bike열차도 운행하고 있다.

●**작센주 전통 케이크 아이어쉐케와 쿠아르크코울첸 맛보기** 독일 최초의 커피바가 작센주의 라이프치히에서 생겼고, 독일에서 커피를 마실 때 케이크를 처음으로 곁들여 먹은 이들이 바로 작센 사람들이었다. 그래서인지 작센에서는 커피와 곁들여 먹는 다양한 종류의 케이크와 빵, 페이스트리 등이 눈에 띈다. 대표적인 케이크로 아이어쉐케Eierschecke, 쿠아르크코울첸 Quarkkeulchen, 드레스드너 슈톨렌Dresdner Stollen 등이 있다. 아이어쉐케는 3겹으로 만들어진 케이크로 제일 위층은 휘저은 계란과 버터, 설탕으로 만들어지고, 중간층은 바닐라 쿠아르크Quark로 속을 채운다. 쿠아르크는 독일산 저지방 치즈이다. 제일 바닥층은 달콤한 이스트 반죽이다. 쿠아르크코울첸은 작센주의 특별한 케이크로 달콤하고 평평한 덤플링이다. 버터나 기름으로 후라이팬에서 튀긴다. 재료 구성은 2/3는 삶은 감자, 1/3은 독일산 저지방 치즈인 쿠아르크이다. 쿠아르크코울첸은 전통적으로 시나몬 설탕을 위에 뿌려서 사과 소스, 커피와 함께 먹는다.

1 기암괴석 속에 숨어 있는 쾨니히슈타인 요새는 작센 스위스의 특별한 볼거리이다.
2 작센 스위스에서 내려다보는 엘베강과 주변의 산악 지대

경이로운 자연을 마주하는 곳 10

Alpe di Siusi

돌로미티 산맥의 푸른 관문 알페 디 시우시

| **위치** | 이탈리아 북동부 알페 디 시우시

| **교통** | 알페 디 시우시에 가려면 일단 이탈리아 북부에 있는 볼차노Bolzano로 올라가야 한다. 이탈리아 주요 도시에서 기차를 이용해 볼차노까지 이동한 후 볼차노 시외버스터미널에서 시외버스를 타고 갈 수 있다. 기차 노선은 없다. 베니스에서 볼차노까지는 베로나에서 1회 환승을 해서 3시간 40분 정도, 베로나에서 볼차노까지 직행으로 1시간 30분 정도 걸린다. 볼차노에서 알페 디 시우시까지는 시외버스로 1시간 정도 걸린다.

알프스 산맥의 끝자락인 이탈리아 북동부의 돌로미티 산맥The Dolomite은 해발 3,000m 이상인 봉우리가 18개가 있을 정도로 이탈리아 산악 지대를 대표하는 곳이다. 특히 가파른 수직의 절벽과 폭이 좁고 깊은 계곡이 특징인 돌로미티 산맥은 세계에서 가장 아름다운 산악 경관으로 유명하다. 석회암 성분의 붉은빛을 띤 돌로마이트dolomite라는 독특한 암석으로 이루어진 돌로미티는 기묘한 형상의 침봉들과 깨끗한 계곡, 잘 보존된 숲, 드넓은 초록의 목초지를 갖추고 있으며, 독특한 티롤의 문화 향기가 넘쳐 난다. 돌로미티에는 휴양객들을 위한 모든 것이 갖춰져 있다. 여름에는 세계 최고의 자연 속을 하이킹을 하거나 등산을 할 수 있고, 겨울에는 잊을 수 없는 스키 슬로프가 되고, 크로스 컨트리 슬로프로 변신한다. 유네스코 세계자연유산이기도 한 이곳은 역사적, 지리적, 신화적으로 다양한 아름다움을 가지고 있다.

1 돌로미티 산자락에 있는 알페 디 시우시의 초원은 하이킹을 하기에 좋다.
2 어린이와 노약자를 동반한 가족들은 마차를 타고 여유롭게 산길을 오른다.

사계절 내내 여행자들로 붐비는 시우시

청정한 돌로미티 산맥의 관문이 바로 알페 디 시우시^{Alpe di Siusi, Seiser Alm}이다. 남부 티롤^{Südtirol}의 볼차노-보첸 지역에 속한 알페 디 시우시는 유럽에서 가장 높은 고도에, 가장 큰 규모로 펼쳐진 초원이다. 세계의 모든 고원 산악 지대 중에서 단연 최고의 고원으로 자타가 공인한다. 해발 2,000m나 되는 높은 곳에 무려 그 넓이가 축구장 8천 개의 크기에 이르는 평평한 초원이 끝도 없이 펼쳐진다. 배낭을 짊어진 하이킹족들, 튼튼한 MTB를 타고 업힐하는 바이커^{biker}들, 돌로미티의 높은 봉우리를 오르는 등산가들이 시우시의 곳곳을 활기차게 누비고 다닌다.

작고 아담한 시우시^{Siusi} 마을 뒤편에 케이블카 승강장이 있다. 케이블카를 타고 숲 위를 지나 작은 마을 콤파치오^{Compaccio, Compatsch}에서 내린다. 스위스의 융프라우 지역처럼 알페 디 시우시에는 다양한 하이킹 코스와 케이블카 노선들이 곳곳에 뻗어 있다. 2,000m가 넘는 높은 봉우리까지 이어 주는 케이블 노선도 몇 군데나 있다. 대부분의 여행자는 콤파치오에서 출발해 산트너^{Santner}를 거친 후 라우린^{Laurin}으로 이어지는 가벼운 하이킹 코스를 즐긴다. 관광객을 실은 마차들과 MTB를 타고 업힐하는 자전거 여행자들이 이따금씩 스쳐간다. 숨을 쉴수록 가슴 속이 맑아지고, 일상의 스트레스로 지끈거리던 머릿속은 눈앞에 펼쳐지는 초록 풀밭과 푸른 하늘 덕분인지 상쾌해진다.

해발 2,009m의 파노라마^{Panorama} 정상으로 향하는 길에 저 멀리 돌로미티에서 가장 높은 해발 3,343m의 마르몰라다^{Marmolada, Punta di Penia} 산이 만년설에 덮인 채 솟아 있다. 뒤로는 테라로사^{Terrarossa} 산등성이와 이어진 쉴르야르^{Sciliar}의 산꼭대기가 지평선과 평행하게 이어지다가 갑자기 수직으로 깎아지른 산트너^{Santner}의 첨봉이 된다. 돌로미티 봉우리들의 장엄한 형상을 보고 어떤 이는 '자연이 빚어 낸 대성당'으로 비유했다. 너무나 웅장해서 유서 깊은 고딕식 첨탑의 대성당 같다는 것이다.

쉴르야르산을 지키는 마녀들

알페 디 시우시의 초록 고원 지대에서 단연 우뚝 솟은 쉴리야르산은 남부 티롤의 상징이다. 또한 입에서 입으로 전해지는 마녀 이야기와 수많은 전설에 단골로 등장하는 신비로운 곳이다. 쉴르야르산의 평평한 산등성이는 빗자루를 타고 각지에서 몰려온 마녀들의 만남의 장소라고 한다. 쉴리야르는 신화적이고 전설적인 존재들로 가득 차 있다. 들에 사는 난쟁이이자 숲의 정령인 살반스Salvans, 맑은 샘에 살며 물로 모든 종류의 병을 치료할 수 있는 물의 정령 간네스Gannes 등 수많은 전설 속 존재가 이곳에 있다. 대자연과 어린 아이들을 사랑하며 다람쥐로 변신하기도 하는 선량한 마녀 마르타Martha는 단연 인기이다. 숲을 산책하며 신선한 공기를 마시고, 꽃, 새, 동물들과 대화를 나눈다는 마르타. 그녀가 돌로미티 숲의 아름다움을 경험하면서 선하고 매력적인 품성의 마녀로 변화되었다고 사람들은 믿는다.

알페 디 시우시의 자연은 이렇게 모나고 못된 심성도 유순하고 매력적인 영혼으로 만드는 힘이 있다. 어쩌면 쉴르야르산의 신화는 아무리 악하고 거친 마음의 소유자라도 돌로미티의 자연 속에서 치유와 정화의 힘을 얻고 선량한 영혼으로 변화될 수 있다는 믿음인지도 모른다.

겨울에는 흰눈으로 뒤덮힌 스키장으로 변신한다.

마녀들이 모인다는 전설이 내려오는 독특한 형상의 쉴르야르산

● **알페 디 시우시 여행하기** 알페 디 시우시 주변으로 둘러볼 만한 작은 마을이 많다. 특히 케이블카 승강장이 있는 시우시 마을 인근에 있는 카스텔로토Castelrotto, 피에 알로 쉴르야르Fiè allo Sciliar, 티레스 알 카티나치오Tires al Catinaccio 등은 매력이 넘친다. 지역 전통음식과 문화를 즐길 수 있다. 알페 디 시우시는 여름철에는 하이킹, 등산, MTB를 즐기기에 좋으며 겨울에는 스키와 스노보드 천국이다. 알페 디 시우시는 시우시 마을에서 출발하는 케이블카로 손쉽게 접근할 수 있으며 주변 마을들은 현지 버스들을 이용하면 된다.

● **전통 빵인 슈텔브로트 맛보기** 슈텔브로트Schüttelbrot는 알페 디 시우시 근교인 푈스 암 슈레른Völs am Schlern, 피에 알로 쉴르아르Fiè allo Sciliar의 전통 빵이다. 특히 티롤 남부 지역의 전통 빵으로 지역마다 조금씩 맛과 외형의 차이는 있지만, 납작하고 바삭하며 호밀가루와 알프스에서 나는 향신료를 이용해 만들어진다. 주로 오후 간식으로서 전통적으로 치즈나 베이컨과 함께 먹는다. 슈텔브로트의 도우반죽는 굽기 전에 많이 휘저어서 이 빵의 특징인 얇은 패티를 만들어야 한다. 구운 후에는 금방 굳어져서 오래 보관할 수 있다는 장점이 있다. 이 때문에 남부 티롤의 산악 지대 오두막에서 사는 주민들이 오래 보관해 두고 먹을 수 있었다고 한다.

● **건초 목욕 즐기기** 건초 목욕Hay Bath은 알프스와 같은 산악 지대에서 발달한 체험이다. 농부들이 수확한 건초를 모아서 침대처럼 건초 더미를 쌓고, 그 위에서 잠을 자거나 휴식을 취하면 놀랍게도 피로가 풀린다. 예전에는 가을 수확기에만 가능했지만 이제는 사시사철 건초 목욕이 가능하다. 알페 디 시우시와 주변 마을에 있는 많은 호텔이 전통적인 방식에 기초한 건초 목욕 상품을 제공하고 있다. 알페 디 시우시의 넓은 초원에서 수확한 건초에는 타임Thyme, 아니카Arnica, 실버위드Silverweed, 용담Gentian과 같은 의료적인 효과가 있는 온갖 허브가 포함되어 있다. 체온 때문에 건초에서 온갖 활성 성분이 배출된다. 이 좋은 성분들이 피부나 호흡을 통해 건초 목욕을 즐기는 사람에게 흡수됨으로써 우리 몸에 좋은 영향력을 발휘한다.

Part.6
역사 속 인물을 만나는 곳 10

01 **스위스** 아인슈타인에게 행복을 안겨 준 도시 베른 | 02 **체코** 체코의 영웅 지스카 장군의 도시 타보르 | 03 **독일** 괴테와 바흐가 예술을 키운 라이프치히 | 04 **프랑스** 고흐가 잠든 오베르 쉬르 우아즈 | 05 **이탈리아** 제임스 조이스의 피난처 트리에스테 | 06 **스위스** 바이런이 시를 음미한 레만 호숫가의 시용 성 | 07 **오스트리아** 불꽃 같이 살다 간 모차르트의 잘츠부르크 | 08 **폴란드** 레닌 조선소의 전기공 바웬사가 지켜 낸 그단스크 | 09 **스페인** 천재 건축가 가우디가 꿈꾸던 바르셀로나 | 10 **스위스** 프레디 머큐리가 사랑한 레만 호숫가의 몽트뢰

역사 속 인물을 만나는 곳 01

Bern

아인슈타인에게 행복을 안겨 준 도시 베른

| **위치** | 스위스 중심부 베른

| **교통** | 스위스의 중심부에 위치해 있으며 스위스 연방의 수도로서 국내선과 국제선 철도 노선이 잘 연결되어 있어서 열차로 손쉽게 갈 수 있다. 취리히에서 1시간, 제네바에서 2시간, 인터라켄에서 50분 정도 걸린다. 파리에서는 리용역에서 제네바 또는 바젤에서 1회 환승하면 4~5시간 정도 소요된다. 이탈리아 밀라노에서는 직행으로 3시간 정도 걸린다. 베른에는 작지만 국제공항인 베른–벨프Bern-Belp, BRN 공항이 있어 유럽의 주요 도시들과 연결된다. 공항은 베른 남동쪽으로 9.5km 떨어져 있다.

베른은 1983년에 구시가 전체가 유네스코 세계문화유산으로 지정되었을 정도로 아름다운 구시가를 품고 있다. 베른주의 주도이자 스위스의 수도인 베른은 1191년에 체링겐Zähringen가家의 공작 베르톨트 5세Berthold V에 의해 세워졌다. U자형으로 구시가를 감싸고 흐르는 아레강은 적들의 침입으로부터 보호해 주는 역할을 하며 베른을 난공불락의 도시로 만들어 주었다.

건물 전체에 회랑형 석조 아케이드를 만들어서 오늘날까지도 15세기의 원형 그대로 도시의 모습이 유지되고 있다. 유럽에서 가장 긴 6km에 이르는 석조 아케이드는 비나 눈이 내려도 젖을 걱정 없이 구시가 곳곳을 자유롭고 편안하게 돌아볼 수 있게 해 준다. 스위스에서 첫째로 손꼽히는 관광도시답게 스위스 국가 중요 유산Swiss heritage sites of national significance이 114개에 이를 정도로 풍요로운 문화유산이 가득하다.

아레강을 가로지르는 운치 있는 다리와 구시가 곳곳에 세워진 개성 있는 분수, 베른이라는 지명의 유래이기도 한 곰들이 여행자들의 사랑을 듬뿍 받고 있다. 분수의 나라 스위스답게 베른에는 100개가 넘는 분수가 있어 다 찾기 힘들 정도이다. 특히 구시가 곳곳에 다양한 이야기와 주제가 담긴 8가지의 분수가 숨어 있다. 베른 구시가 여행의 아름다움은 중세 시대부터 내려오는 분수들로 완성된다고 말해도 과언이 아니다.

베른은 2012년에 미국의 컨설팅 회사인 머서Mercer가 발표한 〈세계 최고의 삶의 질을 가진 도시 Best 10〉에 들기도 했다. 아레강이 U자형으로 감싸고 도는 베른 구시가의 아케이드 거리를 통과해서 아레강 건너 장미정원Rosengarten 언덕에 오르면 멀리 베르너 오버란트Berner Oberland의 만년설 덮인 알프스 고봉들이 보인다.

아인슈타인이 가장 행복하게 머물던 곳

유서 깊은 이 도시에 머물다 간 수많은 유명인사 가운데 가장 유명한 인물이 바로 세계적인 물리학자 알버트 아인슈타인Albert Einstein, 1879~1955이다. 아인슈타인은 1902년부터 1909년까지 베른에 머물던 시기를 자신의 인생에서 가장 행복하고 풍요로운 시절이었다고 고백했다. 학문적으로나 가족사적으로 그는 가장 보람되고 행복한 시절을 이곳 베른에서 보냈다. 베른은 그의 학문적 경력의 독특한 출발점이 되었다. 그가 베른에 체류하던 1905년은 그의 인생에서 '아누스 미라빌리스Annus Mirabilis'라고 불린다. '기적의 해', '경이로운 해'라는 의미이다.

베른에 머물던 시기는 그의 과학적인 노력에 있어서 가장 창조적인 시기였다. 처음엔 그의 이론들이 회의적으로 받아들여졌지만 현재는 그의 이론이 없이는 물리학이 지탱할 수 없을 정도이다. '절대적인 진리'와 '인식의 한계'를 밝힌 상대성 이론은 그의 최고의 업적이다. 베른에서 그는 학문적으로 인정을 받으며 최고의 이론들을 만들어 갔고, 아내와 자녀들과 함께 행복한 시절을 누렸다.

1 웅장한 위용을 드러내는 대성당은 베른의 랜드마크이다. 2 유럽에서 가장 긴 석조 아케이드와 천문시계, 분수로 가득한 베른의 야경 3 니덱 다리에서 바라본 아레강과 베른 구시가의 아름다운 풍경

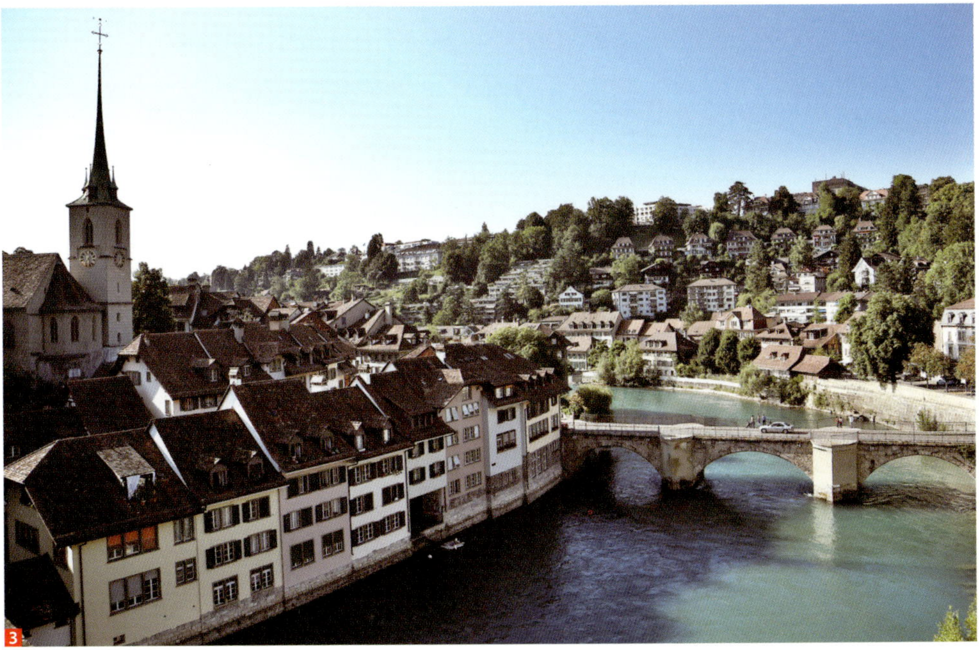

아인슈타인과 그의 가족이 실제로 살았던 집은 구시가의 중심인 크람가세Kramgasse 49번지에 있다. 베른의 상징이기도 한 시계탑Zytglogge에서 조금만 걸으면 나온다. 이곳에서 그는 아내 밀레바Mileva, 아들 한스 알버트와 함께 행복한 시절을 보냈다. 1905년에 아인슈타인은 『아누스 미라빌리스 페이퍼스Annus Mirabilis Papers』라는 논문을 발표했다. '기적의 해Annus mirabilis'라는 뜻을 지닌 이 논문에서 그는 일반 물리학자들이라면 평생을 바쳐야 겨우 이룩할 만한 엄청난 이론을 3개나 발표했다. 그것은 바로 노벨상을 수상하게 된 이론이자 양자역학의 기초인 광양자 이론, 브라운 운동 이론 그리고 마지막으로 특수 상대성 이론이다. 베른의 바로 이 집에서 당시 과학계를 뒤집어엎은 놀라운 업적이 만들어졌다. 그가 살다간 이 집의 1층은 현재 카페로 운영 중이며 2층에는 그 당시의 문서와 사진, 가구들이 전시되어 있다. 3층에서는 아인슈타인의 삶을 보여 주는 영상을 상영하고 있다.

1층 카페에 앉아 에스프레소 한 잔을 주문하고 창가 자리에 앉아 베른 구시가를 내다보며 상념에 잠겨 보아도 좋다. 그가 살던 집은 이제 아인슈타인 하우스로 탈바꿈해서 그의 베른에서의 삶을 돌아보는 공간이 되었다. 아인슈타인 하우스 팸플릿에 적힌 문구가 인상적이다. 그가 베른에서의 삶을 추억하며 고백한 말이다.

'베른에서의 여러 해들, 그때가 참 좋은 시절이었다.Those were good times, the years in Bern'

아인슈타인 하우스 1층은
분위기 좋은 카페로 문을 열었다.

베른 구시가 곳곳에 위치한 분수들은 저마다 이름과 특징을 가지고 있어 구시가 여행의 작은 즐거움이다.

●**베른 여행하기** 구시가 중심부는 그리 크지 않으므로 도보로 충분히 돌아볼 수 있다. 걷기가 힘든 여행자들은 구시가 곳곳을 오가는 트램과 버스를 이용하면 편리하다. 베른 기차역 앞 광장에 트램과 버스가 정차하는 정류장이 있으며 이곳에서 베른 구시가와 주변 지역 대부분이 연결된다. 베른 기차역에서 구시가 관광의 중심인 시계탑Zeitglocken-turm과 마르크트가세Marktgasse까지 도보로 10분 거리이다. 트램과 버스는 시간을 정확히 지키며 정류장 전광판에 번호와 시간이 잘 표시되어 있다. 스위스패스 소지자는 무료로 이용할 수 있다.

아인슈타인 하우스 Einsteinhaus · **주소** Kramgasse 49 CH-3000 Bern · **전화** +41 (0)31 312 00 91(Fax. +41 (0)31 312 00 41) · **이메일** aeg@einstein-bern.ch · **홈페이지** www.einstein-bern.ch 독, 영 · **시간** 12월말~1월 휴관, 2월부터 오픈 월~토요일 10:00~17:00, 일요일 휴관 · **요금**: 성인 6유로, 학생·아동·노인 4.5유로

●**베르너 플라테 맛보기** 베르너 플라테Berner Platte는 '베른의 접시'라는 베른주의 전통 향토 요리로, 여행자들에게 사랑받는 음식이다. 주로 겨울철 농가에서 먹던 풍성한 가정식 요리이다. 열량이 많이 필요한 베른의 농부들이 즐겨 먹었다고 한다. 주재료는 다양한 고기와 소시지 등이며 삶은 감자, 순무 피클, 식초에 절인 양배추 등과 함께 커다란 접시에 담아낸다.

●**헤이즐넛 진저브레드 맛보기** 베른 헤이즐넛 진저브레드Bernese Haselnusslebkuchen는 전형적인 진저브레드의 재료를 많이 포함하고 있지 않아 엄밀히 말하면 진정한 진저브레드는 아니다. 베른의 진저브레드는 시나몬이 주된 특징이다. 밀가루나 물도 들어가지 않는 대신에 베른 진저브레드의 페이스트리는 향이 좋은 헤이즐넛 가루 반죽과 설탕과 계란 흰자로 만들어진다. 이 외에도 베른에는 다양한 전통 쿠키가 있다. 헤이즐넛으로 만들어지는 달콤한 마이트쉬바이Meitschibei 비스킷, 주로 베른주에서 디저트로 즐겨 먹는 휘핑 크림인 메링게Meringue, 매년 11월에 열리는 양파 시장Zibelemärit과 관련된 전통 양파 타르트Zibelechueche 등이 베른의 별미이다.

역사 속 인물을 만나는 곳 02

Tábor

체코의 영웅 지스카 장군의 도시 타보르

| **위치** | 체코 중남부 타보르

| **교통** | 타보르는 프라하에서 남쪽으로 체스키 부데요비체České Budějovice 가는 길에 있다. 프라하에서 90km 거리에 있다. 프라하에서 타보르까지 매일 운행하는 직행버스로 1시간 30분~1시간 45분 정도 걸린다. 타보르 버스정류장에서 구시가까지는 도보로 15분 정도 걸린다. 프라하에서 타보르까지 기차로는 1시간 30분 정도 소요된다.

자신의 신념을 지키기 위해 세상과 타협하지 않고 끝까지 저항하며 스스로를 지켜 낸다는 것은 쉬운 일이 아니다. 특히 권력을 가진 강자들에게 맞서서 최후까지 자신의 가치관을 지켜 낸 이들이 만들어 낸 역사는 오래도록 기억되어야 한다. 중세 시대 종교의 타락에 맞서 올바른 신앙을 위해 싸운 후스파의 후예들과 체코 구국의 영웅 지스카 장군이 최후의 보루로 삼은 한 도시가 체코 남부 보헤미아 땅에 있다. 미로처럼 복잡한 골목길은 적들을 막아 내고 최후까지 싸우기 위한 나름의 도시 설계였다. 아픈 역사를 지닌 곳이지만 풍경은 아름답기만 하다.

당시 중세 유럽은 카톨릭의 부패와 타락이 극심한 암흑기를 겪고 있었다. 독일의 마르틴 루터보다 앞서 체코에는 위대한 종교개혁자 얀 후스Jan Hus, 1372~1415가 있었다. 그는 어려운 라틴어가 아닌 일반 대중들이 알아듣기 쉬운 체코어로 설교를 했고, 당시 부정부패한 로마 카톨릭을 비판하다가 교황 요한 23세에 의해 교회로부터 파문을 당했다. 심지어 콘스탄츠Konstanz 공의회의 결정에 따라 1415년에 화형에 처

1 코트노프 성탑에 오르면 타보르의 붉은 지붕과 성당의 종탑이 어우러진 그림 같은 풍경이 펼쳐진다. 2 중세의 타보르 모형은 예나 지금이나 변함없는 모습을 보여 준다. 3 타보르 마을 외곽으로는 푸른 자연 속에 아기자기한 집들이 숨어 있다.

해졌다. 불의에 항거한 그의 불꽃같은 신앙과 정열은 그의 추종자들에 의해 계속 이어졌으며 그들은 후스파Hussite로 불리게 되었다.

보헤미아의 후스 추종자들은 카톨릭의 혹독한 박해를 피해 프라하에서 남쪽으로 90km 떨어져 있는 타보르로 몰려들었다. 이곳에 몰려든 과격하고 열정적인 후스의 추종자들은 타보르파로 그 명성을 떨치게 되었고, 자연히 타보르는 그들의 신앙을 지키기 위한 요새이자 성지가 될 수밖에 없었다. 도시 외곽을 휘감고 돌아가는 강이 해자의 역할을 하며 높은 언덕은 성벽의 역할을 해서 타보르는 지형 그 자체로 하나의 완벽한 성이자 요새의 모습을 하고 있다. 티스메닉키Tismenicky강과 루즈니체Luznice강이 합류하는 높은 곳에 마을이 솟아 있다.

타보르의 영웅 지스카 장군

기차역 맞은편의 공원을 가로질러 레스토랑과 상점, 호텔들이 늘어선 신시가의 번화가를 지나서 교차로를 건너면 갑자기 길이 좁아진다. 이 프라즈스카Prazska 거리를 따라 똑바로 걸어가면 어느 순간 시야가 탁 트이면서 드넓은 광장이 나타난다. 이 광장이 바로 타보르의 중심 지스카 광장Zizkovo nam. esti이다. 체코 역사상 가장 위대한 영웅이자 타보르를 세운 얀 지스카Jan Zizka, 1370~1424의 이름을 딴 이 광장의 중심에는 카리스마 넘치는 지스카의 동상이 우뚝 서서 낯선 여행자들을 압도하듯 내려다보고 있다. 후스 전쟁 중에 로마 제국의 황제 지그문트Sigmund가 파견한 십자군을 수차례나 물리쳐서 체코의 구국 영웅으로 떠오른 인물이다.

사실 그때 그의 나이가 60세였고, 한쪽 눈이 먼 상태였다. 설상가상으로 그의 부하들은 훈련받은 군인이 아니라 전투에 미숙한 농부들이었다. 하지만 그는 우월한 전략과 농기구를 무기로 활용하는 창의적인 방법으로 강력한 로마군을 수차례나 패퇴시키며 위기에 빠진 체코를 구했다. 두 눈의 시력을 다 잃고 난 뒤에도 사망할 때까지 최고사령관으로서 로마에 맞서 싸웠다. 2005년에 체코 공화국은 체코 역사상 가장 위대한 5대 인물 중 한 명으로 지스카 장군을 선정하기도 했다. 그가 세운 타보르는 자연적인 지형 자체가 하나의 요새와도 같아서 웬만해서는 외부의 적이 틈을 찾기 힘든 지형적 이점을 가지고 있다. 모든 길이 좁게 형성되었고, 대부분 갈고리처럼 구부러졌다. 이는 이 도시를 적으로부터 지키고 방어하기 위해 전략적으로 미로처럼 건설했다는 것을 말해 준다. 단순히 도시의 외적인 모습만 보는 것은 진정한 여행이 아니다. 여행지의 과거 속에 흐르고 있는 역사 속 인물의 치열했던 삶도 마음의 눈으로 보아야 한다.

발걸음은 자연스레 타보르에서 반드시 들러야 할 코트노프 성^{Kotnov Hrad} 으로 향한다. 삐걱거리는 나무 계단을 밟고 성탑의 꼭대기로 올라간다. 푸른 대자연이 뿜어내는 시원한 바람이 불고, 타보르를 둘러싼 성벽은 마치 아기를 감싸 안은 어머니의 팔처럼 부드러우면서도 강하다. 성벽 바깥으로 천혜의 요새답게 깊은 절벽이 있고 그 아래로 강이 흐른다. 붉은 지붕의 마을 바깥으로는 낮고 푸르른 들판이 부드럽게 지평선까지 달려간다. 고개를 돌리면 지스카 광장 북쪽의 그리스도 변용교회를 정점으로 하여 타보르의 중세 주택들의 붉은 지붕이 길게 이어진다. 타보르인들의 삶의 중심은 끝까지 지키려 했던 신념이자 신앙이었고, 그건 바로 자유의 또 다른 표현이다. 자유가 없는 믿음은 그들에게 진정한 믿음이 아니었다. 노을 지는 타보르의 붉은 지붕 위로 어디선가 애드벌룬 하나가 높이 떠올라 자유로운 새처럼 동쪽으로 날아가는 모습이 여행자를 상념에 젖게 만드는 곳이다.

● **타보르 여행하기** 타보르 기차역에서 구시가 중심인 지스카 광장까지는 도보로 20분 정도 걸린다. 구시가의 미로 같은 골목길을 돌아볼 때는 지스카 광장, 코트노프 성, 그리스도 변용교회 등 랜드마크를 기억해 두고 방향을 잡으면 된다. 코트노프 성 전망대에서 보는 구시가 전망이 아름다우며, 강 건너편 언덕 위의 밀밭에서 바라보는 타보르의 전경도 무척 아름답다. 가벼운 산책 삼아 돌아보기를 권한다.

● **보헤미아 전통요리 스비치코바 나 스메타나 맛보기** 체코의 전통요리들은 주로 육류를 주재료로 한다. 돼지고기가 가장 흔히 이용되며 모든 고기 소비의 절반 이상을 차지한다. 이 외에도 소고기, 송아지고기, 닭고기가 인기 있다. 스비치코바 나 스메타나^{svíčková na smetaně}도 돼지고기혹은 소고기를 이용한 요리이다. 나 스메타나^{na smetaně}는 크림을 의미한다. 당근과 파슬리 뿌리, 셀러리악^{celeriac} 등으로 만들어진 크림소스를 곁들인 등심 요리이다. 이 요리는 주로 전통 빵인 크네들리키^{knedlíky}와 함께 제공된다.

● **전통 팬케이크 브람보라키 맛보기** 브람보라키^{Bramboráky}는 갈아 낸 생감자, 밀가루, 당근 혹은 양배추로 만들어진 뢰스티와 유사하며 기름에 구운 팬케이크의 일종이다. 허브의 일종인 마조람^{marjoram}, 소금, 후추, 마늘 등으로 양념이 된다. 메인 요리로 먹기도 하지만 작은 크기의 브람보라키는 사이드 디쉬로 제공되기도 한다. 지역에 따라 츠문다^{cmunda} 혹은 보쇼유흐^{vošouch}라고도 불린다.

1 타보르 전경을 보기 위해서는 강을 건너 맞은편 밀밭에 오르면 된다.
2 늦은 오후, 타보르를 감싸고 흐르는 강에 비친 반영이 은은한 아름다움을 뽐낸다.

역사 속 인물을 만나는 곳 03

Leipzig

괴테와 바흐가 예술을 키운 라이프치히

| **위치** | 독일 동부 라이프치히

| **교통** | 라이프치히는 중부 유럽의 교통의 요지여서 다양한 교통편을 갖추고 있으며 접근하기에 편리하다. 라이프치히 중앙역은 유럽에서 가장 큰 기차역으로 유명하다. 독일의 주요 도시와 연결된다. 베를린은 1시간 20분, 프랑크푸르트는 3시간 30분, 뮌헨은 4시간 30분, 드레스덴은 1시간 30분 소요된다. 라이프치히/할레 공항은 라이프치히 중심부에서 22km 북서쪽에 있다. 독일 동부에서 베를린 다음으로 큰 공항이다. 유럽의 주요 도시와 항공편이 연계되어 있다.

중부 유럽의 교통의 요지이자 중세부터 상업도시로서 발전한 라이프치히는 문학과 음악의 도시이기도 하다. 《젊은 베르테르의 슬픔》, 《파우스트》 등 수많은 불후의 명작을 남긴, 독일의 세계적인 대문호 괴테가 대학 생활을 하며 작품을 구상한 곳이다. 또한 음악가 바흐가 여생을 보낸 도시로서 문학과 예술적 향기가 가득하다. 15세기에 시작된 무역박람회로 인해 유럽 각지로부터 많은 상인이 이 도시로 몰려들었다. 그때의 번영을 나타내듯 파사주^{아케이드}가 있는 건물이 많다. 특히 메들러 파사주^{Mädler Passage}는 다양한 가게와 카페가 들어서 있어서 색다른 즐거움을 선사해 준다. 18세기에는 고전문학운동의 중심지로서 '작은 파리^{Klein Paris}'라는 별명을 얻기도 했다. 이 도시에는 괴테의 단골 술집이자 파우스트의 무대가 되었던 술집 '아우어바흐 켈러^{Auerbachs Keller}'가 있다. 무려 1525년에 처음 문을 열어서 현재까지도 운영되고 있는 라이프치히의 관광 명물 중 하나이다.

독일 평화의 상징, 니콜라이 교회

라이프치히에서 반드시 방문해야 할 곳이 바로 니콜라이 교회Nikolaikirche이다. 냉혹한 공산 정권 체제하에서 평화 기도회를 통해 독일 통일의 출발점이 된 곳이 바로 이곳이다. 1980년대 초 라이프치히 젊은이들을 중심으로 매주 월요일에 평화 기도회월요데모, Montagsdemonstrationen와 촛불 집회가 열렸다. 그때마다 이 '불법모임'을 없애기 위해 동독 경찰들이 니콜라이 교회 앞마당을 포위했고, 특히 평화 기도회 시간에는 통행을 금지시키고 많은 사람을 체포해서 끌고 갔다. 하지만 라이프치히의 '평화의 기도'와 촛불 집회는 동서독의 분단 역사가 막을 내리는 계기가 되었고, 1990년 10월 3일 결국 베를린 장벽이 무너졌다. 교회 앞 광장에는 평화를 상징하는 종려나무 기둥 하나가 우뚝 서 있다.

니콜라이 교회만큼 유명한 교회가 성 토마스 교회Thomaskirche이다. 이 교회는 예수의 열두 제자 중 한 명인 도마토마스의 유해를 모시고 있는, 독일 교회사에서 결코 빼놓을 수 없는 곳이다. 그리 화려하지 않은 이 교회에서 음악의 아버지 요한 세바스찬 바흐Johann Sebastian Bach, 1685~1750가 1723년부터 1750년에 사망할 때까지 오르가니스트 겸 합창단 지휘자로 활동을 해서 더욱 특별하다. 그는 라이프치히에서 살 때 초기 3년 동안 작곡했던 자신의 칸타타를 성 토마스 교회에서 공연했다. 바흐는 라이프치에서 무려 300곡 이상의 칸타타를 작곡했다.

하지만 안타깝게도 바흐의 건강은 1749년에 급격히 악화되어 결국 그해 7월, 65세의 나이에 사망했다. 당시 지역신문은 사망의 원인으로 '매우 성공적이지 못한 안과 수술로 인한 불행한 결과'라고 보도하기도 했다. 하지만 현대 역사가들은 사망의 원인이 폐렴으로 인한 뇌졸중이라고 추측한다. 바흐는 라이프치히의 성 요한 묘지에 묻혔는데, 거의 150년 동안 아무런 표시도 하지 않고 방치했다가 1894년에 그의 관을 찾아 성 요한 교회의 지하 납골당으로 옮겼다. 그런데 그 건물은 제2차 세계대전 중에 연합군의 폭격으로 파괴되었다. 그래서 1950년에 마침내 바흐의 유해는 그가 오르가니스트 겸 합창단 지휘자로 일했던 성 토마스 교회의 현재 묘지로 옮겨졌다.

1 독일 통일의 계기가 된 성 니콜라이 교회의 내부 2 성 니콜라이 교회 내부에 있는 바흐의 흉상 3 성 니콜라이 교회에는 지금도 평화를 염원하는 촛불이 꺼지지 않고 있다.

1 성 토마스 교회 내부에 있는 바흐의 묘지 2 나무 십자가에는 가족들과 사랑하는 이들을 위한 기도 쪽지들이 붙어 있다. 3 라이프치히는 파사주로 이루어진 도시라고 해도 과언이 아니다.

교회 안으로 들어서면 교회 바닥에 1950년에 이곳으로 옮겨진 바흐의 묘가 눈에 띈다. 누군가가 가져다 놓은 꽃다발이 불멸의 음악가에 대한 변함없는 사랑과 존경을 보여 준다. 이곳에서 27년의 삶을 살고 생을 마감한 위대한 음악의 아버지이자 바로크 음악의 거장 바흐를 추모하기 위해 라이프치히에서 매년 바흐 축제Bachfest가 열린다. 1904년에 처음 시작된 이 축제에서는 거의 100여 개의 행사가 열린다. 바흐 축제의 마지막 콘서트는 전통적으로 바흐가 라이프치히에서 작곡하고, 성 토마스 교회에서 처음 공연한 미사곡 〈B 단조Mass B in minor〉로 대미를 장식한다. 바흐의 천재성이 집대성된 이 전무후무한 미사곡이 라이프치히를 가득 채우며 바흐 축제는 끝이 난다. 드라마틱한 역사로 가득한 라이프치히, 바흐의 발자취를 따라가는 것만으로도 충분히 예술적인 영감이 흘러넘치는 곳이다.

● **라이프치히 여행하기** 라이프치히를 돌아보기에 가장 좋은 방법은 자전거를 이용하는 것이다. 라이프치히에는 강과 수로를 따라 자전거 도로망이 잘 갖춰져 있다. 자전거 도로는 종종 일반도로보다 아래쪽에 있기도 한데, 라이프치히의 자전거 고속도로 망을 형성하기도 한다. 가장 중요한 대중교통망은 트램이다. 대부분의 노선은 주간에는 10분마다, 야간에는 1시간마다 운행된다. 1일권을 구입하면 비용 면에서 훨씬 경제적이다. 라이프치히 카드Leipzig Card는 대중교통을 무제한 이용할 수 있으며 관광 명소들에 대한 할인 혜택이 있다. 1일권, 3일권 등의 종류가 있다. 구시가 중심은 도보로 다니기에 충분하다.

● **라이프치히 전통 빵 레르헤 맛보기** 라이프치거 레르헤Leipziger Lerche는 라이프치히 전통 페이스트리이다. 레르헤는 노래하는 새인 종달새Lerche에서 유래했는데, 이 종달새 고기가 원래 빵의 속 재료였다. 1720년 한 해에만 라이프치히에서 약 40만 마리의 종달새가 별미로서 거래되었다. 허브, 계란과 함께 구워져서 빵의 속 재료로 채워졌다. 하지만 이후 1876년 작센 왕 알버트 1세Albert I에 의해 종달새 사냥이 금지되었고 빵의 재료로 사용할 수 없게 되었다. 현재 레르헤는 부순 아몬드와 견과류, 체리의 혼합물로 속 재료를 만들고, 바삭거리는 과자로 구워 낸다. 체리는 종달새의 심장을 상징한다. 레르헤의 윗부분은 두 줄의 교차된 격자 무늬가 특징이다.

● **전통 채식 메뉴 라이프치거 알러라이 맛보기** 라이프치거 알러라이Leipziger Allerlei는 완두콩, 당근, 아스파라거스와 곰보버섯을 주재료로 한 독일 전통의 채식 메뉴이다. 지역마다 다양하게 변형된 형태가 존재한다. 전설에 따르면 이 요리는 나폴레옹 전쟁 후 라이프치히에서 발명되었다고 한다. 거지들과 세금 관리들이 고기가 없는 채식 메뉴를 보고서 이웃 도시로 떠나가기를 바라는 마음으로 온전히 채소만을 재료로 하는 음식을 제공했다는 이야기이다. 지금은 주로 사이드 메뉴로 제공된다.

역사 속 인물을 만나는 곳 04

Auvers-sur-Oise

고흐가 잠든 오베르 쉬르 우아즈

| **위치** | 프랑스 북서부 오베르 쉬르 우아즈

| **교통** | 파리 북역이나 생 라자르 역에서 기차를 타고 퐁투아즈Pontoise까지 간 후, 페라장 보몽Persan-Beaumon행 기차로 갈아타고 오베르 쉬르 우아즈역Gare Auvers-sur Oise에 내리면 된다. 파리에서 퐁투아즈까지 30~40분, 퐁투아즈에서 오베르까지 13분 정도 걸린다. 퐁투아즈역에는 오베르 쉬르 우아즈행 기차 플랫폼을 안내하는 화살표 안내판이 있다. 대기 시간까지 1시간~1시간 30분 정도 소요된다. 주말토, 일과 공휴일에는 환승이 필요 없는 특별 직행열차가 파리 북역에서 운행되며 35분 정도 걸린다. 이 열차는 4월 첫째 일요일부터 10월 마지막 일요일까지 운행된다.

살아생전에 화가로서 너무나 불행했고 불우했던 한 남자가 마지막으로 불꽃 같은 열정을 불태우다가 스러져 간 곳이 파리 근교에 있다. 100여 년의 세월이 흐른 지금, 그는 세상 그 어떤 화가보다 많은 사랑을 받고 있다. 그는 바로 빈센트 반 고흐이다. 오베르 쉬르 우아즈는 그의 마지막 열정과 생명의 불꽃이 화려하게 빛나다가 석양처럼 스러져 버린 곳이다. 고흐가 마지막으로 바라본 풍경은 과연 어떤 빛과 명암과 색채를 지니고 있었을까?

오베르 쉬르 우아즈Auvers-sur-Oise는 파리 북서쪽으로 28km 떨어진 작은 시골 마을이다. 이곳은 고흐뿐 아니라 당대의 많은 화가가 사랑한 마을이었다. 19세기에는 폴 세잔Paul Cézanne, 1839~1906, 샤를 프랑수와 도비니Charles François Daubigny, 1817~1878, 카미유 피사로Camille Pissarro, 1830~1903, 장-밥티스트-카미유 코로Jean-Baptiste-Camille Corot, 1796~1875 등이 오베르 마을에서 살았거나 작업을 했고, 20세기에는 앙리 루소Henri

Rousseau, 1844~1910, 오토 프로인트리히Otto Freundlich 1878~1943 등이 이곳을 자주 찾았다. 분명 오베르는 화가들의 영감을 끄는 묘한 매력이 있음에 틀림없다. 하지만 이 모든 사람 중에서도 오베르 쉬르 우아즈와 떼려야 뗄 수 없는 인물이 바로 빈센트 반 고흐이다.

오베르에서 생을 마감한 고흐

오베르에서의 그의 삶은 정확히 69일이었다. 그리 길지 않은 시간 동안 그는 무려 70점의 작품을 그려 내는 초인적인 열정을 보여 준다. 파리 오르세 미술관에서 소장하고 있는 〈오베르의 교회〉, 고흐의 대표작이자 암스테르담의 반 고흐 미술관에서 소장 중인 〈까마귀가 나는 밀밭〉 등 주옥같은 작품이 이곳에서 그려졌다. 1890년 5월경, 고흐는 아를과 생레미Saint Remy에서의 생활을 접고 지친 몸과 영혼을 누일 수 있는 안식처를 찾아 오베르 마을로 들어왔다. 작은 마을답게 소박한 기차역을 나와 길을 따라가다 보면 왼편으로 오베르 시청사가 등장한다. 고흐의 그림 속 형태와 색채 그대로 변함없는 모습이다.

오베르 시청 앞에서 길을 건너 작은 골목으로 들어가면 오른편으로 담쟁이 잎이 무성한 건물이 등장한다. 담쟁이 벽 사이사이에 고흐가 그린 라부의 큰딸 아들린 그림 등의 복제화가 붙어 있다. 이곳이 바로 '반 고흐의 집Maison de Van Gogh'이라고 불리는 라부 여인숙이다. 3층에 있는 고흐의 방에 처음 들어서면 한 평도 채 안 되는 규모에 무척이나 놀란다. 또한 그곳에는 마치 야윈 고흐의 영혼처럼 작은 의자 하나만이 덩그러니 놓여 있다.

고흐의 집을 나와 골목길을 걸어서 오베르 교회를 향한다. 어떤 이는 고흐가 오베르를 선택한 이유가 이전 체류지인 남부 프로방스보다 그의 고향 네덜란드에 훨씬 가까웠기 때문이라고 한다. 고향에 대한 그리움을 담아내듯 고흐는 오베르의 구석구석을 자신의 화폭에 그려 냈다. 평소에 지나치던 오베르의 거리와 계단도 작품의 소재가 되었다. 차분히 걷다 보면 고흐가 그림을 그린 위치마다 놓여진 복제화 안내판을 볼 수 있다. 고흐가 바라본 오베르의 풍경을 그의 시선으로 바라볼 수 있다. 오베르의 계단 옆길로 조금만 걸어가면 오베르 교회 뒤편 계단이 나온다. 고흐의 그림 속에서는 동적인 이미지로 그려져 있지만, 실제로는 차분하고 곧은 인상을 준다.

1 고흐의 집에는 그의 뜨거웠던 열정처럼 붉은 꽃이 피어 있다. 2 고흐의 밀밭과 묘지로 향하는 경사진 길 3 오베르 성당 내부의 아름다운 스테인드 글라스

동생 테오와 나란히 있는 고흐의 묘지

오베르 마을 뒤편으로 조금 경사진 오르막길을 오른다. 고흐의 묘지와 밀밭으로 향하는 길이다. 오베르의 밀밭을 찾아 천천히 걸어가다 보면 마을 공동묘지가 나온다. 새파란 하늘을 이고서 크고 작은 묘비가 모여 있다. 마을 묘지의 한쪽 구석에 고흐와 그의 유일한 후원자이자 동생인 테오가 우애를 상징하는 담쟁이를 가득 덮은 채 나란히 잠들어 있다. 비석도 화려하지 않고 어떤 장식도 없다. 그냥 낡은 묘비에 빈센트 반 고흐라고 쓰여 있을 뿐이다.

그가 죽은 후 100년이 훨씬 넘은 지금도 여전히 그의 자살에 대해 많은 의문이 제기되고 있다. 소식을 듣고 파리에서 한달음에 달려온 테오에게 고흐는 "슬픔은 끝이 없다."라는 말을 남기고 운명한다. 형을 전폭적으로 지지하고 사랑한 동생 테오도 6개월 후 정신이상으로 사망한다. 테오의 아내가 형제의 우애를 생각하여 네덜란드에서 오베르로 테오의 묘를 이장해 와서 지금은 두 형제가 나란히 오베르 하늘 밑에 누워 있다. 묘지 뒤편으로 끝없는 밀밭길이 펼쳐져 있다.

오베르는 이 지상에서 가장 위대하고 열정적인 화가 고흐가 머물렀던 마지막 생의 장소였고, 이제는 영원한 안식처이기도 하다. 고흐의 숨결과 손길이 곳곳에 남아 있는 오베르는 깊은 영감과 삶에 대한 성찰을 가져다주는 곳이다.

고흐의 그림처럼 아름다운 황금 밀밭이 푸른 하늘 아래 펼쳐진다.

이제는 영원한 안식 가운데 동생 테오와 나란히 잠들어 있는 고흐의 묘지

●**오베르 쉬르 우아즈 여행하기** 오베르 쉬르 우아즈는 마을 규모가 작아서 도보로 충분히 돌아볼 수 있다. 마을 곳곳에 고흐가 그림을 그린 장소마다 복제화 안내판들이 설치되어 있다. 작품 배경 장소들을 모두 살펴보려면 20곳 이상이나 된다. 기차역▶고흐 공원▶오베르 시청사▶고흐의 집▶오베르 교회▶고흐의 묘지▶〈까마귀가 나는 밀밭〉들판▶오베르 성 등의 동선으로 이동하면 전반적인 오베르를 살펴볼 수 있다. 인포메이션에 한국어 안내 지도도 있으므로 챙겨 가면 유용하다.

●**고흐의 집 1층 라부 여인숙 레스토랑에서 식사하기** 고흐가 오베르에서 체류하는 동안 머무르던 라부 여인숙 Auberge Ravoux 1층은 현재 레스토랑으로 인기가 높다. 고흐가 살았던 19세기 말의 느낌이 물씬 풍기는 우아한 테이블과 의자, 독특한 타일 느낌의 바닥 등이 운치가 있다. 엉트레로 비네그레트 드레싱을 한 양념에 재운 청어와 연어 Marinated Herring and Salmon with Potatoes en Vinaigrette를, 메인으로 훈제 연어와 소테 감자를 곁들인 라부 스타일의 7시간 익힌 양고기 Seven Hour Lamb Ravoux style with Sautéed Potatoes and Smoked Salmon slab를 추천한다. 부드러운 맛이 일품이다. 이외에도 다양한 메뉴가 있으니 입맛대로 고르면 된다. 후식으로 체리 클라부티 Cherry Clafouti를 추천한다. 클라푸티는 베이킹 그릇에 과일을 놓고 묽은 반죽을 부어 구워 내는 일종의 디저트이다. 다양한 종류와 좋은 품질의 와인 컬렉션도 갖추고 있다. 미리 예약을 하는 편이 좋다.

라부 여인숙 레스토랑 Auberge Ravoux(dite Maison de Van Gogh) ·**주소** Place de la mairie, 95430 Auvers-sur-Oise, France ·**전화** +33 (0) 1 30 36 60 60(Fax. +33 (0) 1 30 36 60 61) ·**이메일** info@vangoghfrance.com ·**홈페이지** www.maisondevangogh.fr 불, 영

역사 속 인물을 만나는 곳 05

Trieste

제임스 조이스의 피난처 트리에스테

| 위치 | 이탈리아 북동부 트리에스테

| 교통 | 슬로베니아 국경에 인접한 트리에스테는 베니스에서 기차로 2시간 정도 소요된다. 밀라노에서는 4시간 30분, 로마에서는 베니스 메스트레Mestre역을 거쳐서 6시간 정도 소요된다. 밀라노와 로마, 제노아에 국내선 항공편이 있으며 뮌헨, 런던, 버밍행 등 국제선도 연결된다. 트리에스테 북쪽으로 33km 떨어진 곳에 론치 데이 레지오나리Ronchi dei Legionari 국제공항이 있다. 공항에서 트리에스테까지 51번 버스가 운행된다. 공항에서 트리에스테까지 1시간 정도 소요된다.

아일랜드 소설가이자 시인인 제임스 조이스James Joyce, 1882~1941는 20세기 초 아방가르드avant-garde 문학을 대표하는 작가이다. 그는 《율리시즈Ulysses, 1922》, 《더블린 사람들Dubliners, 1914》, 《젊은 예술가의 초상A Portrait of the Artist as a Young Man, 1916》 등 뛰어난 작품을 많이 썼다. 그가 20대 초반에 아내인 노라 바나클Nora Barnacle과 함께 트리에스테를 찾았고, 여기서 15년을 살면서 단골 카페에 들러 글을 썼다.

이탈리아 북동부 끝자락 아드리아해와 슬로베니아의 국경선 사이에 트리에스테가 있다. 아드리아해를 앞에 두고 유럽 대륙을 등지고 선 지리적인 위치 때문에 트리에스테는 오랫동안 유럽의 중요한 항구도시로서의 역할을 해 왔다. 유럽에 최초로 아라비아커피가 소개되었고, 1933년에 프란체스코 일리Francesco Illy가 자신의 고향인 이곳에서 일리 커피를 창립했다. 비엔나풍의 건축물과 골목마다 늘어선 카페에서 풍기는 커피향, 아드리아해에서 불어오는 바닷바람이 묘한 흥분을 자아낸다.

사각형으로 시원스럽게 펼쳐진 이탈리아 통일 광장Piazza Unita d'Italia은 화려한 바

1 산 귀스토 성에서 내려다본 아드리아해와 트리에스테 전경
2 제임스 조이스가 거닐었을 낡은 골목길 사이로 오랜 세월이 흐른다.

로크풍의 건축물들로 둘러싸여 있어 상당히 웅장하다. 광장 앞으로는 푸른 아드리아해가 시원스럽게 펼쳐진다. 이 광장은 유럽에서 바다에 접해 있는 광장 중에서 가장 큰 것으로 알려져 있다. 1919년 전까지만 해도 이 광장은 피아자 그란데Piazza Grande, 이름 그대로 거대한 광장으로 불렸고, 우람한 바위로 쌓아 올린 4대륙의 분수 Fontana dei Quattro Continenti는 제국 시절 4대 도시로서의 위용을 보여 준다.

광장 뒤쪽 언덕 위에 있는 산 귀스토San Guisto 성이 트리에스테와 아드리아해를 내려다보고 있다. 성 바로 아래 넓은 평지에는 로마 시대의 유적들이 드문드문 흩어져 있고, 전쟁에서 죽어 간 이들을 기리는 전쟁기념비Monumento ai Caduti nella Guerra di Liberazione가 평화로운 하늘 아래 우뚝 솟아 있다.

제임스 조이스가 트리에스테에 살면서 작품을 쓰기 위해 자주 찾았던 카페 톰마제오Caffe Tommaseo는 트리에스테 여행자들에게는 필수 코스이다. 1830년에 처음 문을 연 이 카페는 트리에스테에서 가장 오래된 역사를 자랑한다. 겉보기에는 수수해 보이지만 안으로 들어서면 화려한 비엔나풍 커피하우스의 진면목을 목격하게 된다. 오랜 역사를 지닌 카페라 그런지 나이 지긋한 노인들이 자리를 차지하고 앉아 소곤소곤 대화를 나누거나 신문을 읽는 모습이 편안해 보인다.

●**트리에스테 여행하기** 걷기에 좋은 도시 중 하나가 트리에스테이다. 낮 시간에는 버스도 자주 운행되므로 체력이 약한 여행자들이 유용하게 이용할 수 있다. 저녁 9시 이후와 주말, 공휴일에는 운행 횟수가 급격히 줄어든다. 트리에스테는 국경 도시여서 경찰 수도 많고 치안 상태가 좋은 편이라 안전하게 여행할 수 있다.

●**전통요리 칼다이아 맛보기** 여러 나라의 지배를 받아 요리가 다양하면서 독특한 특징을 지니고 있다. 뷔페buffet라고 불리는 레스토랑들에서 오스트리아와 슬라브 민족의 전통음식을 맛볼 수 있다. 그중에서도 칼다이아Caldaia는 삶은 돼지고기 요리로, 이 지역의 전통요리이다. 돼지고기와 감자, 양배추, 곱게 간 콩으로 끓인 수프인 조타Jota도 인기가 있다. 현지인들은 1897년에 처음 문을 연 오랜 전통의 식당 '뷔페 다 페피Buffet Da Pepi'를 추천한다. 외국 여행자들이 많이 찾는 곳이라 영어 메뉴판도 있다. 이곳의 추천 메뉴는 온갖 부위의 고기가 삶아져서 한 접시 가득 담겨 나오는 플라토 믹스토plato mixto이다. 이탈리아에서 보기 힘든 돼지 귀와 족발도 있다. 우리나라의 수육처럼 부드럽고 입에서 사르르 녹는 맛이 일품이다.
뷔페 다 페피 Buffet Da Pepi ·**주소** Via Della Cassa Di Risparmio 3, 34121 Trieste, Italy ·**전화** +39 040 366858

●**트리에스테 디저트 맛보기** 트리에스테의 페이스트리는 역사적인 배경 덕분에 오스트리아, 헝가리, 슬라브 민족의 영향을 받은 진미로 수놓아져 있다. 도넛, 스트루델strudel, 자허 토르테Sacher torte, 도보스Dobos, 리고잔치rigojanci, 프레스니츠Presnitz, 푸티차putizza 등이다. 자허 토르테는 오스트리아에서 가장 유명한 케이크이며, 스트루코 코토strucolo cotto와 스트루코 데 포미strucolo de pomi는 이 지역의 스트루델이 변형된 형태이다. 밀가루와 계란, 감자를 오일에 구운 쿠키인 치펠레티chiffeletti도 인기가 높다. 부활절 기간에 즐겨 먹는 핀자pinza도 사랑받는 가정식 빵이다. 트리에스테의 커피와 함께 맛보면 좋다.

역사 속 인물을 만나는 곳 06

Château de Chillon

바이런이 시를 음미한 레만 호숫가의 시용 성

| **위치** | 스위스 서남부 보주(州) 시용 성

| **교통** | 몽트뢰에서 호반 산책로를 따라 도보로 40분 거리에 있으며 자동차로 5분 거리이다. 몽트뢰에서 201번 버스 Villeneuve VD, gare행를 타고 약 10분 소요. 시용역château de Chillon, Veytaux에서 하차하면 된다. 열차로는 몽트뢰 역에서 S1번 열차시간에 1대 정도 운행를 타고 Veytaux–Chillon 역까지 3분 소요. 역에서 호숫가를 따라 도보 3분이면 입구에 도착. 몽트뢰에서 호수 정기선 CGN을 타면 15분 정도 소요된다.

스위스 몽트뢰 근처 레만 호숫가에는 마치 당장이라도 호수로 뛰어들 것만 같은 고성 시용 성Château de Chillon이 호수 암반 위에 솟아 멋진 자태를 드러낸다. 매표소에서 한국어로 된 안내 브로슈어를 받아 입구로 들어서면 작은 안뜰이 나온다. 이 성에는 모두 네 개의 안뜰이 있고, 그 뜰을 둘러싼 채 주요 건물들이 위치해 있다. 첫 번째 안뜰에서 계단을 따라 지하로 내려가면 커다란 와인통이 눈에 띈다. 오크 나무 가득 라보 지구에서 수확한 포도로 만든 와인들이 익어 가고 있다. 은은히 풍겨 나는 향이 좋은 시용 성의 와인은 이 지역 특산품으로 인기가 높다.

지하 계단을 따라 좀 더 깊숙이 들어가면 보니바르Vonivard의 감옥이 나온다. 제네바의 종교개혁자 프랑소와 보니바르François Bonivard, 1496~1570는 당시 사보이Savoy 영주와 제네바Geneva 주교의 권력이 점점 커지는 것에 반대해 제네바의 독립을 지지했다는 이유로 1530년부터 1536년까지 이 감옥에 갇혔다. 감옥 입구에서 5번째 기둥이 그가 쇠사슬에 묶였던 곳이다. 오랜 세월이 흘러 영국의 시인 바이런George Gorden Byron, 1788~1824이 시용 성을 방문하게 되었고, 보니바르 이야기에 영감을 받아 서사시 〈시용 성의 죄수 Le Prisonnier de Chillon〉라는 작품을 발표해 이 성이 세상에 알려졌다.

바이런은 이 시에서 실제 역사적인 사실에 기초하여 문학적인 상상력을 추가했다. 작품 속에서 보니바르는 그의 두 동생들과 함께 감옥에 갇히는데, 그들이 죽어가는 모습을 바라볼 수밖에 없어 고통받는 모습을 드라마틱하게 묘사한다. 프랑스 낭만주의 화가 들라크루아 Ferdinand Victor Eugène Delacroix, 1798~1863는 이 시에 영향을 받아서 〈시편에 나오는 시용 성의 죄수 Le Prisonnier de Chillon〉 작품을 그렸다. 깊고 음습한 지하감옥에는 7개의 고딕 양식 기둥이 있고, 각 기둥에는 고리가 달려 있다. 지금도 이 감옥의 세 번째 기둥에는 조그맣게 'Byron'이라고 새겨진 바이런의 사인이 남아 있다. 감옥에는 호수 방향으로 좁은 창이 나 있다.

어둡고 음침한 감옥에서 나와 두 번째 뜰로 가서 '대법관과 성주의 방'으로 들어선다. 화려한 유럽의 다른 성과 달리 검소하고 실용적인 공간들로 꾸며져 있다. 대리석은 전체 방 색깔과 조화를 이루고 돌기둥의 창문은 레만 호수 방향으로 나 있다.

세 번째 뜰에서 가장 높은 누각에 오르면 레만 호수와 주변 산, 마을 등 시용 성 주변의 전망이 파노라마처럼 펼쳐진다. 호수와 산들, 그 경계에 우뚝 솟은 시용 성은 마치 살아 있는 생명체와 같다. 바이런이 노래한 자유가 시용 성의 지하감옥에서부터 넓고 넓은 레만 호수로 퍼져 나간다. 망망대해 같은 호숫가에 백조가 노닐고 그 물살 위에 당당히 서 있는 시용 성. 여행자의 기억 속에 오래도록 자유와 낭만의 이름으로 남아 있을 것이다.

●**시용 성 여행하기** 시용 성은 몽트뢰에서 3km 정도 떨어진 레만 호수의 동쪽 끝부분에 위치한 작은 바위섬이자 중세의 성이다. 현재 시용 성은 스위스에서 가장 많은 방문객이 찾는 역사적인 기념물 목록에 이름을 올렸을 정도로 늘 여행자들로 붐빈다. 성 내부는 중세의 모습을 온전히 보존하고 있다. 가장 오래된 방 중에서 사보이의 공작의 방인 카메라 도미니 Camera Domini가 특히 인상적이다. 성 입구 매표소에서 개인 방문객들을 위한 다양한 언어로 된 성 안내문을 배포하는데, 특히 한국어로 설명된 성 안내 브로슈어가 있으니 반드시 챙기도록 한다.

●**시용 성 특산 화이트와인 맛보기** 레만 호수 일대의 라보 지구는 유네스코 세계문화유산으로 지정된 포도밭과 와인으로 유명하다. 시용 성에서 만드는 화이트와인인 클로스 데 시용 Clos de Chillon은 라보 AOC Lavaux AOC, Appellation d'Origine Contrôlée 등급의 사슬라 Chasselas 포도로 만드는 와인으로 시용 성 지하감옥으로 이어지는 지하 저장고에서 숙성시킨다. 성 박물관 숍에서 판매한다. 2011년 클로스 데 시용 와인은 보주의 와인 셀렉션 Sélection des Vins Vaudois 대회에서 은메달을 받았을 정도로 품질을 인정받았다. 레몬빛 색채가 특히 매력적이다. 와인 판매 수익은 시용 성의 보존과 보수 작업을 위한 기금으로 사용된다.

1 바다 같은 레만 호숫가에 떠 있는 듯한 시용 성은 스위스 리비에라 여행의 백미이다. 2 시용 성 지하 저장고에서 숙성되고 있는 시용 성 와인 3 예전 모습 그대로 남아 있는 지하감옥은 많은 역사와 전설을 담고 있다.

역사 속 인물을 만나는 곳 07

Salzburg

불꽃 같이 살다 간 모차르트의 잘츠부르크

| **위치** | 오스트리아 서북부 잘츠부르크

| **교통** | 자동차로는 빈이나 독일의 뮌헨과 아우토반 A1잘츠부르크-빈와 A8뮌헨-잘츠부르크로 잘 연결되어 있다. 기차로는 뮌헨에서 잘츠부르크까지 약 1시간 30분~2시간 소요된다. 빈에서는 2시간 30분 정도 소요된다. 버스 연결편도 있는데 특히 체코의 체스키 크롬로프에서 잘츠부르크까지 버스로 2시간 30분 정도 걸린다. 잘츠부르크 W.A 모차르트 국제공항은 시내 중심에서 20분 거리에 있으며 암스테르담, 빈, 모스크바, 브뤼셀, 런던, 파리, 취리히 등 유럽의 주요 도시들과 연결편이 있다.

어떤 이는 모차르트의 모든 음악이 길 위에서 만들어졌다고 말한다. 여섯 살 생일을 앞두고 뮌헨으로 첫 번째 연주 여행을 시작한 모차르트. 짧은 35년의 생애 동안 그는 거의 해마다 연주 여행과 작곡 여행을 떠난다. 세상의 다양한 길을 통해 그의 음악은 더욱 빛을 발했다. 빈의 쉰브룬 궁전에서의 연주를 시작으로 그는 독일, 이탈리아, 영국, 네덜란드, 프랑스 등 유럽 전역을 여행한다. 여행을 통해 그의 음악이 더욱 완성체로 다가갔다고도 한다. 잘츠부르크는 여행을 통해 천재적인 음악을 완성해 간 모차르트를 만날 수 있는 곳이다.

서양 음악에서 결코 빼놓을 수 없는 인물이 바로 '요하네스 크리소스토무스 볼프강우스 테오필루스 모차르트Johannes Chrysostomus Wolfgangus Theophilus Mozart, 1756-1791'이다. 그는 1756년 1월 27일에 잘츠부르크 구시가의 중심인 게트라이데 거리Getreidegasse 9번지에서 태어났다. 17세에 잘츠부르크의 궁정 음악가로서 일을 시작했고, 더 좋은 자리를 찾아 유럽 곳곳을 여행했다. 그는 짧은 생애 동안 무려 600점

1 화사한 꽃으로 가득한 미라벨 정원에서는 멀리 호엔잘츠부르크 성이 보인다. 2 미라벨 정원에는 주말이면 결혼식을 올리고 야외 촬영을 하는 신혼부부와 가족들의 웃음이 가득하다. 3 모차르트의 도시답게 모차르트의 얼굴을 내세운 모차르트쿠겔른이 인기 있다.

이상의 작품을 작곡했다. 피아노 소품부터 실내악, 협주곡, 교향곡, 오페라에 이르기까지 서양음악의 모든 장르의 전문가들이 최고로 인정하는 모차르트 음악은 사실 견줄 대상이 없다고 해도 과언이 아니다. 미인박명이라고 했던가. 모차르트는 35년이라는 너무나 짧은 생을 살았다. 하지만 그가 만든 작품들과 음악의 세계는 아무리 오래 산 사람보다 더 높고 위대했다.

영화 〈사운드 오브 뮤직〉의 풍경을 만나는 곳
모차르트의 탄생지인 잘츠부르크는 독일 바이에른주 국경 근처에 있는 중부 오스트리아의 도시이다. 영화 〈사운드 오브 뮤직〉의 배경 도시로 유명한 이곳은 빈, 그라츠, 린츠에 이어 오스트리아에서 4번째로 큰 도시이다. 바로크 건축물로 명성이 높은 구시가는 독일어권 지역에서 가장 잘 보존된 도시 중심부 중의 하나이다. 1997년에 유네스코 세계문화유산 목록에 이름을 올렸다. 잘츠부르크는 소금의 요새라는 의미인데 과거 도시를 관통해 흐르는 잘자흐Salzach강 위로 바지barge선들이 소금을 운반하던 데에서 유래했다. 게트라이데 거리로 향하기 전에 여행자들이 잘츠부르크에서 가장 먼저 찾는 곳은 단연 미라벨 정원Mirabell Garten이다. 미라벨 정원은 '아름다운Mirabell' 정원Garten이라는 뜻인데, 온갖 색채의 화사한 꽃이 가득 피어 있어 정원에 들어서면 마치 모네의 그림 속으로 들어간 듯한 황홀감을 안겨 준다. 영화 〈사운드 오브 뮤직〉에서 마리아와 폰트랍 대령의 아이들이 여기저기 뛰어다니며 도레미송을 부르던 곳이 바로 이 정원이다.

미라벨 정원 안에 있는 미라벨 궁전Schloß Mirabell은 1606년 당시의 절대 권력자인 볼프 디트리히Wolf Dietrich 대주교가 평민의 딸이자 사랑하는 연인인 살로메를 위해 지은 건축물이다. 신분의 차이를 뛰어넘는 로맨틱한 사랑 이야기 때문인지 이 궁전은 세계에서 가장 낭만적이고 아름다운 결혼식이 열리는 식장으로 단연 인기가 높다. 멀리 높은 언덕 위에는 새하얀 한 마리 새처럼 눈부신 호엔잘츠부르크 성Hohensalzburg Festung이 미라벨 정원의 배경으로 빛난다. 화사한 장미꽃과 우아한 대리석 조각, 곳곳에서 시원한 물줄기를 뿜어내는 분수가 조화를 이룬 미라벨 정원은 한 폭의 진득한 인상파 그림이자 사랑의 세레나데와 같은 곳이다.

미라벨 정원에서의 한가로운 산책을 끝내고 잘자흐Salzach강을 건너 게트라이데 거리로 향한다. 이 거리는 보행자 전용거리로 아름다운 옛 간판이 거리를 아름답게 수놓고 있다. 간판 전시회를 하는 것처럼 상점마다 예술 작품 같은 철제 간판들을 내걸고 있어 사실 쇼윈도보다 간판 구경하느라 정신이 없을 정도이다. 여름 시즌 잘츠부르크 축제 즈음에는 관광객들로 인산인해를 이룬다. 거리의 악사들의 선율이 게트라이데 거리를 가득 메우고 하늘로 퍼져 나간다.

탄생과 성장의 흔적이 있는 모차르트 생가

이리저리 인파에 휩쓸려 걷다 보면 어느새 모차르트 생가Mozart Geburthaus 앞에서 저절로 발길이 멈춘다. 그 거리 9번지에 있는 모차르트 생가는 밝은 노란색이어서 금세 눈에 띈다. 음악의 신동 모차르트가 17세 때까지 살았던 생가 건물의 노란색 벽면에 '모차르트 생가Mozart Geburthaus'라고 적혀 있다. 35세라는 너무나 젊은 나이로 영원한 미완성작 〈레퀴엠〉을 남기고 그는 빈에서 세상을 떠났다.

혹자는 그의 인생을 한마디로 '알레그로 몰토Allegro Molto'라고 정의하기도 한다. 알레그로 몰토, 즉 '매우 빠르게'라는 음악의 템포처럼 그는 불꽃처럼 타오르는 천재적인 삶을 살았고, 너무나 빨리 사그라들고 말았다. 위대한 예술가의 생가가 있어서일까. 게트라이데 거리는 다양한 거리 공연가와 예술가들이 모차르트에게 바치는 추모의 무대와 같다. 그 무대 속을 여유롭게 거닐며 모차르트를 떠올려 보는 것은 잘츠부르크 여행자만의 특권일 것이다.

1 온갖 간판이 아름다운 게트라이데 거리에 노란색의 모차르트 생가가 있다. 2 매년 여름이면 거리 곳곳에서는 음악축제가 열린다. 운이 좋으면 빈필하모닉 단원들의 연주도 라이브로 들을 수 있다.

잘자흐강에서 바라본 잘츠부르크 구시가의 전경이 아름답다.

● **잘츠부르크 여행하기** 잘츠부르크의 구시가는 도보 여행에 적당하다. 구시가 중심 거리인 게트라이데 거리는 보행자 전용 거리이기도 하다. 슈타트부스 StadtBus라고 불리는 시내버스 연결망이 잘 되어 있으며 전체 도시를 연결한다. 버스기사에게 승차권을 살 수 있지만 매표소인 트라피크 Trafik에서 미리 사는 것이 훨씬 저렴하다. 바트 이슐 Bad Ischl이나 잘츠캄머구트와 같은 주변 도시나 지역을 돌아보려면 우편버스 Post-Bus를 이용하면 편리하다. 잘츠부르크를 돌아보는 또 다른 방법은 자전거를 렌트하는 것이다. 잘츠부르크에는 약 100km 이상의 자전거 도로가 잘 정비되어 있다. 때로는 버스나 자동차보다 빠르게 목적지에 도착할 수 있다. 잘자흐강 양쪽으로도 자전거 도로가 잘 연결되어 있어서 강을 따라 주변 도시를 돌아볼 수도 있다.

● **모차르트쿠겔른 맛보기** 모차르트쿠겔른 Mozartkugeln은 잘츠부르크의 전통 초콜릿이자 대표 기념품이다. 1890년에 파울 퓌르스트 Paul Fürst에 의해 잘츠부르크에서 처음 만들어진 작은 구형의 피스타치오 마르치판 Marzipan이다. 오리지널 퓌르스트 모차르트쿠겔른 Original Fürst Mozartkugeln이 전 세계에서 판매되고 있는 모든 모차르트쿠겔른의 원조이다. 현재 잘츠부르크의 기념품 가게마다 다양한 형태의 모차르트쿠겔른을 판매하고 있다.

카페 콘디토라이 퓌르스트 Café Konditorei Fürst ·**주소** Getreidegasse 4 - 5020 Salzburg ·**전화** +43-662-843621 ·**시간** 월~토요일 10:00~18:30, 일요일 11:00~17:00

● **잘츠부르크 전통 디저트 녹케를 맛보기** 커피와 디저트가 발달한 도시 답게 후식 메뉴가 다양하다. 그중에서도 머랭 달걀 흰자위와 설탕을 섞은 것, 또는 이것으로 구운 과자 스타일의 잘츠부르거 녹케를 Salzburger Nockerl은 오스트리아 음식의 아이콘 중 하나이다. 녹케를은 달콤한 수플레 souffle의 일종으로, 계란 노른자, 밀가루, 설탕, 바닐라를 잘 섞은 뒤 계란 흰자를 휘젓는다. 덤플링 녹케를이 형성되면 오븐에서 낮은 온도로 구우면 된다. 설탕 가루나 라즈베리 산딸기 소스를 뿌려서 따뜻한 상태로 서빙이 된다.

역사 속 인물을 만나는 곳 08

Gdańsk

레닌 조선소의 전기공 바웬사가 지켜 낸 그단스크

| **위치** | 폴란드 북부 그단스크

| **교통** | 그단스크 레흐 바웬사 공항Gdansk Lech Wałęsa Airport은 그단스크에서 12km 북서쪽에 위치해 있다. 유럽의 주요 도시와 연결편이 운항되고 있다. 그단스크 글라우니Gdansk Glówny 기차역은 고풍스럽고 아름다운 건물이 인상적이다. 국제선과 장거리 노선과 관련된 PKP 열차, 주로 그단스크 주변 도시와 통근용 열차와 관련된 SKM 열차로 구분이 된다. 매표소도 각각 분리되어 있다. 기차역에서는 야간에 소매치기나 강도를 조심해야 한다. 바르샤바에서 그단스크까지 열차로 5시간 정도 소요된다.

그단스크Gdańsk는 발트해 해안가에 있는 폴란드의 역사적인 항구도시이자 폴란드 북부 포메라니아Pomerania 지역에서 가장 큰 도시이다. 예부터 호박의 산지로 유명하고, 13~14세기에는 한자동맹의 일원으로서 그 번영의 꽃을 활짝 피워냈다. 제2차 세계대전으로 인해 독일과 소련의 전투지가 되어 시가지의 90%가 완전히 파괴되는 아픔을 겪기도 했다. 모타와Motława강 입구에 위치한 그단스크는 발트해의 항구도시라는 특성 덕분에 폴란드 해상무역의 중심지가 되기도 했다. 특히 선박 건조의 중심지인 레닌 조선소舊 그단스크 조선소, Stocznia Gdanska가 도시 외곽에 있다.

레닌 조선소는 폴란드 민주화의 성지로 불린다. 이곳의 평범한 전기공이었던 레흐 바웬사Lech Watsa, 1943~는 1980년에 공산정권 치하에서 폴란드 최초의 자유노조 '연대連帶, Solidarity'를 결성해서 자유와 민주화 봉기의 햇불을 치켜든 지도자로 떠올랐다. 공산 정권의 혹독한 탄압과 협박을 이기고 마침내 오늘날 조국 폴란드의 민주화와 더불어 당시 동유럽 전역에 장대한 개혁과 자유, 민주화의 불꽃을 점화시킨 인물이다. 이 공로로 그는 1983년에 노벨 평화상을 수상했다. 바웬사는 이후 폴란드 초대 직선제 대통령으로 당선되었다. 그는 정계에서 은퇴한 후 레닌 조선소의 전기공으로 되돌아왔고,《희망의 길 Un Chemin d'Espoir, 1987》이라는 책을 출판하기도 했다.

레닌 조선소를 찾아가는 골목길 벽에는 그때의 역사적 장면을 기억하고 추모하듯 다양한 벽화가 그려져 있다. 조선소 앞에는 그때 희생된 노동자들의 영혼을 기리는 연대 기념비 Pomnik Poleglych Stoczniowcow가 세워져 있다. 기념비 앞에는 지금도 그 자유와 민주화를 위해 생명을 희생한 노동자들의 넋을 기리는 헌화가 끊이지 않는다.

그단스크 구시가의 '녹색의 문 Zielona Brama' 틈새로 보이는 드우기 광장 Dlugi Targ, Long Market은 베네치아의 산 마르코 광장, 브뤼셀의 그랑 플라스와 함께 유럽에서 아름답기로 세 손가락 안에 꼽히는 광장이다. 광장의 대로를 따라 고풍스럽고 화려한 건축물이 도열하듯 늘어서 있고, 광장 중간에 우뚝 서 있는 시청사와 시청사 탑이 시선을 끌어당긴다. 넵튠의 분수와 황금의 문 Zlota Brama, Golden Gate, 고딕·르네상스 양식으로 지은 감옥탑 Wieza Wiezienna, Prison Tower 등 여행자들의 시선은 바쁘게 움직인다.

저녁 어스름이 내리는 시간, 드우기 광장은 또다시 변신한다. 거리 악사들의 아름답고 낭만적인 선율이 광장을 가득 채우고, 여행자들은 밀물처럼 광장으로 몰려든다.

●**그단스크 여행하기** 기차역과 시청사 근처에 각각 관광안내소가 있다. 녹색의 문 근처 드우기 광장에도 있다. 관광안내소에서 투어리스트 카드를 판매하는데, 이 카드는 그단스크–소포트 Sopot, 그디니아 Gdynia, 플루스 Plus 등 그단스크와 주변 지역의 교통, 박물관 등과 관련해 200여 가지의 할인과 무료 혜택을 제공한다. 그단스크 구시가는 도보로 돌아보기에 충분하지만 발트해 해안도시인 소포트나 그디니아로 갈 때는 열차를 이용하는 편이 좋다.

●**그단스크 특산물 호박 액세서리 사기** 그단스크는 세계에서 호박 Amber의 수도라고 불릴 만큼 주변 지역은 호박 보석의 가장 풍요로운 생산지로 알려져 있다. 상점에서는 호박과 관련한 액세서리 제품을 많이 판매한다. 특히 그 속에 곤충이 들어가 있는 호박은 가격이 비싼 편이다. 다양한 상점에서 가격과 디자인을 비교해 보고 자신에게 맞는 액세서리를 골라 보자.

●**폴란드식 전통 만두 피에로기 맛보기** 폴란드 전통요리 중 하나가 바로 피에로기 Pierogi이다. 고기와 채소 혹은 계란으로 속을 채운 덤플링 dumpling의 일종이다. 발효시키지 않은 반죽을 먼저 삶고 그 후에 양파와 함께 버터로 굽거나 튀긴다. 전통적으로 그 속은 으깬 감자, 자우어크라우트 sauerkraut, 소금에 절인 양배추를 젖산 발효시킨 것, 육류, 치즈, 버섯, 시금치 등으로 채워지며 디저트용 피에로기는 체리, 딸기, 라즈베리, 복숭아, 살구, 사과 등의 과일로 채운다. 중부와 동부 유럽에서는 대부분 반원형으로 만들어진다.

1 모트와바 운하를 따라 파스텔톤의 구시가 주택들과 시장이 길게 늘어서 있다.
2 유럽의 3대 아름다운 광장으로 꼽히는 드우기 광장의 저녁 풍경

역사 속 인물을 만나는 곳 09

Barcelona

천재 건축가 가우디가 꿈꾸던 바르셀로나

| **위치** | 스페인 동북부 카탈루냐 바르셀로나

| **교통** | 일반 국제 항공사뿐 아니라 다양한 저가 항공사들이 바르셀로나와 유럽의 주요 도시들과 연결해 준다. 바르셀로나 엘 프랏Barcelona-El Prat, BCN 국제공항은 유럽 내 항공교통의 메인 허브이기도 하다. 시내 중심에서 13km 정도 떨어져 있다. 10분 간격으로 셔틀버스Aerobus가 운행 중이며 시내 중심까지 10~20분 정도 소요된다. 열차로는 마드리드 아토차역Madrid-Puerta de Atocha에서 바르셀로나 산츠역Barcelona Sants까지 3시간 정도 소요된다. 파리 리옹역Paris-Gare de Lyon에서 TGV를 타고 6시간 30분 정도 소요된다. 발레아레스 제도Balearic Islands, 제노아, 로마, 모로코 탕헤르 등지에서는 배를 타고 바르셀로나에 접근할 수도 있다. 바르셀로나 북역Nord에서는 마드리드, 그라나다 등을 비롯한 국내 도시를 연결하는 버스와 유럽의 주요 도시와 연결해 주는 국제선 버스도 운행되고 있다.

평생을 독신으로 살며 자신의 일생을 건축을 위해 불태웠던 천재 건축가 가우디Antoni Gaudí, 1852-1926. 그의 흔적이 고스란히 남아 있는 도시가 바로 바르셀로나이다. 카톨릭 신앙 속에서 심오한 영적 평안을 얻은 그는 일생의 역작인 사그라다 파밀리아 성당Temple de la Sagrada Familia을 미완성인 채로 남겨 두고 불의의 사고로 세상을 떠났다. 이 성당은 1882년에 착공해서 130년이 넘는 지금도 건설 중이며 언제 완공될지는 아무도 알지 못한다.

화려하고 장엄한 성당과 대조적으로 가우디는 소박한 삶을 살았다. 1926년 성당 가는 길에 트램에 치였을 때 그 행색이 너무 초라해 아무도 그를 알아보지 못했다. 청빈한 성자처럼 살다 간 그의 장례식에는 수많은 시민뿐 아니라 그로부터 동냥 받은 많은 거리의 부랑자들도 참석해서 애도했다고 전해진다.

사그라다 파밀리아의 다음 코스로 여행자들이 즐겨 찾는 곳은 가우디의 창조적

1 바다를 테마로 건축한 카사 바트요의 옥상에는 독특한 조형물이 가득하다. **2** 산을 주제로 건축한 카사 밀라는 굽이치는 곡선의 외관이 인상적이다. **3** 동화 같은 구엘 공원에는 천재 건축가 가우디의 친환경적인 아이디어가 가득하다.

인 재능이 한껏 살아 있는 구엘Guel 공원이다. 메트로역에서 꽤 멀어 언덕길을 걷기가 조금 숨이 차지만 공원 입구에 다다르면 그 힘겨움은 금세 잊고 가우디의 천재성에 감탄하며 누구나 동심에 빠져든다. 가우디만의 독특한 색채의 모자이크 타일과 곡선, 동물 조각상들이 어우러져서 마치 입체로 된 동화책을 보는 느낌이다.

구엘 공원에 해가 저물고 따스한 색감의 마지막 저녁 햇살이 바르셀로나를 감싸듯 비출 때 곡선의 벤치에 기대어 바라보는 지중해가 황홀하다. 공원 입구에 서 있는 두 채의 건물은 동화《헨젤과 그레텔》속 과자의 집처럼 비현실적이기까지 하다. 과거 가우디가 실제로 살았고, 지금은 가우디의 유품들이 전시되어 있는 가우디 기념박물관이 그를 기리고 있다. 이외에도 바르셀로나에는 카사 바트요, 카사 밀라 등 가우디만이 설계할 수 있는 주택 건물들이 남아 있다.

공동 주택 건물로 건설된 카사 밀라는 파도 치는 듯한 곡선과 암벽과 같은 정면이 인상적이다. 멀리서 보면 시멘트나 회반죽 같은 부드러운 재료로 만든 듯하지만 실제로는 돌을 깎아 만든 것이다. 특히 중세 기사의 투구처럼 생긴 굴뚝은 카사 밀라의 상징과도 같다. 카사 밀라는 채석장처럼 보인다고 해서 라 페드레라La Pedrera, 채석장라고도 불린다. 카사 바트요Casa Batlló는 유네스코 세계문화유산으로 지정된 건축물이며 특히 바다를 주제로 하여 생명이 살아 있는 유기체 같은 느낌을 준다. 초록, 청색, 황색의 유리 모자이크에 햇살이 비칠 때면 여행자들은 신비로운 느낌에 사로잡힌다. 마법 같은 가우디의 건축 향연이 펼쳐지는 곳이 바로 바르셀로나이다.

- **바르셀로나 여행하기** 바르셀로나를 여행하기에 가장 좋은 시기는 4월~6월, 9월~11월이다. 엘 코르테 잉글레스El Corte Inglés 백화점에서 무료로 배포하는 여행자를 위한 거리 지도가 유용하다. 버스 노선도 잘 정비되어 있으며 메트로 노선도 중요한 관광 명소와 연결된다. 버스와 트램 모두 공용 티켓이다. 바르셀로나 카드Barcelona Card를 구입하면 무제한으로 대중교통을 이용할 수 있으며 100여 곳의 관광 명소 무료 입장 혹은 할인 혜택을 받을 수 있다. 2일권부터 5일권까지 있다.
- **파 암브 토마퀘트 맛보기** 빵과 토마토라는 뜻의 파 암브 토마퀘트Pa amb tomàquet는 바르셀로나가 속해 있는 카탈루냐 지방의 전통요리이다. 스페인의 다른 지역과 달리 카탈루냐에서는 이 요리를 준비할 때 토마토를 슬라이스하지 않고 으깨는 것이 특징이다. 엑스트라 버진 올리브 오일과 작게 자른 카탈루냐의 특별한 하몽jamón이 추가된다. 또는 치즈나 다른 고기 재료가 들어가기도 한다. 카탈루냐 지역의 가정에 깊이 뿌리를 내리고 있는 전통음식이다.
- **파에야 맛보기** 파에야Paella는 카탈루냐 지방의 전통요리이지만 지금은 스페인을 대표한다. 발렌시아 지방의 파에야는 해산물이 없지만 카탈루냐 파에야는 해산물로 만든다. 피데우아fideuà라고 불리는 작은 면으로 만들어지는 변형된 파에야도 있다. 오징어 먹물로 요리된 파에야는 피데우아 네그라fideuà negra 또는 아로스 네그레arròs negre, 검은 쌀이라는 뜻로 불린다.

역사 속 인물을 만나는 곳 10

Montreux

프레디 머큐리가 사랑한 레만 호숫가의 몽트뢰

| **위치** | 스위스 서남부 보주(州) 몽트뢰

| **교통** | 스위스의 주요 도시와 열차로 연결되며 레만 호수 주변의 도시들과는 호수 정기선/유람선으로 이동할 수 있다. 열차로 제네바에서는 1시간 5분 정도, 로잔에서는 20분 정도 소요된다. 인터라켄에서는 슈피츠Spiez와 비스프Visp에서 각각 환승해서 2시간 20분 정도, 수도 베른에서는 로잔에서 1회 환승해서 1시간 30분 정도 걸린다. 레만 호수 정기선CGN을 타고 제네바에서 4시간 30분 정도, 로잔에서 1시간 10분 정도 소요된다. 시즌에 따라 정기선의 운행 스케줄이나 시간표가 달라지므로 반드시 확인해 두어야 한다.

전설적인 록그룹 퀸의 리드 보컬이자 영국의 싱어송라이터인 프레디 머큐리Freddie Mercury, 1946~1991는 탄자니아의 자치령인 잔지바르Zanzibar에서 태어났다. 그는 4옥타브를 넘나드는 넓은 옥타브와 호소력 짙은 목소리, 특유의 무대 매너로 대중음악 역사상 최고의 보컬 중 한 명으로 사랑받은 인물이다.

1991년, 그가 마지막으로 작곡한 〈A Winter's Tale〉은 스위스 레만 호반의 아름다운 도시 몽트뢰를 노래한 작품이다. 그는 이 노래에서 지구상에 살아가는 이들에게 사랑과 능력, 행운이 늘 함께하기를 기원한다. 프레디는 레만 호숫가의 평화로운 분위기가 가득한 몽트뢰를 무척 사랑했다. 그는 이곳을 자주 찾아와 곡을 쓰고 녹음을 하며 휴식을 취하곤 했다. 이곳에 있는 퀸 소유의 녹음 스튜디오인 마운틴 스튜디오Mountain Studios에서 그는 마지막 앨범인 〈Made in Heaven1995〉을 녹음했다. 이 앨범에는 그가 죽기 2주 전까지 녹음했던 곡인 〈Mother Love〉가 담겨 있기도 하다. 1995년에 발표된 이 앨범의 표지 사진을 장식하고 있는 게 바로 레만 호수를 바라보며 손을 번쩍 들고 있는 프레디의 조각상이다. 몽트뢰 호반 산책로의 중간쯤에 호수를 향해 우뚝 서 있는 프레디 머큐리 동상은 몽트뢰를 대표하는 상징이기도 하다.

이 조각상은 조각가 이레나 세드렉카 Irena Sedlecka의 작품이며 높이가 3m나 된다. 한 손에 그의 트레이드마크인 마이크를 들고 다른 한 손을 힘차게 치켜든 역동적인 모습으로 레만 호수를 바라보며 서 있다. 그의 아버지와 퀸의 멤버들, 팬들이 함께 한 가운데 1996년 11월 25일 첫 모습을 드러냈다. 2003년 이래로 이곳에서는 매년 9월 첫 번째 주말을 프레디 머큐리 기념일로 지정해서 그를 기리고 있다.

몽트뢰는 '스위스의 리비에라'로 불리는 곳으로 이미 19세기 초부터 평화로운 풍경과 온난한 기후로 인해 유럽인들에게 주목받았다. 몽트뢰 리비에라가 특히 사람들의 주목을 받기 시작한 계기는 장 자크 루소와 시인 바이런 경의 공이 컸다. 루소는 〈신 엘로이즈 The New Heloise, 1761〉에서, 바이런 경은 〈시용의 죄수 The Prisoner of Chillon, 1816〉에서 시용 성과 몽트뢰 지역의 아름다움에 찬사를 보냈고, 이때부터 특히 영국을 비롯한 유럽의 귀족들이 이곳을 찾기 시작했다. 이후 빅토르 위고, 찰리 채플린, 간디 등 셀 수 없이 많은 인사가 몽트뢰 리비에라를 찾았다.

해가 지고 밤이 깊어가도 프레디 머큐리의 조각상 앞에는 그를 추모하려는 여행자들의 발길이 끊이지 않는다. 그의 발 아래에는 여전히 싱싱한 꽃다발이 놓여 있다. 잔잔한 호수 멀리 불빛이 반짝이고, 하늘에는 별들이 반짝인다. 그는 여전히 그 하늘과 호수를 바라보며 당장이라도 노래를 할 듯이 마이크를 굳게 움켜쥔 채 먼 곳을 응시하고 있다.

●**몽트뢰 여행하기** 열차로 도착할 경우 기차역은 호반보다 높은 지대에 있어서 계단이나 엘리베이터를 이용해 호숫가로 내려가야 한다. 몽트뢰는 도시 규모가 작으며 호반 산책로가 잘 정비되어 있어서 도보로 돌아보기에 충분한 크기이다. 스위스 패스 소지자는 무료로 호수 정기선을 포함한 모든 대중교통을 이용할 수 있다. 몽트뢰에 있는 호텔에 숙박하는 여행자들에게 몽트뢰의 대중교통을 무료로 이용할 수 있는 몽트뢰 교통카드를 발급해 준다.

●**몽트뢰 재즈 페스티벌 즐기기** 몽트뢰 재즈 페스티벌 Montreux Jazz Festival은 매년 7월 초순~중순에 열리는 세계적인 재즈 페스티벌로 캐나다 몬트리올에서 열리는 국제 재즈 페스티벌에 이어 세계에서 두 번째로 큰 재즈 축제이다. 레드 제플린, 핑크 플로이드, 프랭크 자파, 딥 퍼플, 프린스, 산타나, 반 모리슨, 에릭 클랩튼, 링고 스타 등 당대의 내로라 하는 음악가들이 이곳 무대를 찾았다. 이 축제 기간에 무려 20만 명의 음악팬이 몽트뢰를 찾을 정도로 세계적인 인기를 얻고 있다.

1 몽트뢰와 레만 호수를 사랑했던 프레디 머큐리는 한결같이 몽트뢰 호수를 바라보며 서 있다.
2 스위스 리비에라의 아름다움을 만끽할 수 있는 몽트뢰 주변의 레만 호수

Part.7

사람과 일상을 만나는 곳 10

01 슬로바키아 코시체에서 만난 농부들의 시장 | **02 이탈리아** 팔레르모의 부치리아 시장 | **03 이탈리아** 카스텔로토의 수공예품 시장 | **04 이탈리아** 이탈리아 음식의 향연이 펼쳐지는 볼로냐 | **05 터키** 이스탄불의 스파이스 바자 | **06 스위스** 로잔의 골동품 시장&플롱 지구 | **07 모로코** 천년을 이어 온 페스의 가죽 시장 | **08 모로코** 마라케시의 제마 엘프나 야시장 | **09 포르투갈** 리스본의 투박하고 정감 있는 일상 | **10 프랑스** 디종의 상쾌한 아침 시장

사람과 일상을 만나는 곳 01

Košice

코시체에서 만난 농부들의 시장

| 위치 | 슬로바키아 동부 코시츠키주(州) 코시체
| 교통 | 브라티슬라바, 빈, 프라하에서 항공편으로 코시체까지 갈 수 있다.
기차로는 프라하에서 8시간 정도, 브라티슬라바에서 6시간 정도, 부다페스트에서 3시간 30분 정도 걸린다.

코시체Košice는 슬로바키아 동쪽 끝에 있다. 헝가리 국경에서 약 20km, 우크라이나 국경에서 약 80km 거리에 있으며, 슬로바키아의 수도 브라티슬라바Bratislava에서는 오히려 훨씬 더 먼 400km의 거리에 있다. 슬로바키아 동부에서는 제일 크고 슬로바키아에서는 브라티슬라바에 이어 두 번째로 큰 이 도시는 2013년에 프랑스의 마르세유Marseille와 함께 '2013년 유럽 문화 수도The European Capital of Culture'로 선정되기도 하였다. 슬로바키아 동쪽 지역의 문화와 경제의 중심지로서 3곳의 대학과 많은 박물관, 갤러리, 극장 등을 보유한 문화의 도시이기도 하다.

코시체를 돌아보기에 좋은 시간은 저녁 어스름이 내릴 무렵이다. 거의 남북으로 1km에 이르는 흘라브나 거리Hlavná ulica를 따라 구시가가 형성되어 있고, 고딕, 르네상스, 바로크, 아르누보 양식의 문화유산 건축물과 카페, 레스토랑이 길게 늘어서 있다. 구시가의 랜드마크인 알주베티 성당Dom sv.Alzvety은 하이 고딕 양식으로, 1378년경에 건설되기 시작한 중세 건축물이다. 이 성당의 북쪽 탑에 있는 160개의 계단을 오르면 주변 역사 지구가 파노라마처럼 펼쳐진다. 그 거리 중앙에는 네오바로크 양식으로 지어진 국립극장Statne divaldo이 우아한 맵시를 뽐내고 있다. 중세 시절부터

1 우아함이 넘치는 코시체의 한적한 구시가 **2** 전통의상을 입은 할머니들이 직접 재배한 채소와 과일을 소박한 판매대에 올려놓고 팔고 있다.

광장이었고 코시체라는 도시의 출발점이기도 한 이곳은 코시체만의 독특한 분위기를 풍기며 이 도시의 심장 역할을 하고 있다. 지금은 평평하지만, 그 옛날에는 언덕도 있고 강도 흐르는 풍경이었다고 한다. 와인 제조자들의 수호 성인인 성 우르반에게 바쳐졌다는 우르반탑Urbanova veža, 성 미카엘 예배당Kaplnka sv.Michala, 코시체에서 가장 아름다운 바로크 양식의 기념 조각상인 임마쿨라타Immaculata 조각상 등 명소도 즐비하다. 특히 국립극장 근처에 있는 노래하는 분수는 유럽에서도 독특한 분수로 유명하다.

흥미로운 건물도 있다. 바로 건물 꼭대기에 구걸하듯이 모자를 들고 있는 한 남자의 조각상이 있는 '거지의 집'이라 불리는 건물이다. 전설에 따르면 흘라브나 거리에 집을 짓기 위해 코시체의 부자들에게 구걸을 하는 모습이라고 한다.

이 골목 저 골목 목적지도 없이 사람들을 따라가다 보면 도미니칸 교회Dominikansky kostol 앞 광장에서 열리는 농부들의 시장에 이른다. 예쁜 꽃들, 달콤한 딸기와 싱싱한 제철 채소들이 그야말로 온갖 색채의 잔치를 펼친다. 화사한 원형의 전통의상을 입은 할머니들이 좌판을 펼치고 각종 채소와 과일, 꽃을 파는 모습은 우리네 시골 장터와 별반 다르지 않다. 소박한 사람들의 삶이 생생하게 피부에 와 닿는 현장이다. 그런 삶의 현장에서는 대도시에서는 만날 수 없는 소중한 것을 많이 만난다. 코시체는 고급스럽거나 화려하지는 않지만 화사하고 정감있으며, 순박한 미소가 입가에 살포시 번지는 그런 곳이다.

● **코시체 여행하기** 코시체의 구시가는 흘라브나 거리를 따라 관광 명소가 길게 줄지어서 형성되어 있으므로 길을 잃을 염려가 거의 없다. 도시 중심 외곽에 머문다면 트램을 이용해서 구시가 근처로 접근할 수 있다. 구시가 중심부는 보행자 전용 구역이어서 차량의 진입이 금지되어 있다.

● **슬로바키아 전통음식 할루슈키 맛보기** 할루슈키Halušky는 슬로바키아 전통요리자 중부와 동부 유럽에서 주로 먹는 요리로, 두껍고 부드러운 면이나 덤플링의 형태를 하고 있다. 우리나라의 수제비와 비슷하다. 일반적으로 밀가루와 물을 섞어 반죽을 만들고 강판에 간 감자를 더한다. 요리 후에는 치즈, 고기, 베이컨, 버터, 양배추, 양파 등 다양한 재료와 섞어서 먹는다. 슬로바키아의 대표적인 할루슈키는 브린드조베 할루슈키Bryndzové Halušky로 양치즈와 베이컨을 곁들인 것이다. 훈제 돼지고기 지방을 곁들이기도 한다. 진치카Žinčica라는 전통 음료와 함께 먹는다.

사람과 일상을 만나는 곳 02

Palermo

팔레르모의 부치리아 시장

| **위치** | 이탈리아 남부 시칠리아주(州) 팔레르모

| **교통** | 팔레르모 국제공항Palermo International Airport, PMO은 이탈리아의 국내외 주요 도시와 정기적인 연결편이 있다. 공항과 팔레르모 간에 셔틀버스와 기차가 연결되어 있다. 제노아, 나폴리, 살레르노 등 주요 항구도시 사이에는 정기적인 페리선이 운항되고 있다. 로마나 나폴리에서 기차를 타고 갈 경우 해협을 건너기 전에 페리선에 기차가 통째로 실린다. 이후 시칠리아 메시나에 도착해서 다시 철로를 달려서 시칠리아의 주요 도시인 팔레르모, 트라파니, 엔나 등지로 연결된다. 카타니아, 아그리젠토, 시라큐스 등 장거리 노선버스들도 있어 중앙역 근처에서 출발한다.

　　이탈리아 시칠리아, 특히 팔레르모는 마피아로 인해 부정적인 이미지가 의외로 강하고 아직도 유효하다. 하지만 긴 역사 속에서 이곳을 거쳐 간 풍요로운 문명의 흔적이 가득 남아 있는 도시이기도 하다. 고대 그리스와 로마, 비잔틴, 아랍, 노르만, 르네상스, 바로크에 이르기까지 찬란했던 문명의 자취가 구시가 성당, 분수와 계단의 돌에 깊이 새겨져 있다.

　　팔레르모는 상당히 규모가 큰 도시로 크게 현대적인 신시가지와 콰트로 칸티Quatro Canti로 대표되는 구시가지로 나뉜다. 팔레르모 구시가는 아랍과 노르만 왕조 시절인 12세기 때만 해도 유럽에서 가장 화려한 도시였다. 하지만 그 영화로운 시절은 가고 찬란했던 영광의 흔적들이 몇몇 빛바랜 건물과 성당에 남아 있을 뿐이다. 어떤 이는 팔레르모를 쇠퇴와 영광이 공존하는 도시라고 말한다. 아무리 세월이 흘러도 변치 않는 한 가지는 팔레르모를 포함한 시칠리아인들의 자부심이다. 삶의 조건은 조금 고단해 보여도 그들의 정신은 굴복에 저항하는 느낌이다. 영화 속 이야기가

1 과거 마피아의 소굴로 악명 높았던 부치리아 시장
2 영화 〈대부 3〉의 클로징 장면이 촬영되기도 했던 마시모 극장 앞을 마차가 유유히 지나간다.

아니라 실제로 마피아가 여전히 이 도시의 숨통을 조이고 있지만 팔레르모의 외면은 평온하고 구시가는 아름답기만 하다.

쥐세프 베르디 광장Piazza Giuseppe Verdi에서는 우아한 마시모 극장Teatro Massimo이 여행자들을 맞아 준다. 매너리즘에 빠진 바로크와 지나치게 관능적이던 로코코 양식에 대한 반발로 18세기 중반에서 19세기 전반에 유럽을 풍미했던 네오클래식Neoclassic, 신고전주의 양식으로 지어진 극장이다. 20세기 초 오페라의 황금시대를 열었던 나폴리 출신의 테너 엔리코 카루소Enrico Caruso가 이곳에서 공연한 것으로 유명하다. 이탈리아에서 가장 큰 이 극장에서 시칠리아 마피아의 비극적인 가족사를 감동적으로 그려 낸 영화〈대부 3〉의 클로징 장면이 촬영된 것은 우연이 아닐 것이다. 19세기 말 시칠리아를 배경으로 마스카니Pietro Mascagni의 오페라〈카발레리아 루스티카나Cavalleria Rusticana〉가 마시모 극장 가득 울려 퍼진다. 이때 바깥에서는 비정한 범죄의 총성이 울린다. 가장 비극적인 영화의 클라이맥스에 화면 가득 울리는 것은 오페라〈카발레리아 루스티카나〉의 비장하고도 평화로운 아리아이다.

마피아 소굴로 악명 높았던 부치리아 시장

콰트로 칸티Quattro Canti를 중심으로 구시가는 크게 네 구역, 카포Capo, 알베르게리아Alberghiera, 라 칼사La Kalsa, 부치리아Vucciria로 나뉜다. 이 네 개의 역사 지구는 팔레르모 문화유산의 대부분을 담고 있다. 콰트로 칸티 바로 근처에는 팔레르모 구시가의 가장 아름다운 심장, 프레토리아 광장Piazza Pretoria이 있다. 광장의 대부분을 차지하고 있는 것은 동심원 형태로 여러 석상이 당당히 서 있는 우아한 바로크풍의 프레토리아 분수Fontana Pretoria이다. 구시가 중심을 향해 걷다 보면 산 도메니코 광장의 웅장하고 화려한 산 도메니코 기도원Oratorio del Rosario di San Domenico 앞에 이른다. 17세기 당시 저명인사들이 높은 지위와 부를 과시하기 위해 화려한 로코코 양식으로 지은 이 건물 옆에 소박한 부치리아 시장 골목이 있다. 작은 골목길을 따라 생선과 과일, 채소, 잡화 시장들이 골목마다 길게 곁가지를 치며 형성되어 있다.

카라치올로 광장Piazza Caracciolo을 둘러싼 부치리아 시장Mercato della Vucciria 구역은 과거 마피아의 소굴로 악명이 높았던 곳이다. 낡고 빛바랜 건물은 지금도 으스스한 느낌을 준다. 이제 이곳은 근처에 있는 활기찬 발라로Ballaro 시장이나 이슬람풍이 가득한 카포Capo 시장에 밀려 인기를 잃고 있지만, 그래도 오랜 세월의 흔적이 남아 있다. 실금이 나 있기도 하고 이빨이 깨진 것도 있지만 우아한 그릇과 접시를 파는 골동품 가게와 어른 두 명이 앉으면 꽉 차는 시계 수리점에서 진지한 표정으로 작은 손목시계를 수리하는 콧수염 난 늙은 수리공, 시칠리아 토속음식과 재료를 큰 그릇에 가득 담아 파는 식품점, 오랜 세월의 더께가 내려앉은 칼 가는 가게들이 수십 년 전으로 돌아간 듯한 착각이 들게 한다.

그 시간의 회귀가 평온하다 못해 정겹기까지 하다. 이곳 상인들은 다른 도시에 비해 조금은 무뚝뚝한 표정을 짓고 있다. 하지만 가식적이지 않은 그 투박한 표정에서 오히려 더욱 시칠리아의 느낌이 묻어난다. 어떤 이들은 이 골목에서 진짜 시칠리아의 얼굴을 본다고 말한다.

13세기 프랑스 앙주Anjou 왕조의 찰스 1세Charles I 는 시칠리아를 심하게 착취했고, 1282년에 부활절 월요일 저녁 기도를 알리는 종소리를 신호로 시칠리아 사람들은 자유와 저항의 깃발을 높이 치켜들었다. 이 비장한 역사 이야기를 노래한 오페라가 바로 주세페 베르디Giuseppe Fortunino Francesco Verdi의 〈시칠리아의 저녁 기도Les Vêpres Siciliennes〉이다. 땅거미가 어둑어둑한 프레토리아 광장에 서면 마치 그 옛날처럼 시칠리아의 저녁 기도가 드려질 것만 같은 기분이 든다.

1 동심원 형태로 아름다운 조각들이 가득한 프레토리아 분수 2 낡은 시계를 수리하는 나이 지긋한 수리공의 표정이 진지하기만 하다.

네 개의 모퉁이를 의미하는 콰트로 칸티를 중심으로 구역이 나뉜다.

●**팔레르모 여행하기** 팔레르모는 시칠리아 내에서 제일 큰 규모의 도시이지만, 대부분의 관광 명소는 구시가 중심에 형성되어 있으므로 크게 힘들이지 않고 도보로 다니기에 충분하다. 걷기가 부담이 된다면 24시간 유효한 버스 티켓을 사면 시내를 오가는 버스를 자유롭게 이용할 수 있다. 기차역에서 인디펜덴차 광장Piazza Indipendenza으로 가려면 109번 버스를 타면 된다.

●**시칠리아 전통음식 아란치노 맛보기** 아란치노Arancino는 기름에 튀긴 주먹밥의 일종이다. 모양과 색깔이 오렌지와 비슷해 오렌지라는 뜻의 이름이 붙었으며 시칠리아에서 기원한 천 년의 역사를 가진 음식이다. 지역에 따라 주먹밥 속에 들어가는 주재료가 조금씩 차이가 있지만 대부분 밥과 함께 라구 고기 소스와 토마토 소스, 모짜렐라 치즈가 가득 채워져 있어 한두 개만 먹어도 속이 든든해진다.

●**그라니타 맛보기** 여름철 시칠리아의 더위를 식혀 줄 최고의 음료로 차가운 얼음을 갈아 싱싱한 과즙과 섞어서 먹는 셔벗의 일종이다. 시칠리아에서 기원해서 현재는 이탈리아 전역에서 조금씩 변형된 형태로 만들어진다. 팔레르모의 그라니타는 다른 지역보다 얼음 알갱이가 더 많은 편이다. 그라니타 재료로 딸기, 귤, 아몬드, 레몬즙, 자스민, 커피, 민트 등 다양하다.

사람과 일상을 만나는 곳 03

Castelrotto

카스텔로토의 수공예품 시장

| **위치** | 이탈리아 북동부 볼차노-보첸주(州) 카스텔로토
| **교통** | 일단 이탈리아나 유럽의 각 지역에서 이탈리아 북동부에 있는 볼차노-보첸으로 이동해야 한다. 볼차노에서 시외버스를 타고 시우시 마을까지 1시간 정도 소요되며, 시우시 마을에서 버스로 10분이면 카스텔로토에 도착한다.

이탈리아 북동부의 남 티롤에 속하는 알페 디 시우시의 대자연 속에는 동화 같은 마을이 숨어 있다. 시우시에서 멀지 않은 돌로미티의 끝자락에 있는 작은 마을 카스텔로토 Castelrotto, Kastelruth는 돌로미티가 숨겨 놓은 작은 보석이다. 어떤 이는 카스텔로토를 돌로미티의 심장이라고도 부른다. 이탈리아어로는 카스텔로토이지만 독일어로는 카스텔루쓰 Kastelruth라고 부른다.

카스텔로토가 속해 있는 볼차노-보첸 Bolzano-Bozen주는 그 역사적인 배경 때문에 공식적으로 이탈리아어와 독일어를 공용어로 사용한다. 이사르코 Isarco 계곡 중턱에 위치한 카스텔로토는 이 지역에서 가장 매력적인 마을로 손꼽힌다. 마을 중심에 자리 잡은 파스텔톤의 옛집들은 화려한 영주의 저택이다. 하지만 마을 중심을 둘러싼 주변부는 대부분 농가이며 이 소박한 풍경이 아름다운 자연과 조화를 이루고 있다. 사실 카스텔로토는 아주 작은 마을이어서 여행자들을 위한 우아한 호텔과 레스토랑, 성당과 관광안내소가 있는 작은 광장이 볼거리의 전부이다. 카스텔로토는 돌로미티의 자연을 마음껏 즐기고 난 후 편안한 마음으로 들러서 산책을 하고, 시장 사람들을 만나 정겨운 대화를 나누며 맛있는 식사를 하기에 딱 적당한 곳이다. 88m나

1 마녀 전설이 전해 오는 쉴르야르 산 근처인 탓에 식당 간판에도 마녀가 있다.
2 작은 마을 광장에는 자연의 향기가 느껴지는 수공예품 시장이 들어선다.

되는 이곳 성당의 첨탑은 가장 아름다운 종소리를 내는 것으로 유명하다. 그래서 이곳 사람들은 자랑스럽게 이 종을 '빅벨Big Bell'이라고 부른다.

마을로 들어서면 파스텔톤의 주택과 빅벨로 유명한 성당이 여행자들을 맞아 준다. 이곳 크라우스 광장Piazza Kraus에서 열리는 농산물 시장은 남 티롤 지역에서 가장 오랜 역사를 가지고 있으며 6월부터 10월까지 매주 금요일 아침부터 열린다. 농가에서 기른 수백 종의 허브 제품과 신선한 치즈가 가판대의 한 자리를 차지한다. 향기를 가득 품은 과일과 채소, 방목하는 닭들이 낳은 계란, 수제 빵, 꿀, 주스와 시럽 등 자연에서 얻을 수 있는 농산물이 가득하다.

작은 광장에서 열리는 시장을 만나는 것은 여행자에게는 큰 행운이다. 자연에서 난 농산물과 유제품 외에도 곳곳에 다양한 그림과 공예품, 생활용품, 인테리어 소품들을 파는 노점들이 천막 아래 펼쳐져 있다. 자연이 주는 재료를 활용하고, 뛰어난 손재주와 예술적 감각을 발휘해서 만든 작품 같은 상품들에 감탄이 절로 나온다. 유리 공예가가 직접 시범을 보여 만든 화려하고 정교한 유리 공예품, 펠트 공예품, 돌로미티의 자연과 마을들을 피사체로 그린 멋진 풍경화, 나무의 질감이 살아 있는 장식품, 직접 가꾼 꽃과 식물을 햇빛에 잘 말려 한 폭의 그림으로 완성한 말린 꽃과 풀 액자, 헝겊과 짚, 나무로 만든 장식품 등 자연이 주는 선물과 인간의 반짝이는 예술적인 재능이 조화롭게 어우러져 있다. 여행의 즐거움과 소중한 추억을 쌓는 데 여행지의 규모가 굳이 클 필요는 없다. 카스텔로토에서는 작아도 충분히 즐겁고 아름다움을 만끽할 수 있다.

● **카스텔로토 여행하기** 카스텔로토는 단지 이 도시만을 보기 위해 들르기보다는 볼차노-보첸 지역에 있는 돌로미티의 자연을 즐기기 위해 많이 찾는다. 여름에는 하이킹을, 겨울에는 스키를 즐길 수 있다. 시우시 마을에서 버스를 타면 금세 도착하며 마을 자체는 아담해서 도보로 천천히 둘러보기에 좋다. 시장은 주로 여름과 가을 시즌 금요일에 광장에서 열린다.

● **전통 남 티롤 애플 크뇌들 맛보기** 남 티롤 전통의 크뇌들Knödl은 카스텔로토의 대표적인 음식이다. 크뇌들 외에도 송아지 간 요리, 굴라쉬 수프, 호밀 빵 등 다양한 남 티롤의 먹거리가 있다. 특히 사과와 럼주, 레몬이 들어간 애플 크뇌들이 인기가 높다. 잘 튀긴 크뇌들을 양귀비 씨 무스와 라스베리, 사과 칩과 얇고 바삭하게 구운 과자인 와퍼water와 함께 먹으면 좋다.

사람과 일상을 만나는 곳 04

Bologna

이탈리아 음식의 향연이 펼쳐지는 볼로냐

| 위치 | 이탈리아 중북부 에밀리아로마냐주(州) 볼로냐
| 교통 | 볼로냐 국제공항굴리에모 마르코니 국제공항, Guglielmo Marconi Bologna International Airport IATA: BLQ은 도시 중심에서 공항버스나 택시로 몇 분이면 도착한다. 유럽 주요 도시들로부터 항공편이 연결되고 있다. 기차로는 밀라노에서 1시간 정도, 피렌체에서 40분 정도, 로마에서 2시간 20분 정도, 베니스에서 2시간 정도 소요된다. 파리와 볼로냐 사이에는 밤에 출발해서 아침에 도착하는 야간열차도 운행된다.

여행의 즐거움은 단순히 눈요기에만 있는 것이 아니다. 시각적으로 아무리 아름답고 화려한 도시도 단순한 허기를 제대로 만족스럽게 채우지 못한다면 그 여행지는 분명 최고의 추억이 남은 여행지로 기억되기 어렵다. 몸과 마음이 만족하는 여행지를 찾기란 쉽지 않다. 하지만 이탈리아 에밀리아 로마냐주의 볼로냐에서라면 이야기가 달라진다. '이탈리아 요리의 수도'라는 별명답게 볼로냐는 어떤 까다로운 입맛을 가진 여행자라도 배부르게 이탈리아 요리를 즐길 수 있다. 볼로냐를 향해 가고 있는 여행자라면 허리띠 한 칸 정도는 여유를 가지고 가기를 권한다. 분명 구시가 올드마켓 주변의 레스토랑에서 허리띠를 한 칸 늘리고 있는 자신을 발견할 테니 말이다.

풍부한 역사와 예술, 요리, 음악과 문화로 인해 '2000년 유럽 문화 수도2000's European Capital of Culture'로 선정되었던 볼로냐Bologna는 이탈리아 북부 포Po강과 아펜니노Appennini 산맥 사이에 위치한 도시이다. 오늘날 이탈리아 안에서 삶의 질에 있어

늘 최고 순위에 오르는 이 도시는 수세기에 걸쳐 다채로운 역사와 문화, 건축을 축적하여 다양한 별명을 얻었다. 1,000년에 가까운 역사를 자랑하는 볼로냐 대학이 있어서 붙여진 별명이 '현자들의 도시 볼로냐Bologna la dotta'이다. 구시가 중심에 우뚝 솟은 가리센다Garisenda 탑에 오르면 펼쳐지는 구시가지의 붉은 지붕 때문에 붙여진 이름이 '붉은 도시 볼로냐Bologna la rossa'이다. 제2차 세계대전 이후 좌파적인 성향이 강한 볼로냐가 걸어온 정치적인 성향과도 관련이 있다. 또한 볼로냐는 '레지스탕스의 도시'로 불리기도 하는데, 독재자 무솔리니에 저항해 수많은 시민이 목숨을 잃은 아픈 역사를 안고 있다.

또한 볼로냐는 건축을 빼놓고 얘기할 수 없는 도시이다. 한때는 마치 현대적인 고층빌딩들처럼 100여 개에 이르는 중세의 방어용 탑이 독특한 스카이라인을 만들어 냈다. 현재는 20여 개의 탑만 있는데, 그나마 우아한 포르티코Portico가 아쉬움을 달래준다. 포르티코는 길게 늘어선 열주가 지붕을 받치고 있는 아케이드를 말한다. 아름다운 프레스코화로 천장을 장식해서 우아한 아름다움까지 더한 포르티코로 인해 볼로냐 구시가에서는 비가 오든, 눈이 오든, 우산이 없어도 옷이 젖지 않고 어디든 걸어갈 수 있다.

누구나 이곳에서는 뚱보가 된다는 풍성한 먹거리
'이탈리아 요리의 수도'답게 또 하나의 별명은 '뚱보들의 도시 볼로냐Bologna la grassa'이다. 볼로냐의 비옥한 포강 계곡에서 최고급으로 생산되는 고기와 치즈 덕분에 음식들은 더 맛깔스럽고 풍성하며 구시가 골목마다 입에 침이 고이게 하는 레스토랑과 와이너리, 식료품 상점이 즐비하다. 특히 돼지고기 가공 음식인 프로슈토prosciutto, 모르타델라mortadella, 볼로냐 오리지널 소시지, 살라미salami 등 볼로냐에서 명성이 높은 전통음식이 즐비하다. 누구나 아는 볼로냐 스파게티는 '라구 알라 볼로네제ragu alla Bolognese'라고 불리는 고기를 이용한 파스타 소스에서 탄생했다. 대부분의 레스토랑이나 식재료 상점에서는 딸리아뗄레 알 라구Taliatelle al ragu, 토르텔리니tortellini, 라자냐lasagne, 뇨키 튀김fried gnocchi 등 전형적인 볼로냐 음식들을 메뉴판 제일 앞자리에 올려 두고 있다. 이 기름진 음식에 볼로냐 특산 와인인 람브루스코Lambruso를 곁들이면 금상첨화이다.

1 볼로냐 지역 전통의 람브루스코 와인 2 올리브 절임의 종류와 색채도 다양하다. 3 이탈리아 음식의 수도답게 볼로냐의 식료품점에는 각종 음식과 식재료가 가득하다.

볼로냐 시민들이 주저 없이 추천하는 식당 중의 하나가 바로 탐부리니Tamburini
이다. 1932년에 처음 문을 연 서민적인 셀프 레스토랑이자 와인바 겸 델리카트슨이
다. 셀프 레스토랑은 점심 식사 때만 오픈하는데, 현지인들은 물론 소문을 듣고 찾아
온 여행자들로 늘 붐빈다. 온갖 파스타, 리조토, 육류, 생선, 샐러드와 채소 요리가 판
매대에 길게 펼쳐진다. 매장 실내 벽면과 진열대 가득 온갖 종류의 살라미, 쌀시챠,
모르타델라, 파르마의 프로슈토 등의 수제햄과 파마산 치즈를 비롯한 온갖 종류의
치즈들이 여행자의 미각을 유혹한다. 이탈리아 음식에 낯선 여행자들에게 탐부리니
는 볼로냐의 치즈와 고기, 요리에 대한 자상한 안내자 역할을 해 준다.

탐부리니 근처 드라페리에 거리Via Drapperie와 페스케리에 베키에 거리Via Pescherie
Vecchie를 따라 전통이 서린 올드마켓이 형성되어 있다. 각종 과일과 채소, 생선, 고기,
파스타, 살라미 등 온갖 식재료를 판매한다. 볼로냐 시민들의 특별할 것 없는 일상이
오랜 세월 그대로 흘러가는 곳이다. 볼로냐에서는 그저 편안한 마음으로 식당에 들
러서 볼로냐 요리를 배불리 맛보고 오랜 전통과 향기를 가슴으로 느끼면 된다. 그렇
게 육체와 영혼의 포만감으로 채워지는 곳이 바로 볼로냐 음식 여행이다.

볼로냐는 다양한 살라미와
수제 햄을 맛볼 수 있는
식도락의 천국이다.

볼로냐도 한때 탑의 도시였다. 이제는 몇 개 남지 않은 탑이 볼로냐의 개성 있는 스카이라인을 만들고 있다.

●**볼로냐 여행하기** 볼로냐를 방문하기에 좋은 시기는 봄과 가을이다. 적당히 따뜻한 날씨 덕분에 마조레 광장 주변 노천카페와 레스토랑에서 음료를 마시거나 식사하기에 좋다. 볼로냐 기차역에서 구시가 중심까지 도보로 20분 정도 걸린다. 기차역 앞에서 출발하는 버스를 타고 마조레 광장 근처에 내리는 편이 좋다. 구시가는 도보로 돌아보기에 충분하다.

●**모르타델라 소시지 맛보기** 모르타델라Mortadella는 돼지 목살 지방 조각들이 15% 정도 포함된 돼지고기 소시지이다. 볼로냐의 진미 중 하나이며 볼로냐 대표 파스타인 토르텔리니tortellini의 필수 재료 중의 하나이다. 로마 황제 아우구스투스가 볼로냐를 지나가다가 모르타렐라를 보고 깊은 인상을 받았다는 기록도 전해 온다. 오늘날 프로슈토prosciutto에 비교해서 조금 평가 절하되는 면도 있지만 볼로냐를 대표하는 소시지임에는 틀림없다.

●**토르텔리니 파스타 맛보기** 토르텔리니Tortellini는 배꼽이라고 묘사되는 반지 형태의 파스타를 말한다. 볼로냐와 모데나에서 기원한 것이다. 밀가루와 계란으로 반죽하고 속은 주로 돼지 허리 고기와 프로슈토와 같은 육류 또는 치즈로 채운다. 수프로 끓여 먹기도 하는데 크리스마스 식사 전통의 일부분이기도 하다. 카프라리에 거리에 있는 탐부리니Tamburini나 아티Atti 등의 레스토랑이나 상점에서 먹거나 구입할 수 있다.

사람과 일상을 만나는 곳 05

Istanbul

이스탄불의 스파이스 바자

| **위치** | 터키 북서부 이스탄불

| **교통** | 아타튀르크 공항Istanbul Atatürk Airport IATA: IST을 통해 들어온다면 버스나 트램을 이용해서 시내까지 손쉽게 진입할 수 있다. 트램으로 공항에서 술탄아흐멧까지 45분 정도 소요된다. 공항에서 시내까지 택시요금은 한낮이나 한밤중에 관계없이 동일하다.

흑해와 마르마라해Marmara Sea 사이에 있는 좁은 해협인 보스포러스 해협Bosphorus Strait의 남쪽 입구에 걸쳐 있는 이스탄불Istanbul은 지리적·문화적으로 유럽과 아시아를 잇는 다리와 같은 곳이다. 고대 그리스 시대에는 비잔티움Byzantium이라 불렸고, AD 330년 콘스탄티누스가 동로마 제국의 수도로 삼으면서 콘스탄티노플Constantinople이라 불렸다. 독립 전쟁 후 터키 공화국이 성립된 1923년까지 약 1,600년 동안 로마, 비잔틴, 오스만 제국의 수도 역할을 하였다. 이런 역사 덕분에 이스탄불은 풍요로운 문화와 유적이 가득해 세계 최고의 여행지 중 하나로 자타가 공인한다.

이스탄불을 찾은 여행자들은 거대하고 풍요로운 제국의 유적과 문명 앞에서 누구나 감탄한다. 하지만 여행자들이 친숙함을 느끼며 미소를 지을 수 있는 곳은 바로 이스탄불의 바자Bazaar, 즉 시장이다. 관광객들이 주로 찾는 그랜드 바자Grand Bazaar는 비잔틴 시대부터 무역과 거래의 중심지였다. 오스만 제국이 이스탄불을 정복하면서 그랜드 바자는 1455년에서 1461년에 걸쳐 커다란 두 개의 아케이드가 건설되어 더욱 번성하게 되었고, 현재 터키에서 가장 큰 시장일 뿐 아니라 세계에서도 가장 큰 바자시장 중의 하나로 손꼽힌다.

1 아야 소피아 위로 유유히 흘러가는 구름을 보며 일상의 근심을 잊는다.
2 스파이스 바자에 있는 전통 케밥 식당의 낮은 의자에 앉아 현지인들과 어울려 먹는 쉬쉬케밥이 일품이다.

그랜드 바자보다 규모는 작지만 이스탄불 시민들이 즐겨 찾는 유서 깊은 바자가 바로 이집트 바자터키어, Mısır Çarşısı로 불리는 스파이스 바자Spice Bazaar, 즉 향신료 시장이다. 향신료의 대부분이 이집트에서 수입되었기 때문에 '이집트 바자'라는 이름으로 불리게 되었는데, 이스탄불에서 2번째로 큰 시장이다. 귀금속, 카펫, 옷 등을 주로 거래하며 관광객과 호객꾼들로 북적이는 그랜드 바자에 비해 스파이스 바자는 주로 향신료, 건어물, 치즈, 전통과자와 같은 식료품과 터키인들의 일상 생필품을 주로 취급하고 있어 이스탄불의 서민들이 즐겨 찾는 재래시장이다. 스파이스 바자의 좁은 골목에 있는 식당의 낮은 탁자에 앉아 어깨가 맞닿은 이스탄불 시민과 눈인사를 나누며 케밥을 맛보는 것도 좋은 추억이 된다.

천 년이 넘는 세월 동안 쌓인 스파이스 바자를 거닐다가 로쿰Lokum을 먹어 보는 것은 어떨까? 터키쉬 딜라이트Turkish Delight라고 불리는 이 전통과자는 다양한 견과류로 속을 채우고, 꽃이나 과일로 향을 더하여 만든 젤리 같은 작은 큐브 모양의 과자이다. 슈가파우더가 흠뻑 뿌려진 로쿰을 입에 넣으면 끈적끈적하게 입에서 녹아내리고 아찔한 꽃 향기가 나는 것도 같다. 또한 터키의 애플 티는 세계 최초의 인스턴트식 뜨거운 애플 드링크로 꼽힌다. 로쿰처럼 달콤하고 애플 티처럼 향긋한 여행을 즐길 수 있는 곳이 바로 이스탄불 보스프러스 해협 근처의 스파이스 바자이다.

●**이스탄불 여행하기** 이스탄불의 대중교통 체계는 조금 복잡한 편이다. 트램, 메트로, 버스, 보트 등을 이용할 때 토큰을 사용하며, 터키 리라lila 현금으로만 구매할 수 있다. 지하철에서는 환승 티켓이 없으므로 새로운 노선을 탈 때마다 새로 요금을 지불해야 한다. 신용카드처럼 생긴 충전식 교통카드인 이스탄불카드Istanbulkart나 악빌Akbil을 사용하면 조금 편리하다.

●**터키 전통 고등어 케밥, 발리크 에크멕 맛보기** 터키의 전통음식인 케밥은 오랜 세월에 걸쳐 현재 300여 가지의 다양한 조리법이 있을 정도로 발전해 왔다. 양고기나 소고기 등 육류를 주재료로 한 일반적인 케밥 외에 이스탄불에서만 맛볼 수 있는 고등어 케밥인 발리크 에크멕Balık Ekmek도 있다. 갈라타 다리 근처의 에미뇌뉴 해변 선착장에서는 흔들리는 파도 위에 전통 목조 배를 띄워 놓고 그 위에서 전통의상을 입은 케밥 장수들이 고등어를 굽는 모습을 볼 수 있다. 고등어 비린내가 날 수도 있고, 가시가 있어 호불호가 갈리지만 한 번 맛보기를 추천한다. 레몬과 후추를 적절히 뿌려서 비린내를 잡아 주면 좋다.

●**터키식 피자 라흐마준 맛보기** 라흐마준lahmacun은 밀가루 반죽을 동그랗고 얇게 밀고, 그 위에 채소와 고기를 얹어 화덕에 구운 터키의 전통요리이다. 지역마다 모양과 크기, 재료의 차이가 있다. 매콤하면서도 담백해서 우리의 입맛에도 잘 맞는 편이다. 라흐마준보다 두꺼운 터키의 피자는 피데라고 하는데 동그랗지는 않고 길쭉한 물고기 모양이다. 쫄깃쫄깃한 반죽 위에 고기와 치즈를 얹고 화덕에 구워서 나오는데, 담백한 맛이 일품이다. 자신의 입맛에 맞게 골라 먹어 보자.

사람과 일상을 만나는 곳 06

Lausanne

로잔의 골동품 시장 & 플롱 지구

| **위치** | 스위스 서부 보주(州) 로잔

| **교통** | 기차 노선이 잘 연결되어 기차로 제네바에서 40분 정도, 몽트뢰에서 25분 정도, 베른에서 1시간 10분 정도 소요된다. 레만 호수 유람선/정기선을 타고 제네바, 몽트뢰 등 주변 도시와 호수 반대편 프랑스 도시들까지 왕래할 수 있다. 로잔-에비앙 구간은 편도로 35분 정도, 로잔-제네바 구간은 편도로 3시간 30분 정도 걸린다. 스위스 패스 소지자는 무료로 이용 가능하다. 항공편으로 가려면 제네바 공항으로 가서 열차로 로잔으로 이동하면 된다. 스페인, 프랑스와 중부 유럽의 주요 도시들로부터 국제 노선 버스를 이용해서 로잔으로 갈 수 있다.

국제 올림픽 위원회IOC 본부가 위치해 있는 올림픽의 수도 로잔은 레만 호수 가장 북쪽 경사진 언덕에 형성되어 있으며, 불어권 스위스에 속한 보Vaud 주의 주도이다. 아름다운 레만 호숫가 풍경은 '스위스 리비에라Riviera'라고 불릴 정도로 아름답기만 하다. 로잔은 스위스 리비에라의 아름다운 한 도시로서 고풍스러운 구시가의 우아함과 구시가 아래 로잔 젊은이들의 새로운 명소로 급부상한 플롱 지구 Quartier du Flon의 모던함이 공존하는 곳이다.

로잔 구시가의 가장 높은 곳에 위치한 노트르담 대성당Cathedrale de Notre Dame은 조금 특별하다. 햇살이 비칠 때면 마치 아름다운 꽃이 피어나 향기를 발하는 것만 같은 13세기 장미창 외에 232개의 계단이 이어지는 첨탑이 있기 때문이다. 이 첨탑에는 1405년 이래로 수백 년의 세월 동안 로잔의 밤을 지켜 주는 불침번의 전통이 있다. 매일 밤 10시부터 새벽 2시까지 5차례 육성으로 시간과 도시의 안전함을 알려 주는 불침번은 로잔의 명물로 유명하다. 대성당 아래로 내려가는 길에 가파른 경사

1 뤼민 궁전 앞 리폰 광장에서 골동품 시장이 열리면 굳이 사지 않아도 둘러보며 구경하기에 좋다. 2 시청사가 있는 팔뤼 광장 주변으로는 과일과 채소, 꽃 등을 판매하는 농산물 시장이 열린다. 3 꽃 노점상에서는 향기로운 꽃향기가 가득 흘러나온다.

를 따라 중세의 느낌 가득한 마르쉐 계단Escaliers du Marche이 팔뤼 광장으로 이어진다.

로잔에서 가장 아름다운 목조로 지어진 계단길이다. 마치 시간을 거스르는 터널처럼 지붕이 있는 마르쉐 계단을 한 계단 한 계단 내려갈수록 로잔 구시가의 심장에 더욱 가까워진다. 14세기까지 계단 오른쪽으로 광장이 있었고 그곳에서 시장Marche이 열렸다. 이 때문에 시장을 의미하는 마르쉐 계단으로 불리게 되었다. 이름 하나에도 의미가 담겨 있는 것이 구시가 여행의 진정한 맛이다.

9세기에 형성된 중세 시장 광장인 팔뤼 광장Place de la Palud은 17세기에 건설된 아름다운 시청사Hotel de Ville와 고풍스러운 중세 건물들로 둘러싸여 있는 아담한 광장이다. 광장 한쪽에는 정의의 여신 분수Fontaine de la Justice가 있고, 분수 뒤에 있는 약국 건물 1층 외벽을 보면 오메가 로고가 붙어 있는 팔뤼 시계Horloge de la Palud가 있다. 1964년에 스위스 국제 전시회Swiss national exhibition를 기념하여 상인 조합에서 만든 시계이다. 매시 정각이 되면 한 무리의 작은 장난감 인형들이 벽에서 나와 시계를 한 바퀴 돌면서 행진하는데 아이들에게 인기가 있다. 매주 수요일과 토요일에는 팔뤼 광장과 바로 근처에 있는 리폰 광장Place de la Riponne 일대에서 식료품과 생활 용품 위주의 활기찬 시장이 열린다. 조용하던 로잔이 활기로 가득 찬다.

과거와 현재가 어우러져 향수를 불러일으키는 곳

리폰 광장은 팔뤼 광장에 비해 훨씬 더 넓은 직사각형의 광장이다. 평소에는 한적하던 광장이 수요일과 주말 시장이 열리는 날에는 시끌벅적해지고, 로잔의 남녀노소들이 모두 몰려나와 활기가 넘치는 공간으로 변한다. 광장을 향해 있는 뤼민 궁전Palais de Rumine은 1904년에 로잔 대학 건물로 지어졌으며, 현재는 주립미술관과 대학 도서관으로 이용되고 있다. 매주 수요일과 토요일에 골동품과 생활용품, 치즈, 빵 등 식료품 시장이 열린다.

이곳의 골동품 시장은 진기하고 값비싼 물건이 아니라 로잔 시민들이 일상 속에서 사용했던, 세월의 때가 잔뜩 묻어 있는 향수 어린 물건들로 채워진다. 이제는 거의 찾지 않는 낡은 필름 카메라, 모던한 디자인과 거리가 먼 예스러운 접시와 그릇, 이제는 아이가 있는 부모들이 그 아이 나이였을 때 가지고 놀았을 장난감과 동화책들. 모든 것에서 향수가 묻어나고 세월의 흔적이 느껴진다. 좌판 사이사이로 걸을 때마다 예상치 못한 골동품이 쏟아져 나올 때면 과거 속을 거니는 듯한 기분이 든다. 단순히 낡은 물건이 아니라 소중한 추억을 팔고 있는 듯한 이 골동품 시장의 단골은 분명 잃어버린 과거의 추억을 찾는 나이 지긋한 손님들임에 틀림없다.

이 골동품 시장과는 대조적으로 로잔의 젊은이들에게 새로운 쇼핑센터로 급부상한 로잔의 명소가 바로 플롱 지구 Quartier du Flon이다. 플롱 지구는 로잔에서 가장 이미지가 나빴던 대규모 공업지대를 새롭게 디자인해서 모던한 첨단 생활구역으로 변화시킨, 당시 유럽에서는 선례를 찾아보기 힘든 엄청난 프로젝트의 결과물이다. 1999년 로잔 시에서 로잔 플롱 지구 발전 프로젝트 Plan partiel d'affectation, PPA를 채택하면서 복합 상영관이 들어서고, 첨단 사무실과 쇼핑센터, 디자이너 가구점, 레스토랑과 바, 나이트클럽 등이 들어서면서 로잔에서 가장 트렌디하고 젊고 핫한 장소로 변모했다. 특히 밤이 되면 구시가에서 볼 수 없는 플롱의 진면목이 드러난다. 세련되고 현대적인 건물이 제각각 조명을 받아 다채로운 색채와 디자인의 건물로 변신한다.

로잔이라는 도시는 과거의 유산과 미래의 디자인이 결합해서 시너지 효과를 일으키면서 여행자들의 마음을 빼앗는다. 낮에는 리폰 광장에서 로잔의 과거를 만날 수 있고, 밤이면 플롱에서 로잔의 활기찬 현재와 만날 수 있다. 로잔은 낮이나 밤이나 여행지로서 최고임에 틀림없다.

1 플롱 지구는 로잔에서 급부상하고 있는 새로운 쇼핑 주거 공간이다. 2 플롱 지구에 있는 가구점에서는 모던함과 앤틱함을 갖춘 가구들이 전시되고 있다.

플롱 지구는 밤이 되면 다양한 색채의 조명으로 인해 낮과는 완전히 다른 세상으로 변신한다.

● **로잔 여행하기** 로잔 구시가 자체는 경사진 길이 좀 있어서 도보와 메트로 M2노선을 적절히 활용하면 편리하다. 스위스 패스 소지자와 로잔 트랜스포트 카드Lausanne Transport Card 소지자는 무료로 이용할 수 있다. 로잔 트랜스포트 카드는 호텔 체류 기간 동안 로잔의 모든 대중교통을 무제한 무료로 이용할 수 있는, 로잔에 있는 호텔에서 투숙객에게 주는 교통 카드이다. 횡으로 로잔을 가로지르는 M1선보다는 세로로 고지대와 저지대를 이어 주는 M2선이 여행자들에게 유용하다. 두 개의 노선은 로잔 플롱Flon에서 교차한다.

● **레만 호수 향토 생선 농어 요리 피렛 드 페르슈 맛보기** 피렛 드 페르슈Filet de Perche는 제네바와 로잔 등 레만 호수 일대의 향토 생선인 농어Perche를 이용한 요리이다. 레만 호수에서 잡은 페르슈농어를 버터와 화이트와인으로 구워 담백하다. 겉은 바삭하고 하얀 속살은 촉촉하고 부드러운 맛이 일품이다.

● **로잔 인기 크레페 맛보기** 정의의 여신 분수 뒤로 로잔 대성당으로 올라가는 길 중간쯤 왼편으로 크레페 전문 레스토랑인 크레페 라 샹들뢰흐Crêperie la Chandeleur가 있다. 미리 예약하지 않으면 자리가 없을 정도로 식사 시간에는 늘 붐빈다. 캐러멜, 초콜렛, 꿀 맛의 달콤한 크레페와 계란, 햄, 시금치 등이 들어간 식사용 크레페까지 수십 가지의 크레페가 있다.

·**주소** Rue Mercerie 9 CH-1003 Lausanne ·**전화** +41 (0)21 312 84 19 ·**시간** 화~목요일 11:30~23:00, 금~토요일 11:30~23:30, 일~월요일 휴무

사람과 일상을 만나는 곳 07

천 년을 이어 온 페스의 가죽 시장

| **위치** | 모로코 북부 페스

| **교통** | 모로코 국적기인 로열 에어 마록Royal Air Maroc과 저가항공사들이 유럽의 주요 도시와 페스 사이에서 운항되고 있다. 공항은 페스 시내에서 15km 거리이며 시내를 연결해 주는 셔틀 버스가 30분 간격으로 운행된다. 택시도 있지만 바가지 요금에 주의해야 한다. 페스 기차역인 페스 빌Fès-Ville은 도시 북쪽 끝에 있다. 마라케시Marrakech에서 8시간 15분 정도, 카사블랑카Casablanca에서 3시간 20분~4시간 20분 정도, 탕헤르Tangier에서 4시간 30분 정도, 라밧Rabat에서는 2시간 30분~3시간 정도 걸린다. 기차는 연착이 자주 있는 편이다. 모로코의 독특한 운송수단 중의 하나가 바로 그랑 택시Grand Taxi인데, 그랑 택시는 도시 간을 이동하는 장거리 택시이다. 6명이 정원이며 같은 행선지의 6명의 승객이 모이면 출발하는 시스템이다. 그랑 택시 요금은 규제를 받고 있기 때문에 정확한 공식 요금을 미리 체크해 두면 바가지를 쓸 일이 의외로 없다.

페스Fez는 789년 이드리스 1세Idris I에 의해 설립된 고도의 이슬람 문명을 가진 도시이다. 아랍 세계에서 모로코의 고대 성벽이 가장 잘 보존된 도시이며 세계에서 가장 오래된 알 카라윈 대학Université Al Quaraouiyine이 있는 것으로 유명하다. AD 859년에 지어진 세계 최초의 대학인 알 카라윈은 당시 페스가 모로코의 종교와 문화의 중심지였음을 말해 준다. 페스는 종교적·문화적 풍요로움으로 인해 '서쪽의 메카', '아프리카 대륙의 아테네'라고 불리기도 한다.

페스를 제대로 보려면 미로 같은 메디나medina, 아랍어로 구시가를 뜻함 골목길을 부지런히 걸어야 한다. 지나갔던 길을 다시 돌아오기도 하고, 지도를 봐도 헷갈리는 골목에서 서성거리면서 메디나를 헤매다 보면 페스의 속살이 보인다. 현대문명의 상징인 자동차가 없는 대신 나귀들이 무거운 짐을 지고 숨가쁘게 좁은 골목을 오간다.

그렇게 미로 같은 메디나 한복판에 다채로운 가죽 염색 공장인 태너리Tannerie가 자리를 잡고 있다. 메디나의 옛 건물 사이에 숨어 있어서 쉽게 눈에 띄지 않는다. 근처를 헤매고 있으면 페스의 아이들이 여행자들의 손을 잡아 끈다. 태너리 입구에 데려다준 아이들은 손바닥을 활짝 편 채로 여행자들을 올려다본다. 가이드 값을 달라는 이야기이다.

태너리를 제대로 보려면 높은 곳으로 올라가야 한다. 태너리 주변 건물들은 대부분 가죽 제품을 판매하는 상점들이 차지하고 있다. 상점의 옥상이나 발코니에서 내려다보면 페스 가죽 염색 공장 태너리의 독특한 형태가 온전히 모습을 드러낸다. 우물처럼 생긴 동그란 구멍들이 촘촘히 모여 있고, 구멍마다 하양, 빨강, 파랑 등 염색물이 채워져 있다. 천 년이 넘는 세월 동안 전통 방식을 고수하며 일일이 염색 노동자들이 구멍마다 한 명씩 들어가서 열심히 가죽을 발로 밟고 땀을 흘린다. 천 년의 세월 동안 이어져 온 전통의 염색 공장을 보고 있으면 묘한 감정이 생긴다. 태너리를 빠져나와 다시 메디나를 배회하다가 뜨끈한 소고기 타진 한 그릇과 민트 티 한 잔이면 충분히 만족할 수 있는 곳이 바로 페스 메디나 여행이다.

● **페스 여행하기** 메디나의 골목길을 안내해 주는 지도를 반드시 챙겨야 한다. 길을 안내해 준다며 자칭 가이드가 따라 붙는 경우가 있는데 무시하는 편이 좋다. 위험하지는 않지만 상당히 집요하다. 길이 궁금하다면 호객꾼이나 가이드 같은 사람보다는 자기 일에 열중하고 있는 가게 주인들에게 물어보는 편이 좋다. 숙소가 외곽에 있을 경우에는 빨간색 프티 택시를 타고 메디나 입구에 있는 문까지 갈 수 있다. 프티 택시는 페스 시내만 운행하며 가격도 저렴한 편이다. 공인받은 가이드는 호텔이나 관광안내소를 통해 구하는 편이 안전하다.

메디나 골목길 벽에는 색깔별로 8각형의 별 모양으로 된 표지판이 있다. 다양한 테마를 따라 메디나 안에 있는 주요 랜드마크를 찾아갈 수 있게 도와준다. 길을 잃으면 이 별 표지판을 찾아서 잘 따라다니면 길을 찾을 수 있다. 페스는 안전한 편이지만 꽤 복잡하다. 혼잡한 곳에서는 소매치기를 조심하고, 기본적으로 여행지에서 가져야 할 주의력만 있으면 된다. 길을 가다가 벨렉Belek이라는 외침을 들으면 옆으로 비켜 서야 한다. 가죽과 같은 짐을 실은 당나귀가 지나간다는 외침이다.

● **모로코 전통 파이 빠스띠야 맛보기** 빠스띠야Pastilla, 혹은 Bastilla, Bisteeya는 새끼 비둘기 고기를 재료로 하여 아몬드 가루와 시나몬, 설탕이 더해진 모로코 전통 파이이다. 현재는 닭고기, 소고기, 생선으로도 만들어진다. 일반적으로 메인 요리를 먹기 전에 전식으로 즐겨 먹는다.

● **베르베르안들의 전통 수프 하리라 맛보기** 하리라Harira 수프는 사막민족인 베르베르족의 전통 수프이다. 라마단이 있는 신성한 축제의 달에 주로 대추야자와 함께 먹는다. 양고기, 토마토, 렌틸콩, 병아리콩이 주재료이며 대추야자, 무화과, 차바키야라고 불리는 달콤한 꿀이 들어간 쿠키와 함께 먹기도 한다.

1 일꾼들이 일일이 구덩이마다 염료를 넣어 가면서 수작업으로 염색을 한다. 2 메디나의 미로 같은 골목마다 자동차 대신 나귀들이 무거운 짐을 지고 오간다. 3 천 년이 넘는 긴 세월 동안 전통 방식으로 염색 작업을 하고 있는 태너리의 전경

사람과 일상을 만나는 곳 08

Marrakech

마라케시의 제마 엘프나 야시장

| **위치** | 모로코 중앙부 마라케시

| **교통** | 마라케시 메나라 공항Marrakech-Menara Airport, RAK은 시내에서 5km 정도 떨어져 있는 국제공항으로 유럽 주요 도시들과 항공편을 운항하고 있다. 공항에서 시내 주요 호텔 사이를 연결해 주는 19번 공항버스가 편리하다. 제마 엘프나 광장에도 정차한다. 프티 택시로는 15분~20분 정도 걸린다. 탑승 전 가격을 합의하거나 미터기를 사용하는지 체크한다. 기차로는 카사블랑카에서 3시간 정도, 라밧에서는 4시간 10분 정도, 페스까지는 7시간 정도 걸린다. 다양한 장거리 버스도 마라케시와 모로코의 주요 도시를 연결해 준다. 추천할 만한 버스 회사로는 CTM, Pullman, Supratours 등이 버스 설비도 좋고 노선도 기차보다 다양한 편이다.

마라케시Marrakech라는 지명은 사막 민족인 베르베르족의 '신의 땅'을 의미하는 무라쿠시Murakush라는 말에서 왔다는 설이 유력하다. 마라케시라는 지명도 모로코의 도시라는 말로 대체되어 사용되었을 정도로 모로코와 마라케시는 불가분의 관계에 있다. 선사시대부터 이곳에 베르베르민족이 거주했고, 실제적인 도시가 세워진 시기는 11세기 중반이었다. 12세기에는 이슬람 학교인 마드라사Madrasa와 모스크가 많이 건축되었다. 수많은 건물이 붉은 사암으로 지어진 탓에 도시는 전반적으로 붉은빛을 띠고 있다. 이후 빠르게 성장한 마라케시는 아프리카 북서부 지역과 사하라 사막 남쪽 아프리카 지역의 문화, 종교, 무역의 중심지로서 확고히 자리를 잡았다.

마라케시의 거대한 에너지를 느낄 수 있는 공간이 바로 제마 엘프나Djemaa el-Fnaa 광장이다. 1985년에 유네스코 세계문화유산으로 지정되었으며 '무단 침입자들의 집회'라는 의미를 갖는다. 마라케시의 흥망성쇠와 함께 이 광장도 쇠퇴와 발전, 갱신의 시기들을 겪었다. 원래는 죄수들의 처형 등 권력자들이 대중들을 모아 놓고 자신

1 마라케시의 진면목은 밤이 되면 거대한 야시장과 공연장으로 변하는 제마 엘프나 광장에서 볼 수 있다.
2 전통 항아리 요리인 탄지아 마라크쉬아를 권하는 종업원

의 권력을 과시하며 겁을 주는 통치 용도의 장소였다. 그러다가 점차 사하라 사막과 주변 산악 지대에 사는 사람들이 찾아와 물건을 거래하는 시장으로 발달했다.

드넓은 광장은 낮에는 오렌지를 통째로 즙을 짜서 파는 가판대와 헤나문신을 해 주는 여인들, 코브라나 원숭이를 데리고 공연을 보여 주는 거리 공연자들, 전통의상을 입은 물장수들이 차지한다. 하지만 해가 지고 어둠이 드리워지기 시작하면 평범하던 광장이 변신한다. 어디선가 노점상들이 끌고 온 수레들은 순식간에 식탁과 주방이 되고 사람들을 끌어모으기 시작한다.

광장의 다른 공간에서는 코브라 공연자, 마술사, 음악가, 아크로바틱 공연자, 원숭이 조련사, 이야기꾼, 주술사, 소매치기가 뒤섞여 혼란스러우면서도 거대한 삶의 스펙트럼이 느껴진다. 신선한 해산물 튀김과 으깬 가지요리, 다양한 종류의 타진, 삶은 달팽이 등 온갖 진미가 사람들을 유혹한다. 기름진 음식을 먹고 나서 맛보는 갓 짠 오렌지 주스와 향긋한 민트 티는 빼놓지 말아야 할 후식이다.

광장 맞은편에 있는 전망 좋은 카페에 올라가 발코니에 기대어 제마 엘프나를 바라보는 시간이 마라케시 여행의 클라이맥스를 장식한다. 모로코에 간다면 반드시 마라케시에 가야 하고 마라케시에 간다면 다른 것은 다 제쳐 두더라도 제마 엘프나의 야시장은 반드시 보아야 제대로 여행을 했다고 말할 수 있을 것이다.

- **마라케시 여행하기** 메디나 골목은 좁아서 차량이 다닐 수 없지만 미로 같은 수크시장 골목을 제대로 보려면 도보 여행이 최적의 선택이다. 대부분의 시내버스는 제마 엘프나 광장 근처에서 정차한다. 시내 전용 택시인 프티 택시의 승객은 최대 3명이며 미터기 요금대로 계산하는 것이 정석이다. 미터기를 켜지 않는다면 미터기를 사용하도록 요구한다. 장거리 이동 택시인 그랑 택시는 미터기가 없으나 구간별로 규제를 받는 요금이 있으므로 미리 알아 두면 바가지를 쓰지 않을 수 있다. 마라케시는 전반적으로 안전한 도시에 속하지만 어두운 밤길을 홀로 다니는 것은 피하는 편이 좋다.
- **탄지아 마라크쉬아 맛보기** 탄지아 마라크쉬아Tanjia Marrakchia는 탄지아Tangia라고 불리는 진흙 항아리를 이용해서 전통 방식으로 천천히 익히는 고기 요리이다. 양고기나 소고기가 주재료이며 마늘, 생강, 레몬, 후추, 모로코 전통 버터 스멘smen, 샤프란, 쿠민cumin 등 다양한 채소와 향신료를 항아리에 넣어 6시간 정도 푹 익히기 때문에 육질이 부드럽고 향이 좋다. 제마 엘프나 주변에 전문적으로 탄지아 요리를 하는 레스토랑을 발견할 수 있다.
- **퍼프 페이스트리 브리우엇 맛보기** 모로코 음식 중 하나인 브리우엇brouat은 달콤한 퍼프 페이스트리puff pastry이다. 주로 닭고기나 양고기와 같은 고기와 치즈, 레몬, 후추를 섞어서 속을 채운다. 이것을 튀기거나 구워서 허브와 향신료 혹은 설탕가루를 뿌려 먹는다. 새우, 닭고기, 레몬으로 채운 것도 있다.

사람과 일상을 만나는 곳 09

Lisbon

리스본의 투박하고 정감 있는 일상

| **위치** | 포르투갈 서부 리스본

| **교통** | 포르투갈 최대 국제공항인 포르텔라 공항Aeroporto da Portela, LIS으로 유럽과 아메리카, 아프리카의 주요 나라들과 항공편이 운행되고 있다. 공항에서는 공항버스Aerobus나 메트로를 타고 시내까지 이동하는 것이 편리하다. 택시들은 바가지가 많은 편이다. 기차역은 시내 중심의 산타 아폴로니아Santa Apolónia역과 외곽에 있는 오리엔테Gare do Oriente역 두 곳이 있다. 포르투갈의 주요 대도시와 근교 도시들을 리스본과 연결해 주는 버스도 운행되고 있다.

리스본은 하얀색의 석회암으로 지어진 건축물과 친밀함 가득한 낡은 골목길이 있고, 그 속에 투박한 듯 속 깊은 정이 있는 사람들이 살아가는 곳이다. 대서양으로 흘러드는 테조Tejo강의 북쪽 강둑을 따라 형성된 리스본의 중심에는 널찍한 코메르시우 광장Praça do Comércio이 강을 바라보며 자리 잡고 있다. 바이샤 지구에 속한 이 넓은 광장이 리스본 시내의 시작점이다. 저지대 지역인 바이샤Baixa는 1755년 대지진 후에 계몽주의 시대의 영향으로 완전히 새롭게 재건되었다. 리베르다데 대로Avenida de Liberdade를 따라 세련된 호텔, 고급 상점이 눈부시게 빛난다. 동쪽의 구시가 지역인 알파마Alfama와 무라리아Mouraria 구역은 단단한 바위 위에 세워져서 대지진이 리스본을 덮쳤을 때도 온전히 보존되는 행운을 누렸다. 그래서 이곳은 옛 모습 그대로 좁은 골목길과 세월의 때가 묻은 리스본 서민들의 삶의 모습이 그대로 남아 있다. 서쪽으로 솟아 있는 언덕은 윗동네인 바이루 알토Bairro Alto이다.

바이루 알토 지역을 보기 위해서는 1885년에 처음 운행을 시작한 한 칸짜리 구

1 솔 광장 근처에서 바라본 알파마 지구와 테조강이 아름답다. **2** 리스본의 골목길을 걷다 보면 생선구이 냄새가 흘러나온다. **3** 벨렘 지구에 있는 파스테이스 데 벨렝의 에그타르트는 리스본 여행에서 반드시 맛봐야 할 필수 코스이다.

식 푸니쿨라케이블카 '글로리아Gloria'나 에펠의 추종자 라울 메스니어Raoul Mesnier가 만든 수직 리프트 '산타 주스타Elevador de Santa Justa'를 이용해야 한다. 리스본의 명물인 28번 노란색 트램시가전차 또한 유용하다. 구불구불한 골목 언덕길을 오르내리는 전차와 순박한 리스본 사람들의 삶의 풍경은 있는 모습 그대로 아름답기만 한다.

코메르시우 광장에서 좁은 골목길로 들어가면 전형적인 서민 식당이 곳곳에 숨어 있다. 식사 때가 되면 리스본의 골목길 가득 정어리 굽는 냄새와 구수한 수프 향기, 바다 내음이 어울려 허기진 여행자들을 유혹한다. 허름한 골목 식당의 나이 지긋한 주인장은 별 말이 없다. 채소 수프는 된장국과 비슷한 맛이 나서 놀라게 한다. 삶은 감자가 곁들여 나오는 생선구이는 고향에서 어머니가 구워 주시던 바로 그 맛과 별반 다를 것이 없다. 고향의 맛을 느끼고, 알파마 지구로 향하는 28번 노란색 시가전차에 다시 몸을 싣는다. 햇살이 좋은 날이면 창가에 만국기처럼 널린 빨래들은 더욱 친근하게 다가온다. 마음 편히 동네 골목길을 산책하듯 리스본의 일상 속으로 걸어 들어갈 수 있는 곳 그리고 투박하지만 따스한 정이 느껴지는 곳이 바로 알파마의 골목길이다.

● **리스본 여행하기** 리스본 카드는 관광 명소 입장료 할인 또는 무료, 모든 대중교통 무료 이용의 혜택이 있다. 리스본은 오르막과 내리막이 많아 오래 걷기에는 무리이므로 리스본의 명물인 트램을 활용하는 편이 좋다. 특히 28번 트램이 주요 명소를 많이 들른다. 길을 잃으면 가장 가까이에 있는 카리스Carris버스정류장이나 트램 정류장으로 가서 지도를 보면 된다. 현재 위치와 주요 관광 명소를 잘 표시해 놓고 있어서 길과 방향을 찾는 데 유용하다.

● **에그타르트 맛보기** 리스본 시민들은 파스테이스 데 벨렘Pasteis de Belém의 에그타르트를 맛보지 않고서는 리스본 여행이 완성되지 않는다고 이구동성으로 말한다. 제로니모스 수도원Mosteiro dos Jerónimos의 수도승들의 레시피를 산 주인이 1837년에 에그타르트를 팔기 시작했고, 오늘날까지 그 후손들이 판매하고 있다. 달콤하고 고소한 맛과 겉은 바삭하고 속은 촉촉하고 부드러운 질감이 단연 최고이다.

까사 파스테이스 데 벨렘 Casa Pasteis De Belem ·**주소** Rua de Belem 84, Lisbon 1300-085, Portugal ·**전화** +351 21 363 74 23 ·**홈페이지** www.pasteisdebelem.pt · **이메일** pasteisdebelem@pasteisdebelem.pt

● **다양한 생선 요리 맛보기** 바칼하우는 소금에 절인 대구를 말하며, 포르투갈 생선 요리를 대표하는 재료 중의 하나이다. 바칼하우 요리 중 인기있는 것이 바칼하우 아 브라스bacalhau á bras, 감자와 양파를 곁들인 튀김, 그라탕 스타일의 바칼하우 콤 나타스bacalhau com natas, 감자, 양파, 삶은 계란, 올리브를 곁들인 구이인 바칼하우 아 고메스 사bacalhau á Gomes Sá 등이다. 또한 단순하지만 완벽하게 구운 생선구이Peixe Grelhado는 대부분의 레스토랑 메뉴판에서 쉽게 찾을 수 있다. 정어리, 도미, 농어 등 생선구이와 따끈한 수프를 곁들인 음식을 먹어 보는 것을 추천한다.

사람과 일상을 만나는 곳 10

디종의 상쾌한 아침 시장

| **위치** | 프랑스 중동부 부르고뉴주(州) 디종

| **교통** | 디종은 파리에서 리옹과 마르세유로 가는 길목과 스위스와 이탈리아로 가는 길에 있는 중요한 철로 교차점이다. 초고속 열차 TGV로 파리에서 1시간 40분 정도, 스위스 바젤Basel에서 1시간 25분 정도, 마르세유에서 3시간 24분 정도, 리옹에서 2시간 정도 소요된다. 운항 편수는 적지만 프랑스 내 몇몇 도시와 연결되는 공항도 있으며 유로라인 버스가 디종과 유럽의 주요 도시와 연결된다.

한때 프랑스를 능가할 정도로 강대한 나라였으며, 전성기에는 현재의 벨기에와 네덜란드까지 그 영토가 이르렀다는 부르고뉴Bourgogne 공국의 수도가 바로 디종Dijon이다. 특히 필리프 대공에서 샤를 공까지 이르는 15세기 전후 100년간은 황금 시대라고 불릴 정도로 번성했다. 그래서인지 디종의 건축물들은 부르고뉴 공국 특유의 초록, 노랑, 검은색의 테라코타Terracotta 타일이 기하학적인 패턴으로 정렬된 지붕들이 특징적이다.

또한 디종은 프랑스 3대 요리 중 하나인 에스카르고Escargo, 식용 달팽이 요리, 지역 특산품인 매콤한 겨자 무따흐드 드 디종Moutarde de Dijon, 와인의 왕이라 불리는 부르고뉴 와인으로 유명한 식도락의 도시이다. 이외에도 전통 빵인 뺑 데피스Pain d'épice, 까시스로 담근 증류주인 까시스 리큐어liqueur de cassis 등이 유명하다. 이러하니 3년마다 열리는 국제적인 꽃 축제 플로리시모Florissimo도 명성이 높지만 매년 가을에 열리는 국제적 요리 축제 역시 명성이 높을 수밖에 없다. 특히 디종의 겨자는 14세기 말에

1 전통 주택들에 둘러싸인 프랑소와 뤼드 광장은 프랑스적인 느낌이 물씬 풍긴다.
2 옛날 부르고뉴 공국의 위세를 과시하듯 깃발들이 펄럭인다.

부르고뉴의 공작이, 겨자를 만들 때 최고 품질의 겨자씨와 질 좋은 식초만을 사용하도록 겨자의 품질을 엄격히 규제하기 시작했다. 이로 인해 디종의 겨자는 세계적으로 높은 명성을 얻게 되었다. 현재 프랑스의 겨자 10개 중 9개는 디종과 그 주변 지역에서 생산된다.

디종의 중심인 반원형의 리베라시옹 광장Place de la Liveration 앞에는 현재 시청과 디종 순수미술관으로 사용되고 있는 부르고뉴 대공궁전Palais des ducs et des Etats de Bourgogne이 웅장함과 균형미를 갖추고 당당하게 서 있다. 예전 부르고뉴 공국의 수도답게 구시가지 건물들은 화려함과 장중함이 느껴진다. 광장에서 이어지는 리베라테 거리Rue de la liberte 양쪽으로 다양한 문양과 색깔의 깃발들이 바람에 휘날리는 모습이 흡사 중세의 개선장군이 곧 대로를 가로질러 올 것만 같다. 파리 에펠탑을 설계한 세계적인 건축가 구스타프 에펠이 설계한 푸른색 유리로 된 거대한 디종 중앙시장Les Halles Centrale de Dijon은 첫눈에도 강렬한 인상을 준다. 한낱 시장 건물이 아닌 예술적인 작품 같기도 하다. 중앙시장 주변으로 다양한 카페와 레스토랑들이 밀집해 있어서 여행자들과 현지인들로 붐빈다.

광장에 넘쳐나는 일상의 향취

밝은 햇살이 가득한 디종의 아침은 유난히 상쾌한 기운이 넘친다. 여유로운 마음으로 아침 거리를 산책하다 보면 발길은 자연스럽게 프랑소와 뤼드 광장Place Francois Rude으로 향한다. 이른 아침부터 이 광장에는 소박한 시장이 들어서서 상쾌한 아침 공기 속에 활기찬 풍경을 만들어 낸다. 광장 한가운데에는 부르고뉴 와인의 본고장답게 포도를 밟고 있는 사람의 동상이 서 있다. 18세기까지 디종의 중심가였던 포르주 거리Rue des Forges가 여기에서 시작되는데, 그 거리를 따라 빵 가게와 초콜릿, 치즈, 디종의 특산품인 겨자 등을 파는 온갖 식료품 가게, 카페와 레스토랑들이 늘어서 있다. 예쁜 장식과 그림으로 만들어진 가게 간판들과 꽃 축제의 도시답게 색색의 꽃들로 향기 가득한 꽃가게들은 화사하기만 하다.

프랑스 어느 곳을 여행하든 이른 아침 어디선가 풍겨 오는 향긋한 빵 냄새처럼 이겨 내기 힘든 유혹이 있을까. 시장 좌판 근처의 폴Paul 빵집에서 갓 구워 낸 신선한 빵이 그 진원지이다. 폴 빵집에서 빵을 팔고 있는 디종의 아가씨는 미소가 어찌나 상냥하고 아름다운지 디종의 아침이 더욱 눈부시다. 가식 없는 일상이 흐르는 곳이 시장이기에 어느 여행지든 시장에 가면 그곳에 사는 이들의 맨 얼굴을 만날 수 있다.

    그런데 디종의 거리를 걷다 보면 길바닥에서 재미있는 표시를 발견하게 된다. 주요 관광 명소마다 도로 바닥에 황금올빼미와 숫자가 새겨져 있다. 디종의 비밀 코드는 바로 '황금올빼미를 따라가라'라는 말로 표현할 수 있다. 그 올빼미 마크를 잘 따라가면 중요한 관광 포인트를 계속해서 만날 수 있다. 포르주 거리에서 올빼미를 따라가 보니 고딕 양식의 노트르담 성당이 모습을 드러낸다. 정면의 낙숫물받이에 장식된 총 51개의 괴물 모양의 빗물 배수구인 가고일Gargoyle들은 표정이 어느 것 하나 똑같은 것이 없다. 노트르담 성당의 왼편 슈예트 거리rue de la Chouette 방향 벽에는 디종의 상징이 된 '행운의 올빼미'가 키 높이 정도에 붙어 있다. 오른손으로 금붙이를 만지면서 왼손으로 이 올빼미를 만지면 행운이 찾아온다는 전설이 있다. 수많은 관광객의 손길에 올빼미가 닳아서 반질반질하다. 황금올빼미를 따라 디종의 골목길을 이리저리 배회하다 보면 분명 경이로운 과거와 현재의 디종을 만날 것이다.

● **디종 여행하기** 디종의 구시가는 도보로 돌아보기에 충분하다. 바닥에 새겨진 디종의 상징 올빼미 표시를 따라 걸으면 디종의 주요 22곳의 관광 명소를 손쉽게 찾아다닐 수 있다. 여행자들을 위해 디종 시가 무료로 운행하는 셔틀버스 디비아치티Diviaciti도 유용하다. 매주 월요일부터 토요일, 아침 7시부터 저녁 8시까지 10분 간격으로 주요 관광 명소를 연결해 준다.

● **부르고뉴 달팽이 요리 맛보기** 프랑스 3대 요리 중의 하나이기도 한 부르고뉴 달팽이Escargots à la Bourguignonne 요리는 프랑스 부르고뉴의 가정식 전통요리로, 크고 흰 부르고뉴 달팽이를 주재료로 고소한 버터향과 마늘향이 어우러져 부드러운 질감이 예술이다. 디종을 여행한다면 반드시 맛보아야 할 전통요리이다.

● **전통 빵 뺑 데피스 맛보기** 뺑 데피스Pain d'épices는 프랑스식 향신료 빵의 일종으로 호밀가루, 벌꿀과 정향, 육두구, 계피 등의 향신료를 넣어 만든 전통 빵이다. 프랑스의 랭스Reims에서 유행하던 이 빵은 제1차 세계대전 이후 디종에서 큰 발전을 이루었고, 디종의 특별한 음식 중 하나로 인정받게 되었다.

1 밤이 되면 활기차던 디종의 거리도 고요해진다. 2 이른 아침 빵가게에서는 거부할 수 없는 갓 구운 빵 내음이 흘러나온다. 3 노트르담 성당 근처에 있는 '행운의 올빼미'

Part.8

야경이 이색적인 곳 10

01 독일 드레스덴의 골목과 광장에 깃든 푸른 밤의 여운 | **02 스위스** 인상파의 유화처럼 진득한 밤이 있는 루체른 | **03 체코** 아름다운 분수가 있는 올로모우츠의 밤 | **04 벨기에** 운하를 따라 걷는 겐트의 밤길 산책 | **05 스위스** 달빛 아래 박공지붕이 빛나는 아라우 | **06 체코** 보석처럼 빛나는 프라하의 밤 | **07 헝가리** 겔레르트 언덕에서 보는 부다페스트의 밤 | **08 벨기에** 화려한 꽃송이처럼 피어나는 브뤼셀의 밤 | **09 이탈리아** 볼차노에서 누리는 저녁 산책의 여유 | **10 폴란드** 코페르니쿠스의 고향 토룬에서 본 밤하늘 별빛

야경이 이색적인 곳 01

Dresden

드레스덴의 골목과 광장에 깃든 푸른 밤의 여운

| **위치** | 독일 남동부 드레스덴

| **교통** | 드레스덴 클로체Dresden-Klotzsche 공항은 도시 북쪽에 있으며 독일의 주요 도시들과 모스크바, 취리히, 런던과 같은 소수의 유럽 도시와 연결된다. 공항에서 시내는 버스와 트램, S-Bahn 열차를 이용해서 쉽게 오갈 수 있다. 기차역은 엘베강을 기준으로 북쪽의 신시가역인 드레스덴 노이슈타트Dresden Neustadt역과 엘베강 남쪽의 구시가 역이자 드레스덴 중앙역인 드레스덴 하우프트반호프Hauptbahnhof역 두 곳이 있다. 중앙역에서 구시가는 도보로 충분히 접근할 수 있다. 프라하에서 EC열차로 2시간 20분 정도, 베를린에서 EC열차로 2시간 15분 정도, 라이프치히에서 IC열차로 1시간 10분 정도, RE열차로 1시간 30분 정도 소요된다.

독일 남동부 엘베강 연안의 드레스덴Dresden은 작센주의 주도이자 '독일의 피렌체'라고 불릴 만큼 아름다운 도시이다. 베를린 남쪽으로 약 190km 떨어져 있는 이 도시는 엘베강 좌안에는 바로크 건축물로 가득한 구시가, 우안에는 신시가가 형성되어 있다. 슬라브어로 '숲 속의 사람'이라는 뜻을 가진 드레스덴의 기원은 슬라브 민족이 거주하던 시대로 거슬러 올라간다. 18세기 초에 건설된 바로크 양식의 츠빙거 궁전은 드레스덴 건축물의 백미이다.

우아함이 넘치는 이 도시는 사실 엄청난 비극의 역사를 안고 있다. 7년 전쟁 때 작센이 오스트리아에 가담한 관계로 프로이센군이 거칠게 포격을 퍼부어 파괴의 아픔을 겪었다. 또한 나폴레옹 전쟁 때는 나폴레옹이 이 도시를 작전기지로 삼아 적지 않은 손상을 입기도 했다. 특히 제2차 세계대전 때는 미국과 영국 공군의 맹렬한 폭격으로 구시가의 90% 이상이 파괴되었다. 1945년 2월에 드레스덴은 말 그대로 폐

허와 동의어라고 해도 과언이 아니었다. 이 비극적인 전쟁 전까지만 해도 유럽의 예술과 클래식 음악, 과학 등을 선도하는 중심이었던 드레스덴은 전쟁의 참화 속에 하루아침에 잿더미가 되고 말았다. 2,400톤이 넘는 폭탄과 1,500톤이나 되는 소이탄이 드레스덴에 투하되어 그야말로 불바다가 되었다. 대부분의 희생자가 독일군이 아닌 여성과 어린이들이었다는 점에서 전후 이 폭격이 정당했는지에 대해 연합군 내에서도 논쟁거리가 되었다.

드레스덴은 처참하게 폐허가 된 구시가를 복원하느라 '전쟁보다 더 고된 시간'의 터널을 지나와야만 했다. 드레스덴의 대부분의 건축물이 거무스름한 돌들과 최근의 돌들로 이루어져 있음을 손쉽게 발견할 수 있다. 그저 예쁘게만 보이는 다른 유럽의 도시들에 비해 음울함이 묻어나는 이유는 이러한 비극적인 역사 때문이다.

드레스덴의 정신적 상징, 프라우엔 교회

드레스덴의 정신적인 지주이자 상징적인 건축물은 바로 프라우엔 교회Frauenkirche이다. 1726년에서 1743년에 걸쳐 바로크 양식으로 지어진 루터파의 개신 교회로, 노이마르크트neumarkt 광장에 우뚝 솟아 있다. 독일 바로크 양식 건축의 대가 게오르게 베어George Bähr가 설계했고, 1736년에 유명 파이프 오르간 제작자 고트프리트 질버만Gottfried Silbermann이 이 교회의 파이프 오르간을 만들었다. 오르간이 완성되었을 당시 요한 세바스티안 바흐Johann Sebastian Bach가 이 오르간으로 처음 연주회를 해서 더욱 유명해졌다. 96m 높이의 돔은 로마 바티칸에 있는 베드로 성당의 미켈란젤로의 돔만큼이나 웅장하고 아름답다. 1만 톤이 넘는 사암으로 건설된 이 돔은 내부에서 지탱해 주는 기둥이 하나도 없는데도 웅장하게 서 있다. 1760년, 7년 전쟁 당시 프로이센 군대가 쏜 100여 개의 포탄에도 무너지지 않았으나 제2차 세계대전 당시 폭격으로 완전히 무너져 버렸다.

전후 드레스덴 시민들은 프라우엔 교회의 재건을 꿈꾸며 폐허가 된 프라우엔 교회의 돌들을 모아 번호를 매겨 소중하게 보관했다. 드레스덴 시민들뿐 아니라 독일 국민과 다양한 단체가 재건 사업을 위해 마음을 모았다. 마침내 2005년에 드레스덴 시민들과 독일국민들은 완전히 재건된 프라우엔 교회의 모습을 감격적으로 바라볼 수 있었다.

1 프라우엔 교회가 분수와 광장을 에워싸고 있다. 2 프라우엔 교회의 내부는 황금색의 화려한 장식과 부조물이 인상적이다. 3 츠빙거 궁전은 화려하면서도 기품 넘치는 아름다움을 보여 준다.

드레스덴은 아픈 역사를 떠올리며 차분하게 산책하기에 좋은 도시이다. 가톨릭 궁정 교회Katholische Hofkirche와 오페라 하우스, 츠빙거Zwinger 궁전, 드레스덴 성을 비롯한 주요 명소가 구시가에 모여 있다. 특히 아름다운 바로크 양식의 츠빙거 궁전 내부에는 S.라파엘로의 〈시스티나의 마돈나〉를 비롯하여, 이탈리아의 르네상스기의 명화와 루벤스, 렘브란트 등의 작품을 소장하고 있는 드레스덴 국립미술관이 있다. 궁전 안마당에는 분수가 솟는 4개의 연못이 있고, 여름철에는 이 마당에서 아름다운 선율로 가득한 대연주회가 열려 음악 애호가들의 발길을 끌어모은다.

유럽의 발코니라고 불리는 '브륄의 테라스Brühlsche Terrasse'에 서면 엘베강과 강 너머의 신시가가 멋진 전망으로 펼쳐진다. 슈탈호프Stalhof 벽면에 그려진 '군주의 행렬Fürstenzug'은 그 길이가 101m나 되는 긴 외벽이다. 2만 5,000여 장의 타일을 이용해서 작센의 군주들을 묘사한 장대한 벽화로 군주의 행렬을 따라 걸으면 역사 속의 한 순간을 걷는 듯한 착각이 든다.

드레스덴이 진정한 아름다움으로 빛나는 시간은 밤이다. 잔잔히 가라앉은 대기 속에서 조명이 은은하게 빛난다. 프라우엔 교회에서 브륄의 테라스까지 밤이 내린 드레스덴의 골목길과 광장을 거닐며 평온한 드레스덴의 밤을 호흡하다 보면 진정한 아름다움은 상처를 이기고 나서야 비로소 이루어진다는 것을 깨닫게 된다.

1 '엘베 강가의 피렌체'답게 아름다운 풍경을 선사하는 드레스덴 2 뜨거운 물에 데쳐 낸 소시지는 간편한 식사로 제격이다.

전쟁의 아픔을 이겨 낸 드레스덴의 밤은 은은한 조명 속에서 더욱 아름답게 빛난다.

●**드레스덴 여행하기** 주요 관광 명소는 구시가Altstadt에 모여 있으므로 도보로 다닐 수 있다. 대중교통은 트램과 버스가 있으며 1일권을 구입하면 편리하다. 가족 여행자들은 가족권을 구입하면 개인별로 구입하는 것보다 저렴하고 편리하다. 이 교통 패스로 모든 트램과 버스, 대부분의 페리선과 기차IC, ICE열차 제외까지 탈 수 있다. 대체 교통수단으로는 페디캡자전거 택시이 구시가 내에서 서비스를 제공한다. 단거리 위주로 이동할 수 있으며 관광 가이드 역할도 한다. 2007년부터는 관광용 마차도 여행자들을 위해 관광 명소 사이를 오가고 있다.

●**원조 튜링거 로스트브라트부르스트 맛보기** 튜링거 로스트브라트부르스트Thüringer Rostbratwurst는 작센주 바로 옆에 있는 튜링겐주의 소시지이다. 최초의 기록은 1404년으로, 가장 오래된 레시피는 1613년으로 거슬러 올라간다. 길이는 15~20cm 정도이며 두께는 얇은 편이다. 전통적으로 숯불에 구워 겨자를 뿌리고 빵 사이에 끼워서 먹는다. 간단한 식사나 간식으로 길거리 가판대에서 직접 구워서 판매한다.

●**슈톨렌 맛보기** 슈톨렌Stollen은 작센주의 전통 케이크로 빵 속에 말린 과일 조각들을 포함하고 있으며 표면은 가루 설탕이나 아이싱 설탕으로 덮인다. 주로 크리스마스 시즌에 먹기 때문에 바이흐나흐츠슈톨렌Weihnachtsstollen, 크리스마스 슈톨렌 혹은 크리스트슈톨렌Christstollen이라고 불리기도 한다. 말린 오렌지 껍질과 같은 감귤류 과일의 껍질, 건포도, 아몬드, 카다멈cardamom과 계피 등이 주재료이다. 아우구스투스 2세Augustus II를 묘사하는 특별한 인장이 특징이기도 하다. 매년 겨울 강림절 기간에 드레스덴에서는 슈톨렌 축제Stollenfest가 열리며, 3~4톤이나 되는 슈톨렌이 마차에 실려 오는 모습을 볼 수 있다. 이외에도 드레스덴의 제빵업자 페르디난트 프리드리히 빌헬름 한케1816~1880가 1844년 러시아 여행 중에 알게 된 레시피를 드레스덴에 가져와 '독일 & 러시아 빵집'을 열고 만든 러시아 빵Russisch Brot도 인기가 높다. 바삭한 3개의 층으로 이루어진 치즈 케이크인 아이어쉐케Eierschecke도 드레스덴의 특별한 먹거리이다.

야경이 이색적인 곳 02

Luzern

인상파의 유화처럼 진득한 밤이 있는 루체른

| **위치** | 스위스 중부 루체른

| **교통** | 스위스의 교통의 요충지답게 주요 도로와 기차 노선이 스위스와 유럽의 주요 도시와 연결된다. 기차로는 취리히에서 40분, 바젤과 베른에서 각각 1시간 10분 정도 소요된다. 밀라노에서는 아쓰-골다우Arth-Goldau에서 1회 환승하면 4시간 정도, 파리 리용역에서는 바젤에서 1회 환승하면 4시간 50분 정도 걸린다. 피어발터슈테터 호수 주변의 슈비츠Schwyz, 플뤼엘른Flüelen, 베기스Weggis 등과 정기적인 유람선이 운행되고 있다.

지리적인 위치에서나 스위스인들의 정신적인 면에서나 늘 스위스의 중심에는 역사적이고 아름다운 호수 피어발터슈테르제Vierwaldstättersee, 루체른 호수가 있다. 그래서 이 호수 주변은 '스위스 중의 스위스', '스위스인들의 정신적 고향'이라고 불린다. 호수 구석구석에 온갖 전설과 역사를 품고 있는 아름다운 중세 도시가 많다. 스위스 건국 신화의 주인공 빌헬름 텔Wilhelm Tell의 이야기도 이 호숫가 근교 마을인 알트도르프Altdorf에서 시작되었을 정도이다.

하지만 이 호수에서 단연 최고의 도시를 꼽으라면 이구동성으로 외치는 곳이 바로 루체른 호수의 북서쪽 제일 안쪽에 있는 루체른이다. 연 5백만 명이 넘는 여행자가 이 작은 도시로 몰려든다. 루체른 호수에서 흘러나온 로이스Reuss강은 시간의 흐름이 멈춘 구시가를 가로질러 흐르고, 그 강물 위로 루체른의 대명사라고 불리는 지붕이 있는 목조다리 카펠교Kapellbrücke와 슈프로이어교Spreuer Brücke가 운치 있게 수놓고 있다. 다채로운 색채의 벽화들로 수놓아진 구시가 골목길은 가볍게 걷기에 좋

1 해가 지고 푸른 어스름이 루체른을 덮는 시간, 로이스강을 가로지르는 카펠교가 눈부시게 빛난다.
2 루체른의 명소인 빈사의 사자상

을 정도로 아담하고, 그 중세의 골목마다 최신 유행의 상점과 전통의 기념품 가게가 묘하게 조화를 이룬다.

루체른의 상징, 카펠교

루체른을 여행하는 이들이 기억해 두면 좋은 한 가지는 혹시나 짧은 일정으로 이곳에 들르게 된다면 늦은 오후나 저녁 시간을 택하라는 것이다. 푸르스름한 대기가 신비스럽게 구시가를 감싸고, 사물의 윤곽과 색채가 남아 있지만, 가로등 불빛이 켜지기 시작하는 바로 그 시간말이다. 그 시간에 눈으로 바라보고 마음으로 느끼는 루체른은 진정 어디서도 얻기 힘든 감동을 선사한다. 기차역에서 나와 호수와 강의 경계를 이루는 다리를 건너다 보면 오른편으로 드넓은 루체른 호수가 펼쳐지고, 왼편으로는 구시가를 배경으로 카펠교Kapellbrücke와 물의 탑, 바서투름Wasserturm이 반겨 준다.

유럽에서 가장 오래된 목조식 보행다리인 카펠교는 살짝 휘어진, 그래서 더 운치 있는 대각선으로 로이스강을 가로지른다. 강의 북쪽과 남쪽을 연결하는 교통로이자 중세에는 호수에서 침입하는 적을 막기 위한 방어 시설이기도 했다. 유럽에서 가장 긴 목조다리로, 원래 200m가 넘었으나 세월이 흐르면서 현재는 170m 정도라고 한다. 근처에 있는 성 베드로 예배당의 이름을 따서 카펠Kapell, 예배당이라는 뜻교라고 불린다. 특히 17세기에 카펠교 지붕 아래에 150여 점이나 되는 목판화가 더해졌는데, 스위스와 루체른의 역사 속 의미 있는 장면들을 묘사하고 있다. 1993년에 화재로 인해 상당히 큰 피해를 입었지만, 카펠교는 변치 않는 루체른의 랜드마크이자 스위스인들이 사랑하는 역사적 유물이다.

그 수백 년의 시간이 쌓인 카펠교 지붕 아래에서 발걸음을 옮길 때마다 삐걱거리는 소리가 들린다. 현대 도시에서는 느낄 수 없는 정감어린 소리에 마음은 어느새 시간 여행을 떠난다. 흔들리는 물결에 빛의 파편이 떨어져 별똥별처럼 길게 꼬리를 늘어뜨리고, 카펠교를 따라 장식된 붉은 꽃들이 바람에 흔들리며 향기를 발한다. 빛과 색채, 시간과 대기가 화합하며 신비로운 장면들을 그려 낸다.

다리를 건넌 발걸음은 어느새 자연스럽게 구시가Altstadt의 심장으로 향한다. 로이스강의 북쪽 강둑에 형성된 구시가는 우아한 벽화로 수놓아진 중세의 집과 돌이 깔린 골목길, 작은 분수가 세워진 광장이 어우러져 중세 영화의 세트장을 방불케 한다. 카펠교 진입부에 해당하는 카펠 광장Kapellplatz, 구시청사 건물이 있는 곡물시장 광장Kornmarktplatz, 벽화로 장식된 건물이 특히 인상적인 와인시장 광장Weinmarktplatz과 히르쉔 광장Hirschenplatz 등이 구시가를 가로지르는 카펠 거리Kapellegasse로 이어진다. 골목길과 건물들은 세월과 전통이 쌓인 중세의 느낌 그대로이지만, 그 속에 들어찬 상점들은 모던함으로 반짝인다. 낭만적인 구시가 산책과 최신 제품 쇼핑의 즐거움을 동시에 누릴 수 있는 곳이 바로 루체른이다.

그렇게 구시가를 정신없이 배회하다 보면 어느새 여행자들의 발걸음이 다시 로이스강과 카펠교로 향한다. 특별한 목적도 없이 강을 따라 걷다가, 조명 속에 빛나는 카펠교를 보다가 전망 좋은 카페에서 커피나 맥주 한 잔을 들이킨다.

자연의 빛과 인간의 조명이 아름답게 어울린 루체른의 밤은 보기만 하기도 아쉽고 걷기만 하기도 아쉽다. 시간에 구애받지 말고 그저 넋 놓고 보기도 하고, 발길 닿는 대로 걸어도 보라. 그것이 진정한 루체른의 밤을 즐기는 방법이다.

●**루체른 여행하기** 루체른 중앙역 정면으로 나오면 바로 앞에 반호프 광장Bahnhofplatz이 있으며 버스정류장으로 이용된다. 광장 끝에 피어발터슈테터 호수가 있고 유람선 승선장도 있다. 시내는 도보로 충분히 돌아볼 수 있을 정도로 아담한 편이지만, 스위스교통박물관은 루체른역에서 거리가 꽤 되므로 버스나 기차, 유람선과 같은 교통편을 이용하는 것이 좋다. 스위스 패스 소지자는 모든 대중교통을 무료로 이용할 수 있다. 2번 이상 대중교통을 이용한다면 매번 표를 사는 것보다 1일권을 사는 것이 효율적이다.

●**루체른 향토요리 취겔리파스테테 맛보기** 취겔리파스테테Chügelipastete는 루체른을 대표하는 향토요리로 그 역사는 무려 18세기로 거슬러 올라간다. 푹 끓인 송아지 고기 스튜와 생크림, 키르슈 주酒를 그릇처럼 만든 파이에 담아 오븐에서 잘 구워낸 요리이다. 바삭바삭하게 구워진 파이와 진한 송아지 고기 스튜의 조화가 예술이다. 레스토랑이나 요리사마다 모양과 크기는 조금씩 다르지만 부드러운 송아지 고기 스튜와 크림소스, 바삭한 파이가 입맛을 돋운다.

●**스위스 군용 칼, 일명 맥가이버 칼 구입하기** 스위스 군용 칼Schweizer Offiziersmesser, Sackmesser은 스위스를 대표하는 기념품이다. 루체른 근교 도시이자 피어발터슈테터제 호반 도시인 브루넨Brunnen에는 스위스 군용 칼 박물관 및 기념품점이 있기도 하다. 주머니에 쏙 들어가는 실용적인 이 칼은 단순히 칼 용도가 아니라 일상생활, 특히 여행이나 캠핑, 낚시 등 야외 활동에 유용하여 실용적으로 활용할 수 있다. 빅토리녹스Victorinox사와 벵거Wenger사 브랜드가 대표 브랜드이다. 루체른 카펠교의 바서투름 내에 있는 기념품점이 유명하며, 빈사의 사자상 가는 길에 있는 기념품점 등에서도 다양한 가격대와 도구들의 칼을 구입할 수 있다. 특히 일부 기념품점에서는 칼의 외부 몸통에 추가 비용 없이 이니셜이나 이름을 새겨 주기도 해서 좋은 추억이 된다.

1 고풍스러운 구시가 건물의 벽면마다 다양한 벽화가 장식되어 있다. **2** 여름이면 화사한 꽃들로 수놓아진 카펠교는 보기만 해도 로맨틱하다.

야경이 이색적인 곳 03

Olomouc

아름다운 분수가 있는 올로모우츠의 밤

| **위치** | 체코 동부 올로모우츠

| **교통** | 올로모우츠는 프라하에서 폴란드와 슬로바키아로 이동하는 국제선 열차 노선 중간에 위치해 있다. 급행열차인 SC 펜돌리노Pendolino 열차를 이용하면 프라하에서 올로모우츠까지 2시간 30분 정도면 도착한다. 브르노Brno에서는 1시간 30분 정도 소요된다. 폴란드 바르샤바에서는 5시간 30분 정도 걸린다. 프라하, 브르노와 같은 주요 도시와 올로모우츠 사이에 버스도 운행되고 있지만 기차보다 훨씬 시간이 많이 걸린다.

체코의 숨은 보석 올로모우츠Olomouc는 체코에서 프라하 다음으로 크고 오래된 역사 지구를 가진 유서 깊은 도시이다. 1641년까지 모라비아Moravia의 수도였던 이 도시가 처음 역사 기록에 등장한 것은 1,000년 전이었다. 모라바Morava강에 걸쳐 있으며 비옥한 하나Haná 평원에 둘러싸여 있는 곳이다. 전설에 따르면 올로모우츠는 율리우스 시저Julius Caesar에 의해 건설되었다고 한다. 원래 로마 군대의 캠프였다고 알려져 있으며 캠프를 친 곳이 율리우스의 언덕이라는 뜻의 율리 몬스Julii Mons라고 불렸고, 이 명칭이 점차 현재의 올로모우츠로 변형되었다고 한다. 그래서 이 도시의 유산은 로마와도 많은 관련이 있으며 올로모우츠의 자부심과 정체성의 한 부분을 차지하고 있다. 프라하의 카를 대학 다음으로 오랜 역사를 가진 팔락키Palacky 대학이 있어서 젊음의 도시라고 불리기도 하고, 거의 1,000년 동안 카톨릭의 대주교가 있어서 중부 유럽에서 가장 아름답게 장식된 성당들이 자리한 종교의 도시라고 불리기도 한다.

올로모우츠 여행의 출발점이자 종착점은 구시가의 중심 광장인 호르니 나메스티Horní náměstí이다. 거대한 시청사와 독특한 그림이 있는 천문시계, 아리온의 분수 등이 광장을 채우고 있다. 무엇보다 이 광장의 아름다운 풍경은 유럽에서 가장 큰 석주인 높이 35m에 이르는 성삼위일체 석주Holy Trinity Column로 인해 완성된다. 2,000년에 유네스코 세계문화유산으로 등록된 성삼위일체 석주는 보는 이를 압도한다. 체코에서 두 번째로 큰 광장에 하늘 높이 솟아오른 검은빛을 띤 이 대형 석주는 18세기 초기에 중부 유럽의 바로크 양식의 건축물 중에서 최고의 걸작으로 손꼽힌다. 1716년부터 1754년에 걸쳐 모라비아의 예술가 온드레이 자흐너Ondrej Zahner와 올로모우츠 출신의 예술가, 장인들이 참여해서 완성했다. 석주에 장식된 조각들은 성서와 신앙에 기초한 장식물, 올로모우츠의 역사와 관련한 중요 인물들로 장식되어 있다. 특히 꼭대기에는 대천사 가브리엘과 성모승천이 조각되어 있다.

모차르트의 자취가 남아 있는 곳

사실 올로모우츠는 브르노에서 북동쪽으로 약 60km 떨어진 곳에 위치한, 여행자들에게 거의 알려지지 않은 숨은 도시이다. 하지만 실제로 이 작은 도시가 보유한 문화재와 중세 건축물의 숫자는 수도 프라하의 뒤를 이어 체코 제2위를 차지할 정도로 풍요로운 문화와 역사를 자랑한다. 고대 신화가 풍부한 영감이 되어 형상화된 올로모우츠의 수많은 분수는 다른 도시에서는 느낄 수 없는 매력이 있다. 모차르트는 이곳에서 〈심포니 제6번Symphony No.6 in F major〉을 작곡하기도 했다.

시청사 벽면에 길게 장식된 천문시계는 프라하 구시가 천문시계와는 색다른 아름다움이 있는데, 올로모우츠에서 결코 놓치지 말아야 할 구경거리이다. 제2차 세계대전 당시 심각하게 손상을 입어 공산주의 정권 하에서 노동자의 가치를 표현하는 그림으로 복구되었다. 그래서일까. 올로모우츠의 천문시계는 그런 역사의 흐름, 시대의 변화를 느끼게 해 주는 묘한 이질감을 품고 있다.

로마의 황제 시저Caesar의 분수를 비롯해 고대 신화에 등장하는 넵튠Neptune, 헤라클레스Hercules, 트리톤Triton, 머큐리Mercury, 주피터Jupiter, 아리온Arion의 분수들이 올로모우츠의 광장과 골목 곳곳에 숨어 있다. 은둔한 마법사가 그 신비로운 전설을 여행자에게 전해 주는 느낌이다. 높이가 100m에 달하는 벤체슬라스 성당St. Wenceslas

1 천문시계가 있는 아름다운 시청사 2 올로모우츠의 천문시계는 우아하면서도 독특한 아름다움이 느껴진다. 3 올로모우츠 여행의 꽃은 유네스코 세계문화유산이기도 한 성삼위일체 석주이다.

1 전설이 깃든 아름다운 아리온의 분수 야경
2 로마네스크, 고딕 양식의 성 벤체슬라스 대성당

Cathedral은 세속 황제의 권력을 넘어섰던 영화로운 종교 시대를 떠올리게 한다.

땅거미가 지고 저녁 어스름이 올로모우츠를 서서히 덮어 오는 시간이 되면 호르니 나메스티로 가야 한다. 아리온의 분수 앞 벤치에 앉아 어둠에 덮여 가는 도시를 가만히 바라보는 시간은 신비롭다. 다른 분수에 비해 비교적 최근에 세워진 아리온의 분수에도 영감 넘치는 전설이 있다. 그리스 고린도Corinth 출신의 한 가수가 이탈리아에서 전통악기 키타라Cithara를 연주하며 노래를 불러 많은 재산과 명성을 얻었다. 그리스로 금의환향하는 길에 배의 선원들이 공모해서 그를 바다 한가운데로 던져 죽이고 재산을 가로채려고 했다. 죽음의 파도가 넘실대는 바다로 뛰어들기 전 그는 생애 마지막으로 온 정성을 다해 아름다운 노래를 불렀다. 노래를 끝내고 슬픔과 절망을 안고 바다 속으로 몸을 던졌을 때 놀랍게도 어디선가에서 나타난 돌고래가 그를 구해 준다. 그의 아름다운 노래를 듣고 깊은 바다에서 헤엄쳐 온 돌고래였다. 신은 그 돌고래를 갸륵히 여겨 하늘의 별로 영원토록 빛나게 해 주었고 그 가수는 생명을 구할 수 있었다는 이야기이다. 결국 그는 아름다운 노래로 자신의 생명을 구한 것이다.

동화 같은 전설과 아름다운 예술, 건축과 사람을 은은한 야경 속에서 만날 수 있는 곳, 그곳이 바로 올로모우츠이다.

● **올로모우츠 여행하기** 올로모우츠 역사 지구는 도보로 여행하기에 적합하며 즐거운 산책을 할 수 있는 공간이다. 대중교통은 저렴한 편이며 트램과 버스가 잘 갖춰져 있다. 트램은 깨끗하고 효율적이며 저렴한 수단이다. 1회권은 개시Validation 후 40분간 유효하다. 기차역에 도착해서 오른쪽으로 향하는 어떤 트램이라도 타면 구시가로 들어갈 수 있다. 5~6정거장 정도 가면 구시가가 나온다.

● **올로모우츠 전통 치즈 올로모우츠케 트바루츠키 맛보기** 올로모우츠 전통 치즈인 올로모우츠케 트바루츠키Olomoucké tvarůžky 치즈는 이 지역에서 가장 유명한 특산품 중 하나이다. 15세기 이래로 소젖으로 만드는 체코 전통의 숙성된 부드러운 저지방 치즈이며 톡 쏘는 듯한 맛과 강한 냄새, 노란색이 특징이다. 보통 맥주에 곁들여 먹기도 하고, 이 지방의 코르동 블루Cordon Bleu의 속재료로 사용되기도 한다. 강한 냄새 때문에 접시에 달콤한 박하사탕인 해즈레르카Hašlerka가 함께 담겨 나오기도 한다.

● **올로모우츠 전통 갈릭 수프 맛보기** 로스티츠카 체스네츠카Loštická česnečka라고 불리는 올로모우츠 전통 갈릭 수프는 체코의 다양한 갈릭 수프 중에서도 최고의 수프로 손꼽힌다. 올로모우츠 전통 치즈인 트바루츠키가 더해지는데, 마늘과 강한 향의 치즈가 어울려 깊은 맛을 낸다. 겨울에 즐겨 먹으며 건강식으로 사랑받는다.

야경이 이색적인 곳 04

Ghent

운하를 따라 걷는 겐트의 밤길 산책

| **위치** | 벨기에 북서부 오스트플란데런주(州) 겐트

| **교통** | 겐트는 브뤼셀에서 기차로 30분이면 도착한다. 브뤼셀에서 브뤼헤 가는 길 중간에 있어서 브뤼셀과 브뤼헤 여행 중간에 들르기에 좋다. 안트베르펜, 브뤼셀 공항에서도 직행열차가 운행되고 있다. 브뤼셀/파리행 탈리스도 하루에 한 대 운행된다. 담푸르트Gent-Dampoort와 생 피터스Gent-Sint-Pieters 두 개의 기차역이 있는데 생 피터스역은 모든 기차가 통과하는 반면, 담푸르트역은 안트베르펜을 거치는 노선만 선다. 유로라인 버스가 파리, 암스테르담, 런던과 연결된다. 메가버스Megabus도 운행되고 있다.

겐트는 아직은 수도 브뤼셀이나 브뤼헤에 비해 여행자들에게 낯선 소도시이지만 작은 규모에 비해 의외로 화려한 역사를 가졌다. 유럽에서 가장 부유하고 강력한 도시 중 하나로, 한때는 알프스 북쪽에 있는 도시에서 파리 다음으로 두 번째로 큰 도시로 주목받았다. 담푸르트Dampoort 기차역에서 구시가로 방향을 잡으면 아름답고 서정적인 운하를 따라 길이 나 있다. 한가로운 운하를 가로지르는 작은 다리를 건너면 파스텔톤의 서민적 주택들이 나온다. 구시가 중심부로 들어서면 고딕 양식과 르네상스 양식이 결합한 웅장한 시청사가 방향을 가늠하는 여행자에게 이정표가 되어 준다. 시청사 맞은편에 있는 감시탑 벨프리Belfry는 유네스코 세계문화유산에 등재된 건축물이다.

관광안내소에서 배낭여행자를 위한 추천 지도를 얻어서 겐트 골목길 탐방을 해 보는 것도 좋다. 하지만 약간의 모험심만 있다면 지도를 접고 나만의 도보 여행을 시도해 보는 것도 색다른 추억이 된다. 발길이 가는 대로, 마음이 내키는 대로 가는

1 구시가를 가로지르는 운하에 비친 겐트의 야경이 멋스럽다. 2 운하를 따라 길게 늘어선 파스텔톤 주택들이 정겹다. 3 그래피티로 채워진 구시가 외곽의 작은 골목이 색다르다.

게 자유 여행의 즐거움 중 하나가 아닐까? 그제서야 비로소 새로운 풍경, 숨은 장소들이 눈앞에 펼쳐지기 시작한다. 시청사 근처 후그프루트Hoogproot거리의 작은 골목길 좌우편으로 100m 가까이 이어진 그래피티 골목도 숨은 장소 중의 하나이다. 그래피티 골목길에서 나와 구시가를 유유자적 거닐다 보면 5m짜리 빨간색 대형 대포Dulle Griet, Mad Maggy가 눈에 띈다. 바로 근처의 쥐벨 다리Zuivel Brug를 건너다가 운하를 바라보면 겐트가 얼마나 아름다운 곳인지를 절로 느끼게 된다. 잔잔히 흐르는 운하와 겐트의 주택들 그리고 건너편 작은 다리 위를 건너가는 노란색 트램이 어울려 겐트만의 그림을 완성한다.

어느새 낯선 도시에 어둠이 내리면 밤길 도보 여행이 시작된다. 코렌마크트Koren Markt 거리를 지나서 생미셸 다리St. Michiel brug를 건너다 중간 즈음에서 멈춰 운하를 내려다보아야 한다. 강물에 비친 겐트의 밤풍경은 물에 푼 잉크처럼 흩어져 추상화가 된다. 이 골목 저 골목을 여유롭게 걷다 보면 발걸음은 금요시장Vrijdag Markt 광장에 닿는다. 이 광장은 금요일마다 큰 시장이 열린다. 광장을 둘러싼 중세 건축물들이 은은한 조명 속에 빛날 무렵 여행자들은 공간의 이동이 아닌 시간의 이동을 경험하는 듯 착각에 빠지게 된다. 시대에 대한 감각을 잠시 잊고 살아보지 못한 시간을 체험할 수 있다는 것, 더구나 그 체험의 장소가 더할 나위 없이 낭만적인 겐트라면 충분히 빠져들 만한 밤이다.

● **겐트 여행하기** 겐트의 중심부인 구시가는 상당히 작은 편이서 도보로 돌아보기에 충분하다. 겐트에는 겐트 담푸르트Dampoort역과 생 피터스역Gent Sint-Pieters 두 곳의 기차역이 있다. 구시가와 가까운 쪽은 담푸르트역이다. 생 피터스역에 도착할 경우 트램 1번을 타고 10분 정도면 구시가에 도착한다. 담푸르트역에서는 도보로 15분 정도면 구시가에 도착한다. 몇 개의 버스 노선이 구시가와 연결된다.

● **전통 덤플링 스마우트볼렌 맛보기** 스마우트볼렌Smoutebollen은 벨기에 전통음식으로 바삭하며 맥주 향이 나는 동그란 튀김이다. 우유와 건조효모, 밀가루, 계란, 버터, 건포도, 사과, 설탕과 벨기에에서 가장 센 맥주인 스칼디스Scaldis를 넣은 뒤 동그랗게 만들어 뜨거운 기름에 튀겨 낸다. 디저트로 주로 먹지만, 간단한 아침 식사나, 애프터눈 티에 곁들여 먹기도 한다.

● **벨기에 향토요리 스토브레이 맛보기** 맥주를 재료로 한 독특한 향토 요리로, 벨기에 맥주 3시간 정도 삶은 소고기 조림요리이다. 소고기에 맥주가 깊이 스며들어 부드러운 맛이 일품이다. 맥주 향이 나는 소고기와 함께 벨기에 전통 감자튀김 프리츠Frites나 삶은 감자를 곁들여 먹기도 한다.

야경이 이색적인 곳 05

Aarau

달빛 아래 박공지붕이 빛나는 아라우

| **위치** | 스위스 아르가우주(州) 아라우
| **교통** | 스위스의 대표적인 도시인 취리히, 바젤, 루체른을 가상의 선으로 이었을 때 생기는 삼각형의 딱 중간쯤에 위치해 있어서 교통이 편리한 편이다. 취리히와 바젤에서 기차로 각각 30분 정도, 베른에서는 40분 정도 소요된다.

아라우Aarau는 스위스 알프스와 쥐라 산맥 사이의 중앙고원 지대인 미텔란트Mittelland에 속해 있다. 아르가우Aargau 칸톤의 주도로 취리히와 바젤, 루체른을 잇는 삼각형 지역의 중간 지점에 있다. 이런 지리적인 위치 덕분에 아라우는 한때 스위스의 첫 번째 수도였고, 스위스 최초의 국회의사당이 있기도 했다. 도시의 이름을 따온 아레Aare강이 아라우 바깥으로 흘러간다. 매혹적인 구시가는 아라우의 보석과도 같은 곳이다. 무엇보다 아라우 구시가는 스위스에서 가장 아름답다고 자타가 인정하는, 다흐힘멜Dachhimmel이라 불리는 박공지붕으로 명성이 자자하다. 책을 펼쳐서 엎어 놓은 모양의 처마가 바로 다흐힘멜인데, 고풍스러운 주택의 지붕 처마 아랫면으로 수놓아진 그림이나 패턴이 마치 한 편의 예술 작품 같다. 그래서 아라우를 여행하는 이들은 땅바닥을 볼 틈이 없을 정도로 고개를 뒤로 젖히고 지붕 처마를 보느라 정신이 없다.

이 다흐힘멜의 역사는 도시가 팽창하던 16세기로 거슬러 올라간다. 대부분의 중세 시대 건축물이 이 시기에 주로 새롭게 교체되거나 확장되었다. 현재까지도 남

1 구시가의 주택마다 아름다운 박공지붕이 장식을 하고 있다. 2 성문을 들어서면 바깥과는 다른 시간이 흐른다. 3 달빛이 흐르는 밤이 되면 아라우의 밤하늘을 수놓은 박공지붕이 새로운 멋을 자아낸다.

아 있는 성벽 안쪽 아라우의 구시가 건축물은 대부분 18세기 무렵까지 완성되었다. 작은 성과 로레Rore 탑, 위쪽 성문 탑Obertorturm 등 13세기 이래로 거의 변함없이 그 모습을 유지하고 있다. 중세의 건축물들이 도열해 있는 구시가를 걷는 기분이 무척 상쾌하다. 보행자 전용 골목길을 따라 작은 수로가 흐르는 모습은 운치가 넘친다. 세계적으로 유명한 건축가 헤르조그 앤 드 뫼론Herzog & de Meuron에 의해 설계된 아라우 미술관도 색다른 볼거리이다. 매년 9월이면 일반인들이 참가하는 마을 축제인 바흐피쉐트Bachfischet도 다른 곳에서는 보기 힘든 독특한 축제이다. 이 축제 때가 되면 마을 사람들이 마을을 흐르는 강물을 막은 후 바닥을 깨끗이 청소한다. 그래서 다시 맑은 물이 흐르게 하는 행사이다.

아라우는 햇살이 밝은 낮 시간에 산책하는 것도 즐겁지만 진정한 운치를 느끼려면 밤의 어둠이 내린 시간, 특히 둥근 달이 떠오른 날이 좋다. 노천카페 테이블 곳곳에 앉은 사람들은 도란도란 담소를 나누고, 수로에는 달빛에 젖은 맑은 물이 흐른다. 도시의 시간도 이때만큼은 수로처럼 아주 느리게 흐른다. 골목을 따라 허공에 떠 있는 가로등들은 땅바닥뿐 아니라 건물마다 붙어 있는 박공지붕 처마를 비춘다. 고개를 들면 은은한 불빛에 비친 박공 그림들이 우아하게 빛을 발한다. 그리고 그 지붕들 너머로 구름이 빠르게 흐르고, 둥근 달은 하늘 한가운데에 멈춘 채 아름다운 아라우를 내려다본다. 지붕 처마에 수놓은 예술 같은 도시, 아라우의 밤은 그렇게 조용히 깊어만 간다.

●**아라우 여행하기** 아라우는 도보로 돌아보기에 적절한 규모의 도시이며, 도보로 여유를 가지고 박공지붕들을 찬찬히 감상하기에 좋다. 아라우 관광안내소에서는 45분 정도 소요되는 산책 코스 안내 브로슈어를 배포하고 있다. 70개 이상의 아름다운 장식 지붕이 있다.

●**당근 마켓 뤼에블리마르트 구경하며 당근 요리 맛보기** 아라우가 속해 있는 칸톤은 스위스 내에서도 당근과 당근 요리로 유명한 곳이어서 당근 칸톤이라고도 불린다. 아라우에서는 매년 11월 첫째 수요일에 당근 마켓인 뤼에블리마르트Rüeblimärt가 열린다. 이 지역에서 높은 인기를 얻고 있는 이 행사에서는 다양한 색채와 모양의 당근들이 전시·판매된다. 당근 케이크는 당연히 맛보아야 할 메뉴이다. 당근 외에도 치즈, 고기, 꿀 등 다양한 농축산물 제품들을 구매할 수 있다.

야경이 이색적인 곳 06

Praha

보석처럼 빛나는 프라하의 밤

| **위치** | 체코 중서부 프라하

| **교통** | 프라하 북서쪽 20km 거리에 바츨라프 하벨공항Václav Havel Airport Prague, PRG이 있다. 프라하 시내까지 차로 30분 정도 소요된다. 체코항공을 비롯해 다양한 항공사가 취항하고 있다. 대한항공과 아시아나항공도 프라하 직항 노선을 운항한다. 기차로 유럽의 주요 도시와 연결되고 있다. 뮌헨에서 5시간 45분 정도, 빈에서 4시간 45분 정도, 브라티슬라바에서 4시간 정도, 부다페스트에서 7시간 정도, 바르샤바에서 8시간 정도 소요된다. 프랑크푸르트, 암스테르담, 취리히, 크라쿠프, 모스크바, 상트페테르부르크 등에서 직항 야간열차로 갈 수 있다. 유로라인과 같은 국제노선 버스로도 갈 수 있다.

수세기 동안 보헤미아Bohemia 지역의 수도이자 중부 유럽에서 가장 아름다운 중세 도시로 자타가 공인하는 프라하Praha. 9세기 후반에 처음 그 역사의 서막을 올린 프라하는 보헤미아 왕들뿐 아니라 신성로마제국 황제들이 통치하던 곳이었다. 14세기에 신시가 건설을 명한 카를 4세Charles IV 치하에서 엄청난 발전을 이루었다. 현재 남아 있는 대부분의 중세 건축물이 이 당시에 지어졌다. 1992년에 프라하 역사 지구가 유네스코 세계문화유산에 등록되었다. 1993년에는 체코와 슬로바키아로 분리되었고, 프라하는 체코 공화국의 수도가 되었다.

'백탑의 도시', '북쪽의 로마'라는 명성에 걸맞게 프라하는 바라볼수록 여행자의 가슴을 뛰게 만든다. 카를교를 향해 걷다 마주치는 웅장한 프라하성과 구시가의 붉은 지붕, 잔잔히 흘러가는 강물이 여행자의 심장을 박동치게 한다. 성 네포묵Svateho Jana Nepomuckeho 동상 앞에서 눈을 감고 기도하는 여행자들은 사뭇 진지함이 감돈다. 카를교가 있는 풍경을 화폭에 옮기는 화가들과 거리의 악사들이 없다면 카를교의 낭만이 절반은 사라질 것이다.

카를교가 끝나고, 네루도바^{Nerudova} 거리를 지나 프라하 성에 오르면 블타바강과 카를교 너머로 프라하 구시가지가 시원스레 펼쳐진다. 눈을 크게 뜨고 바라보는 프라하도 아름답고, 카메라 프레임을 통해 보는 프라하도 숨이 막힐 만큼 황홀하다. 성벽에 기대 앉아 오랫동안 프라하 성 한가운데에 우뚝 솟은 성 비타 성당^{Katadrala sv. Vita}과 하늘만 쳐다보아도 프라하 여행의 목적을 달성했다고 할 수 있다.

해가 지고 푸르스름한 기운이 대기를 채우면 여행자들은 두 갈래로 나뉜다. 조명이 켜진 카를교 난간에 기대어 불밝힌 프라하 성에 넋을 잃거나 틴 성당과 달리^{Dali}와 무하^{Mucha}의 갤러리, 노천카페가 둘러싼 구시가 광장^{Staroměstské náměstí}에서 중세로의 시간 여행을 떠나는 것이다. 어느새 오렌지 빛 가로등이 환히 불을 밝히고 푸른 색감을 머금은 밤의 장막이 역사 지구를 뒤덮는다. 9세기의 장엄한 성과 하늘을 찌를 듯이 솟아 있는 성당의 첨탑, 중세 건축물들이 푸른 대기와 조명 속에서 한 편의 장대한 예술 작품으로 변해 간다.

프라하의 밤에서는 시간의 흐름 따위는 중요하지 않다. 시선이 향하는 곳마다 내가 꿈꾸는 시간과 풍경이 존재하는 곳, 그곳이 바로 프라하이기 때문이다.

● **프라하 여행하기** 대중교통 시스템이 잘 갖춰져 있는 편이다. 버스는 공기 오염을 예방하기 위해 구시가로 진입할 수 없으니 숙소를 선정할 때 참고하기 바란다. 구시가로 진입하고자 한다면 도중에 좀 더 깨끗하고 조용한 전기 동력 트램^{지성}이나 메트로^{지하}로 환승해야 한다. 트램이나 메트로는 구시가 중심부까지 진입한다. 구시가 내에서는 도보로 돌아보는 편이 좋다. 구시가 광장, 카를교, 프라하성 모두 여유를 가지고 도보로 돌아보기를 권한다. 프라하 카드나 프라하 패스와 같은 교통패스와 관광 명소 입장 혜택이 있는 여행자들을 위한 패스가 있으니 자신의 일정에 맞춰 구입하면 된다.

● **체코 전통요리 굴라쉬 맛보기** 굴라쉬^{Guláš}는 헝가리의 굴라쉬만큼 맵지는 않은 편이다. 풍성한 소고기 스튜요리로, 주로 전통 빵인 크네들리키^{Knedliky} 덤플링과 함께 먹는다. 원래 소고기로 만드는 수프요리이지만, 닭고기나 식용사슴고기로도 만든다. 채식주의자들을 위해 고기 없이 채소 위주로 만들기도 한다. 우리 입맛에도 잘 맞는 편이다.

● **체코 전통 양파 피클 소시지 우토페네츠 맛보기** 우토페네츠^{utopenec}는 식초에 절인 양파와 함께 먹는 체코 전통 소시지를 말한다. 주로 펍에서 맥주와 함께 먹는다. 식초, 소금, 설탕, 후추와 같은 향신료를 껍질을 까서 썬 양파, 소시지와 함께 유리병에 담아 1주~2주 정도 절인다. 빵과 곁들여 먹기도 한다.

1 백탑의 도시 프라하 구시가 광장의 야경이 황홀하다.
2 프라하성 내에 있는 웅장한 성 비타 성당

야경이 이색적인 곳 07

Budapest

겔레르트 언덕에서 보는 부다페스트의 밤

| **위치** | 헝가리 북부 부다페스트

| **교통** | 헝가리의 가장 큰 공항은 부다페스트 프란츠 리스트 국제 공항Budapest Franz Liszt International Airport, BUD이다. 시내 중심부로부터 남동쪽으로 16km 정도 떨어져 있다. 유럽의 다양한 나라의 도시들과 항공편이 운항되고 있다. 기차로는 중부와 동부 유럽 대부분의 나라와 연결되어 있다. 따로 언급되지 않는다면 모든 기차는 부다페스트 켈레티Budapest Keleti역에 도착한다. 베를린에서 11시간 45분 정도, 뮌헨에서 7시간 30분 정도, 빈에서 2시간 45분 정도, 프라하에서 7시간 정도, 브라티슬라바에서 2시간 45분 정도 걸린다.

　　부다페스트는 그림 같은 풍경과 웅장한 건축물 덕분에 '동쪽의 파리'라고 불리기도 한다. 1987년에는 두나Duna, 헝가리식 표기, 대개 도나우로 불림 강변과 부다Buda 지구에 형성된 문화적·건축적인 중요성으로 인해 유네스코 세계문화유산에 등재되기도 했다. 부다페스트 대부분의 관광 명소는 부다 지구의 언덕과 두나강 건너의 낮은 지대인 페스트Pest 지구, 강변 산책로를 따라 모여 있다. 왕족과 귀족의 거주지인 '부다' 지역과 서민들의 거주지인 '페스트' 지역을 최초로 연결한 두나강 위의 다리가 바로 세체니 다리Széchenyi Lánchíd이다. 이 다리의 건설로 부다 지역과 페스트 지역이 합쳐져 오늘날의 부다페스트가 탄생했다. 다리를 건너 오랜 세월이 느껴지는 푸니쿨라를 타고 부다 왕궁에 오르면 두나강과 세체니 다리, 페스트 지구가 한눈에 내려다보인다.

　　마차시 성당Mátyás templom은 어부의 요새 바로 옆에 위치한 고딕 양식의 독특한 건축물이다. 16세기에 오스만 투르크의 지배 하에서 이슬람 사원인 모스크로 사용되기도 했다. 지금도 이 성당 내부에는 이슬람풍의 분위기가 남아 있다. 마차시 성

1 부다 지구와 페스트 지구를 최초로 이어 준 세체니 다리와 부다 왕궁의 야경 2 겔레르트 언덕에 올라 부다페스트 전경을 감상하는 여행자들 3 겔레르트 언덕에서 바라보는 문명의 강 두나와 부다페스트의 황홀한 야경은 말 그대로 감동이다.

당 앞 두나강을 내려다보고 있는 고깔 모양의 7개의 하얀 탑이 바로 어부의 요새 Halászbástya이다. 7개의 탑은 헝가리를 건국한 7명의 마자르족Magyar을 상징하며 19세기에 어부들이 적의 공격을 막아 낸 장소여서 어부의 요새라고 불리게 되었다. 부다페스트에서 가장 좋은 전망을 자랑한다. 강 건너 맞은편에 헝가리 건국 1,000년을 기념해서 두나 강가에 세워진 네오 고딕 양식의 화려한 국회의사당, 카톨릭 전파에 크게 기여한 헝가리의 초대 국왕 이슈트반 1세István I를 기념해서 세워진 로마네스크 양식의 성 이슈트반 성당Szent István Bazilika이 페스트 지구의 랜드마크이다. 부다페스트에서 이 성당의 탑높이 96m보다 높은 건물은 없다.

    부다페스트 야경의 묘미는 겔레르트 언덕Gellért-hegy에 올라야 느낄 수 있다. 부다페스트의 시초라고도 불리는 겔레르트 언덕은 헝가리 근대사의 비극적 장소이기도 하다. 합스부르크 제국의 식민지 시절에 세워진 꼭대기의 성채는 19세기 중엽에는 페스트 지역을 중심으로 지속된 헝가리 독립운동을 감시하는 망루였다. 1944년에는 소련군이 쳐들어와서 나치 독일의 항복을 받아 내고 이 꼭대기에 무려 40m 높이의 자유의 여인상을 세웠다. 겔레르트 언덕에 올라 두나강 좌우로 은은히 빛나는 부다와 페스트를 바라보면 거대한 도시의 삶이 한 폭의 그림이 되어 펼쳐진다.

- **부다페스트 여행하기** 두나강을 기준으로 왕궁, 마차시 성당, 어부의 요새가 있는 지역이 부다 지역이며, 국회의사당, 성 이슈트반 성당이 있는 지역이 페스트 지역이다. 행정구역상 23개 구역으로 나뉘지만 이 랜드마크들을 잘 기억하면 방향을 잃을 염려는 없다. 대부분의 관광 명소는 도보로 돌아볼 수 있다. 대중교통은 3개의 메트로 노선과 파란색 버스, 빨간색 트롤리 버스, 노란색 트램이 있다. 환승 가능한 티켓과 그냥 일반 티켓을 잘 구별해서 구입하고 검표원의 불시 티켓 확인도 자주 있으므로 무임승차는 하지 말아야 한다. 벌금 액수도 상당히 높은 편이다. 부다페스트 카드Budapest kártya를 사면 무제한으로 무료로 대중교통을 이용할 수 있고, 박물관과 레스토랑에서 할인도 받을 수 있다.
- **헝가리 전통 스튜 요리 푀르쾰트 맛보기** 푀르쾰트pörkölt는 주로 소고기나 돼지고기, 양고기, 닭고기를 이용한 헝가리식 스튜 요리인데, 뼈가 없는 고기를 사용하는 점이 특징이다. 푀르쾰트는 '가볍게 태운'이라는 뜻이며, 양파와 마늘, 파프리카, 토마토, 고추를 넣은 뒤 약간 탈 정도로 익혀서 살짝 그을린 맛이 이 요리의 독특한 풍미이다. 전통적으로 헝가리 고유의 말린 파스타인 터르호녀tarhonya와 함께 곁들여 먹는다.
- **헝가리식 팬케이크 팔라친타 맛보기** 팔라친타palacsinta는 프랑스의 크레페처럼 얇은 팬케이크로 주로 중부와 동유럽에서 즐겨 먹는다. 팔라친타는 주로 살구, 딸기 혹은 자두 잼을 바르고, 설탕 가루를 뿌려서 먹는다. 이외에도 다양한 과일 잼들, 초콜릿 소스, 누텔라와 같은 크림, 아몬드, 건포도, 치즈, 코코아 가루 등 다양한 재료로 만든다. 헝가리에서 유명한 팔라친타는 군델 팔라친타Gundel palacsinta로 호두, 건포도, 말린 오렌지 껍질, 계피, 럼주 등으로 만든다. 고기로 속을 채운 호르토바지 팔라친타Hortobágyi palacsinta도 있다.

야경이 이색적인 곳 08

Brussels

화려한 꽃송이처럼 피어나는 브뤼셀의 밤

| **위치** | 벨기에 중부 브뤼셀

| **교통** | 아직 우리나라에서 브뤼셀 공항까지 가는 직항노선이 없다. 그러나 에어프랑스, KLM, 영국항공, 루프트한자 등 다양한 유럽항공사가 브뤼셀까지 취항하기 때문에 유럽 주요 도시에서 환승해서 갈 수 있다. 암스테르담, 룩셈부르크, 파리, 런던 등의 유럽 주요 도시에서 브뤼셀까지 비행기로 1시간 정도 소요된다. 브뤼셀에는 3곳에 기차역이 있다. 남쪽의 미디Midi, Zuid역, 중심부 근처의 첸트랄Central, Centraal역, 북쪽의 노드Nord, Noord역이다. 고속열차인 탈리스Thalys는 속도는 빠르지만 요금이 비싼 편이다. 파리에서 1시간 20분 정도, 암스테르담에서 2시간 정도 소요된다. 유로스타로 런던에서 2시간 10분 정도 소요된다. 유로라인Eurolines, 메가버스Megabus 등 국제노선버스도 운행되고 있다.

유럽의 북부와 남부 문화의 교차점인 브뤼셀은 벨기에의 수도일 뿐 아니라 EU의 수도 역할도 하고 있다. 브뤼셀이 19세기에 한 나라의 수도로서 새로운 행정부와 궁전과 학교, 관공서를 짓기 위해 중세 시대 건물들을 무너뜨린 것은 안타까운 일이다. 하지만 이를 통해 브뤼셀의 건축은 다양성을 갖추게 되었으니 아이러니한 일이기도 하다. 중세에 시간이 멈춘 길드홀과 웅장한 시청사, 왕의 집으로 둘러싸인 그랑 플라스Grand Place와 같은 중세의 공간과 UN 기구나 아토미움Atomium과 같은 포스트모던한 현대 건축물이 묘한 대비를 이룬다.

그랑 플라스는 1988년에 유네스코 세계문화유산에 등록되었고, 대문호 빅토르 위고Victor Hugo는 '전 세계를 통틀어 가장 아름다운 광장'이라고 극찬했다. 사면이 유서 깊은 건물로 둘러싸인 직사각형의 광장으로, 매일 꽃시장이 열리고 일요일에는 새시장이 열리는 활기찬 곳이다. 제일 먼저 눈길이 가는 건물은 바로 하늘을 찌를

1 화려한 길드 하우스와 왕의 집, 시청사로 둘러싸인 그랑 플라스의 야경은 단연 브뤼셀 최고의 볼거리이다. 2 브뤼셀 만화 벽화의 거리는 색다른 즐거움을 준다.

듯이 치솟은 고딕 양식의 시청사이다. 그 맞은편에는 단아한 왕의 집The King's House 이 시청사를 마주 보고 있다. 중세의 다양한 길드 조직의 소유였던 길드 하우스Guild house가 만들어 내는 스카이라인은 정교한 장난감 같다. 건물 사이의 광장 바닥에는 수많은 여행자와 거리의 화가, 공연자들이 삼삼오오 모여서 무질서한 듯하면서도 그랑 플라스만의 독특한 분위기를 만들어 낸다.

　그랑 플라스 근처에 있는 오줌싸개 동상, 마네캉 피스Manneken Pis는 파리의 에펠 탑처럼 브뤼셀의 상징과도 같다. 1958년 만국박람회를 위해 건설된 103m 높이의 독특한 구조물인 아토미움Atomium은 관으로 연결된 9개의 강철 구球가 인상적이다. 이외에도 만화 벽화의 거리, 아르누보Art Nouveau 건축물의 거리 등 브뤼셀은 골목길을 걷는 즐거움이 넘치는 여행지이다.

　브뤼셀의 구석구석을 돌아다니던 여행자들은 해 질 무렵이 되면 하나둘씩 그랑 플라스로 모여든다. 어떤 이들은 광장 바닥에 앉아서 이야기를 나누고, 어떤 이는 아예 드러누워 광장의 아름다움에 취해 생각에 잠긴다. 광장 한쪽에서는 로맨틱한 바이올린 연주 소리가 들려온다. 멋진 건축물, 음악, 젊음, 자유, 시원한 바람 그리고 맨발의 자유가 있는 그 광장에 어둠이 내리기 시작하면 낮보다 더 환한 불빛이 빛나기 시작한다. 그랑 플라스의 진정한 아름다움이 꽃송이처럼 흐드러지게 피어나는 때가 바로 이 시간이다.

● **브뤼셀 여행하기** 브뤼셀의 명소는 대부분 서로 인접해 있어서 걸어서 돌아볼 수 있다. 브뤼셀의 메트로는 상당히 깨끗하고 안전한 편이다. 점프Jump라고 불리는 교통 티켓을 판매하며, 1회권부터 10회권, 1일권 등 자신의 일정에 따라 구입하면 된다. 10회권은 2명 이상이 동시에 사용해도 된다.

● **브뤼셀 와플 맛보기** 벨기에 와플Belgian waffle, Gaufre은 전통적으로 베이킹파우더 대신 효모를 이용한다. 현재는 베이킹파우더를 사용하기도 한다. 미국식 와플보다 좀 더 크고, 반죽은 가벼우며, 패턴 격자의 깊이가 더 깊다. 브뤼셀 와플Brussels waffle, Gaufre De Bruxelles, 리에쥬Liege 와플 등 지역마다 조금씩 재료와 형태가 다르다. 브뤼셀 와플은 효모로 발효된 얇은 반죽으로 만들며, 좀 더 깊은 패턴 구멍과 부드러운 가장자리를 가진 직사각형 형태를 하고 있다. 주재료는 밀가루, 설탕, 베이킹파우더, 계란, 우유, 버터 등이다.

● **벨기에 초콜릿 구입하기** 와플과 함께 세계적인 명성을 얻고 있는 것이 바로 벨기에 초콜릿이다. 브뤼셀은 벨기에 초콜릿의 중심과도 같다. 오랜 역사와 전통의 노이하우스Neuhaus, 레오니다스Leonidas, 고디바Godiva와 같은 세계적인 초콜릿 기업들의 제품이 브뤼셀 곳곳의 상점에서 판매되고 있다. 가족이나 친구들을 위한 기념품 선물로도 제격이다.

야경이 이색적인 곳 09

Bolzano

볼차노에서 누리는 저녁 산책의 여유

| **위치** | 이탈리아 북부 트렌티노알토아디제주(州) 볼차노

| **교통** | 볼차노 시내에서 5km 거리에 있는 ABD 공항ABD Airport Bolzano Dolomites, BZO을 통해 몇몇 유럽의 도시에서 접근할 수 있다. 볼차노는 알프스 중부 철도의 주요 허브 역할을 한다. 일반적으로 기차로 접근하는 게 편리하다. 오스트리아 인스부룩에서 EC 열차로 2시간 정도, 베로나에서 1시간 30분~2시간 정도, 베니스에서 베로나에서 1회 환승을 거쳐 3시간 20분 정도 소요된다. 국제노선 버스도 잘 갖춰져 있어서 독일, 폴란드, 체코, 슬로바키아, 루마니아 등과 연결편이 자주 있다.

이탈리아 북부의 트렌티노 알토 아디제Trentino Alto Adige주는 푸른 자연과 맑은 공기로 도시 생활에 지친 여행자들을 맞아 주는 곳이다. 이탈리아 북부를 대표하는 눈부신 대자연이자 유네스코 세계자연유산에 선정된 돌로미티Dolomiti도 이곳에 있다. 돌로미티를 찾는 여행자들이 꼭 들르게 되는 관문이 바로 볼차노Bolzano이다. 볼차노는 세 개의 알프스 고원지대가 감싸고 있는 넓은 계곡 분지에 평화롭게 안겨 있다. 제1차 세계대전 이전에는 오스트리아-헝가리 제국의 한 도시였고, 당연히 독일어가 모국어였다. 하지만 종전이 되면서 이탈리아에 합병되어 무솔리니의 명령 아래 강력한 이탈리아화 정책이 시행되었다. 이러한 역사 배경으로 인해 현재 볼차노는 이탈리아 내에서 공식적으로 2개 국어를 사용하는 독특한 도시이다. 도로의 이정표나 각종 상점이나 물건 상표에도 이탈리아어와 독일어를 병기하고 있다. 그래서 이 도시는 독일어 지명인 보첸Bozen과 함께 볼차노-보첸이라 불린다.

무니시피오 광장Piazza Municipio, Rathausplatz에서 시작해서 우아한 아케이드가 길

1 발터 광장의 저녁은 맑은 자연에서 불어온 공기로 상쾌하다.
2 은은한 조명을 밝힌 와인바는 운치가 넘친다.

게 이어진 포르티치 거리Via dei Portici, Laubengasse는 볼차노에서 가장 아름다운 거리이다. 우아하고 전통적이면서 동시에 모던한 상점들이 아케이드를 따라 길게 이어져 있다. 볼차노의 지붕 너머 산비탈 언덕에는 포도밭이 무성하게 자라고, 멀리 돌로미티의 높은 봉우리들이 구름을 인 채 우뚝 솟아 있다. 아케이드 거리를 통과하면 볼차노-보첸에서 가장 오래된 광장인 에르베 광장Piazza delle Erbe, Obstplatz이 나타난다. 그 옛날처럼 지금도 과일과 채소 시장이 열린다. 지붕들은 우아한 패턴으로 장식되고 돌출된 테라스의 건물이 길 양쪽으로 이어진다. 건물의 모양이 동일할 때에는 색채를 달리해서 아름다움을 더한 볼차노 시민들의 미적 감각이 눈에 띈다.

볼차노의 아름다움에 빠져 산책을 하다 보면 순식간에 밤이 찾아온다. 작은 아치 아래로 녹은 젤라토처럼 그림자를 길게 늘어뜨리며 걸어가는 사람들, 노천 테이블에서 은은한 조명에 비친 와인잔을 쨍그랑 부딪치며 천천히 음미하는 두 연인 그리고 다양한 색채로 빛나는 주택들이 선사하는 묘한 아름다움에 가슴이 흔들린다. 여행자들은 아름다운 밤풍경을 두고 골목길을 차마 떠나지 못하고 몇 번이나 왔다갔다 배회한다. 그러고는 볼차노의 응접실이라 불리는 발터 광장Piazza Walther, Waltherplatz에서 결국 발이 멈춘다. 돌로미티에서 불어왔는지, 사과가 열린 먼 과수원에서 불어오는지 향긋한 바람이 불어 기분이 더욱 상쾌해지는 볼차노의 밤이다.

- **볼차노 여행하기** 볼차노 중심부는 크지 않아서 도보로 충분히 돌아볼 수 있다. 볼차노는 버스, 공중 케이블, 통근열차와 같은 훌륭한 대중교통 시스템을 갖추고 있다. 남 티롤 지역 내에서 쓸 수 있는 선불카드Wertkarte도 유용하다. 오스트리아 인스부룩까지도 유효하다. 남 티롤 내에서 쓸 수 있는 모빌카드Mobilcard는 7일 동안 유효한 여행 티켓이다.
- **에르베 광장의 과일채소 시장 구경하기** 에르베 광장의 골목길을 따라 길게 형성된 과일·채소 시장이다. 활짝 피어난 꽃과 싱싱한 과일, 색색의 채소, 금방 구운 빵과 각종 햄과 소시지로 가득하다. 뜨거운 물에 데친 부르스트 소시지를 젬멜Semmerl이라는 오스트리아에서 주로 판매되는 빵에 끼위서 먹는 핫도그가 일품이다. 과일 증류주와 남 티롤에서 채취한 벌꿀도 인기가 많다.
- **남 티롤 전통 아펠슈트루델 맛보기** 볼차노-보첸에서 유명한 남티롤 아펠슈트루델Apfelstrudel은 18세기 오스트리아 합스부르크Habsburg 제국을 통해 명성을 얻기 시작한 사과 파이이다. 볼차노의 아펠슈트루델은 오직 남부 티롤 지역의 재료로만 만들어진다. 슈트루델의 속을 채우기 위한 사과도 오직 남 티롤에서 수확한 것만을 이용한다. 반죽한 것을 아주 얇게 밀어 잘게 썬 사과 조각과 빵가루, 건포도를 넣고 말아 구워 낸 후식용 사과파이는 달콤하고 부드러운 맛이 일품이다.

야경이 이색적인 곳 10

Toruń

코페르니쿠스의 고향 토룬에서 본 밤하늘 별빛

| **위치** | 폴란드 중부 비도고슈츠주(州) 토룬
| **교통** | 토룬에 접근하는 가장 쉬운 방법은 기차를 이용하는 것이다. 토룬의 기차역인 토룬 중앙역Toruń Główny은 토룬 시내에서 비슈라Vistula강 건너편에 있다. 바르샤바Warszawa Zachodnia에서는 2시간 40분 정도, 베를린에서는 포츠난Poznan에서 1회 환승하여 6시간 정도, 그단스크에서는 3시간 정도 소요된다.

세계적인 천문학자 코페르니쿠스Nicolaus Copernicus, 1473~1543의 고향인 폴란드 토룬은 1231년에 독일 튜톤 기사단Teutonic Order에 의해 건설된 유서 깊은 중세 도시이다. 폴란드 북서쪽 비스와 강가에 고즈넉하게 자리 잡은 토룬은 폴란드에서도 진정한 고딕 양식 건축의 표본으로 인정받는 곳이기도 하다. 토룬의 구시가인 스타로브카Starówka는 1997년에 유네스코 세계문화유산에 이미 등록되어 보호를 받고 있다. 2007년에는 '폴란드의 7대 경이경관' 목록에 추가되기도 했다. 이뿐만이 아니다. 폴란드의 내셔널 지오그래픽은 '세계에서 가장 아름다운 30곳' 목록에 토룬을 올렸고, 폴란드에서 가장 오랜 역사를 자랑하는 뉴스 매거진《프제크로이Przekrój》는 '폴란드에서 가장 살기 좋은 도시들' 목록에 토룬을 기록했다.

구시가 골목을 걷다 보면 동화 같은 이야기와 역사가 담긴 동상들을 만난다. 구시청사 옆 광장에는 바이올린을 연주하는 남자 분수대가 있다. 가운데에는 바이올린을 연주하는 한 남자가 서 있고, 개구리떼가 그를 빙 둘러싸고 있다. 어느 날 비스와강에 개구리떼가 몰려와 토룬 사람들에게 큰 피해를 입히고 있을 때 뗏목사공 이와^{Iwo}가 바이올린을 연주해서 개구리떼를 이 도시로부터 멀리 떠나게 했다고 한다. 관광안내소 근처에 있는 '행운의 필루스^{Filus for good luck}' 동상은 폴란드의 풍자가이자 만화가였던 즈비그뉴 렝그렌^{Zbigniew Lengren}의 만화에 등장하는 강아지이다. 필루스의 꼬리를 잡으면 사랑이 이루어지고, 모자를 만지면 시험을 잘 보게 된다고 전해진다. 구시청사 앞 셰로카^{Szeroka} 사거리에 가면 귀여운 당나귀 동상이 서 있다. 자세히 보면 당나귀 등에 길게 칼날 같은 쇳조각이 붙어 있다. 중세 시대에 실제 당나귀 등에 날카로운 쇳조각을 올리고 죄수를 거기에 앉혀서 고통을 가한 고문 도구이다.

셰로카 사거리에는 코페르니쿠스의 동상이 있다. 동상에는 '태양을 멈추고 지구를 움직인 토룬의 코페르니쿠스^{Nicolaus Copernicus Thorunensis, Terrae motor, Solis Caelque stator}'라는 글귀가 새겨져 있다. 1999년에 조국 폴란드를 방문한 교황 요한 바오로 2세는 "가톨릭 교회가 코페르니쿠스의 위대한 업적인 지동설 이론을 배척한 것은 잘못이었다."라고 고백하며 공식적으로 사죄했다. 지금은 박물관으로 꾸며진 코페르니쿠스 하우스에는 코페르니코스의 연구 자료와 생전의 물품들이 전시되어 있다.

서서히 푸른 저녁 어스름이 토룬을 감싸기 시작하면 발길 닿는 대로, 시선이 가는 대로 토룬을 마음껏 거니는 편이 좋다. 가로등이 켜진 광장과 구시청사의 첨탑, 성령 교회 첨탑 그리고 밤하늘에 반짝이는 별빛이 어우러져 매혹적인 밤풍경이 펼쳐진다.

● **토룬 여행하기** 토룬 기차역에서 구시가까지는 3km 정도 떨어져 있어서 도보로 30분 넘게 걸리기 때문에 버스를 타고 이동하는 편이 좋다. 22번, 27번 버스가 구시가까지 곧장 간다. 구시가는 상당히 작은 편이어서 도보로 충분히 돌아볼 수 있다. 영어는 잘 통하지 않는 편이지만 관광안내소나 호텔, 박물관 등에서는 충분히 의사소통이 가능하다.

● **토룬 전통 진저브레드 맛보기** 토룬의 진저브레드인 피에르니키 토룬스키에^{pierniki toruńskie}는 14세기부터 전해 오는 전통 진저브레드로 명성이 높다. 아로마 향이 깊숙이 배어 있고, 초콜릿이나 설탕 아이싱^{icing}이 덮여 있다. 성경 속의 장면이나 코페르니쿠스와 같은 역사적인 인물, 동물, 마차, 기하학적인 숫자들이 새겨진 다양한 모양으로 만들어진다. 토룬의 진저브레드는 쇼팽, 러시아의 피터 대제, 나폴레옹 황제 등 수많은 역사적 인물의 사랑을 받았다. 폴란드 출신의 교황 요한 바오로 2세도 진저브레드 애호가로 알려져 있다. 1760년에 설립된 코페르니크^{Kopernik}와 토룬 베이커리^{Toruń Bakery}가 토룬을 대표하는 수백 년의 전통을 지닌 진저브레드 생산 업체이다.

● **진저브레드 만들기 체험하기** 코페르니쿠스 하우스나 진저브레드 박물관에 진저브레드를 직접 만들어 볼 수 있는 강좌가 있다. 가이드의 시범과 설명을 따라 만들면 되므로 어렵지 않다. 중세 시대의 느낌 가득한 체험을 할 수 있다. 자신이 만든 진저브레드는 자신이 가져가면 된다. 예약과 일정, 세부 정보에 관해서는 관광안내소에 문의하면 된다.

1 토룬에서 태어난 위대한 천문학자 코페르니쿠스의 동상
2 시청사 탑에 올라 바라본 토룬 구시가의 풍경

Part.9
숨겨진 매력의 소도시 여행 10

01 슬로바키아 슬픈 역사를 딛고 일어난 반스카 비스트리차 | **02 스위스** 자연에 머무는 그뤼에르 중세 마을 | **03 이탈리아** 황홀한 모자이크로 수놓아진 라벤나 | **04 체코** 이탈리아 르네상스를 재현한 텔치 | **05 모로코** 신비로운 푸른 색채의 마을 쉐프샤우엔 | **06 프랑스** 꽃과 운하의 도시 콜마르 | **07 이탈리아** 시칠리아 에리체에서 즐기는 구름 위 산책 | **08 프랑스** 느리게 걸으며 즐기는 호수 마을 안시 | **09 이탈리아** 아펜니노 산맥 속 동굴의 도시 마테라 | **10 이탈리아** 동화 같은 트룰로 마을 알베로벨로

숨겨진 매력의 소도시 여행 01

Banská Bystrica

슬픈 역사를 딛고 일어난 반스카 비스트리차

| **위치** | 슬로바키아 중부 반스카 비스트리차
| **교통** | 기차로 슬로바키아의 수도 브라티슬라바에서 직행 혹은 즈볼렌Zvolen에서 1회 환승하면 3시간 30분 정도 소요된다. 코시체Kosice에서도 즈볼렌에서 1회 환승하면 4시간~4시간 20분 정도 걸린다. 버스로는 슬로바키아의 주요 도시들과 빈, 체코 등에서 쉽게 연결된다.

반스카 비스트리차Banská Bystrica는 슬로바키아 중부의 흐론Hron 강변에 자리한 아름다운 소도시이다. 슬로바키아 지도를 펼쳤을 때 딱 한가운데에 위치하며 예부터 동이나 은을 채굴하는 광업도시로 발전했다. 그래서 지금도 주변에는 광산마을의 흔적이 남아 있는 곳들이 있다. 18세기 후반부터 19세기 중반에는 슬로바키아 민족 운동의 중심 역할을 하기도 했다. 제2차 세계대전이 끝날 무렵인 1944년에는 나치 독일의 지배에 대항해서 슬로바키아인들의 민족봉기가 시작된 역사적인 곳이기도 하다.

이러한 슬로바키아인들의 억압과 저항의 역사가 서린 곳이어서인지 마을 중심의 넓은 SNP 광장Námestie SNP에 들어서면 평온한 대기 속에 미묘하게 꿈틀대는 어떠한 힘이 느껴진다. 광장 곳곳에 아름다운 꽃이 향기를 발하고, 여름철에는 노천카페에 활기가 넘친다. 1552년에 세워진 시계탑, 흑사병이 끝난 것을 기념하여 세운 18세기 흑사병 기념비Morový stĺp, 1945년에 나치와 싸우다 전사한 소련군인들을 기리

1 시계탑과 흑사병 종식 기념비, 중세 건축물로 둘러싸인 SNP 광장의 야경이 장엄하게 느껴진다. 2 슬픈 역사를 간직한 슬로바키아의 유물들을 소장하고 있는 민족봉기 기념관의 조형물 3 민족봉기 기념관 바깥의 잔디밭에는 과거 전쟁에 사용되었던 탱크가 있는데, 아이들이 그 위에서 타고 놀기도 한다.

는 검은 오벨리스크 등이 광장을 장식하고 있다. 그 옆에 있는 아르누보 양식의 분수는 광장을 아름답게 수놓는다. 고딕, 르네상스, 바로코 양식의 귀족 저택이 그림처럼 광장을 둘러싸고 있다.

슬로바키아 민중봉기 기념관SNP 기념관은 구시가 광장에서 도보로 10분 정도 거리에 있다. 민중봉기는 제2차 세계대전 말기에 나치 독일의 지배로부터 슬로바키아를 해방시키기 위한 조국해방전쟁이었다. 두 개의 큰 건물로 이루어져 있는데, 그 사이에 세워진 검은색의 동상이 당시 민중이 겪은 고통과 역사의 아픔을 고스란히 전해주고 있다. 기념관 내부에는 나치 독일의 만행과 당시 전쟁에서 사용된 군복, 무기, 훈장과 사진이 전시되어 있다. 슬로바키아의 아픈 역사와 그 시련을 극복해 낸 민중의 힘이 깃든 곳이다.

어둑하던 저녁 기운이 푸른 빛깔로 옷을 갈아입으면 반스카 비스트리차는 가장 아름다운 모습으로 변신한다. 광장 바닥에 설치된 작은 조명들이 밤하늘의 별처럼 빛나기 시작한다. 아름다운 SNP 광장의 밤풍경을 제대로 감상하려면 광장의 노천카페에 앉아 슬로바키아의 전통맥주인 즐라티 바잔트Zlaty Basant를 한 잔 마셔야 한다. 깊어 가는 어둠 속에서 적막하지만 평온한 밤이 도시 구석구석 스며드는 것을 볼 때면 마음이 절로 행복해진다.

- **반스카 비스트리차 여행하기** 대부분의 관광 명소는 구시가 내, SNP 광장 주변에 있어서 교통수단을 이용할 일이 거의 없다. SNP 기념관은 구시가 광장에서 도보로 10분 정도 이동하면 된다. 영어권 관광객이 자주 찾는 곳이 아니어서 영어는 잘 통하지 않는 편이다.
- **슬로바키아 전통맥주 즐라티 바잔트 맛보기** 슬로바키아를 대표하는 전통맥주가 바로 황금공작이라는 뜻의 즐라티 바잔트 Zlaty Bazant이다. 독일맥주만큼 맛이 강하다. 이외에 레몬이 들어간 콜라 맛을 지닌 탄산음료 코폴라kofola와 탄산 포도 음료인 비네아vinea를 추천한다.

숨겨진 매력의 소도시 여행 02

Gruyères

자연에 머무는 그뤼에르 중세 마을

| **위치** | 스위스 서부 프리부르주(州) 그뤼에르
| **교통** | 베른Bern에서 출발하여 뷜Bulle에서 1회 환승하면 1시간 50분 정도 걸린다. 기차역에서 마을까지는 도보로 15분~20분 정도 걸린다. 기차역 뒤편에서 출발하는 버스나 관광열차를 이용해도 된다. 로잔Lausanne에서는 로몽Romont과 뷜을 거쳐 1시간 20분 정도 걸린다.

그뤼에르Gruyères는 스위스 서부 프리부르Fribourg주에 있는 작은 중세 마을로, 사아네Saane강 위쪽에 자리 잡고 있다. 그뤼에르라는 이름은 이 마을에서 생산되는 그뤼에르 치즈를 통해 세상에 알려졌지만, 여행지로서의 매력은 감춰져 있었다. 최근 소도시 여행을 선호하는 이들이 늘면서 조금씩 알려지기 시작했다.

그뤼에르는 알프스 전지대Pre-Apls에 속하는 프리부르 초원의 산기슭 언덕 가운데에 둥지를 틀고 있다. 전설에 따르면 그뤼에르를 세운 그루에리우스Gruerius가 학을 붙잡아서 그 학을 자신의 문장紋章 동물로 삼은 데서 그뤼에르라는 지명이 유래했다고 한다. 학은 불어로 grue이다. 하지만 그뤼에르가 역사 무대에 등장하기 시작한 것은 12세기 초이다. 제일 꼭대기에 있는 13세기의 그뤼에르 성을 정점으로 하여 그 아래로 마을이 형성되었다. 마을 한가운데에는 이 마을 유일의 광장이 있고, 광장을 둘러싸고 중세의 집과 교회가 아담하게 자리 잡고 있다. 마을 곳곳에는 국가 유산으로 지정된 건물이 있다. 특히 부르가 7번지Rue du Bourg 7의 작은 카페 빨간 모자Le Bonnet Rouge도 그중 하나이다. 중세의 시간이 머물러 있는 카페에서 신선한 그뤼에

1 언덕 위에 있는 그뤼에르는 성벽과 고풍스러운 주택으로 이루어진 아담한 중세 마을이다.
2 기거 박물관 맞은편에 있는 기거바는 영화 〈에일리언〉을 테마로 삼았다.

치즈 샌드위치를 맛보는 것도 작은 즐거움이다.

그뤼에르 치즈를 빼놓고 그뤼에르를 말할 수 없다. 기차역 바로 뒤편에 그뤼에르 치즈 공장이 있다. 그곳에서 치즈 생산 과정을 살펴보고, 기념품 매장에서 치즈를 구매하거나 레스토랑에서 그뤼에르 치즈 퐁뒤를 맛볼 수 있다. 언덕 위 마을 꼭대기에 있는 그뤼에르 성에서는 콘서트가 열리기도 하고 다양한 예술 작품의 기획 전시도 열린다. 성 안뜰에서 바라보는 프레알프스의 산들과 프리부르의 넓은 평원이 가슴을 탁 트이게 만든다. 성에서 마을로 내려오는 길의 왼편에는 독특한 두 개의 박물관이 있다. 첫 번째가 티베트 박물관, 두 번째가 초현실주의 화가이자 조각가 겸 디자이너인 기거HR Giger, 1940~2014의 박물관이다. 1998년에 기거는 이곳의 생 제르맹 저택Château St. Germain을 구입해서 자신의 초현실주의 작품들로 가득 채운 기거 박물관을 열었다.

박물관 바로 맞은편에는 기거의 영화 캐릭터인 에일리언을 테마로 한 기거바가 있다. 에일리언 커피를 마시며 마치 영화 〈에일리언〉 속에 들어간 듯한 으스스한 기분을 느껴 보는 것도 색다르다. 저녁이 되면 레스토랑 테이블마다 은은한 촛불 아래 치즈 퐁뒤가 끓고, 라클레트가 접시마다 담긴다. 이곳에서는 프리알프스의 푸른 자연과 중세의 시간에 머물며 그뤼에르 치즈 퐁뒤로 두둑하게 배를 채울 수 있다. 여유로운 밤거리를 기분 좋게 걸을 수 있다는 것만으로도 그뤼에르는 여행자들의 작은 천국이라 할 수 있다.

- **그뤼에르 여행하기** 그뤼에르 기차역과 마을은 거리가 꽤 떨어져 있으며, 도보로 15분~20분 거리이다. 기차역 뒤편의 치즈 공장 앞에서 40분 간격으로 운행하는 TPF 버스를 타고 가도 좋다. 호텔 숙박과 관련해서 이 지역에서 통용되는 그뤼에르 패스포트를 발급받을 수 있다. 그뤼에르 성, 기거 박물관 등의 무료 입장권과 모레송 등반 푸니쿨라, 케이블카 무료 쿠폰 등 다양한 쿠폰도 함께 들어 있다. 치즈 퐁뒤와 와인 한 잔 시식권도 포함되어 있다.

- **그뤼에르 치즈 퐁뒤 맛보기** 그뤼에르 치즈 퐁뒤는 꼭 먹어 봐야 한다. 아펜첼러, 에멘탈과 함께 스위스의 3대 치즈로 꼽히는 그뤼에르 치즈는 프리부르의 자연 속에서 키운 젖소의 우유로 만든다. 6개월 이상 숙성하기 때문에 향이 강한 편인데, 씹는 감촉이 부드럽고 씹을수록 깊은 맛이 우러난다. 《미슐랭 가이드》에서 추천한 르 샬레Le Chalet 레스토랑이 특히 인기 있다.

- **그뤼에르 전통 더블 크림과 머랭 맛보기** 주로 디저트나 커피에 곁들이는 간식으로 즐겨 먹는 그뤼에르 더블 크림double cream과 머랭은 스위스에서도 명성이 높다. 전통 과자인 머랭meringue에 발라 먹는다. 머랭meringue이란 달걀 흰자에 설탕과 아몬드, 코코넛, 바닐라 등의 향료를 약간 넣어 거품을 낸 뒤 낮은 온도의 오븐에서 구워 만든 과자이다.

추천 카페 Le Bonnet Rouge ·**주소** Rue de Bourg 7 CH-1663 Gruyeres ·**전화** +41 (0)26 921 0768 ·**시간** 화~일요일 10:00~20:00, 월요일 휴무

숨겨진 매력의 소도시 여행 03

Ravenna

황홀한 모자이크로 수놓아진 라벤나

| 위치 | 이탈리아 중북부 라벤나

| 교통 | 기차를 타고 손쉽게 갈 수 있다. 로마에서 볼로냐를 거쳐 4시간 정도, 피렌체에서도 볼로냐를 거쳐 2시간 10분~2시간 30분 정도, 볼로냐에서 1시간 20분 정도 걸린다.

이탈리아 중북부 에밀리아로마냐 Emilia-Romagna 주의 작은 도시인 라벤나 Ravenna 는 여행자들에게 널리 알려진 여행지는 아니다. 하지만 이 작은 도시는 과거의 영화로운 역사를 품고 있다. 285년부터 476년까지 유럽에 존재했던 서로마 제국 라틴어: Imperium Romanum Occidentale 의 통치 기간 중 402년부터 서로마 제국이 몰락하는 476년까지 제국의 수도로 이름을 떨치기도 했다. 이후 540년에 동로마 제국 비잔틴 제국에 의해 정복당한다. 이때부터 8세기까지는 이탈리아 비잔틴의 도시로 발전한다. 이런 역사의 흐름 속에서 라벤나는 초기 기독교 모자이크와 기념물로 가득한 독특한 문화유산의 도시로 성장한다. 보는 이를 압도하는 초기 기독교와 비잔틴 모자이크가 바로 라벤나의 자부심이다. 현재 라벤나에는 유네스코 세계문화유산으로 지정된 8곳의 건축물이 있다. 이탈리아 내에서 눈에 두드러진 여행지는 아니어서 오히려 다른 도시에 비해 한적한 여유를 누리며 풍요로운 문화유산을 여유롭게 감상할 수 있다.

여행자들이 라벤나를 찾아오는 이유는 유네스코 세계문화유산에 등재된 모자이크 때문이다. 라벤나의 성당 곳곳에 보기만 해도 황홀하리만치 아름다운 모자이크가 가득하다. 라벤나 곳곳에 산재한 성당 중에서 단연 최고의 영광과 찬사를 누리는 곳은 바실리카 디 산 비탈레Basilica di San Vitale 성당이다. 6세기에 건설된 바실리카는 겉에서 볼 때는 단순한 벽돌 건축물처럼 보여서 그냥 지나칠 수도 있다. 그러나 내부에 들어서면 윤기 나는 대리석 바닥에서 솟아오른 장중한 기둥, 천장과 벽면을 가득 채운 다채로운 모자이크가 뿜어내는 황홀함에 자신도 모르게 감탄사가 흘러나온다.

유럽에서 가장 아름답다고 자타가 공인하는 이 비잔틴 시대의 모자이크는 《성경》의 〈구약〉에 나오는 장면과 비잔틴 제국의 황제 유스티니아누스 1세Justinian I와 테오도라Theodora 황후, 그 시종들의 모습을 표현하고 있다. 또한 마우솔레오 디 갈라 플라시디아Mausoleo di Galla Placidia의 황금별이 빛나는 푸른 천장 모자이크, 바실리카 디 산타포리나레 누오보Basilica di Sant'Apollinare Nuovo의 순교자 행렬이 장엄하게 묘사된 모자이크는 보는 이를 압도한다. 라벤나에는 모자이크 작품으로 유명한 장인들이 공방을 차려 놓고 현대적 인테리어로 활용할 수 있는 실용적이고 아름다운 작품들을 만들어 내고 있다. 과거의 문화유산과 현대적인 실용성을 조화시켜 작품으로 만들어 내는 장인의 재주가 그저 놀라울 뿐이다.

라벤나는 또한 단테의 마지막 숨결이 남아 있는 곳이기도 하다. 피렌체에서 추방당한 후 이곳저곳을 배회하다가 마지막으로 라벤나에 정착해서 '신성한 희곡La Divina Commedia'을 완성하고 사망한 단테의 무덤, 마우솔레움Mausoleum, 묘 또한 들러볼 만한 곳이다.

● **라벤나 여행하기** 라벤나는 도보 여행자의 천국이다. 구시가는 대부분 보행자 전용 구역이며 카페와 바, 레스토랑이 곳곳에 자리 잡고 있다. 바실리카 주변의 가게들은 그곳에서 먼 가게보다 상대적으로 조금 비싼 편이다. 가게들은 낮에 2~3시간 정도의 시에스타siesta를 지키기 때문에 문을 닫는 경우가 많다. 라벤나 기차역에서 구시가 중심 포폴로 광장까지는 도보로 10분 정도 소요된다.

● **에밀리아로마냐의 토르텔리니 맛보기** 파스타의 일종인 토르텔리니Tortellini는 면이 반지 모양처럼 동그란 것이 특징이다. 돼지고기나 모차렐라 치즈, 파르메산 치즈를 많이 사용한다. 특별히 에밀리아로마냐주에서 많이 먹는다.

1 모자이크의 재료로 사용되는 색색의 돌 2 옛것을 복원하고, 모던한 가구와 액세서리로 제작하는 작업을 하는 장인 3 바실리카디산비탈레 성당의 모자이크 작품은 눈부시게 화려하고 정교한 것이 특징이다.

숨겨진 매력의 소도시 여행 04

이탈리아 르네상스를 재현한 텔치

| 위치 | 체코 남부 텔치

| 교통 | 체코 남부의 체스키 부데요비체Ceske Budejovice, 체스키 크룸로프Cesky Krumlov, 브르노Brno 등에서 기차나 버스로 연결된다. 기차역과 버스터미널은 서로 가까이에 있다. 기차는 느린 편이어서 버스가 편리하다. 버스는 프라하, 브르노, 체스키 부데요비체에서 매일 운행한다.

체코 모라비아 지방 남부의 작은 마을 텔치Telč는 한마디로 동화 같은 곳이다. 로맨틱한 샤또Chateau, 성 랜드마크가 되어 웅장하게 솟아 있고, 맑고 잔잔한 연못이 마을을 부드럽게 감싸 안는다. 텔치는 유럽에서 가장 아름다운 광장을 가진 도시이자 알프스 북쪽 지역에서 이탈리아 르네상스의 가장 완벽한 예로 인정받아 유네스코 세계문화유산으로 등재되기도 했다.

텔치는 1530년에 큰 화재가 발생해 마을 전체가 폐허가 되고 말았다. 이 비극적인 폐허 위에 텔치는 이탈리아 르네상스 스타일로 도시를 새롭게 재건했다. 일반적인 유럽의 광장이 원형인 것과 달리 텔치의 광장은 마치 긴 대로처럼 길쭉하게 구시가의 중심을 차지하고 있다. 광장 한복판에 서서 눈을 들면 누구나 감탄사를 터트리게 된다. 광장을 따라 길게 늘어선 건축물마다 빨강, 분홍, 노랑, 검정 등 온갖 색채로 채색된 파케이드와 삼각형, 타원형, 반원형 등 다양한 패턴이 조화를 이룬 지붕, 건물 2층마다 약속이라도 한 듯 세 개씩 나란히 나 있는 창문, 광장을 향해 균일하게 나 있는 아치형 회랑이 선사하는 균형미와 조화로움까지. 예술 작품 같기도 하고 안데

1 아름다운 파케이드 건축물이 구시가 중심인 광장을 둘러싸고 있다. 2 텔치 성은 모라비아 르네상스 건축의 보석이라 불릴 정도로 아름답다.

르센의 동화 속 그림 같기도 하다.

눈부시게 파란 하늘과 솜사탕처럼 흰 뭉게구름이 배경으로 흐르면 여행자들은 어느새 동화 속 주인공이 된다. 어떤 이는 체코를 통틀어 가장 낭만적인 장소는 프라하도 아니고, 체스키 크롬로프도 아닌 바로 이 텔치의 광장이라고 말했다. 해 질 무렵 광장 벤치에 앉아 시간이 흐르는 것을 관조하는 것만큼 삶의 여유가 뭉클하게 느껴지는 순간이 있을까? 상처 난 영혼을 치유하는 듯한 시간이 그곳에 흐른다.

모라비아 르네상스 건축의 보석이라고 불리는 텔치 성 Telč Chateau도 놓치지 말고 가 보아야 한다. 특히 아프리카 홀은 20세기 초에 열렬한 사냥광이었던 성주들이 사냥해서 박제해 놓은 동물들로 가득해 여행자들을 놀라게 한다. 텔치의 전경을 감상하려면 광장 끝에 있는 성 야고보 교회 첨탑에 오르면 된다. 길게 늘어선 화사한 색채의 주택 위로 구름이 흐르고, 작은 텔치를 감싼 3개의 연못에 햇살이 쏟아진다. 해가 지기 전에 첨탑에서 내려와 텔치를 둘러싼 연못가를 따라 잠시 거닐어 보는 것도 좋다. 해가 기울면서 작은 연못은 황금빛으로 빛나기 시작한다. 평범하던 연못도 자연의 빛이 만드는 변주 속에서 세상 가장 아름다운 황금빛으로 빛난다.

작고 사소한 일상의 아름다움이 빛나는 도시 텔치는 게으르게 머무르기에 딱 좋은 곳이다. 잠시 마음의 짐을 내려놓고 광장의 노천카페에서 체코 맥주를 들이키며 사색에 잠겨 보는 것은 어떨까.

- **텔치 여행하기** 텔치는 마을 규모가 작아서 도보로 다니면 된다. 광장을 중심으로 텔치 성과 교회, 아름다운 파케이드 주택이 모여 있다. 텔치 기차역에서 마을 중심 광장까지는 도보로 10분 정도 걸린다.
- **모라비아 전통 설탕 케이크 맛보기** 모라비아 지방에서 전통적으로 커피 케이크로 곁들여 먹거나 오후 간식으로 즐겨 먹는 부드럽고 끈적거리는 슈거 케이크이다. 버터, 계피와 설탕을 섞어 발효한 반죽 위에 올려 굽는다.

숨겨진 매력의 소도시 여행 05

Chefchaouen

신비로운 푸른 색채의 마을 쉐프샤우엔

| **위치** | 모로코 북동부 쉐프샤우엔

| **교통** | 페스, 테투안Tetouan, 카사블랑카Casablanca, 탕헤르Tangier 등 주변 도시에서 버스를 타고 손쉽게 접근할 수 있다. 페스나 탕헤르 등지에서 출발할 때는 쉐프샤우엔에서 8km 거리에 있는 데르다라Derdara에서 내린 뒤 그곳에서 그랑 택시grand taxi를 타면 구시가 입구까지 바로 갈 수 있다. 쉐프샤우엔 버스정류장gare routière에서 오르막 언덕길을 따라 15~20분 정도 걸어가 구시가 메디나에 도착한다. 버스정류장에서 프티 택시를 이용할 경우 10DH를 훨씬 넘는 금액은 바가지 요금이므로 주의한다.

쉐프샤우엔Chefchaouen은 모로코 북동부의 산악 지대에 위치해 있다. 온통 푸른색과 흰색으로 칠해진 집과 골목 풍경으로 인해 모로코의 푸른 진주라고도 불린다. 다양한 톤의 푸른색이 만들어 내는 아우라는 아름답다 못해 신비롭기까지 하다. 쉐프샤우엔의 이름은 '저 정상을 보라 혹은 저 뿔을 보라.'라는 의미인데, 마을을 둘러싼 리프 산맥Rif Mountains의 뾰족한 봉우리로 인해 그러한 이름이 붙여졌다.

리프 산맥에 포근히 안겨 있는 이 마을은 1471년에 건설되었으며 당시에 지어진 요새가 지금도 고스란히 보존되어 있다. 스페인으로부터 도망쳐 온 무어인들이 모로코 북부를 침범한 포르투갈군에게 대항하기 위해 건설한 유서 깊은 요새이다. 1920년에 스페인군은 지중해 연안의 스페인령 모로코의 영토를 확보하기 위해 이 도시를 공격했고, 1956년에 모로코가 독립을 성취한 후에야 다시 반환했다. 역사적인 배경 때문에 현재도 이곳에서는 스페인어로 의사소통이 가능하다. 비탈진 골목마다 현지인들의 일상과 여행자들의 흥분이 뒤엉켜 공존한다. 또한 과거의 유산과

1 전통의상과 생활용품을 파는 소박한 골목길이 인상적이다.
2 쉐프샤우엔의 골목과 광장은 다양한 푸른색의 스펙트럼이 공존한다.

현재의 문명이 어우러진다. 지금도 골목길 한쪽에는 천 년 가까이 이어져 온 아라베스크 문양을 그리는 가구 장인이 있고, 대를 이어 가게를 꾸려 가는 소박한 삶이 골목 곳곳에서 빛을 발한다.

가장 모로코적인 삶의 모습과 골목 풍경을 관조할 수 있는 곳이 바로 쉐프샤우엔이다. 모로코를 짧게 여행한다면 페스나 마라케시, 사하라사막과 더불어 반드시 들러야 할 여행지이기도 하다. 페스나 마라케시가 모로코의 활기가 느껴지는 곳이라면, 쉐프샤우엔은 모로코의 여유가 가득한 곳이다. 그림 같은 메디나의 시장 골목은 미로처럼 구불구불하게 이어져 있어 처음 찾은 여행자들은 같은 골목을 몇 번이나 빙빙 돌기도 한다. 조금 전에 마주친 상인을 두세 번 마주치다 보면 저절로 웃음이 피어난다. 매일 5번씩 이슬람 신자들의 예배를 알리는 모스크의 아잔 adhān 소리가 메디나를 가득 메우고, 전통의상 젤라바 Djellaba 를 입은 주민들이 오가는 모습을 바라볼 때면 낯설지만 현지인들의 일상에 들어와 있다는 생각에 기분이 좋아진다.

쉐프샤우엔 전경을 조망하기에 좋은 곳은 마을 동쪽에 있는 공동 빨래터인 라스 엘 마 Ras el Maa 를 지나 조금 가파른 산길을 올라가면 나오는 부자파 모스크 La Mosquée Bouzaafar 앞이다. 맑은 날이면 집집마다 색색의 빨래와 양탄자를 햇살에 말리는 풍경이 정겹고, 마을을 둘러싼 험준한 산과 넓게 펼쳐진 평원은 보기만 해도 마음이 평온해진다. 마을 중심의 하맘 광장 Uta el-Hammam 에서 전통음식 쿠스쿠스 Couscous 를 즐기는 것도 좋고, 여행자들보다는 주민들이 즐겨 찾는 작은 찻집에 앉아 뜨거운 민트 티를 홀짝거려도 좋다. 쉐프샤우엔의 느린 시간은 분명 여행자의 마음 깊은 곳을 채워주는 마법이다.

● **쉐프샤우엔 여행하기** 쉐프샤우엔 마을은 미로 같은 골목길과 몇 개의 광장으로 구성되어 있으며 산비탈에 위치해 있어서 경사진 길도 많다. 하지만 도보로 여유롭게 충분히 둘러볼 수 있다. 버스정류장은 마을 아래쪽에 있어서 마을까지 짐을 갖고 올라가기에는 힘이 들 수 있으니 프티 택시를 타고 마을 입구까지 간다. 쉐프샤우엔은 모로코 북부 지역에서 마리화나 생산지라는 오명을 가지고 있다. 마리화나를 권하거나 팔려는 암거래상 호객꾼들을 조심해야 한다.

● **가죽 제품 구입하기** 모로코의 기념품을 사기에는 페스나 마라케시보다 쉐프샤우엔의 기념품점이 가격적으로 저렴한 편이다. 특히 가죽 장인 공방으로 유명하다. 페스나 테투안 등 인근 도시의 가죽공예 수련생들이 쉐프샤우엔 공방에서 훈련을 받는다고 한다. 가죽 가방이나 지갑 등을 기념품으로 구입하면 좋다.

숨겨진 매력의 소도시 여행 06

Colmar

꽃과 운하의 도시 콜마르

| **위치** | 프랑스 북동부 알자스주(州) 콜마르

| **교통** | 콜마르는 스위스 바젤과 프랑스 스트라스부르의 중간에 있다. 바젤과 스트라스부르에서 직행열차가 있다. 바젤에서 45분 정도, 스트라스부르에서 30분 정도 걸린다. 파리 동역EST에서 TGV를 타면 3시간 정도 소요된다.

독일과 스위스 국경에 접한 프랑스의 알자스 지방은 프랑스와 독일 사이에서 무려 17번이나 통치권이 바뀌는 파란만장한 역사를 겪었다. 알퐁스 도데의 단편소설《마지막 수업》의 배경이 바로 이곳 알자스이다. 이 지방에는 아름다운 두 도시가 있는데, 주도인 스트라스부르와 꽃과 운하의 도시 콜마르이다. 보주 산맥 동쪽 기슭의 알자스 평원 끝에 위치한 콜마르는 카롤링거 왕조의 작은 촌락에서 시작되었다. 13세기에는 신성로마제국 직속의 자유 도시였다가 30년 전쟁 뒤 루이 13세에게 양도되어 프랑스의 통치를 받았다. 그러나 프로이센·프랑스 전쟁 이후 제1차 세계대전이 끝날 때까지는 독일령이었다. 제2차 세계대전 말 콜마르 전투를 치르고 난 뒤 알자스는 독일로부터 해방되었다. 알자스 와인 생산지답게 들녘은 짙은 초록색의 포도밭이 끝없이 펼쳐져 있다. 낮은 언덕 위 포도밭과 마을로 이어진 작은 길, 마을마다 하나씩 고풍스럽게 솟아 있는 성당의 종탑들이 빠르게 달리는 열차 창밖으로 춤을 추듯 나타났다 사라져 간다.

콜마르 기차역에서 옛 시가지까지 산책 삼아 걷기에 좋다. 온통 붉은색 제라늄

과 노란색 꽃으로 드리워진 창문, 알자스 특유의 목조가 건물 외벽에 드러난 주택, 중세의 시간이 켜켜이 쌓인 골목길, 하나의 예술 작품 같은 상점 간판까지. 마을 가운데로 흐르는 맑은 운하와 운하를 따라 늘어선 카페, 레스토랑이 동화 속 풍경에 들어온 듯한 착각을 불러일으킨다. 과거에 와인 교환소였던 일명 '머리의 집Maison des Têtes' 건물이 시선을 끈다. 건물의 벽면과 창틀에 온통 다양한 표정을 한 머리 형상의 조각들을 장식해 놓았다. 거기서 조금 더 걸으면 알자스 지방의 예술과 역사의 보고라고 일컬어지는 운터린덴 박물관Unterlinden Museum이 나타난다.

이 박물관에 놓치지 말고 봐야 할, 혹자는 죽기 전에 꼭 봐야 할 그림으로 손꼽는 걸작이 있다. 바로 독일 뷔르츠부르크 출생의 화가 마티아스 그뤼네발트Mathias Grünewald, 1475~1528의 작품 〈이젠하임의 제단화Isenheimer Altarpiece〉이다. 박물관을 지나면 어디선가 졸졸 흐르는 물소리가 들린다. 소리를 따라가 보면 옛 시가지를 가로질러 작은 운하가 흐르고 있다. 운하 양옆으로는 울긋불긋 수놓아진 꽃들이 파란 하늘과 흰 구름을 이고 바람결에 흔들린다. 그 아름다운 운하길을 프랑스인들은 '프티 베니스'라고 부른다. 작고 예쁜 베니스라는 이름 그대로 흐르는 강물에 비친 반영과 파스텔톤의 주택, 화사한 카페가 어우러진 풍경이 그저 눈부시다.

콜마르 옛 시가지를 걷노라면 색채의 마술사가 한껏 재주를 부린 듯하다. 파스텔톤의 주택 문 앞에서 노크를 하면 동화 속 주인공들이 창문을 활짝 열고 나를 맞아줄 것만 같다. 그렇게 동화 같은 색채 속을 거닐다 강물을 들여다보면 내 그림자와 더불어, 콜마르의 하늘이 가득 담겨 있다. 향기로운 꽃과 화사한 색채의 도시 콜마르의 프티 베니스를 따라 걷다 보면 인생이 참 아름답다는 생각이 절로 든다.

●**콜마르 여행하기** 콜마르의 모든 명소는 구시가에 모여 있으므로 도보로 돌아보기에 충분하다. 콜마르 기차역에는 짐 보관소가 따로 없다. 프티 베니스를 따라 운행하는 보트 투어는 콜마르를 쉽게 돌아볼 수 있는 방법 중 하나이다.

●**알자스식 피자, 타르트 플람비 맛보기** 타르트 플람비Tarte flambée는 전통적으로는 직사각형 형태 혹은 원형으로 매우 얇은 반죽의 알자스식 음식이다. 독일어로는 플람쿠헨Flammkuchen이라고도 불린다. 하얀 치즈나 크림, 얇게 썬 양파, 베이컨 등을 토핑으로 올리고 오븐에서 구워 낸다.

1 마을 속을 유유히 흐르는 운하와 화사한 꽃, 색색의 건물이 어우러져 아기자기한 풍경을 만들어 낸다.
2 파란 하늘 아래로 색색의 파스텔톤 집이 조화롭게 어우러져 보기만 해도 마음이 절로 편안해진다.

숨겨진 매력의 소도시 여행 07

Erice

시칠리아 에리체에서 즐기는 구름 위 산책

| **위치** | 이탈리아 시칠리아주(州) 북서부 에리체

| **교통** | 유럽이나 이탈리아 본토에서 일단 시칠리아 섬으로 들어가야 한다. 비행기로는 저가 항공인 라이언에어 Ryanair가 트라파니 공항까지 런던, 브뤼셀 등과 연결해 준다. 트라파니 공항은 트라파니 시내에서 남쪽으로 20km 정도 거리에 있다. 트라파니 기차역에서 Ast 버스가 에리체까지 간다. 40분 소요 트라파니 시내에서 21번, 23번 버스를 타고 까사 산타 Casa Santa 케이블카 승강장까지 이동한 후 케이블카를 타고 산 위에 있는 에리체 입구까지 바로 올라갈 수 있다.

해발 751m의 에리체 Erice 산 정상에 있는 중세 도시 에리체는 구름이 자주 출몰해 종종 시야에서 사라지는 경우가 많아 신비로운 도시로 여겨진다. 반들반들한 돌이 깔린 중세의 골목길, 회색빛 석재로 건설된 성벽과 성당, 중세의 집은 소박하고 고요하다. BC 1,200년경 터키 아나톨리아 Anatolia 에서 시칠리아에 정착하기 위해 온 고대 엘림족에 의해 건설된 에리체는 페니키아, 카르타고, 로마, 아랍, 노르만족 등 다양한 세력에 의해 차례로 지배를 받았다.

주변의 평야 지대에서 홀로 우뚝 솟은 에리체는 늘 산을 감싸고 이동하는 구름 장막과 안개에 가려서 신묘한 땅으로 여겨졌다. 에리체 사람들은 종종 에리체를 완전히 뒤덮는 이 구름을 '비너스의 키스'라는 시적인 표현으로 묘사한다. 그 옛날 이곳에서 페니키아인들은 아스타르테 Astarte 여신을, 그리스인들은 아프로디테 Aphrodite 를, 로마인들은 비너스 Venus 여신을 섬기며 행복과 풍요를 기원했다. 에리체의 가장 높은 곳에 있는 비너스 신전 Castello di Venere 유적은 오늘날까지도 잘 보존되어 있다. 건너편

1 수도원에서 만들어지기 시작한 보콘치니를 비롯해 다양한 전통 쿠키를 맛볼 수 있다.
2 여름이면 마을 중심의 작은 광장에서 갖가지 공연이 열린다.
3 저녁 무렵, 산 정상에 있는 에리체에서 내려다본 시칠리아와 바다의 풍경이 숨막힐 듯 고요하다.

에는 아담한 페폴리 성Torretta Pepoli이 있다. 이 두 성에서 바라보는 전망이 단연 압권이다. 낮이면 멀리 티레니아 바다와 시칠리아의 너른 평지가 가슴을 탁 트이게 하고, 동트는 새벽이나 석양 무렵이면 푸른 바다가 붉게 물드는 풍경에 숨이 막힌다.

에리체인들의 정신적인 지주인 성당 키에사 마드레Chiesa Madre 혹은 레알 두오모Real Duomo는 14세기에 고대 비너스 신전에 쓰인 건축 재료를 사용해 건설되었다. 내부는 놀랍고도 아름다운 19세기의 네오고딕 양식으로 지어졌다. 두오모 옆에는 108계단의 종루가 있다. 종루에 오르면 발아래로 시원스러운 전망이 펼쳐진다. 좁고 굴곡진 골목길을 여기저기 배회하다가 잠시 숨을 돌리고 움베르토 1세 광장으로 향한다. 살짝 경사졌지만 아담한 광장은 에리체에서 그나마 가장 활기찬 중심부이다. 특별한 관광안내소가 없으나 광장의 박물관 겸 도서관 건물 1층에서 나이 지긋한 경찰관이 시내 지도와 여행 정보를 제공한다.

여름철 에리체에 밤이 오면 광장으로 주민들과 여행자들이 몰려든다. 노천카페 테이블에 한 자리를 차지하고 앉거나 그냥 광장 바닥에 앉아 광장에서 열리는 간이 콘서트와 공연을 즐긴다. 한여름에도 에리체의 밤공기는 시원하다 못해 서늘한 느낌이 든다. 바람이 어디선가 불어와 광장과 에리체의 중세 골목을 가득 채우면 마치 춤을 추는 공연자들처럼 구름이 생성과 소멸을 반복한다. 그제서야 비너스의 키스라고 부르는 풍경이 어떤 것인지 알게 된 여행자들은 황홀경에 빠진 듯 묵묵히 풍경 속에 젖어 간다.

●**에리체 여행하기** 시칠리아 주요 도시에서 일단 트라파니까지 간 후 그곳에서 버스나 케이블카를 타고 에리체로 올라가면 된다. 에리체 마을 자체는 작아서 도보로 돌아보기에 충분하다.

●**에리체 전통 수도원 비스킷 맛보기** 시나몬 향기가 나는 비스킷 무스타졸리Mustazzoli, 통아몬드로 속을 채운 소브리Sobri 비스킷, 크림으로 속을 채우고 설탕가루로 덮은 부드러운 버터쿠키 제노베시Genovesi, 잼과 술이 들어간 마지판marzipan 과자인 보콘치니Bocconcini 등 에리체는 예부터 수도원에서 유래한 전통 비스킷으로 유명하다. 아몬드와 계란 흰자, 레몬을 주재료로 하여 설탕가루를 입힌 벨리브루티Bellibrutti와 아몬드, 설탕, 코코아가 들어간 팔리네 알아란차Palline all'arancia 등도 에리체를 대표하는 아몬드 비스킷이다.

숨겨진 매력의 소도시 여행 08

Annecy

느리게 걸으며 즐기는 호수 마을 안시

| **위치** | 프랑스 남동부 안시

| **교통** | 안시는 스위스 제네바와 인접해 있어 제네바에서 버스를 타고 1시간 정도면 도착한다. 안시 공항은 파리행 비행편만 운항한다. 파리와 리용에서 직행 열차로 접근할 수 있다. 파리 리용역Paris-Gare de Lyon에서 TGV를 타고 3시간 45분 정도 걸린다. 리용에서는 버스로 1시간 50분 정도, 지역선 기차로 2시간 30분 정도 소요된다.

안시는 이탈리아와 접하는 옛 프랑스 남동부를 일컫는 '사부아Savoie의 베니스'라고 불릴 정도로 아름다운 휴양지이다. 스위스 제네바 근처 국경에 인접한 프랑스의 작은 휴양도시 안시의 첫인상은 '평화로움'이다. 소도시를 여행할 때면 늘 그러하듯이 가볍게 카메라만 달랑 메고 옛 시가지를 천천히 산책하기에 안성맞춤인 곳이다. 알프스 산맥 가까이에 위치해 있어서 공기는 청량감이 가득하고 구시가를 가로질러 흐르는 작은 운하는 주변 건물들과 어우러져 한 폭의 수채화가 된다. 작은 마을이지만 매년 세계 최대의 애니메이션 축제가 열리기도 한다.

안시에서는 길을 잃을 걱정이 없다. 호수에서 흘러나온 물이 만들어 낸 티우 운하Canal du Thiou만 잘 따라가도 옛 시가를 온전히 살펴볼 수 있다. 특히 레퓌블리크 대로에서 바라보는 운하와 마을 풍경은 안시에서 꼭 봐야 할 전망 포인트이다. 운하를 따라 물막이 시설이 간간이 있고, 세월의 정취가 느껴지는 오래된 주택과 레스토랑, 카페가 줄지어 있다. 운하 물결에 반영되어 흔들리는 오래된 주택과 파란 하늘, 창틀

1 밤이 되면 운하에 비친 안시 야경이 은은하게 빛난다.
2 구감옥이 있는 티우 운하는 안시의 뷰포인트이기도 하다.

과 난간을 수놓은 원색의 꽃이 어울린 풍경은 한 폭의 그림이 따로 없다. 운하를 따라 유유자적 걷다 보면 예전에 감옥으로 사용되었고 현재는 역사박물관Palais de L'Isle으로 쓰는 작은 건물이 보인다. 운하와 어울린 풍경이 아름다워 자신도 모르게 카메라 셔터를 누르게 되는 곳이다.

안시 호수는 작은 마을 규모에 비해 바다처럼 광대하다. 화려한 페리 유람선이 선착장에 줄지어 정박한 채 오가는 여행자들을 기다린다. 그 선착장에서 이어지는 '유럽 공원'에는 큰 나무들이 시원한 그림자를 드리운다. 부드럽게 펼쳐진 잔디밭은 여행자들이 도시락을 먹거나 쉬어 가기에 좋은 공간이다. 유럽 공원을 천천히 거닐다 보면 '사랑의 다리Pont des Amours'가 나오고, 이 주변으로 선착장에서 유람선 호객 행위를 하는 선원들이나 물놀이에 열중하는 휴양객들이 눈에 띈다. 한 시간쯤 호수를 한 바퀴 도는 작은 유람선을 타면 땅에서는 보지 못했던 안시 호수 주변의 자연을 온전히 감상할 수 있다. 호수를 둘러싼 알프스의 산과 깎아지른 바위 절벽의 장관, 햇살에 눈부시게 반짝이는 물결, 녹음 가득한 초록과 푸른 호수에 막혀 있던 가슴이 시원하게 뚫린다.

해가 저물고 저녁이 되면 낮보다 더 많은 사람이 운하 주변 레스토랑과 골목을 가득가득 메운다. 밤이 깊어갈수록 운하 거리는 레스토랑의 조명과 운하에 설치된 불꽃 조명으로 아름답게 빛난다. 운하 거리를 따라 여기저기에서 거리 공연도 펼쳐진다. 안시의 밤은 한낮의 평화로움과는 다른, 여행자들이 뿜어내는 흥겨움과 기쁨이 운하 물결 위로 별빛처럼 반짝반짝 쏟아져 내린다.

● **안시 여행하기** 안시에서 둘러볼 곳은 크게 운하가 흐르는 구시가와 드넓은 안시 호수이다. 구시가는 운하를 중심으로 양쪽으로 형성되어 있고, 안시 성은 구시가보다 조금 높은 언덕 위에 있다. 안시 호수에서 수영을 즐길 수도 있고, 자전거를 대여해서 호수 주변을 달려 보는 것도 좋다. 기차역에서 구시가까지는 도보로 5~10분 정도 걸린다.

● **사부아 지역 전통의 타흐띠플레뜨 맛보기** 타흐띠플레뜨Tartiflette는 크림과 흐블로숑 치즈reblochon cheese에 감자와 베이컨이 들어간 음식으로, 안시가 속한 사부아 지역의 전통음식이다. 1705년에 처음 그 기록이 등장했을 정도로 오랜 역사를 가지고 있다. 베이컨 대신 훈제 연어를 넣기도 한다. 타흐티플레뜨에 사부아의 지역 와인을 곁들이면 더할 나위 없이 좋다.

숨겨진 매력의 소도시 여행 09

Matera

아펜니노 산맥 속 동굴의 도시 마테라

| **위치** | 이탈리아 남부 바실리카타주(州) 마테라

| **교통** | 이탈리아 각 지역에서 일단 바리Bari까지 국철로 이동한 뒤 바리 중앙역을 나와서 광장 왼쪽 건물에 있는 사철FAL을 이용해야 한다. 사철 페로비에 아풀로 루카네Ferrovie Appulo Lucane 선으로 갈아타고 1시간 30분 정도 이동해야 한다. 낮에는 1~2시간 간격으로 운행하며 일요일에는 운행하지 않는다. 특이하게 승강장이 건물 2층에 있다.

이탈리아 남부 바실리카타Basilicata주는 이탈리아에서 가장 소외된 곳으로 알려져 있다. 바실리카타주의 깊은 계곡 속에 신비의 섬과 같은 도시 마테라Matera가 있다. 이탈리아의 도시 중 시각적으로 가장 강렬하고 충격적인 첫인상을 선사하는 곳이 바로 마테라이다. 그 경이로움의 비밀은 바로 선사시대부터 내려오는 동굴 거주지 사씨Sassi이다. 그라비나 협곡 서쪽 기슭을 따라 석회암 바위 투성이의 가파른 경사면에 구멍이 숭숭 뚫려 있는 사씨의 모습에 여행자들은 자신도 모르게 감탄사를 터트리게 된다. 또한 사씨 위에 건설된, 조금은 삭막해 보이는 회색빛 도시가 선사하는 전경에 할 말을 잃는다.

그 옛날 마테라의 조상들은 바위 협곡을 따라 3,000개나 되는 석회암 동굴을 뚫고 살기 시작했다. 지중해 지역 일대에서 가장 뛰어나고 완전한 선사시대 동굴주거지의 대표 사례가 바로 마테라이다. 1993년에 유네스코는 마테라의 사씨를 세계문화유산으로 등록하여 그 가치를 공인했다. 특히 마테라는 예수의 고난과 십자가 죽

1 마테라는 밤이 되면 더욱 신비롭게 변한다. 2 층층이 지어진 집들이 인상적인 사쏘 바리사노 지구

음을 성경의 고증에 따라 가장 사실적으로 조명한 영화 〈패션 오브 크라이스트The Passion of Christ, 2004〉의 촬영지로 알려지면서 전 세계 사람들의 주목을 받게 되었다.

사씨로 통칭되는 구시가는 크게 치비타Civita, 사쏘 카베오소Sasso Caveoso, 사쏘 바리사노Sasso Barisano의 세 지역으로 구성된다. 사쏘 바리사노의 가파른 돌계단을 따라 오르면 언덕 위에서 치비타 지역의 중심인 두오모 성당이 맞아 준다. 그 성당 뒤편의 언덕으로 넘어가면 외곽도로가 나오고 그 아래로 그라비나Gravina 협곡이 길게 휘돌아 나간다. 오른쪽으로 시선을 돌려 산 피에트로 카베오소 교회Chiesa di San Pietro Caveoso로 향한다. 산 피에트로 카베오소 교회에서 조금만 더 올라가면 영화 〈패션 오브 크라이스트〉 속에서 예수가 십자가를 지고 힘겹게 올라간 돌계단이 나온다. 그 십자가의 길 가장 위쪽에는 특별한 꾸밈없이 투박한 동굴 모양의 산타 마리아 디드리스Santa Maria d'Idris 교회가 세월에 빛바랜 모습 그대로 조용히 모습을 드러낸다.

베네토 광장Piazza Vittorio Veneto의 파노라마 전망대에서 사씨 위로 저녁 어스름이 내리는 풍경을 바라보는 시간만큼 가슴을 울리는 순간은 없을 것이다. 캄캄한 어둠이 사씨를 덮어 오다가 어느 순간 주황색 등불이 집집마다 켜지면 낮과는 또 다른 차원의 풍경이 눈앞에 열린다. 마테라가 자리 잡은 삭막한 무르지아 고원Murgia Plateau은 분명 인간이 살아가기에 척박한 땅이다. 하지만 이곳의 석회암 토질 덕분에 마테라인들은 쉽게 동굴을 뚫을 수 있었다. 공기에 노출된 석회암 표면은 금세 단단하게 굳어 인간이 거주할 수 있는 공간이 되었다니 놀랍기만 하다. 딱딱해 보이던 바위에 용감하게 손을 내밀어 땅을 파낸 마테라의 조상들은 분명 긍정의 사람들이었을 것이다.

● **마테라 여행하기** 마테라 기차역Matera Centrale에서 사씨가 있는 곳까지는 도보로 20분 정도 걸린다. 기차역을 나오자마자 왼편에 버스가 있는데, 리네아 사씨Linea Sassi 버스가 사씨 구역으로 운행한다. 사씨 지역 내에서는 차가 다니기 힘들기 때문에 도보로만 이동해야 한다.

● **사씨에서 하룻밤 자보기** 마테라에도 다양한 호텔이 있지만, 동굴 거주지인 사씨를 민박B&B이나 호텔로 활용하는 곳이 꽤 있다. 생활하는 데 전혀 불편함이 없도록 편의 설비가 모두 갖춰져 있다.

숨겨진 매력의 소도시 여행 10

Alberobello

동화 같은 트룰로 마을 알베로벨로

| **위치** | 이탈리아 남부 풀리아주(州) 알베로벨로
| **교통** | 알베로벨로에 손쉽게 가는 방법은 기차를 이용하는 것이다. 이탈리아 각 지역에서 일단 바리Bari로 이동한 뒤 바로 중앙역 한쪽 구석에 있는 사철FSE, Ferrovie Sud-Est을 타고 1시간 30분 정도 이동하면 된다. 열차 티켓도 중앙역 창구가 아닌 FSE 창구에서 구입해야 한다. 사철이어서 유레일 패스는 통용되지 않는다.

이탈리아 지도 전체를 봤을 때 구두 뒷굽에 해당하는 지역이 풀리아Puglia주다. 이 일대의 도시 중 알베로벨로Alberobello는 풀리아주의 자랑이자 이탈리아에서 가장 이질적인 느낌의 소도시이다. 알베로벨로로 향하는 황톳빛 들판에는 올리브 나무가 무성히 자라고 그 사이로 독특한 원추형 모양의 돌집이 듬성듬성 눈에 띈다. 남부에서 흔히 채취되는 돌을 이용해 지은, 트룰로Trullo라고 불리는 이 지역 특유의 주거지이다.

알베로벨로는 포폴로 광장을 중심으로 동쪽 언덕의 신시가지와 서쪽 언덕의 트룰리트룰로의 복수형 지구로 나뉜다. 포폴로 광장에서 서쪽으로 발걸음을 옮기면 눈앞에 놀라운 광경이 펼쳐진다. 길 하나를 사이에 두고 이웃한 리오네 몬티Rione Monti 지구와 아이아 피콜라Aia Piccola 지구의 1,500여 채나 되는 트룰로가 뾰족한 지붕들을 겹겹이 드러내며 장관을 연출한다. 특히 몬티 지구에는 1,000여 채의 트룰로가 비탈진 언덕을 따라 그림처럼 펼쳐진다.

과거에는 주택에 부과되는 세금이 과했다. 따라서 가난했던 이곳 주민들은 단속 관리가 나올 때면 얼른 집을 부수기 위해 이 지역에서 쉽게 구할 수 있는 돌을 이용해 트룰로를 지었다고 한다. 피상적으로 보기에는 동화 같지만 실상은 서글픈 민초의 삶이 녹아 있다. 조상들의 눈물겨운 삶의 자리가 이제는 이탈리아 남부 제일의 관광거리가 되고 세계문화유산이 되었다니 참으로 놀라지 않을 수 없다. 언제나 그렇듯 인간의 역사나 삶 속에는 역설이 존재한다.

알베로벨로를 거닐다보면 시선이 닿는 곳마다 동화 같은 풍경이 나온다. 원추형 지붕마다 제각기 그려져 있는 태양, 달, 별 등의 도형과 종교적인 문양이 신비로운 느낌을 더한다. 트룰로는 원래 원추형 지붕이 건물마다 하나씩 있는 독립적인 형태를 취하고 있다. 하지만 몬티 지구의 트룰로 중에서 유일하게 한 건물에 두 지붕을 가진 트룰로 시아메세Trullo Siamese가 시선을 끈다. 옛날에 아버지로부터 하나의 트룰로를 상속받은 의좋은 두 형제가 있었다. 그런데 형과 정혼한 여인이 무슨 운명의 장난인지 동생과 사랑에 빠지게 되었고, 형제가 크게 다투고 서로 등을 돌렸다고 한다. 아버지로부터 물려받은 트룰로는 가운데 벽을 세워 둘로 쪼개졌고, 지붕도 둘로 나뉘게 되었다. 트룰로 시아메세는 지금까지도 그 형태를 유지하고 있다.

포폴로 광장의 서쪽에 있는 성 루치아 교회Chiesa di S. Lucia 옆 작은 공터에 올라가면 몬티 지구를 한눈에 조망할 수 있다. 파란 하늘 아래 원추형의 트룰로들이 지금껏 생각지도 못한 풍경을 그려 내는 알베로벨로. 그곳에 가면 상상 속 풍경이 현실 속에 존재할지도 모른다는 착각에 빠질 것이다.

- **알베로벨로 여행하기** 알베로벨로의 구시가, 트룰리 지역Zona Monumentale Trulli은 도보로 충분히 돌아볼 수 있다. 알베로벨로 기차역에서 트룰리 지역까지는 도보로 10분 정도 걸린다.
- **트룰로에서 숙박해 보기** 알베로벨로 트룰리 지역 내에는 트룰로를 호텔 혹은 B&B로 운영 중인 곳이 많다. 트룰로에서 하룻밤을 묵어 보는 것은 특별한 체험이 될 것이다. 관광안내소에 문의하면 숙박 업체를 무료로 알선해 준다.

1 트룰로로 가득한 리오네 몬티 지구의 신비로운 모습 2 알베로벨로 골목길에서 공연 중인 거리의 예술가 3 이탈리아 남부의 전통식품을 판매하는 상점 벽면

Part.10

키스를 부르는 로맨틱 명소 10

01 **리투아니아** 붉은 사암성이 떠 있는 트라카이 호숫가 | 02 **이탈리아** 원색의 색채로 낭만과 위로를 주는 부라노 | 03 **오스트리아** 잘츠캄머구트의 보석 같은 도시 할슈타트 | 04 **벨기에** 사랑의 호수가 있는 북쪽의 베니스, 브뤼헤 | 05 **이탈리아** 로미오와 줄리엣이 탄생한 베로나 | 06 **프랑스** 강물 따라 불빛이 반짝이는 파리의 밤 | 07 **이탈리아** 시인이 잠든 아말피의 라벨로 마을 | 08 **이탈리아** 일몰이 아름다운 피렌체의 미켈란젤로 언덕 | 09 **스페인** 석양 속 알함브라 궁전을 바라보는 알바이신 언덕 | 10 **포르투갈** 영화로운 에덴동산, 신트라

키스를 부르는 로맨틱 명소 01

Trakai

붉은 사암성이 떠 있는 트라카이 호숫가

| **위치** | 리투아니아 동남부 트라카이
| **교통** | 리투아니아의 수도 빌뉴스에서 기차나 버스로 갈 수 있다. 30분~45분 정도 소요된다.

호수와 숲 그리고 초원이 조화롭게 어우러진 트라카이Trakai는 14세기 초 리투아니아Lithuania 대공국의 행정·경제·국방의 중심 수도였다. 리투아니아 수도 빌뉴스에서 남서쪽으로 28km 떨어진 한적한 자연 속 호수 지대에 위치해 있다. 갈베Galvė 호수에 둘러싸인 작은 섬에 자리 잡은 트라카이 성은 이 호수 일대 여행의 백미이다. 또한 이 일대는 1991년부터 트라카이 역사 국립공원Trakų istorinis nacionalinis parkas으로 지정되어 보호를 받고 있다. 역사 국립공원은 리투아니아뿐 아니라 유럽을 통틀어 유일한 국립공원이다. 우리에게는 낯설지만 트라카이는 이미 현지에서는 엄청난 인기를 얻고 있는 휴양지로 명성이 높다.

이 지역에는 크고 작은 호수가 200여 개나 있어 곳곳에서 그림 같은 자연 경관을 선사한다. 특히 21개의 섬을 포함하고 있는 갈베 호수는 그중에서 가장 넓고 수심도 깊은 호수로 거의 47m 깊이에 이른다. 갈베 호수의 남쪽에 있는 트라카이 섬 성Trakai Island Castle과 트라카이 반도 성Trakai Peninsula Castle이 운치를 더해 준다.

1 트라카이 호수의 한가운데에 붉은 사암으로 지은 트라카이 성이 빛난다.
2 트라카이 성은 리투아니아 신혼부부들의 단골 야외 웨딩 촬영 장소이기도 하다.

트라카이는 역사적으로 다양한 국적의 사람들에 의해 건설되고 유지되어 왔다는 점이 특이하다. 타타르족Tatars, 리투아니아, 러시아, 유대인, 폴란드인들이 이 지역에 거주했다. 트라카이도 이탈리아의 베니스처럼 물 위에 건설된 도시이다. 이 마을은 갈베 호수를 비롯한 수많은 호수에 둘러싸여 있다.

호수를 따라 숲길이 우거져 있고 드문드문 여행자들이 오간다. 호수를 오른편에 두고 산책로를 유유자적 걸으면 된다. 햇살이 눈부시게 호수 위로 빛의 파편들을 쏟아 내고 초록의 나뭇가지는 긴 팔을 호수까지 늘어뜨린다. 그 호수 한쪽에 색색의 보트를 빌려 주는 대여소가 있다. 서투르지만 직접 그린 작은 입간판과 호숫가에 매어 둔 보트 몇 대가 전부이다. 이미 뱃놀이를 하는 사람들이 호수 여기저기서 눈에 띈다.

한적한 오솔길을 여유롭게 걷다 보면 레스토랑과 보트 대여소, 기념품 가게가 몰려 있는 곳이 나오고 오른편 호수 한가운데로 붉은 사암성이 조금씩 모습을 드러낸다. 눈부시게 붉은 사암의 색채를 지닌 트라카이 성이 호수 한가운데서 온전히 그 모습을 보일 때면 저절로 감탄사가 흘러나온다. 호수 한가운데에 두둥실 솜사탕 같은 뭉게구름 아래 초록의 숲으로 둘러싸인 트라카이 성이 당당히 떠 있다. 호수를 따라 먼발치에서 바라보는 트라카이 성은 도도한 아름다움이 있다. 호수 위를 떠다니는 색색의 돛을 단 요트들은 삶의 여유를 노래한다.

트라카이에서는 호숫가를 산책하다가 그저 마음에 드는 호숫가 풀밭 위에 앉으면 된다. 바삐 서두를 이유도, 급히 찾아봐야 할 의무도 없이 그저 시선이 가는 대로 마음이 가는 대로 바라보기만 해도 좋다.

- **트라카이 여행하기** 트라카이 버스정류장에서 트라카이 성이 있는 곳까지는 도보로 30분 정도 소요된다. 마을을 지나서 호수를 따라 걷다 보면 만날 수 있다. 걷기가 부담스러우면 버스정류장에서 성까지 운행하는 버스를 이용한다.
- **갈베 호수에서 뱃놀이 하기** 트라카이 성의 맞은편 호숫가에 보트 대여소가 많다. 작은 보트를 빌려 호수 여기저기를 다니며 뱃놀이를 즐겨 보자.

키스를 부르는 로맨틱 명소 02

Burano

원색의 색채로 낭만과 위로를 주는 부라노

| **위치** | 이탈리아 북부 부라노

| **교통** | 부라노에 가려면 일단 베네치아로 들어가야 한다. 베네치아에서 수상버스인 바포레또Vaporetto LN선을 타고 1시간 정도 달리면 닿을 수 있다. 거의 1시간 간격으로 운행한다.

부라노는 베네치아처럼 이탈리아 북부 아드리아해 위에 떠 있는 아주 작은 섬이다. 엄밀히 말하면 다리로 연결된 4개의 섬으로 이루어진, 규모가 작은 다도해군도이다. 과거에 로마인들이 정착했고, 현재는 2,800명 정도의 주민이 살고 있다. 섬 이름의 유래는 두 가지 설이 있다. 첫째는 부리아나Buriana 가족이 처음 도시를 건설해서 그 이름을 따왔다는 설, 둘째는 남쪽으로 8km 정도 떨어진 부라넬로Buranello 섬에서 이름을 가져왔다는 설이다.

베네치아 석호가 거의 끝나는 지점에 있으며 16세기 전까지만 해도 그저 평범한 어촌마을이었다. 16세기에 이 섬의 여인들은 바다로 나간 남편들을 기다리며 정교한 레이스 공예를 시작했고, 부라노의 레이스는 부라노를 유럽에서 레이스 산업의 중심지로 변모시켰다. 당시 유럽 일대와 베네치아가 지배하던 키프로스까지 수출되기도 했다. 18세기에 베네치아가 쇠락하면서 부라노의 레이스도 함께 쇠퇴해가다가 1872년에 레이스 학교가 설립되면서 이전의 명성을 다시 찾게 되었다. 하지

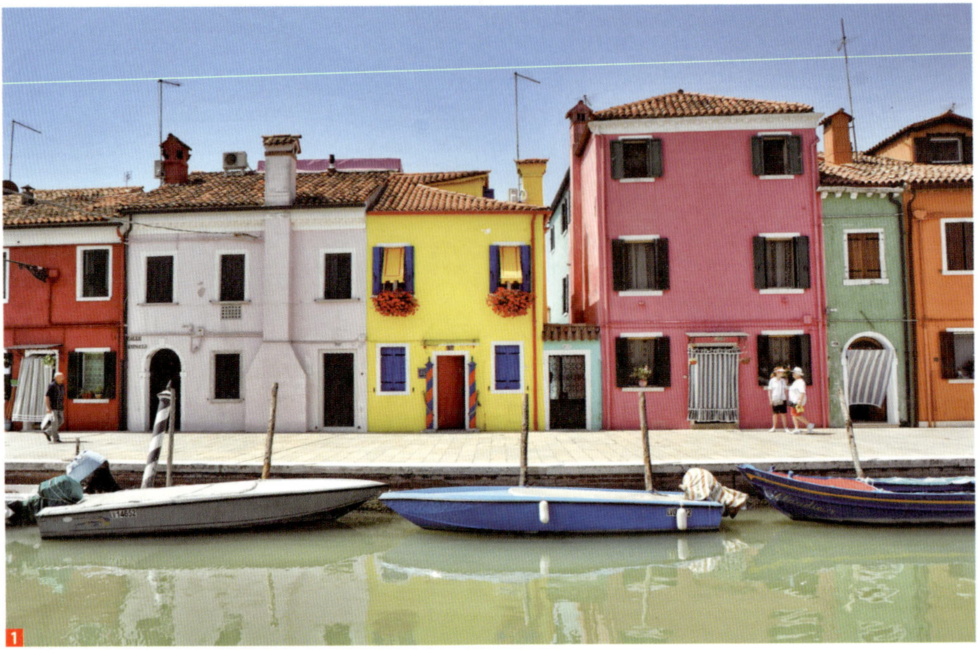

1 보기만 해도 기분 좋아지는 색채의 마법이 가득한 곳이 바로 부라노이다. 2 향기로운 꽃으로 장식된 파스텔 색채의 부라노 주택

만 기계화되고 값싼 대량 생산의 시대적 흐름에 떠밀려 이제는 전통 방식으로 생산된 진정한 부라노의 레이스는 더 이상 찾아보기가 쉽지 않다.

베네치아 산 마르코 광장에서 수상버스인 바포레또를 타고 아드리아해를 가로질러 1시간 정도 달리면 기울어진 산 마르티노 성당Chiesa di San Martino의 종탑이 인상적인 부라노가 바다 위로 떠오른다. 오랜 세월 낡고 빛바랜 대부분의 유럽 중세 건물과 달리 부라노의 집들은 마치 어제 새로 지어 칠을 한 것처럼 밝고 선명하며 깨끗하다. 미국의 디즈니 월드는 부라노 섬을 모델로 삼아 디즈니 월드 패밀리 리조트를 완성했다고 한다. 여행자들은 부라노의 집마다 개성 가득한 색채에 깊은 매력과 기쁨을 얻는다. 색채가 주는 위로와 힘이 묘하게 느껴진다.

무엇 때문에 부라노 사람들은 화려한 원색으로 마을을 칠하는 것일까? 정확한 기원은 알 수 없지만, 어떤 이들은 이곳 어부들이 알록달록한 색채를 배합해서 배를 칠하던 풍습에서 비롯되었다고 한다. 현재는 집주인이 집에 색칠을 하고 싶다고 정부에 신청하면 담당 기관에서 그 집이 속한 부지에 허용된 몇 가지 색을 알려 준다. 집주인은 그중에서 마음에 드는 색을 골라 집을 칠해야 한다. 부라노의 색채를 보고 있으면 여행자들은 자신도 모르게 미소를 짓게 된다. 부라노의 색채들은 어두운 표정을 밝게 만드는 묘한 위로와 치유의 힘이 있다. 부라노의 마법은 바로 그것이다. 색채가 만들어 내는 행복. 부라노의 골목을 거닐면서 자신을 위로해 주는 색채를 찾아보는 것은 어떨까.

● **부라노 여행하기** 부라노 선착장에서 내려 운하가 있는 마을 중심을 도보로 돌아볼 수 있다. 작은 다리로 연결된 4개의 섬을 건너다니며 다양한 색채의 사진을 담아내면 좋다. 숙소가 베네치아에 있다면 바포레또 운행 시간을 잘 체크해서 마지막 배를 놓치지 않도록 한다.

● **부라노 전통쿠키 에시 부라넬리 맛보기** 에시 부라넬리essi buranelli는 조금 늘인 S자 모양의 노란색 쿠키이다. 부라노의 메인 거리인 갈루피galuppi 대로의 식품점이나 베이커리에서 쉽게 구입할 수 있다. 밀가루, 버터, 계란 흰자와 노른자, 설탕, 럼rhum주, 바닐라향이 주재료로 들어간다. 부드럽고 달콤하게 입안에서 녹는 맛이 일품이다.

키스를 부르는 로맨틱 명소 03

Hallstatt

잘츠캄머구트의 보석 같은 도시 할슈타트

| **위치** | 오스트리아 오버외스터라이히주(州) 할슈타트

| **교통** | 오스트리아의 주요 도시에서 기차와 버스로 갈 수 있다. 기차의 경우 잘츠부르크와 빈 구간 사이에 있는 아트낭-푸하임Attnang-Puchheim역에서 내린 뒤 할슈타트Hallstatt행 지역 열차에 탑승한다. 잘츠부르크 중앙역에서 2시간 30분 정도, 빈 서역에서 3시간 30분~3시간 50분 정도 소요된다. 버스의 경우 잘츠부르크 중앙역 앞 버스정류장이나 미라벨 정원 앞 버스정류장에서 150번 버스를 타고 바트 이슐Bad-Ischl까지 가서 바트 이슐역에서 할슈타트행 기차를 타면 된다. 할슈타트 기차역은 할슈타트 마을에서 호수 건너편에 있으므로 호수유람선을 타고 마을로 들어가야 한다.

오스트리아의 푸른 심장인 잘츠캄머구트Salzkammergut의 아름다움을 대표하는 마을 중의 하나가 바로 할슈타트Hallstatt이다. 온통 산으로 둘러싸인 할슈타트 호수Hallstätter See를 마주 보고 산비탈을 따라 형성된 이 작은 마을은 역사가 무척 오래되었다. 선사시대부터 소금 생산으로 명성을 떨쳤고, 기원전 초기 철기 시대 때 유럽 문화에 큰 영향을 미쳤다. 켈트Celts족의 가장 초기의 고고학적 유물들이 이곳에서 발굴되기도 했다. 외지고 험한 산속에 있지만 할슈타트는 소금 덕분에 부유한 마을로 발전할 수 있었다. 할슈타트 마을 위쪽 산에는 세계 최초의 소금광산이 있어 관광객들이 찾곤 한다.

구시가지에는 주로 기념품 가게와 호텔이 있고, 그 반대편은 할슈타트 주민들의 가정집과 호숫가보다는 저렴한 민박집이 있다. 구시가지 방향의 호수가 '바라보는 호수'라면 그 반대쪽은 수영도 하고 잔디밭에서 공놀이도 할 수 있는 '즐기는 호수'이다. 할슈타트에 와서 보통의 여행자들처럼 '바라보는 호수'만 구경하고 떠난다면

할슈타트의 절반만 누리는 것이다. 할슈타트에서는 서두를 필요가 없다. 인생의 속도를 늦추는 것이 여행인데, 여행을 와서 서두른다면 여행의 의미는 반감되고 만다. 여행의 여유 속에 풍요로운 가치들이 자란다.

할슈타트와 인근에 있는 다흐슈타인^{Dachstein} 지역은 유네스코 세계문화유산에 등록되었다. 사실 할슈타트의 구시가지는 30분 정도면 다 볼 수 있다. 그런데 어떻게 이 작은 마을에 세계 각지의 여행자들이 몰려들게 되었을까? 유네스코 세계문화유산 등록 사유가 할슈타트를 이해하는 데 적지 않게 도움을 준다. '장엄한 잘츠캄머구트의 자연경관 속에서 선사시대부터 시작된 인간의 활동 그리고 기원전 2천 년 전부터 채취된 소금의 역사, 그로 인해 20세기 중반까지 이 지역 발전의 토대가 되고 할슈타트 마을의 아름다운 건축이 가능했다.' 할슈타트는 유럽에서 최고로 오래된 인간 거주 마을로 인정받고 있다. 가장 오래되었으면서 가장 낭만적인 풍경을 선사한다. 할슈타트 호수의 서쪽 가장자리를 따라 가파른 암벽 산비탈에 층층이 쌓아 올린 집들은 말 그대로 기적과 같은 삶의 자리처럼 보인다. 누구라도 이 그림 같은 풍경을 보면 왜 할슈타트를 '잘츠캄머구트의 진주'라고 부르는지 저절로 이해할 수 있게 된다.

잔잔한 할슈타트 호수 풍경을 바라보면서 새삼 인간의 삶에는 역경이 존재하고 그 상황을 극복해 낼 때 비로소 삶이 완성된다는 것을 깨닫는다. 할슈타트는 짧은 시간이면 충분히 돌아볼 수 있지만 발걸음은 시선이 머무는 풍경 앞에 차츰 느려진다.

● **할슈타트 여행하기** 마을을 가로지르는 길은 하나밖에 없다. 5월에서 10월까지는 자동차도 다닐 수 없어 여행자들이 편안하게 걸을 수 있다. 구시가 입구에서 끝까지 30분 정도면 여유롭게 모두 돌아볼 수 있다. 구시가 방향의 반대편에 있는 할슈타트 마을과 호수도 돌아보면 색다른 즐거움이 있다.

● **전통맥주 쾨니히 루드비히 둔켈 브라우 맛보기** 오스트리아는 맥주의 종류가 매우 다양하지만 이 지역에서는 주로 쾨니히 루드비히 둔켈 브라우^{König Ludwig Dunkel Brau}라는 진한 캐러멜색의 맥주를 마신다. 홉의 아로마 향이 상쾌한 편이고 부드러우면서도 약간 씁쓸한 맛도 난다.

1 청정한 잘츠캄머구트의 자연 속에 그림 같은 풍경을 선사하는 할슈타트 구시가
2 호숫가 노천 레스토랑에서는 할슈타트 호수와 주변 자연을 관조하기에 좋다.

키스를 부르는 로맨틱 명소 04

Brugge

사랑의 호수가 있는 북쪽의 베니스, 브뤼헤

| **위치** | 벨기에 북서부 브뤼헤
| **교통** | 브뤼셀에서 30분 간격으로 열차가 운행된다. 브뤼셀 남역Brussel-Zuid에서 열차로 1시간 정도 걸린다. 안트베르펜Antwerpen에서 1시간 30분 정도, 겐트Gent에서 40분 정도 걸린다.

브뤼헤는 벨기에 북부 플란더스Flanders 지방의 작은 도시이다. 벨기에의 수도 브뤼셀에서 북서쪽으로 한 시간 정도 달리면 숨바꼭질하는 예쁜 소녀 같은 소도시 브뤼헤에 닿는다. 온전히 보존된 중세의 건축, 그윽한 운치가 있는 운하와 다리가 있어 유럽의 그 어떤 곳보다 더 완벽한 엽서 같은 풍경을 보여 준다. 그 역사적 가치와 아름다움을 인정받아 구시가의 역사 지구는 유네스코 세계문화유산으로 지정되었다.

북쪽의 베니스 혹은 서유럽의 베니스라고 불리는 브뤼헤는 한때 남유럽의 베네치아와 비길 만큼 상업도시로 황금시대를 누렸다. 지금은 아름다운 중세 건물과 도심을 타원형으로 감싸 흐르는 운하, 50여 개의 다리가 그림처럼 펼쳐지는 관광지로 더욱 유명하다. 구시가로 들어서는 순간, 작고 아담한 주택과 중세의 운치가 살아 있는 거리가 여행자를 맞아 준다. 장난감 가게에서는 동그란 얼굴에 이마 위로 치켜세워진 고수머리의 탱탱Tintin, 만화 주인공 인형이 자주 눈에 띈다. 1929년에 벨기에 만화가 에르제Georges Prosper Remi, 1907~1983에 의해 탄생한 탱탱은 강아지 스노이와 함께 불의가 있는 곳이면 세계 어디든지 달려가 문제를 해결한다. 달라이 라마는 티베트의 문화

1 마을 외곽에는 벨기에 스타일의 풍차가 운치를 더한다. **2** 사랑의 호수에는 소원을 빌면 사랑이 이루어진다는 전설이 깃들어 있다. **3** 구시가를 가로질러 흐르는 운하와 다리, 예쁜 집이 절묘하게 조화를 이룬다.

와 현실을 널리 알린 공로로 '탱탱의 모험 티베트' 편에 '진실의 빛' 상을 수여하였다.

구시가 중심에 있는 마르크트 광장 남쪽에는 브뤼헤의 상징과도 같은 종루 벨프리Belfry가 우뚝 서 있다. 종루 꼭대기에 매달린 크기가 다른 종 47개가 매시 정각에 아름다운 종소리를 낸다. 맞은편에 있는 중세 상인 조합인 '길드 하우스'는 가장 포토제닉한 건축물이다. 아기자기한 초콜릿처럼 다채로운 색깔과 모양으로 구성된 창문과 지붕이 보는 사람을 동심으로 돌아가게 한다.

좁은 골목길로 들어서면 도시 곳곳을 흐르는 운하가 모습을 드러낸다. 얼굴에 웃음을 가득 담은 관광객들을 태운 유람선이 좁은 운하를 따라 오간다. 과거에는 무역선이 오가는 생존을 위한 물길이었지만, 지금은 수많은 여행자를 끌어모으는 낭만적인 길이다. 브뤼헤를 대표하는 상징 중 하나인 백조들이 운하에서 유유히 노닌다. 그런데 여기에는 재미있는 전설이 있다. 막시밀리안 황제의 부하가 브뤼헤를 다스리던 시절, 시민들이 황제의 부하인 그를 처형했다. 처형된 관리자 집안의 상징이 백조였는데, 황제는 브뤼헤 시민들에게 자신의 부하를 죽인 벌로 호수와 운하에 영원히 백조를 키우라는 명령을 내렸다고 한다. 마을을 벗어나 외곽으로 걸으면 벨기에의 풍차도 만날 수 있다. 또 초록의 가로수가 우거진 오솔길을 따라 걷다 보면 운하가 만들어 낸 목가적인 '사랑의 호수Minnewater'에 이른다.

이 호수에 와서 소원을 빌면 사랑을 이룰 수 있다는 낭만적인 전설이 전해진다. 아름다운 브뤼헤의 골목길 속에 그리고 사랑의 전설이 깃든 호수 풍경 속에 서 있으면 누구라도 사랑에 빠져들지 않을까.

● **브뤼헤 여행하기** 브뤼헤는 자전거의 도시라고 불릴 정도로 브뤼헤의 시민들은 교통수단으로 자전거를 애용한다. 구시가로 들어가는 교통수단의 60%가 시민들의 자전거일 정도이다. 브뤼헤를 여행할 때 자전거를 대여해서 돌아보는 것도 좋은 방법이다. 몇 시간 동안 자전거로 돌아보는 가이드 투어도 있다. 바자 바이크Baja Bikes와 콰시문도Quasimundo 바이크 투어를 추천한다. 구시가는 규모가 크지 않아서 도보로도 충분히 돌아볼 수 있다.

● **벨기에 전통 홍합요리와 감자튀김 맛보기** 홍합과 감자튀김Moules-frites은 벨기에에서 기원한 요리로 벨기에와 프랑스에서 특히 인기가 높다. 최근 우리나라에도 홍합요리 전문점이 진출했을 정도로 큰 인기를 누리고 있다. 화이트와인과도 잘 어울린다. 마르크트 광장에 있는 레스토랑은 무척 비싼 편이다. 좀 더 외곽 쪽에 있는, 현지인들이 찾아가는 식당에서 먹어 보기를 추천한다.

키스를 부르는 로맨틱 명소 05

로미오와 줄리엣이 탄생한 베로나

| **위치** | 이탈리아 북동부 베네토주(州) 베로나

| **교통** | 베로나 시내에서 12km 떨어진 곳에 카톨로공항Catullo Airport, VRN이 있다. 브뤼셀, 더블린, 런던, 파리, 마드리드 등에서 저가 항공이 운항되고 있다. 기차로는 급행열차EC, TAV 등로 밀라노에서 1시간 20분 정도, 베네치아에서 1시간 10분 정도, 볼로냐에서 50분 정도 걸린다. 지역선 열차는 시간이 좀 더 걸린다. 베로나 중앙역은 베로나 포르타 누오바Verona Porta Nuova역이다.

베로나Verona는 이탈리아 북동부 베네토Veneto주에 있는 중세 도시이다. 여행자들로 번잡한 베네치아와 가깝지만 좀 더 여유롭게 여행을 즐길 수 있다. 무엇보다 매년 여름이면 고대 로마인들에 의해 건설된 원형극장인 아레나Arena에서 펼쳐지는 오페라 선율이 여름밤을 수놓아서 전 세계의 오페라 팬들의 발길을 사로잡는다.

일찍이 로마 황제인 율리우스 시저가 휴양지로 삼았을 정도이다. 구시가를 감싸고 흐르는 아디제Adige강이 붉은빛으로 빛나는 건축물과 어울려 해 질 무렵이면 도시 전체가 붉게 변한다. 특히 영국의 대문호인 셰익스피어의 초기 비극 작품인《로미오와 줄리엣》의 무대가 된 곳으로, 세계적인 명성을 누리게 되었다. 몇 년 전에 개봉한 영화〈레터스 투 줄리엣Letters to Juliet, 2010〉의 배경 도시로 나와 고풍스럽고 낭만 가득한 모습을 보여 주기도 했다.

베로나 구시가의 중심은 에르베 광장Piazza delle Erbe이다. 천막으로 덮인 노점상들이 광장 한가운데의 '베로나의 마돈나' 분수대 주변으로 들어서 있고, 광장을 둘

1 고대 로마 아레나에서 펼쳐지는 한여름 밤의 오페라는 베로나 여행의 하이라이트이다.
2 오페라에서 사용될 거대한 소품들이 아레나 바깥 광장에 놓여 있다.

러싼 낡은 건물의 벽면에는 파스텔톤 벽화가 그려져 있어 운치를 더한다. 하늘 높이 치솟은 람베르티탑Torre del Lamberti은 구시가의 랜드마크이다.

베로나를 찾은 여행자들이 누구나 예외 없이 가장 먼저 들르는 곳은 카펠로Cappello 거리 27번지에 있는 까사 디 줄리에타Casa di Giulietta, 바로 줄리엣의 집이다. 많은 사람의 발길을 따라가다 보면 자연스레 줄리엣의 집 앞에 이른다. 입구 좌우 벽면에는 세계 각지에서 이곳을 찾은 여행자들이 각자 자신들의 언어로 표현한 사랑의 낙서들로 가득하다. 안마당에는 줄리엣의 동상이 마당 한가운데에 우아한 모습으로 서 있다. 줄리엣의 오른쪽 가슴을 만지면 사랑이 이루어진다는 전설 덕분에 남녀노소 불문하고 저마다 줄리엣 동상과 기념사진을 찍느라 분주하다. 그 동상 앞에서 머리를 들면 13세기의 주택 2층에 줄리엣 방의 발코니가 앙증맞게 튀어나와 있다. 작은 대리석 발코니에서 한창 사랑에 들뜬 아가씨들이 발코니에 기대어 사진을 찍다가 환한 웃음을 터트린다.

셰익스피어가 로미오와 줄리엣을 이야기하기 이전에 베로나에는 원수지간인 두 가문 사이에서 이루어질 수 없는 연인의 안타까운 사랑 이야기가 실제 존재했다고 한다. 그 실화에 기초해서 비극적이면서도 낭만적인 《로미오와 줄리엣》이 탄생할 수 있었던 것이다. 두 사람의 애절한 사랑이 이루어질 수 없었기에 어쩌면 더욱 긴 여운이 남는지도 모른다. 베로나에서는 잠시라도 각박한 현실을 잊고 낭만적인 사랑을 꿈꿔 보는 것은 어떨까.

● **베로나 여행하기** 베로나 기차역Stazione Porta Nuova에서 구시가까지는 도보로 걷기에는 거리가 꽤 멀다. 기차역 앞에서 11, 12, 13번 버스를 타면 브라 광장Piazza Bra의 아레나Arena 앞에 선다. 구시가는 규모가 작아서 도보로 충분히 다닐 수 있다.

● **베로나 아레나에서 오페라 관람하기** 매년 6월 말~9월 초에 AD 1세기에 건설된 로마 원형극장 아레나Arena에서 아름답고 웅장한 베로나 오페라 축제가 열린다. 길이 139m, 넓이 110m, 높이 30m의 아레나는 25,000명의 관객을 수용할 수 있는 44줄의 대리석 계단으로 이루어져 있고, 고대 로마 시절의 원형 그대로 보존되어 있다. 로마의 콜로세움, 카푸아Capua의 아레나 다음으로 이탈리아에서 세 번째로 큰 규모를 자랑한다. 〈나부코〉, 〈아이다〉, 〈토스카〉, 〈돈지오반니〉, 〈로미오와 줄리엣〉, 〈세빌리아의 이발사〉 등 최고의 공연이 펼쳐진다.홈페이지 www.arena.it

키스를 부르는 로맨틱 명소 06

Paris

강물 따라 불빛이 반짝이는 파리의 밤

| **위치** | 프랑스 북부 파리 센느강

| **교통** | 에펠탑에서부터 아랍 문화원Institute Du Monda Arabe 사이를 운행하며 주요 관광 명소에 정박하는 바토부스 Batobus를 이용하는 것도 좋은 방법이다. 일반 버스처럼 자신이 원하는 곳에서 타고 내릴 수 있는 센느강 위의 대중교통수단이다. 1일권이나 2일권 패스를 구입해서 정해진 기간에 마음껏 타고 내릴 수 있다.

파리를 가로질러 흐르는 센느강La Seine은 전체 길이가 776km에 이르는 엄청나게 긴 강이며 중요한 상업용 수로이다. 파리를 가로질러 영국해협까지 흘러 들어간다. 파리의 낭만 가득한 여행을 이야기할 때 결코 센느강을 빼놓을 수 없다. 센느강 남쪽의 좌안Rive Gauche과 북쪽인 우안Rive Droite을 따라 에펠탑을 비롯한 파리 최고의 명소들이 즐비하게 늘어서 있기 때문이다.

센느강을 따라 파리 안에는 서른 개가 넘는 다리가 있다. 그중에 파리를 대표하는 명소는 영화 〈퐁뇌프의 연인들〉의 주무대로 등장한 퐁뇌프Pont Neuf 다리이다. 우리말로 '새로운 다리'라는 뜻이지만 실상은 1607년에 건설된 가장 오래된 다리이다. 파리의 물리적인 중심은 노트르담 성당Notre Dame Cathedral이지만, 여행자들의 마음에 각인된 파리의 낭만의 중심은 센느강이 아닐까.

파리의 역사가 시작된 곳도 센느강 한가운데 있는 시테 섬이었다. 센느강을 따라 좌우로 노트르담 성당, 퐁뇌프 다리, 예술의 다리Pont des Arts, 오르세 미술관Musée d'Orsay, 튈르리 정원Jardin des Tuileries, 루브르 박물관Musée Louvre, 오랑주리 미술관Musée Orangerie, 알렉산드르 3세 다리Pont Alexandre III, 샤이요궁Palais de Chaillot, 에펠탑Tour Eiffel 등 파리 여행의 대표 명소가 파노라마처럼 펼쳐진다. 낭만 가득한 세느강이 파리 여행의 최고의 안내자 역할을 한다는 것은 놀라운 사실이다.

진정한 파리의 야경은 세느강과 함께 보아야 제격이다. 형이상학적인 의미에서 잔잔히 흐르는 강물은 주변 사물을 비춰 주는 거울이기도 하다. 세느강에 비친 혹은 흔들리는 파리의 밤풍경을 보아야만 세느강이 얼마나 낭만적인지, 파리가 가진 매력이 얼마나 놀라운지 여행자들은 비로소 깨닫는다. 밝은 대낮에 보는 세느강에 실망하고 돌아서는 여행자가 많은데, 밤의 세느강은 돌아선 여행자의 마음을 사로잡는다. 수많은 시인과 화가, 철학자, 건축가와 여행자 그리고 연인이 세느 강변에서 파리의 아름다운 낭만에 결국 마음을 빼앗기고 만다.

우디 앨런의 영화 〈미드나잇 인 파리Midnight in Paris, 2011〉에서 두 주인공이 거닐던 세느 강변의 밤은 얼마나 낭만적인가. 〈비포선셋〉의 두 주인공이 세느강 유람선을 타고 달리던 파리의 밤은 얼마나 가슴을 설레게 하는가. 퐁뇌프를 건너다가 또는 보행자 전용다리인 예술의 다리, 퐁데자르의 난간에 기대어 불빛 속에 흔들리는 파리의 밤을 응시하는 시간은 또 얼마나 황홀한가.

- **파리 여행하기** 세느강을 즐기기에 좋은 포인트는 시테 섬에 있는 퐁뇌프 다리나 바로 가까이에 있는 예술의 다리Pont des Arts이다. 세느 강변으로 내려가서 강을 따라 걸으며 세느강과 노트르담 성당을 조망하는 것도 좋다. 세느강 주변에 있는 호텔에 숙소를 잡는 것도 세느강의 야경을 즐기는 좋은 선택이다.
- **세느강 유람선 즐기기** 파리 세느강에는 많은 종류의 유람선이 운행되고 있다. 가장 대표적이고 합리적인 유람선은 바토 무슈Bateaux-Mouches와 바토 파리지앵Bateaux Parisiens이다. 바토 무슈는 메트로 9호선 알마 마르소Alma-Marceau역에서 출발한다. 투어는 1시간 15분 정도 소요된다. 바토 파리지앵은 에펠탑 근처와 노트르담 성당 근처에 출발 지점이 있다. 1시간 정도 소요된다. 바토 무슈는 한국어 오디오 가이드가 있어서 이용하기에 수월하다. 2층에 탑승하면 파리 풍경을 좀 더 잘 감상할 수 있다. 파리 야경을 제대로 감상하기 위해 가능하다면 야간에 유람선을 타는 것이 좋다.

1 퐁뇌프 다리에서 바라보는 파리의 저녁은 한없이 황홀하다.
2 흐르는 강물과 '예술의 다리' 퐁데자르, 여행자들 그리고 저 멀리 에펠탑이 보이는 세느 강변
3 여름이면 강변의 한쪽 공간은 흥겨운 무도장이 되기도 한다.

키스를 부르는 로맨틱 명소 07

Ravello

시인이 잠든 아말피의 라벨로 마을

| **위치** | 이탈리아 남부 캄파니아주(州) 라벨로
| **교통** | 살레르노Salerno, 포시타노Positano, 소렌토Sorrento 등 아말피 해안의 주요 도시로부터 시타SITA버스를 타고 아말피까지 온 후, 아말피에서 다른 시타버스로 갈아타고 라벨로까지 갈 수 있다. 또한 아말피에서는 2층짜리 빨간색 관광버스가 라벨로 사이에 운행 중이다.

라벨로는 이탈리아 남부 캄파니아Campania주 아말피 해안Amalfi Coast 위쪽 해발 355m의 산속에 있는 작은 마을이다. 흔히 바다보다 하늘과 더 가까운 곳으로 여겨지는 라벨로는 푸른 지중해가 아스라이 펼쳐지는 아말피 해안과 초록의 자연을 조망하기에 가장 좋은 곳이다. 산비탈마다 향기로운 향을 풍기는 포도가 자란다. 예부터 '시인들이 죽음을 맞을 때 찾아오는 곳'이라고 불릴 만큼 수많은 이에게 풍성한 예술적 영감을 안겨 주었다. 또한 라벨로는 음악의 도시citta della musica이기도 하다. 독일의 작곡가 바그너Wagner는 이곳에 은둔하면서 오페라 〈파르지팔Parsifal〉을 완성했다. 이를 기념하여 해마다 라벨로에서는 바그너 음악축제가 열린다. 이뿐 아니라 매년 3월부터 10월까지 그림 같은 라벨로 마을에서는 크고 작은 음악축제가 쉬지 않고 열린다.

마을 중심 광장 왼편으로 빌라 루폴로Villa Rufolo라는 우아한 저택이 있다. 교황 샤를 1세가 머물렀던 곳으로 유명한 이 저택은 무어식 회랑과 아름다운 벨베데레 정원이 인상적이다. 특히 아말피 해안이 시원스럽게 펼쳐지는 전망으로 인해 라벨로

1 빌라 침브로네의 회랑은
신비의 정원 같은 느낌을 준다.
2 무한의 테라스에서 바라보는
아말피 해안의 푸른 바다와
산비탈 포도밭이 시원스럽다.

의 관광엽서 사진의 단골소재이기도 하다. 바그너가 은둔하면서 〈파르지팔〉을 작곡한 곳이 바로 이 빌라 루폴로이다.

빌라 루폴로에서 좁은 골목길을 조금 더 걸어가면 라벨로에서 가장 아름다운 빌라 침브로네Villa Cimbrone에 닿는다. 입구 맞은편에는 아라비아풍과 시실리풍이 조화를 이룬 우아한 회랑cloister이 마음에 평온을 준다. 회랑에서 나오면 무한의 대로the Avenue of Immensity가 직선으로 바다를 향해 힘차게 뻗어 있다. 길 좌우와 머리 위로 꽃과 식물로 뒤덮인 낭만이 샘솟는 길이다. 뜨거운 여름 햇살마저도 투과하지 못하는 울창한 숲 속으로 들어간 듯한 착각이 든다. 무한의 대로 끝에는 우아한 돔 지붕을 이고 있는 '세레스 신전the Temple of Ceres'이 있고, 수확의 여신인 세레스 여신 조각상 뒤에 빌라 침브로네의 진정한 하이라이트가 있다.

무한의 테라스라는 뜻의 '테라짜 델 인피니토Terrazza dell'Infinito'가 하늘과 바다를 향해 활짝 열려 있다. 미국의 탁월한 역사 소설가 고어 비달Gore Vidal은 '이 테라스에서 바라보는 풍경은 세상에서 가장 아름다운 파노라마이다.'라고 고백했다. 이 테라스에 서면 누구 하나 먼저랄 것도 없이 비명 같은 감탄사를 터트린다. 테라스에 기대어 하늘과 바다의 경계가 무너져 온통 푸른 색채를 보고 있으면, 현실이 아니라 꿈을 꾸고 있는 듯한 착각이 든다.

소렌토 산맥 한 자락에 위치한 라벨로는 휴양객들로 북적거리는 아말피 해안도시의 소음과 공해로부터 숨어 있는 청량제와도 같은 곳이다. 그렇기에 꼭 기억하라. 무한의 테라스에 서서 바다와 산들의 화음에 귀를 기울이면 마음속에 세상 가장 아름다운 낭만적인 음악이 흐른다는 것을. 또한 라벨로에 머무는 순간에는 일상에 찌든 근심도 어느새 사라지고 없어진다는 것을.

● **라벨로 여행하기** 라벨로 마을 자체는 도보로 충분히 돌아볼 수 있다. 시타SITA버스가 산 아래 아말피Amalfi 마을과 라벨로 사이에 자주 운행하고 있다. 아말피 해안가에서 출발하는 빨간색 관광버스도 수시로 운행하고 있다.

● **아말피 해안 햇살과 수영 즐기기** 라벨로는 산속에 있는 마을이어서 직접 바다에 들어가려면 아말피까지 내려가야 한다. 시타버스나 관광버스를 타고 아말피 해안으로 내려가서 바다와 수영을 즐기는 시간을 가져 보기를 추천한다.

키스를 부르는 로맨틱 명소 08

Firenze

일몰이 아름다운 피렌체의 미켈란젤로 언덕

| 위치 | 이탈리아 중부 토스카나주(州) 피렌체

| 교통 | 미켈란젤로 언덕에 올라가는 방법은 몇 가지가 있다. 첫 번째는 걸어서 올라가는 방법이다. 시간이 좀 걸리기는 하지만 아르노강을 건너서 한적한 계단과 오르막을 천천히 걸어 올라가면 된다. 베키오 다리에서 미켈란젤로 언덕까지 도보로 25분 정도 걸린다. 두 번째는 택시를 이용하는 방법이다. 자동차 도로를 달려서 산길을 조금 돌아가는 관계로 베키오 다리 근처에서 10분~15분 정도 걸린다. 세 번째는 SMN역에서 12번 버스를 타면 미켈란젤로 언덕까지 올라갈 수 있다.

르네상스를 꽃피운 이탈리아 최고의 도시는 단연 피렌체Firenze이다. 피렌체를 가장 아름답게 담아 낸 최고의 로맨틱 영화는 바로 〈냉정과 열정 사이〉일 것이다. 영화 속에는 두 주인공의 동선을 따라 피렌체의 두오모와 레푸블리카 광장, 두오모 근처 남자 주인공 준세이의 화랑 제치Zecchi와 피렌체 강변도로, 은은한 노란빛의 베키오 다리, 지오토의 종탑, 산티시마 아눈지아타 광장Piazza della Santissima Annunziata, 한적한 골목길 안에 있는 산타 리타 집Casa Santa Rita 근처 준세이의 집이 등장한다. 마음에 잔잔한 파문을 일으키며 피렌체 여행의 추억을 불러일으킨다.

하지만 이 영화의 포스터 컷을 차지하는 장면은 바로 미켈란젤로 언덕에서 바라본 피렌체 전경이다. 그 피렌체 전경을 배경으로 준세이와 아오이는 서로를 바라보며 미켈란젤로 언덕에 서 있다. 수많은 피렌체의 관광 명소들을 배회하던 여행자들이 해 질 무렵이 되면 약속이나 한 듯 몰려드는 장소가 바로 미켈란젤로 언덕이다.

1 미켈란젤로 언덕에서 바라보는 피렌체의 황금 일몰이 황홀함을 느끼게 만든다.
2 피렌체의 일몰을 보기 위해 해질녘이면 미켈란젤로 언덕에 수많은 여행자가 몰려든다.

미켈란젤로 광장Piazzale Michelangelo이 있는 이 언덕은 붉은 지붕의 피렌체를 한눈에 파노라마처럼 조망할 수 있는 최고의 전망 포인트로 유명하다. 유명 작가들의 사진, 영화와 CF에서 이 언덕에서 바라본 피렌체 전경을 수없이 바라보았을 것이다.

피렌체 역사 지구의 남쪽 언덕 위에 있는 광장은 아르노강 좌안을 재개발하던 1869년 당시 건축가 쥐세페 포지Giuseppe Poggi에 의해 설계되고 건축되었다. 이 광장은 위대한 르네상스 시기의 조각가 미켈란젤로에게 바쳐졌다. 그래서 광장 중심에는 미켈란젤로의 다비드 상 복제품을 세웠다. 원본은 흰 대리석으로 만들어졌지만 이 복제품은 청동으로 만들었다. 또한 포지는 전체 테라스를 압도하는 네오클래식 양식의 로지아loggia,한 쪽 또는 그 이상의 면이 트여 있는 방이나 복도도 설계해서 미켈란젤로의 작품을 전시하는 박물관으로 만들려 했다. 하지만 이는 실현되지 않았고, 현재는 파노라마 전망을 감상할 수 있는 레스토랑이 들어서 있다.

해 질 무렵 미켈란젤로 언덕 테라스에 기대어 혹은 아래쪽 계단에 앉아 붉은 석양에 물드는 피렌체를 보는 것만큼 가슴 떨리는 경험은 없다. 곡선으로 부드럽게 흘러가는 아르노강과 베키오 다리, 마음을 편안하게 하는 두오모의 붉은 돔과 지오토의 종탑까지. 피렌체의 모든 것이 석양 속에 서서히 물들어 갈 때면 여행자의 마음속에는 세상 그 어떤 화가의 걸작보다 위대한 풍경이 담긴다. 서로 기대거나 손을 잡거나 품에 안은 연인들이 영원할 것 같은 사랑의 키스를 나누는 순간이 바로 이때이다.

● **미켈란젤로 언덕에서 피렌체 일몰과 야경 사진 찍기** 피렌체의 일몰과 야경은 단순히 눈으로만 담아 두기에는 아쉽다. 카메라를 반드시 챙겨 가서 멋진 일몰과 야경 사진을 남기도록 한다. 삼각대를 챙겨 가야 흔들림 없는 사진을 담을 수 있다. 삼각대가 없다면 임시방편으로 테라스 위에 카메라를 잘 고정시키고 셔터를 셀프타이머로 세팅해서 찍으면 흔들림이 덜하다. 조리개를 조절할 수 있다면 F값을 F8 정도로 조여 주면 불빛 갈라짐이 예쁜 사진이 나온다.

키스를 부르는 로맨틱 명소 09

Granada

석양 속 알함브라 궁전을 바라보는 알바이신 언덕

| **위치** | 스페인 남부 안달루시아 그라나다

| **교통** | 그라나다의 서쪽으로 12km 떨어진 곳에 작은 공항이 있지만 운항하는 항공편이 많지 않다. 버스로는 세이 바, 말라가, 마드리드, 코르도바 등과 연결된다. 그라나다 버스터미널은 시내 외곽에 있다. 버스터미널에서 시내버스 3번, 33번을 타면 시내 중심부에 도착한다. 약 15분 소요. 기차로는 세비야 산타 후스타역Sevilla Santa Justa에서 3시간 10분 정도, 마드리드에서 4시간 30분 정도, 코르도바에서 2시간 30분 정도 소요된다. 기차역 앞에서 3번, 5번 버스를 타면 시내 중심부까지 간다.

스페인 남부 안달루시아에 속한 그라나다는 '눈 덮인 산맥'이라는 뜻을 지닌 험준한 시에라네바다Sierra Navada 산맥 북쪽 해발 738m의 고지대에 위치한 고대도시이다. 한니발의 포에니 전쟁 이후 로마의 지배를 받았고, 이후 로마가 멸망하고 711년 북아프리카에서 지브롤터 해협을 건너온 아랍계 무어인들이 현재의 포르투갈과 스페인이 속해 있는 이베리아 반도를 정복했다. 11세기경 무어인Moors들이 이곳에 그라나다 왕국1238~1492을 세웠고, 기독교 문명의 카스티야Castilla, 아라곤Aragon 왕국의 세력과 대결을 벌였다. 로마 교황은 이베리아 반도에서 이슬람 세력을 몰아내기 위한 국토 회복 운동인 레콩키스타reconquista를 전개했다. 이베리아 반도의 마지막 이슬람 왕국이던 그라나다는 마침내 1492년에 아라곤 왕국에 의해 점령당했고 이베리아 반도에서 쫓겨나게 된다. 하지만 수많은 이슬람 문명의 위대한 흔적을 그라나다에 남겨 두는 공헌을 했다. 그라나다 북동부의 다로강 좌측 언덕 위에 멀리 시에라네바다 산맥을 배경으로 알함브라 궁전이 우뚝 솟아 있다.

이슬람 건축의 정수를 맛볼 수 있는 알함브라 궁전에는 아라야네스의 안뜰Patio de los Arrayanes이 있는 코마레스 궁Cuarto de Comares, 라이언의 분수가 있는 라이온의 안뜰Patio de los Leones, 연못이 아름다운 파르탈 정원Jardines de Partal, 14세기 나스르 왕조의 여름 별장인 헤네랄리페Generalife, 시에라네바다 산맥과 그라나다 전경을 조망할 수 있는 알카사바Alcazava 요새 등 볼거리가 가득하다.

그라나다 여행에서 반드시 들러야 할 곳으로 첫손가락에 꼽히는 곳이 알함브라 궁전이라면 최고로 로맨틱한 장소는 알바이신 지구El Albayzín이다. 구불구불한 좁은 골목길과 중세 무어인들의 과거 흔적이 고스란히 남아 있는 주택가이다. 알함브라 궁전과 함께 이곳은 1984년에 유네스코 세계문화유산으로 지정되었다.

알함브라 궁전을 돌아본 여행자들은 해 질 무렵이면 알바이신 지구의 성 니콜라스 성당이 있는 미라도르 광장Mirador de San Nicolas으로 몰려든다. 이 작은 광장에서는 노래하는 집시, 소박한 좌판을 펼친 노점상, 세계 각지에서 몰려든 여행자들이 어울려 묘한 아우라를 만들어 낸다. 무엇보다 그곳에서는 알바이신 지구의 하얀 집과 오묘한 빛을 띤 알함브라 궁전, 그 너머 흰눈에 덮인 시에라네바다 산맥의 전경이 환상적으로 펼쳐진다. 석양빛에 물들어 가는 신비로운 색채의 그라나다를 보고 있노라면 집시들의 노랫소리에 가슴이 쿵쿵 뛴다. 서서히 저물어 가는 햇살 속에 누군가가 연주하는 기타 선율에 마음이 녹아내린다. 알함브라 궁전의 추억이 가슴 속에 영원히 잊을 수 없는 각인처럼 새겨지는 순간이다.

● **그라나다 여행하기** 그라나다 중심부는 대부분 도보로 충분히 돌아볼 수 있다. 빨간색과 흰색의 소형 미니버스인 알함브라 버스가 그라나다 명소와 알함브라 궁전, 알바이신 지구까지 운행된다. 이사벨라 까똘리까 광장에서 30번, 32번 미니버스를 타면 알함브라 궁전까지 편하게 갈 수 있다. 누에바 광장에서 출발하는 31번 버스는 알바이신 지구의 미라도르 광장 바로 아래까지 올라간다.

● **안달루시아 지방 전통 차가운 수프, 가스파초 맛보기** 가스파초Gazpacho는 스페인 남부 안달루시아 지방에서 기원한 전통음식으로 차가운 토마토 수프의 한 종류이다. 토마토 퓨레와 피망, 양파, 오이 등의 채소를 갈아서 올리브 오일, 마늘을 넣어 만든다. 시원하면서 조리하지 않은 생 채소를 재료로 만들기 때문에 더운 여름날 즐겨 먹으며 몸에 금방 흡수되어 원기를 회복시킨다. 과거 북아프리카에서 건너온 무어인들로부터 전해졌다는 이야기가 전해 온다.

1 알바이신 언덕의 미라도르 광장은 거리의 악사와 여행자들이 어우러져 묘한 아우라를 발한다. 2 석양 속 오묘한 색채로 빛나는 알함브라 궁전

키스를 부르는 로맨틱 명소 10

Sintra

영화로운 에덴동산, 신트라

| **위치** | 포르투갈 북서부 신트라
| **교통** | 리스본 호시우Rossio역에서 기차로 40분 정도 걸린다. 1시간에 2대씩 운행한다.
신트라 기차역에서 434번 버스를 타면 페나 궁전 바로 앞까지 올라갈 수 있다. 15분 간격으로 운행한다.

포르투갈의 수도 리스본에서 북서쪽으로 20여 km 지점에 평화로운 고도古都, 신트라Sintra가 둥지를 틀고 있다. 영국의 낭만파 시인 바이런Byron이 '영화로운 에덴동산the glorious Eden'이라고 극찬했던 곳이다. 신트라의 울창하고 깊은 산속에는 13~15세기의 왕궁인 신트라 성, 동화 속에 나올 것 같은 페나 궁전Palácio da Pena, 아름다운 몬세라테 정원Parque Monserrate 등이 숨어 있다. 매년 여름이면 신트라 곳곳에 흩어져 있는 교회와 궁전, 공원에서는 수준 높은 대규모의 '신트라 음악 페스티벌'이 펼쳐진다. 청정한 자연 속에 둘러싸인 신트라에 발을 들여놓으면 바이런이 왜 이곳을 '에덴동산'이라고 불렀는지 저절로 이해가 된다.

산 아래 마을에서 버스를 타고 페나 궁전으로 향하는 언덕길은 짙은 구름과 안개 때문인지 마치 신비로운 정령의 숲으로 향하는 묘한 느낌을 준다. 이런 깊은 숲 속에 갑자기 노란빛으로 채색된 독특한 형태의 궁전이 모습을 드러내는 것을 보면 신기함에 입이 절로 벌어진다.

1995년에 유네스코 세계문화유산으로 지정된 페나 궁전은 원래는 수도원이었으나, 1839년에 페르난도 2세가 개축한 뒤에는 왕들의 여름철 별장으로 사용되었

1 신트라의 깊은 숲 속에 자리 잡은 페나 궁전은 동화처럼 신비롭고 아름답다. **2** 페나 궁전을 세세히 살펴보면 우아하면서도 정갈한 문양과 색상이 인상적이다. **3** 신트라의 전통과자인 트라베세이루와 케이자다를 꼭 맛보도록 한다.

다. 해발 450m나 되는 울창한 삼림의 산꼭대기에 우뚝 솟아 있는데, 이슬람·르네상스·마누엘·고딕 양식 등 다양한 건축 양식이 멋진 조화를 이루고 있다. 성 외부는 따뜻한 느낌의 파스텔톤 색채로 칠해져 있어서 보는 이의 마음을 포근하게 해 준다. 궁전으로 들어갈수록 동화 같은 색채와 형태가 마치 요술 세계에 온 듯하다. 권위와 위엄의 상징인 다른 궁전과 달리 페나 궁전은 동화를 위해 만들어 놓은 듯 발랄한 귀여움을 보여 준다. 아멜리아 여왕의 방을 비롯해 수많은 방의 화려하고 독특한 장식, 아직도 초기 수도원의 분위기가 남아 있는 성 내부의 회랑은 묘한 이질감으로 다가온다. 날씨가 맑은 날에는 멀리 리스본과 테조강^{타호강}이 내려다보일 정도로 멋진 전망을 자랑한다.

 수많은 동화 속 주인공이 이 세상에 존재한다면 분명 이 궁전 어딘가에 숨어 있을 것이다. 근처에 있는 옛 성터인 모루스 성터^{Castelo dos Mouros}는 흐린 날이면 유난히 안개가 자주 낀다. 이제는 흔적으로 남아 있지만 페나 궁전과 함께 신비로운 분위기를 더한다.

 산 아래 마을에는 시인 바이런이 머물다 간 카페가 있고, 해산물 요리를 주메뉴로 내놓은 식당들이 여행자들의 지친 발걸음을 쉬어 가게 하고 허기를 채워 준다. 작지만 아름다운 신트라는 잠시 동화 속 세상을 그려 볼 수 있는 공간이다. 페나 궁전과 푸른 자연이 어울린 숲 속의 산책은 분명 사랑하는 이와 함께 더욱 오래도록 기억될 것이다.

- **신트라 여행하기** 신트라 마을에서 페나 궁전까지는 버스를 타고 가는 편이 좋다. 오르막 산길을 1시간 정도 올라가야 하기 때문에 걸어가기에는 힘들다. 신트라 기차역에서 434번 버스를 타면 마을과 무로스 성^{Castelo dos Mouros}, 페나 궁전까지 간다. 15분 간격으로 운행한다. 하이킹을 좋아한다면 관광안내소에서 주변 하이킹 지도를 구해서 여유롭게 걸어 보는 것을 추천한다. 신트라에서 유럽 본토의 서쪽 끝에 있는 로카곶^{Cabo da Roca}에 가려면 403번 버스^{Cascais 방향}를 타면 40분 정도 걸린다.

- **신트라 전통과자 트라베세이루와 케이자다 맛보기** 트라베세이루^{Travesseiros}는 '베개'라는 뜻인데, 그 생긴 모양이 베개와 같아서 붙여진 이름이다. 케이자다^{Queijadas}는 동그란 형태의 타르트와 같은 과자로, 신트라의 전통과자이다. 커피에 곁들여 먹으면 좋다. 추천 가게는 파다리아스 거리에 있는 피리쿠타^{Pastelaria Piriquita} 제과점이다. 매장 테이블에서 직접 먹을 수 있다.

추천 가게 Pastelaria Piriquita · **주소** Rua Padarias 1/7, 2710-603 Sintra, Portugal · **전화** +351 21 923 0626

나라별 & 도시별 찾기

독일 Germany

드레스덴 Dresden	386
라이프치히 Leipzig	296
로텐부르크 Rothenburg	168
바일 암 라인 Weil am Rhein	078
뷔르츠부르크 Würzburg	224
작센 스위스 Sächsische Schweiz	272
하이델베르크 Heidelberg	028

라트비아 Latvia

리가 Riga	146

루마니아 Rumania

델타 두나리 Delta Dunarii	238

리투아니아 Lithuania

빌뉴스 Vilnius	156
트라카이 Trakai	476

모로코 Morocco

레그지라 플라게 Legzira Plage	242
마라케시 Marrakech	370
쉐프샤우엔 Chefchaouen	450
에르그 셰비 사막 Erg Chebbi Desert	252
페스 Fez	366

벨기에 Belgium

겐트 Ghent	404
브뤼셀 Brussels	420
브뤼헤 Brugge	488
안트베르펜 Antwerpen	086

스위스 Switzerland

그뤼에르 Gruyères	438
라보 지구 Terrasses de Lavaux	022
로잔 Lausanne	360
루체른 Luzern	392
마이엔펠트 Maienfeld	218
마터호른 Matterhorn	232
몽트뢰 Montreux	330
바젤 Basel	056
베른 Bern	284
브베 Vevey	208
샤프하우젠 Schaffhausen	262
시에르 Sierre	182
시용 성 Château de Chillon	312
아라우 Aarau	408
아펜첼 Appenzell	016
융프라우 Jungfrau	246
프리부르 Fribourg	130

스페인 Spain

그라나다 Granada	508
마드리드 Madrid	106
바르셀로나 Barcelona	326
콘수에그라 Consuegra	048
톨레도 Toledo	090

슬로바키아 Slovakia

반스카 비스트리차 Banská Bystrica	434
브라티슬라바 Bratislava	042
코시체 Košice	336

에스토니아 Estonia

탈린 Tallinn	162

오스트리아 Austria

빈 Wien		102
슈피츠 Spiez		176
잘츠부르크 Salzburg		316
할슈타트 Hallstatt		484

이탈리아 Italia

갈리폴리 Gallipoli		052
라벤나 Ravenna		442
라벨로 Ravello		500
마테라 Matera		466
몬테 비앙코 Monte Bianco		258
베로나 Verona		492
볼로냐 Bologna		350
볼차노 Bolzano		424
부라노 Burano		480
산 지미냐노 San Gimignano		188
스펠로 Spello		200
시에나 Siena		152
시칠리아 Sicilia		212
아시시 Assisi		140
알베로벨로 Alberobello		470
알페 디 시우시 Alpe di Siusi		276
에리체 Erice		458
친퀘테레 Cinque Terre		062
카스텔로토 Castelrotto		346
트로페아 Tropea		266
트리에스테 Trieste		308
팔레르모 Palermo		340
피렌체(우피치 미술관) Firenze		074
피렌체(미켈란젤로 언덕) Firenze		504

체코 Czech

미쿨로프 Mikulov		194
올로모우츠 Olomouc		398
체스키 크룸로프 Český Krumlov		120
타보르 Tábor		290
텔치 Telč		446

프라하 Praha		412

크로아티아 Croatia

두브로브니크 Dubrovnik		036

터키 Turkey

이스탄불 Istanbul		356

포르투갈 Portugal

리스본 Lisbon		374
신트라 Sintra		512

폴란드 Poland

그단스크 Gdańsk		322
토룬 Toruń		428

프랑스 France

디종 Dijon		378
몽생미셸 Mont Saint Michel		136
세뮤르 앙 우와즈 Semur-en-Auxois		126
아를 Arles		096
안시 Annecy		462
에즈 Eze		032
엑상프로방스 Aix-en-Provence		082
오베르 쉬르 우아즈 Auvers-sur-Oise		302
지베르니 Giverny		070
콜마르 Colmar		454
파리(루브르&오르세 미술관) Paris		112
파리(세느강) Paris		496

헝가리 Hungary

부다페스트 Budapest		416
에게르 Eger		204